매산집

이 책은 2016·2017년도 정부(교육부)의 재원으로 한국고전번역원의 지원을 받아
수행된 '권역별거점연구소협동번역사업'의 결과물임.
This work was supported by Institute for the Translation of Korean Classics-Grant funded by the Korean Government.

한국고전번역원 한국문집번역총서/성신여자대학교 고전연구소·(사)해동경사연구소

매산집 8

梅山集

홍직필 지음 김창효 옮김

洪直弼

일러두기

1. 이 책의 번역 대본은 한국고전번역원에서 간행한 한국문집총간 295·296집에 실린 《매산집(梅山集)》으로 하였다. 번역 대본의 원문 텍스트와 원문 이미지는 한국고전종합DB(http://db.itkc.or.kr)에서 확인할 수 있다.
2. 내용이 간단한 역주는 간주(間註)로, 긴 역주는 각주(脚註)로 처리하였다.
3. 한자는 필요한 경우 이해를 돕기 위하여 넣었으며, 운문(韻文)은 원문을 병기하였다.
4. 맞춤법과 띄어쓰기는 한글 맞춤법과 표준어 규정을 따랐다.
5. 이 책에서 사용한 부호는 다음과 같다.

   ( ) : 번역문과 음이 같은 한자를 묶는다.
   〔 〕: 번역문과 뜻은 같으나 음이 다른 한자를 묶는다.
   " " : 대화 등의 인용문을 묶는다.
   ' ' : " " 안의 재인용 또는 강조 문구를 묶는다.
   「 」: ' ' 안의 재인용을 묶는다.
   『 』: 「 」 안의 재인용을 묶는다.
   《 》: 책명 및 각주의 전거(典據)를 묶는다.
   〈 〉: 책의 편명 및 운문·산문의 제목을 묶는다.

차례

매산집 제20권

서書

매산집 제21권

서書

매산집 제22권

서書

매산집

제20권

書서

이묵여[1] 학묵 에게 줌 기해년[2]

與李默汝 學默○己亥

신부가 사당에서 시부모의 신주(神主)를 뵈올 때에 폐백을 올리는 것은 고금의 예서(禮書)에 나와 있지 않고, 오직 《의례》 〈사혼례(士昏禮)〉에 '시부모가 돌아가셨으면 전채(奠菜)한다.'[3]라는 글이 있을 뿐인데, 제사 올리는 채소로 근(菫)을 사용함은 삼가고 공경한다는 뜻을 취한 것입니다.

우리 동방(東邦)은 근(菫)이 무슨 물건인지 알지 못하기 때문에, 예(禮)를 좋아하는 집안에서 미나리로 대용하니, 미나리 근(芹)자가 근(菫)자와 음이 같기 때문입니다. 시부모가 살아계시면 관궤(盥饋)[4]를 하고 돌아가셨으면 전채하는 것은, 바로 맏며느리〔冢婦〕의 예의입니다.

예(禮)에 서부(庶婦 맏며느리 이외의 며느리)는 관궤를 하지 않습니다.

1 이묵여(李默汝) : 이학묵(李學默)으로 묵여는 그의 자로 보인다. 《승정원일기(承政院日記)》 철종 1년 5월 1일 기사에 감찰(監察), 철종 2년 6월 26일 기사에 청하현감(淸河縣監)이라는 기록이 보이는데, 동일 인물인지는 미상이다.

2 기해년(己亥年) : 1839년(헌종5)으로, 매산의 나이 64세 되던 해이다.

3 시부모가 돌아가셨으면 전채(奠菜)한다 : 이 내용은 《의례》 〈사혼례(士昏禮)〉의 "만약 시부모가 이미 돌아가셨으면 신부가 시집으로 들어간 지 3개월이 되는 달에 전채한다.〔若舅姑既沒, 則婦入三月乃奠菜.〕"라는 구절을 줄여서 말한 것이다. 전채는 광주리에 채소를 담아 올림을 이른다.

4 관궤(盥饋) : 혼례를 치른 이튿날 신부가 목욕 단장하고 만든 음식을 시부모에게 올리는 예를 이른다.

그렇다면 또한 전채를 해서는 안 될 듯하니, 맏며느리 이외의 며느리들은 시부모의 사당에 다만 절하고 뵈올 뿐입니다. 근래 세속은 대추와 포를 올려서 시부모가 살아계셨을 때에 폐백을 올리는 것과 같이 하는데, 죽은 분들에게 살아 있는 분의 예를 사용함은 마땅한 바가 아닐 듯하고 또한 상고할 만한 것이 없습니다.

시부모의 사당에 전혀 아무 일도 하지 않는 것은 비록 인정에 편안한 바가 아닌 듯하나, 정이 지나치면 예를 잃으니, 예에 준하여 이를 행하지 않는 것이 바른 도리가 될 듯합니다. 아버지 사당에 또한 마땅히 이와 같이 해야 하는데, 혹은 할아버지와 증조(曾祖) 이상의 조상들에게 함께 폐백을 올리는 것은 더욱 예가 아니니, 다만 길게 연장하는 것에 그칠 뿐만이 아닙니다.

이덕원[5] 완민 에게 답함 경자년[6]

答李德源 完敏○庚子

《예기》〈잡기(雜記)〉에 "돌아가신 부모를 아직 빈소(殯所)에 모시고 있을 때에 외상(外喪)의 소식을 들으면 다른 방에 가서 곡을 하고 들어가서 전(奠)을 올리고 전이 끝나면 나와서 옷을 갈아입고 자리로 나아간다." 하였는데, 주(註)에 이르기를 "유빈(有殯)은 부모의 상(喪)에 아직 장사를 지내지 않은 경우이고, 외상은 형제의 상이 먼 곳에 있는 경우이다."라고 하였으니, 이것을 근거해 보면 다른 집에 따로 사는 형제의 상에 성복(成服)하기 전에 부모의 상식(上食)을 폐할 만한 의의가 없습니다.

옛날에 수암(遂庵 권상하)에게 어떤 분이 묻기를 "상중에 형제와 아들·조카의 상을 만난 경우, 비록 한 집에 함께 살지 않더라도 아직 빈(殯)을 하기 전이라면 상식(上食)을 마땅히 폐해야 합니까?" 하자, 수암이 "폐해서는 안 된다."라고 답하셨으니, 이것이 정론(定論)이 됩니다.

《가례》에 "기년(期年)과 대공(大功 9월)의 상에 세 끼를 먹지 않는다." 하였으니,[7] 산 자가 세 끼를 먹지 않는다면 죽은 자에게도 마땅히

5 이덕원(李德源) : 이완민(李完敏, 1795~1848)으로 자는 성신(聖信), 호는 만취(晩翠), 본관은 전의(全義)이다. 1823년(순조23) 정시(庭試) 무과(武科)에 장원으로 급제하였다.

6 경자년(庚子年) : 1840년(헌종6)으로, 매산의 나이 65세 되던 해이다.

세 끼의 상식을 그쳐야 할 것인데, 이는 한 집에서 사는 자를 가지고 말한 것입니다. 만약 다른 집에 따로 산다면, 다만 '외상의 경우 들어가 전을 올린다.'는 글을 따를 뿐입니다.

7 기년(期年)과……않는다 : 이 내용은 《가례》 권4 〈상례(喪禮) 초종(初終)〉의 '이에 옷을 갈아입고 음식을 먹지 않는다.〔乃易服不食〕'는 조(條)에 "모든 자식들은 3일 동안 먹지 않고, 기년복과 9월복의 경우는 세 끼를 먹지 않고, 5월복과 3월복의 경우는 두 끼를 먹지 않는다.〔諸子, 三日不食, 期九月之喪, 三不食, 五月三月之喪, 再不食.〕" 라고 보인다.

권구하에게 답함 임자년[8]

答權矩夏 壬子

남의 적모(嫡母)의 상에 위로하는 소(疏)[9]에는, 예(禮)에 적모라고 칭한 글이 없으니, 다만 선부인(先夫人)이라고 칭하여 정실(正室)의 아들에게 베푸는 것과 똑같이 해야 합니다.

그리고 만약 돌아가신 분이 사친(私親 서자(庶子)의 친어머니)이라면, 마땅히 선자씨(先慈氏)라고 말하여 적모와 구별해야 할 것이요, 첩의 아들 또한 스스로 사친이라고 말해야 할 것입니다.

8 임자년(壬子年) : 1852년(철종3)으로, 매산의 나이 77세 되던 해이다.

9 소(疏) : 상중에 있는 사람에게 보내는 위문편지로 위장(慰狀)이라고도 한다.

이명여[10] 인문 에게 답함 무신년[11]

答李明汝 寅文○戊申

《의례(儀禮)》〈상복(喪服)〉에 "계모(繼母)도 어머니와 똑같다."라고 한 것은 아버지와 함께 사시기 때문에 어머니와 똑같이 섬기고 자신을 자식처럼 길러주었기 때문에 낳아주신 어머니와 똑같이 삼년복(三年服)을 입는다는 것입니다.

만약 아버지가 돌아가신 뒤에 계모가 스스로 출가(出家)하여 비구니(比丘尼)가 되었다면 이는 아버지를 끊은 것입니다. 이른바 '자식이 어머니와의 인연을 끊는 이치는 없다.'는 것은 나를 낳아주시고 길러주신 은혜가 있기 때문이니, 비록 어머니가 쫓겨나고 시집을 갔더라도 마땅히 장기(杖期 상장(喪杖)을 짚는 기년복(朞年服))를 입어야 하지마는, 계모로 말하면 은혜가 자기에게서 나오지 않았고 의(義)가 아버지와 끊어졌으니, 은혜도 아니고 의도 아니라면 어찌 쫓겨난 어머니와 시집간 어머니와 같이 대할 수 있겠습니까.

살아서 모자(母子)라는 이름이 끊어졌다면 죽어서는 복을 입지 않을 뿐입니다. 선유(先儒)들께서 친족 중에 승려가 된 자에게는 복(服)이 없다고 단정하였는데, 더구나 계모에 있어서이겠습니까.

10 이명여(李明汝) : 이인문(李寅文)으로, 《승정원일기(承政院日記)》 1818년(순조18) 6월 16일 기사에 유학(幼學)으로 기재되어 있는데 동일 인물인지는 미상이다.

11 무신년(戊申年) : 1848년(헌종14)으로, 매산의 나이 73세 되던 해이다.

이수여[12] 정현 에게 답함 정유년[13]

答李修汝 正鉉○丁酉

대종(大宗)과 소종(小宗)은 경중(輕重)에 본래 구별이 있으니, 대종이 이미 끊어진 대를 계승할 길이 없다면, 소종으로 출후(出後)[14]한 자가 마땅히 대종으로 옮겨 출후하여 대종을 계승해야 합니다. 그러나 소종으로 출후한 자가 만약 이미 군주에게 출후를 고했다면 이미 하늘을 옮긴 것이니, 출후를 바꿀 수가 없지마는, 지금 미처 예사(禮斜)[15]가 나오지 않았다면 아직 부자(父子)의 관계를 이루지 못했으니, 지난번에 소종의 양부모를 위해 상복을 입고 신주(神主)를 쓴 것은 이미 예(禮)를 잃은 것입니다. 어찌 이것을 고집스레 지키고 변통할 것을 생각하지 않아서야 되겠습니까.

대종과 소종의 두 사당에 고유하고 당일로 관청에 알리고 종(宗)을 옮겨서, 빨리 대종의 제사를 세우는 일을 조금도 늦추어서는 안 될 듯하며, 소종은 대를 이을 아들이 태어나기를 기다려서 다시 후사(後嗣)를 세워야 하는데, 그러기 전까지는 가까운 친속(親屬)이 대신 제사를 지내는 것이 정(情)과 예(禮)에 부합할 듯합니다.

12 이수여(李修汝) : 이정현(李正鉉, 1802~?)으로, 수여는 그의 자이고 본관은 용인(龍仁)이다. 1856년(철종7) 별시(別試) 문과에 급제하고 성균관 대사성, 이조 참의 등의 벼슬을 지냈다.

13 정유년(丁酉年) : 1837년(헌종3)으로, 매산의 나이 62세 되던 해이다.

14 출후(出後) : 다른 집으로 나가 남의 후사(後嗣)를 잇는 것을 말한다.

15 예사(禮斜) : 양자(養子) 입양(入養)을 허가하는 예조(禮曹)의 증명서를 이른다.

서순경[16] 형순 에게 답함 정유년

答徐舜卿 逈淳○丁酉

12일은 14일과의 사이가 겨우 하루여서 치재(致齋)[17]를 할 수가 없으니, 그렇다면 어찌 제사를 지낼 수 있겠습니까. 어머니 상의 연제(練祭)는 마땅히 아내 상의 부묘(祔廟)할 때를 기다려서 예(禮)대로 제사를 행하고 이어서 상복을 변제(變除)[18]하되, 당일에는 제수를 간략히 진설하여 슬픔을 푸는 것이 마땅할 듯합니다. 하루 전에 마땅히 상식을 통하여 고유해야 하니, 고유하는 글은 아래에 있습니다.

"지금 현비(顯妣)의 첫 번째 기일(忌日)이 됨에, 예에 따르면 마땅히 상사(常事)[19]를 행해야 하는데, 이제 막 아내의 장례를 치러 치재를 할 수가 없으므로 삼가 졸곡(卒哭)이 되기를 기다려서 이를 미루어 행하고자 하며, 내일은 감히 일헌(一獻)을 사용하여 간략히

16 서순경(徐舜卿) : 서형순(徐逈淳)으로 《승정원일기(承政院日記)》 1834년(헌종 즉위년) 12월 28일 기사에 북부 도사(北部都事)에 제수된 기록이 보이는데, 동일 인물인지는 미상이다.

17 치재(致齋) : 제사를 지내기 전에 행하는 재계(齋戒)의 일종이다. 재계에는 산재(散齋)와 치재가 있는데 산재는 외면적인 재계를 이르고 치재는 내면적인 재계로 제사에 임박하여 음악을 듣지 않고 출입하지 않고 오로지 제사하는 선조만을 생각하여 정성을 지극히 하는 것을 이른다. 시제(時祭)에는 산재 4일, 치재 3일을 한다.

18 변제(變除) : 변복(變服)과 제복(除服)의 줄임말로 상복을 바꾸어 입거나 벗는 일을 이른다.

19 상사(常事) : 정해진 일이라는 말로 제사를 의미하는데, 여기서는 어머니 상의 소상제(小祥祭)를 가리킨다.

정(情)과 예(禮)를 펴고자 하오니, 망극한 마음 더욱 더하여 감히 아룁니다."

아내의 상의 부제(祔祭)를 치른 뒤에는 마땅히 정일(丁日) 또는 해일(亥日)을 점쳐서 어머니 상의 연제(練祭)를 행하되, 하루 전에 아침의 상식을 통하여 추행(追行)하는 시기를 고하는 것이 마땅할 듯하니, 고유하는 글은 아래에 있습니다.

"이제 현비(顯妣)의 소상(小祥)을 내일로 점쳐서 상사(常事)를 추행하기에 삼가 아룁니다."

신경서[20] 석범 에게 답함 무술년[21]

答申景敍 錫範○戊戌

삼가 살펴보건대, 현자(賢者)는 타고난 자품(資稟)이 매우 순수하고 아름다우며 더하여 도(道)가 있는 분을 가까이 해서 도의를 강마(講磨)하고 있으니, 진실로 오랫동안 이를 견지하여 부지런히 힘써서 위로 통달할 수 있게 되면, 또한 어찌 아무리 먼 곳이라도 이르지 못할 것이 있겠습니까.

성철(聖哲)께서 가르침을 펴실 적에, 사람에게 고유(固有)한 이치를 통하여 절도(節度)에 맞게 하지 않은 것이 없으니, 이를 따라 간다면 덕(德)이 밝아지지 않음이 없고 몸이 닦이지 않음이 없을 것입니다. 그 세목(細目)은 여섯 가지가 있으니, 추향(趨向)을 올바르게 해서 뜻을 세우고, 성(誠)과 경(敬)을 주재(主宰)로 삼아 마음을 보존하며, 사리(事理)를 널리 연구하여 치지(致知)하는 방법을 다하고, 기미(幾微)를 자세히 살펴서 일에 응하는 요체(要諦)로 삼으며, 사욕(私慾)을 이겨 다스리고 힘써 행하여 성기(成己)[22]의 도를 다하고, 자신의 마음

20 신경서(申景敍) : 신석범(申錫範, 1797~?)으로, 경서는 자이고 본관은 평산(平山)이다. 1840년(헌종6) 식년 생원시에 합격하였다.

21 무술년(戊戌年) : 1838년(헌종4)으로, 매산의 나이 63세 되던 해이다.

22 성기(成己) : 자신을 완성시킨다는 의미로, 《중용장구》 제25장에 "성(誠)은 스스로 자신을 이룰 뿐만 아니라 남을 이루어 주니, 자신을 이룸은 인(仁)이요 남을 이루어 줌은 지(智)이다.〔誠者, 非自成己而已也, 所以成物也, 成己仁也, 成物知也.〕"라고 보인다.

을 미루어 남에게 미쳐서 성물(成物)[23]의 공부를 넓히는 것이니, 학문의 지극한 공효(功效)와 성인(聖人)의 능사(能事 일을 잘 처리함) 또한 여기에서 벗어나지 않습니다.

이는 구구한 제가 평소에 늘상 말하는 것이나, 저로서는 애를 썼으나 효험을 얻지 못하였으므로 현자를 위해서 원하는 것이니, 진부한 말이라고 여겨 소홀히 하지 않을 것이라고 생각됩니다. 다른 사람들이 이런 말을 추구(芻狗)로 보더라도, 스스로 신단(神丹)으로 인식한다면 영지(靈芝)가 세 번 꽃 피는 감회를 느낄 필요 없이 구전(九轉)의 공효를 거둘 수 있을 것이니,[24] 부디 고명(高明 상대방에 대한 존칭)께서는 힘쓰시기 바랍니다.

23 성물(成物) : 남을 완성시켜준다는 의미로 위의 주22 참조.

24 다른……것이니 : 추구(芻狗)는 짚을 엮어서 개의 형상으로 만든 것으로 옛날 제사를 지낼 때 진설하는 것인데, 제사가 끝나면 곧바로 내버리기 때문에 잠시 사용하고 버리는 물건의 비유로 쓰인다. 신단(神丹)은 먹으면 신선이 된다는 영약(靈藥)을 이른다. 영지(靈芝)가 세 번 꽃 피는 감회는 오랜 세월을 기다렸으나 효험을 거두지 못하는 데에 대한 감회를 말한 것이다. 주자(朱子)가 젊었을 때 운당포(篔簹浦)란 곳을 지나다가 벽에 적혀 있는 시에 "휘황찬란한 영지는 일 년에 세 번이나 꽃이 피네. 나는 유독 무엇을 하였는가? 뜻이 있었으나 이루지 못하였네.〔煌煌靈芝, 一年三秀. 予獨何爲, 有志不就.〕"라는 구절을 보았는데, 40년 뒤에 다시 그곳을 지나다가 보니 그 구절이 보이지 않았다. 이에 "덧없이 빠른 백 년 인생 그 얼마나 되는가? 영지가 세 번 꽃핌 무엇을 위함인가? 금단은 나이 늦도록 소식이 없으니 운당포 벽 위의 시를 거듭 탄식하노라.〔鼎鼎百年能幾何, 靈芝三秀欲何爲. 金丹歲晩無消息, 重歎篔簹壁上詩.〕"라고 읊으면서 탄식한 고사에서 유래하였다.《朱子大全 卷84 題袁機仲所校參同契後》 구전(九轉)의 공효는 아주 확실한 공효를 이른 말이다. 구전은 도가에서 단사(丹砂)를 아홉 번 제련(製鍊)해서 선약(仙藥)을 만드는 것으로, 이렇게 제조된 선약을 먹으면 신선이 되어 장생불사(長生不死)한다고 한다.

돌아보건대 지금 세상의 추향(趨向)이 분분(紛紛)하고 어지러워, 명예와 이익을 좇는 자들이 하늘에 닿을 만큼 넘쳐나니, 사람들은 과거(科擧)와 벼슬길 외에 다시 다른 일이 있음을 알지 못합니다. 만약 꿋꿋하게 자신의 지조를 지키는 자가 있다면, 세속에 모범이 되고 세도(世道)에 도움이 되는 것이 어찌 적겠습니까. 좌하(座下)께서는 이미 안과 밖, 손님과 주인의 구별을 아시니, 응당 어리석은 저의 말을 필요로 하지 않고도 스스로 자신의 주장을 펴실 줄 아실 것입니다.

아름다운 자질은 쉽게 얻을 수 있으나 지극한 도(道)는 듣기가 어려우니, 부디 이 뜻을 밝게 살펴서 더욱 분발하여 정신과 생각을 응집하고 융합하여 다시는 다른 것이 있음을 알지 못하는 경지에 이르십시오. 이런 뒤에야 이 뜻이 항상 확립되게 되는데, 뜻이 만약 확립되지 못한다면 근원이 없는 물과 같고 뿌리가 없는 나무와 같으니, 근원과 물길이 통하지 않으면 흐름이 그치고 뿌리가 자리 잡지 못하면 가지가 마르니, 무엇에 의거하여 도(道)에 나아갈 수 있겠습니까? 이 때문에 예로부터 성현(聖賢)들이 모두 마음과 뜻을 근본으로 삼으셨으니, 천만 번 노력해서 기대에 부응하시기 바랍니다.

무릇 체(體)와 용(用)의 구분은 그 지두(地頭 장소 또는 상황)에 나아가서 가리키는 것이 다 똑같지 않습니다. 그러므로 경(敬)을 위주로 하여 화(和)를 말하면 경이 체가 되고 화가 용이 되며, 화를 위주로 하여 경을 말하면 화가 체가 되고 경이 용이 되니, 진실로 국한하여 말할 수가 없습니다.

이러한 뜻으로 미루어 본다면, 지록(砥錄)에 '발출(發出)되어 나온 화는 절도에 맞지 않음이 없으니, 곳곳마다 경이다.'라고 말한 것[25]은,

이는 화를 '발출하는 화〔發出之和〕'라고 하고 경을 '절도에 맞는 경〔中節之敬〕'이라고 한 것이니, 그렇다면 화가 체가 되고 경이 용이 되는 것입니다.

순록(淳錄)에 '경(敬)은 희(喜)·노(怒)·애(哀)·락(樂)이 아직 발하지 않은 중(中)이고 화(和)는 발하여 모두 절도에 맞는 화이다.'라고 말한 것[26]은 이는 경(敬)을 가지고 '미발의 체〔未發之體〕'를 형상(形狀)하고 화(和)를 가지고 '절도에 맞는 용〔中節之用〕'으로 삼은 것이니, 그렇다면 경이 체(體)가 되고 화가 용(用)이 되는 것입니다.

주자께서 말씀하신바 '체와 용이 다하는 때가 없어서 이와 같이 옮겨 간다.'는 것[27]은 바로 이 뜻입니다. 《논어집주(論語集註)》에 '엄하면서도 편안하고 화하면서도 절도에 맞는 것이 예의 전체이다.'라고 한 것[28]

25 지록(砥錄)에……것 : 지록은 《주자어류(朱子語類)》에 실린 내용 중 주자의 고제(高弟) 중의 한 명인 유지(劉砥, 1154~1199)가 주자의 말씀을 기록한 것을 이른다. 유지는 자가 이지(履之), 호가 존암(存庵)이다. 이 내용은 《주자어류》 권22 〈논어4(論語四) 학이편 하(學而篇下) 예지용화위귀장(禮之用和爲貴章)〉의 주석에 보이는데 원작에는 절(節)자와 처(處)자 사이에 '변시(便是)' 두 글자가 더 있다.

26 순록(淳錄)에……것 : 순록은 《주자어류》에 실린 내용 중 주자의 고제(高弟) 중의 한 명인 진순(陳淳, 1159~1223)이 주자의 말씀을 기록한 것을 이른다. 진순은 자가 안경(安卿), 호가 북계(北溪)이다. 이 내용은 《주자어류》 권22 〈논어4(論語四) 학이편 하(學而篇下) 예지용화위귀장(禮之用和爲貴章)〉의 주석에 보인다.

27 주자께서……것 : 이 내용은 《주자어류》 권22 〈논어4(論語四) 학이편 하〉 '예지용화위귀장'에 보인다.

28 논어집주(論語集註)에……것 : 이 내용은 '예지용화위귀장' 장하주(章下註)에 보이는 "엄하면서도 편안하고 화하면서도 절제하는 것은 이것은 이(理)의 자연(自然)함이요 예(禮)의 전체이다.〔嚴而泰, 和而節, 此理之自然, 禮之全體也.〕"라는 구절을 줄여 원용한 것이다.

은 바로 체와 용을 통합하여 말한 것이니, 호운봉(胡雲峯)[29]과 같은 여러분들 또한 일찍이 그 용을 포함하여 말하였습니다.

주자가 문인(門人)들과 이 장(章)[30]의 지(知)와 행(行)을 논한 것이 수백 자에 그칠 뿐이 아닌데, 이 가운데 가장 요긴하고 간절한 것은

"'학문에 뜻을 둔 것〔志學〕'은 행(行)을 필요로 하였지만 지(知)를 중시한 것이고 '자립하는 것〔立〕'은 또한 지에 근본하였지만 행을 중시하였다. '지학(志學)'은 지의 시작이고 '불혹(不惑)'과 '지천명(知天命)'과 '이순(耳順)'은 지의 지극함이며, '입(立)'은 행의 시작이고 '마음에 하고자 하는 바를 따라도 법도에 넘지 않음〔從心所欲不踰矩〕'은 행의 지극함이다."[31]

라고 하신 말씀과 같은 것이니, 이는 《논어집주》의 뜻과 서로 부합합니다. 그 나머지 문답 또한 서로 발명(發明)하는 것이 많으니, 의심하지 말고 따라야 할 듯합니다.

정자(程子)께서 '불혹(不惑)'을 가지고 지(知)와 행(行)을 겸하였다고 말씀한 것은, 또한 지가 지극한 곳에 이르면 행이 또한 다하지 않음

29 호운봉(胡雲峯) : 원(元)나라의 학자 호병문(胡炳文, 1250~1333)으로, 자는 중호(仲虎), 호는 운봉(雲峯)이며, 휘주(徽州) 무원(婺源) 고천(考川) 사람이다. 저서로 《주역본의통석(周易本義通釋)》, 《사서통(四書通)》, 《운봉집(雲峯集)》이 있다.

30 이 장(章) : 《논어》 〈위정(爲政)〉 편의 '오십유오이지우학장(吾十有五而志于學章)'을 이른다.

31 학문에……지극함이다 : 이 내용은 《주자어류》 권23 〈논어5(論語五) 위정편상(爲政篇上)〉 '오십유오이지우학장(吾十有五而志于學章)'에 보이는데, 원작과 약간의 출입이 있다.

이 없음을 가지고 말씀한 듯합니다. 소당연(所當然)과 소이연(所以然)은 모두 이(理)를 가지고 말한 것인데, 소이연이 체(體)가 되고 소당연이 용(用)이 되니, 용은 사물에 나타나므로 사물의 당연한 이치로써 말하였고, 체는 은미하여 보기가 어렵기 때문에 사물에 있어 그렇게 되는 이유를 가지고 말한 것입니다.

그렇다면 '불혹'은 마땅히 행해야 할 이치를 의심하지 않는 것이고 '지천명'은 마땅히 행해야 할 이치를 따라서 그 실체를 통찰(洞察)하는 것이니, 용으로 말미암아 체를 알았다고 이미 말했다면 또한 공부하는 차례(次例)를 볼 수 있는데, 지가 지극한 곳에 이르면 행이 또한 이 가운데에 들어있고 행이 지극한 곳에 이르면 지가 또한 이 가운데에 들어있습니다. 더구나 성인(聖人)의 '생이지지(生而知之)'로서 어찌 70세가 되어서 법도를 넘지 않기를 기다린 뒤에 편안히 행했겠습니까. 다만 말씀을 가설(假設)한 것이 이와 같을 뿐입니다.

무릇 사서(四書)를 읽는 자는 마땅히 각각의 집주(集註)를 위주하고 《주자대전(朱子大全)》과 《주자어류》를 참고해 보아야 하는데, 《어류》와 《대전》에서 논한 바가 어긋나면 마땅히 《주자대전》을 따라야 합니다. 《주자대전》은 손수 쓰신 글이고 《주자어류》는 문인들이 기술한 것입니다.

주자의 평생의 정력이 모두 집주에 있습니다. 그러므로 한 글자도 귀속(歸屬)되지 않는 곳이 없는데, 《주자어류》는 혹 전하여 기록함에 착오가 없지 못하니, 마땅히 재량(裁量)하여 취해야 할 것입니다.

천명지성(天命之性)은 이(理)를 위주로 말하였으므로 '성(性)이 바로 이(理)이다.'라고 한 것입니다. 그러나 하늘은 큰 형체인데 도리를 포함하고 있는 것은 신묘한 주재(主宰)의 뜻이 있기 때문입니다. 그러므로 주자 또한 말씀하기를 "명(命)은 성(性)이고, 하늘은 마음이다." 하시고,[32] "천명지위성(天命之謂性)은 이(理)를 오로지 말한 것인데 기(氣)가 이 중에 포함되어 있다."라고 하셨으니,[33] 이것이 바꿀 수 없는 정론(定論)이 될 듯합니다.

장수(長壽)하고 요절(夭折)하며 곤궁하고 영달(榮達)하는 운명과 같은 것은 성명(性命)의 명(命)과는 다르니, 성명의 명은 이(理)를 위주로 하고 요수(夭壽)의 명은 이(理)와 기(氣)가 뒤섞여서 정해진 수(數)가 있어 바꿀 수가 없는 것입니다.

《중용》 제12장에 "군자의 도는 비(費)하고 은미하다.〔君子之道費而隱者〕"라고 말한 것은 오로지 용처(用處)를 위주로 말씀한 것이나 체(體)가 이 속에 포함되어 있으니, 요쌍봉(饒雙峯)이 "용(用)으로 말미암아 체(體)로 미루어 갔다."라고 한 것[34]은 병통이 있음을 볼 수 없습

32 명(命)은……마음이다 : 이 내용은 《주자어류(朱子語類)》 권5 〈성리2(性理二) 성정심의등명의(性情心意等名義)〉에 보인다.

33 천명지위성(天命之謂性)은……있다 : 이 내용은 《주자어류》 권62 〈중용1(中庸一) 제1장(第一章)〉의 "천명지위성은 오로지 이(理)를 말한 것이니, 기(氣)가 이 중에 포함되어 있지만, 이(理)의 뜻을 말한 것이 보다 많다.〔天命之謂性, 是專言理, 雖氣亦包在其中, 然說理意較多.〕"라는 구절을 줄여서 원용한 것이다.

34 요쌍봉(饒雙峯)이……것 : 요쌍봉은 남송(南宋) 시대의 이학자(理學者)이자 교육가인 요로(饒魯, 1193~1264)로 쌍봉은 그의 호이고 자는 백여(伯輿)이다. 주자의 사위인 황간(黃幹)의 제자로 석동서원(石洞書院)을 세워 후학을 가르쳤다. 요로의 말은 《사서대전(四書大全) 중용장구대전(中庸章句大全)》 〈상(上) 제12장〉의 주석에 보인다. 원작에는 '由用而推體'의 이(而)자가 이(以)로 되어 있다.

니다. 보내온 편지에 요쌍봉의 말을 들어 "용으로부터 용으로 미루어 갔다." 하였는데, 아래의 용 자는 바로 체 자의 오자(誤字)입니다.

"행하는 것은 성(誠)이다."라고 말하지 않고, "행하는 것은 하나이다." 라고 단정하여 말한 것은, 하나가 바로 오(五)와 삼(三)과 구(九)와 상대되므로 이렇게 말한 것입니다. 위에서 이미 주자가 "하나는〔一〕는 곧 성(誠)일 뿐이다."라고 하였는데, '이이의(而已矣)' 세 글자는 다시 남은 말이 없음을 이릅니다. 그러므로 아래에서는 다만 "일(一)은 성(誠)이다."라고 한 것이니, 이는 자세하고 간략함이 똑같지 않은 것입니다.[35]

35 행하는……것입니다 : 이 내용은 《중용장구(中庸章句)》 제20장의 "천하의 달도가 다섯 가지인데 이것을 행하는 것은 셋이니, 군신간과 부자간과 부부간과 형제간과 붕우간의 사귐, 이 다섯 가지는 천하의 달도요, 지·인·용, 이 세 가지는 천하의 달덕이니, 이것을 행하는 것은 하나이다.〔天下之達道五, 所以行之者三, 曰君臣也, 父子也, 夫婦也, 昆弟也, 朋友之交也五者, 天下之達道也, 知仁勇三者, 天下之達德也, 所以行之者一也.〕"라는 구절과, 같은 장의 "무릇 천하와 국(國)과 가(家)를 다스림에 구경이 있으니, 이것을 행하는 것은 하나이다.〔凡爲天下國家, 有九經, 所以行之者一也.〕"라는 구절을 대상으로 하여 말한 것이다. 삼(三)은 지·인·용, 3달덕(達德)을 이르고, 오(五)는 군신간과 부자간과 부부간과 형제간과 붕우간의 사귐, 5달도(達道)를 이르고, 구(九)는 몸을 닦음〔修身〕과 어진이를 높임〔尊賢〕과 친척을 친애함〔親親〕과 대신을 공경함〔敬大臣〕과 여러 신하들의 마음을 체찰함〔體群臣〕과 백성들을 자식처럼 사랑함〔子庶民〕과 백공(百工)들을 오게 함〔來百工〕과 먼 곳의 사람을 회유함〔柔遠人〕과 제후들을 은혜롭게 하는 것〔懷諸侯〕의 구경(九經)을 이른다. '하나는〔一〕는 곧 성(誠)일 뿐이다.'라는 구절은 위의 문장에 대한 주자의 주석에 보이고, '일은 성이다'라는 구절은 아래 문장의 주자 주석에 보인다. 그러므로 '위에서', '아래에서'라고 말한 것이다.

붕우(朋友)가 비록 오륜(五倫)의 하나에 속하나, 부자와 형제의 천친(天親)[36]과 군신과 부부의 정명(定名 정해진 명분(名分))과는 비교할 수가 없습니다. 만약 사귀지 않으면 붕우가 되지 못하니, 반드시 의(義)로써 합하고 정해진 친분이 있는 뒤에야 비로소 붕우가 되었음을 허여할 수 있습니다. 이 때문에 반드시 '지교(之交)' 두 글자를 더하는 것입니다. 보내온 편지에 "사귀면 붕우가 되나 사귀지 않으면 붕우가 아니다."라고 이미 말씀하셨는데, 이 말씀이 옳습니다.

어리석은 자는 앎에 미치지 못하므로 스스로 옳다고 하고 행할 바를 알지 못하므로 찾지 않는바, 이것이 어리석은 자의 병통이니, 도가 밝아지지 못하고 행해지지 못하는 이유입니다. 지(智)와 우(愚)는 상반되니, 지에 미치지 못하면 어리석은 것입니다. 오직 배움을 좋아함이 어리석음을 깨트릴 수 있으니, 주자와 여대림(呂大臨), 두 분의 말씀이 통하지 못함을 볼 수 없습니다.[37]

36 천친(天親) : 일반적으로 부모, 형제, 자녀 등의 혈육(血肉)을 가리키는 말이나, 여기서는 뒤 문장에 정명(定名)이 쓰인 점을 볼 때, '천륜(天倫)의 친분(親分)'의 뜻으로 보아야 할 듯하다.

37 어리석은……없습니다 : 이 내용은 《중용장구(中庸章句)》 제4장의 "도가 행해지지 못하는 이유를 내 아노니, 지혜로운 자는 지나치고 어리석은 자는 미치지 못하기 때문이다. 도가 밝아지지 못하는 이유를 내 아노니, 어진 자는 지나치고 어질지 못한 자는 미치지 못하기 때문이다.〔道之不行也, 我知之矣, 知者過之, 愚者不及也. 道之不明也, 我知之矣, 賢者過之, 不肖者不及也.〕"라는 구절을 대상으로 하여 말한 것이다. 주자의 말씀은 제4장의 주석에 "지혜로운 자는 앎이 지나쳐 이미 도(道)를 굳이 행할 것이 못 된다고 하고, 어리석은 자는 앎에 미치지 못하고 또 행할 바를 알지 못하니, 이는 도가 항상 행해지지 못하는 소이(所以)이다. 어진 자는 행(行)이 지나쳐 이미

'어진 이를 높이는 것〔尊賢〕'과 '붕우에게 신임을 받는 것〔信乎朋友〕'은 말한 지두(地頭 처지)가 똑같지 않습니다. 윗글의 '존현'은 윗사람이 아랫사람을 통솔하는 것을 말하였으므로 '존현'이 '친척을 친애함〔親親〕'보다 앞에 있고, 아래 글에서는 아랫사람이 윗사람을 섬기는 것을 말했으므로 '어버이에게 순하지 못하면 붕우에게 신임을 받지 못한다'고 말한 것입니다.[38] 그러나 '몸을 닦음〔修身〕'이 근본이 됨은

도를 굳이 알 것이 못 된다고 하고 어질지 못한 자는 행에 미치지 못하고 또 알 바를 구하지 않으니, 이는 도가 항상 밝아지지 못하는 소이이다."라고 보이며, 여대림의 말은 《중용장구》 제20장의 주석에 "어리석은 자는 스스로 옳다 하고 찾지 않으며, 스스로 사사로이 하는 자는 인욕(人慾)을 따라 돌아올 줄 모르며, 나약한 자는 남의 아래가 됨을 달게 여겨 사양하지 않는다. 그러므로 학문을 좋아함이 지(智)가 아니나 족히 어리석음을 깨뜨릴 수 있고, 행(行)을 힘씀이 인(仁)이 아니나 충분히 사사로움을 잊을 수 있고, 부끄러움을 앎이 용(勇)이 아니나 충분히 나약함을 일으킬 수 있는 것이다."라고 보인다.

38 윗글의……것입니다 : 윗글은 《중용장구》 제20장의 "무릇 천하와 국(國)과 가(家)를 다스림에 구경(九經)이 있으니, 몸을 닦음과 어진 이를 높임과 친척을 친애함과 대신을 공경함과 여러 신하들의 마음을 체찰함과 백성들을 자식처럼 사랑함과 백공들을 오게 함과 먼 곳의 사람을 회유함과 제후들을 은혜롭게 하는 것이다.〔凡爲天下國家, 有九經, 曰 修身也, 尊賢也, 親親也, 敬大臣也, 體群臣也, 子庶民也,來百工也, 柔遠人也, 懷諸侯也.〕"라는 구절을 이르고, 아래 글은 같은 제20장의 "윗사람에게 신임을 얻는 것이 방법이 있으니, 붕우에게 믿음을 받지 못하면 윗사람에게 신임을 얻지 못할 것이다. 붕우에게 믿음을 받는 것이 방법이 있으니, 어버이에게 순하지 못하면 붕우에게 믿음을 받지 못할 것이다. 어버이에게 순하지 못하면 붕우에게 믿음을 받지 못할 것이다. 어버이에게 순함이 방법이 있으니, 자기 몸에 돌이켜보아 성실하지 못하면 어버이에게 순하지 못할 것이다. 몸을 성실히 함이 방법이 있으니, 선을 밝게 알지 못하면 몸을 성실히 하지 못할 것이다.〔獲乎上有道, 不信乎朋友, 不獲乎上矣. 信乎朋友有道, 不順乎親, 不信乎朋友矣. 順乎親, 有道, 反諸身不誠, 不順乎親矣. 誠身, 有道, 不明乎善, 不誠乎身矣.〕"라는 구절을 이른다.

똑같습니다.

'선을 밝게 앎〔明善〕'은 '몸을 성실히 함〔誠身〕'의 근본이 되고 또 선을 밝게 알고자 하는 자는 또 마땅히 어진 이를 높여야 합니다. 이는 마땅히 위와 아래를 나누어 보아야 하니, 공부(工夫)와 공효(功效)를 위하여 말씀한 것을 볼 수 없습니다.

'치곡(致曲)'의 치(致) 자는 '치지(致知)'와 '치중화(致中和)'의 치(致) 자와는 진실로 전체(全體)와 일편(一偏)의 분별이 있는데, 다만 치곡만을 말하면 아직 그 극진함에 나아가지 못하였으므로 추치(推致)로써 해석하였습니다.[39] 반드시 한쪽으로 지극히 하여 능히 성실할 수 있어야 하니, 지성(至誠)으로 능히 화(化)할 수 있어야 비로소 다 추치하여 각각 그 극진함에 나아간다고 말할 수 있는 것입니다.

치(致) 자는 지(知)를 위주로 말하였으나, '덕이 성실하지 않음이 없음〔德無不實〕'을 서서히 이루면 이는 행(行)입니다. 정자(程子)와 주자(朱子)가 논하신 바[40]가 각각 그 뜻이 있으니, 어느 한 가지를 잡고 어느 한 가지를 버려서는 안 됩니다.

39 치곡(致曲)의……있습니다 : '치곡'은 한쪽으로 지극히 한다는 뜻으로 《중용장구》 제23장에 보이며, '치지(致知)'는 지식을 지극히 하는 것으로 《대학장구(大學章句)》 경(經)1장에 보이며, '치중화(致中和)'는 중(中)과 화(和)를 지극히 함을 이르는바, 중은 희노애락(喜怒哀樂)의 정(情)이 발하지 않은 상태에서 불편불의(不偏不倚)의 원래 모습을 보존 한 것이고, 화는 발하여 모두 절도(節度)에 맞는 것으로, 《중용장구》 제1장에 보인다. 일편(一偏)은 한쪽을 이르고 추치(推致)는 미루어 지극히 한다는 뜻으로 《중용장구》 제23장 주자의 주석에 보인다.

40 정자(程子)……바 : 이 내용들은 영락대전본 《중용장구》 소주에 보인다.

한보경[41] 필교 에게 답함 신축년[42]

答韓輔卿 弼敎○辛丑

장자(長子)가 죽고 후사(後嗣)가 없으면 차자(次子)의 아들이 제사를 받드는 것에 대해서는 진실로 사계(沙溪)와 신독재(愼獨齋)[43] 등 여러 현자의 말씀이 있으나, 이는 종통(宗統)을 옮겨서 전중(傳重)한 경우[44]를 가지고 말씀한 것일 뿐입니다.

이 때문에 차적(次嫡 적장자 다음 차례의 적자(嫡子))을 버리고 계자(季子 막내아들)로 하여금 제사를 주관하게 할 수는 없지마는, 종통을 옮겨서

41 한보경(韓輔卿) : 한필교(韓弼敎, 1807~1878)로 보경은 그의 자이며, 호는 하석(霞石), 본관은 청주(淸州)이다. 1833년(순조33) 진사시에 합격하고 벼슬이 공조 참판에 이르렀다.

42 신축년(辛丑年) : 1841년(헌종7)으로, 매산의 나이 66세 되던 해이다.

43 사계(沙溪)와 신독재(愼獨齋) : 사계는 김장생(金長生, 1548~1631)의 호로 자는 희원(希元), 본관은 광산(光山)이다. 이이(李珥)와 송익필(宋翼弼)의 문인으로, 일찍이 과거를 포기하고 학문에 정진하다가, 1578년(선조11) 유일(遺逸)로서 천거되어 형조 참판 등을 지냈으며, 많은 벼슬에 제수되었으나, 대부분 사직하고 고향에 은둔하면서 학문과 후진양성에 몰두하였다. 신독재는 김장생의 아들인 김집(1574~1656)의 호로 자는 사강(士剛), 시호는 문경(文敬)이다. 아버지와 함께 예학의 기본적 체계를 완비하였으며, 송시열(宋時烈)에게 학문을 전하여 기호학파 형성에 중요한 역할을 하였다. 1591년(선조24) 진사시에 합격하였으나, 벼슬에 관심을 두지 않고 경전(經典)의 연구와 수양에 전념하였다.

44 종통(宗統)을……경우 : 종통을 옮긴다는 것은 다른 집안으로 양자 감을 이르며, 전중(傳重)은 상제(喪祭)나 종묘(宗廟)에 대한 중한 책임을 전한다는 뜻으로, 대를 이어 종통을 이어받는 것을 말한다.

전중하는 경우가 아니고 다만 그 상(喪)을 대신하는 경우라면 어찌 삼년복을 입는 계자를 버리고 기년복을 입는 차손(次孫)을 쓰겠습니까. 고례(古禮)에 '상을 주관할 적에 아버지가 같으면 장자(長子)가 주관하고, 아버지가 같지 않으면 친(親)한 자가 주관한다.'라고 하였습니다.[45] 지금 아들과 손자는 아버지가 이미 같지 않고 또 똑같이 적(嫡)이 아니니, 장(長)으로 보나 친(親)으로 보나 계자가 마땅히 어머니 상을 주관해야 함이 분명합니다.

계자가 이미 상을 주관하면 신주(神主)를 쓸 때에, 마땅히 '현비(顯妣)'라고 하고, '개자(차자) 모(某)가 대신 제사를 주관합니다.〔介子某攝祀〕'라고 해야 할 것이고, 대상(大祥)을 지낸 뒤에 부묘(祔廟)할 때에 우선 동쪽 벽 아래에 신주를 봉안(奉安)하고, 27개월의 상기(喪期)가 지났더라도 협사(祫事)를 거행하지 말고 정감(正龕)에 들이지 않았다가, 사손(嗣孫)을 세우기를 기다려서 다시 신주를 쓰고 합독(合櫝)[46] 하는 것이 예에 맞을 듯합니다.

신주를 다시 쓰고 대수(代數)를 다한 신주를 체천(遞遷)하는 일은, 상을 대신 주관하는 자가 감히 마음대로 할 수 있는 것이 아니고, 또 신주를 다시 쓰지 않았으면 또한 감히 합독할 수 없으니, 기제(忌祭)와 묘제(墓祭)를 모두 단헌(單獻)과 축문 없이 지내야 합니다. 오직 우제(虞祭)·졸곡(卒哭)·부제(祔祭)·연제(練祭 소상)·대상(大祥)·담제(禫祭)는 비록 대신 주관하여 제사하더라도 마땅히 예를 준거하여

45 고례(古禮)에……하였습니다 : 이 내용은 《예기》 〈분상(奔喪)〉에 보인다.

46 합독(合櫝) : 부부의 신주를 한 독 안에 넣는 것으로 독은 신주를 담아 두는 나무로 만든 상자이다.

삼헌(三獻)으로 지내야 하니, 이는 상중의 제사여서 정통을 범한다는 혐의가 없기 때문입니다.

송영로[47] 주헌 에게 답함 정미년[48]
答宋英老 柱獻○丁未

의심스러운 예절에 대해 질문하신 것은 모두 자세히 살펴보았습니다. 장기(杖朞)의 상을 한 달이 지난 뒤에 부음(訃音)을 들었다면, 또한 마땅히 성복(成服)한 지 제11개월이 되는 때를 따라서 연제(練祭)를 지내고, 13개월에 대상(大祥)을 지낼 것이요, 담제(禫祭)는 때가 지났으면 제사하지 않는 것이 마땅할 듯합니다.

추후에 지내는 연제가 상월(喪月)에 있게 되면, 바로 첫 번째 기일(忌日)에 제사를 거행하고, 굳이 정일(丁日)이나 해일(亥日)을 쓸 필요가 없습니다. 기년(期年)이 지나서 추후에 연제를 지내더라도 대상 전에는 영좌(靈座 궤연(几筵))를 철거해서는 안 되고, 그대로 궤전(饋奠)을 행해야 하니, 이를 중지해서는 안 될 듯합니다.

《예기》 〈상복소기(喪服小記)〉에 비록 "1년 만에 제사를 지내는 것이 예(禮)이고 1년 만에 상복을 벗는 것이 도(道)이다. 제사를 지내는 것은 상복을 벗기 위해 하는 것이 아니다."라고 하였지만, 그러나 이는 삼년상에 추복(追服)하는 자가 재기(再期)에 대상을 행하는 것을 가지고 말한 것일 뿐이니, 장기(杖期)의 상에 기년이 되어 아직 대상을

47 송영로(宋英老) : 송주헌(宋柱獻 1802~?)으로 영로는 그의 자이고 본관은 여산(礪山)이다. 1835년(헌종1) 증광 문과에 급제하고 이천 부사(伊川府使), 좌부승지 등의 벼슬을 역임하였다.

48 정미년(丁未年) : 1847년(헌종13)으로, 매산의 나이 72세 되던 해이다.

지내지 않은 자에 이르러는 어찌 제사를 행한 것으로 자처하여 궤연을 철거할 수 있겠습니까.

추후에 대상을 지낸 날에 신주를 사당에 들이고 궤연을 철거하는 것이, 이것이 변고에 처하여 정도를 얻음이 되는 것입니다. 천한 저의 소견은 이와 같으니, 군헌(君憲)[49]과 상의하여 조처하는 것이 어떻겠습니까?

보여주신 《명계패사(明季稗史)》[50]에 대해서는, 지극한 뜻을 우러러 알겠습니다. 그지없는 감격을 마음속에 깊이 새기고 있으나, 정신과 넋이 어지러워서 미처 다 보지 못했습니다. 숭정황제(崇禎皇帝)와 황후(皇后)가 사직(社稷)을 위해 순사(殉死)하신 정도(正道)[51]와 남쪽으로 천도한 세 황제가 시해 당한 변고(變故)[52]와 충신과 열사들이 살신

49 군헌(君憲) : 심의덕(沈宜德, 1804~?)의 자로, 본관은 청송(青松)이다. 1831년(순조31) 식년 진사시에 합격하였다. 매산이 지은 제문이 본집 권31에 '제심군헌문(祭沈君憲文)'이라는 제목으로 실려 있다.

50 명계패사(明季稗史) : 청나라에서 간행된 책으로, 명(明)과 청(淸)의 교체기에 있었던 야사(野史)를 모은 것이다. 작자미상의 초편(初編)과 유운거사(留云居士)가 편집한 휘편(彙編) 두 종류가 잇는데 어느 것을 가리킨 것인지는 미상이다.

51 숭정황제(崇禎皇帝)와……정도(正道) : 숭정황제는 명(明)나라의 마지막 황제인 의종(毅宗)을 가리킨다. 1644년 3월 틈왕(闖王) 이자성(李自成)이 북경을 포위하여 함락시키자, 숭정제가 황후와 황자, 공주들을 모두 죽게 하고 만세산(萬歲山)에서 자신의 시체를 훼손할지언정 백성들을 괴롭히지 말라는 유언을 남기고 목매 자살하였으므로 이렇게 말한 것이다.

52 남쪽으로……변고(變故) : 세 황제는, 1644년 북경(北京)이 청(淸)나라에 의해 함락되어 명나라가 멸망하자, 명나라 왕실의 일족이 화중(華中)·화남(華南)에 남명(南明)을 세웠는데, 이때 재위했던 세 명의 황제인 홍광제(弘光帝), 융무제(隆武帝), 영력제(永曆帝)를 이른다. 홍광제는 복왕(福王) 주유숭(朱由崧), 융무제는 당왕(唐

성인(殺身成仁)하고 사생취의(捨生取義)한 성대한 행적을 가만히 보니, 자연 저도 모르게, 억울함과 분통함이 겹겹이 생겨나고 오열(嗚咽)하여 목이 잠기고 눈물이 줄줄 흘러 종이를 적셨습니다.

백 년의 오랑캐 운이 다해 가고 구세(九世) 이전의 나라의 치욕[53]을 아직 설욕하지 못했는데, 천한 저와 같은 사람은 죽음이 아침과 저녁 사이에 달려 있어서, 장차 한 번 오랑캐의 멸망을 보아 마음을 통쾌하게 할 수가 없으니, 바로 연부역강(年富力强)한 오형(吾兄)과 같은 분에게 기대하는 것입니다.

王) 주율건(朱聿鍵), 영력제는 영명왕(永明王) 주유랑(朱由榔)으로, 이들 세 황제는 모두 싸움에 패하여 살해되고 남명은 멸망하였다.

53 구세(九世)……치욕 : 인조(仁祖) 때 당한 삼전도(三田渡)의 치욕을 가리켜 말한 것이다. 구세는 춘추시대 제(齊)나라 애공(哀公)이 기후(紀侯)의 참소를 받고 주(周)나라 이왕(夷王)에게 죽임을 당했는데, 그로부터 9세(世) 후에 양공(襄公)이 선조인 애공을 위해 복수하는 뜻으로 기국(紀國)을 정벌한 고사에서 나온 말로 먼 과거의 일을 이른다.

외종제 김원숙[54] 수 에게 줌 갑술년[55]

與外從弟金元肅 鏽○甲戌

어느덧 반하(半夏 중하(仲夏))가 되었는데, 묻노니 어버이 모시며 지내는 상황은 좋으신가? 그대 아들의 마마(媽媽) 병치레가 순조롭다고 들었는데, 응당 무사히 위험한 지경을 면했을 것이네. 지금에 와서야 비로소 참된 아버지가 되었으니, 아무 걱정이 없다고 이를 만하네. 자신이 솔선수범하는 가르침을 잘 베풀어서 아비가 된 도리에 부끄럽지 말게나.

보통 사람들의 마음은 비록 자기는 배우지 못했더라도 아들에게는 배움을 권면하고 자기는 선(善)하지 못하더라도 아들에게는 선하기를 권하니, 아들을 사랑함이 자기를 사랑하는 것보다 중한 것이 아니겠는가. 자기가 능하지 못함을 부끄러워하고 미워하기 때문에 아들이 능하기를 바라는 것이니, 이 부끄러워하고 미워하는 마음이 드러나는 것을 인하여 이를 넓히고 확충한다면, 장차 불이 처음 타오르고 샘물이 처음 나오는 것의 아름다움이 있을 것이니,[56] 이에 자기 자신이 있다는 것을

54 김원숙(金元肅) : 김수(金鏽, ?~1833)로 매산의 큰 고모인 유인(孺人) 홍씨의 아들인바, 원숙은 그의 자이다. 본집 권44에 실려 있는 〈백고모유인묘지명(伯姑母孺人墓誌銘)〉에 보인다.

55 갑술년(甲戌年) : 1814년(순조14)으로, 매산의 나이 39세 되던 해이다.

56 이……것이니 : 이 내용은 《맹자》 〈공손추 상(公孫丑上)〉의 "무릇 나에게 있는 사단을 모두 넓혀 채울 줄을 알면, 마치 불이 처음 타오르며 샘물이 처음 나오는 것과 같을 것이다. 만일 능히 이것을 채운다면 충분히 사해를 보전할 수 있고, 만일 채우지

알아서 계책을 세움이 분명할 것이네. 자기를 바로잡은 뒤에 남을 바로잡고 자기를 이룬 뒤에 남을 이루어 주는 것이니, 남에게 있어서도 이러한데 하물며 자기 아들에 있어서이겠는가.

아들을 가르치는 방도는 마땅히 '충성(忠誠)스럽고 미덥게 하여 속이지 않는 것'을 근본으로 삼아야 하네. 어린 아들이 지극히 어리고 작지마는 본래 신령스러운 지각(知覺)이 존재하기 때문에, 어진 사람의 훌륭한 일을 보면 그와 같이 되기를 생각하는 것이니, 또한 물길을 이끌 적에 동쪽으로 터놓으면 동쪽으로 흐르고 서쪽으로 터놓으면 서쪽으로 흐르는 것과 같아서, 선을 행하고 악을 행하는 것이, 또한 오직 아버지가 어떻게 인도하느냐에 달려 있을 뿐이네.

정자가 말씀하기를 "안에 충신(忠信)을 쌓음은 덕을 진전시키는 것이요, 말을 가려서 하고 뜻을 돈독히 함은 업(業)을 쌓는 것이다."라고 하셨으니,[57] 덕을 진전시키고 업을 쌓는 일에 더욱 독실하게 힘써서 아들을 가르치는 근본으로 삼는 것이 지극히 옳고 지극히 옳네.

못한다면 부모도 섬길 수 없을 것이다.〔凡有四端於我者, 知皆擴而充之矣, 若火之始然, 泉之始達. 苟能充之, 足以保四海; 苟不充之, 不足以事父母.〕"라는 구절을 원용한 것이다.

57 정자가……하셨으니 : 정자는 이천(伊川) 정이(程頤)로, 이 내용은 《근사록》 권2 〈위학(爲學)〉에 보인다.

김원숙에게 줌 을유년[58]

與金元肅 乙酉

봄추위가 매서운데 조섭(調攝)하고 있는 몸은 어떠한가? 그대의 병을 그대가 또한 스스로 알 것이니, 폐일언(蔽一言)하고 술을 절제하지 못함이 화(禍)를 부른 것이네.

술이 사람에게 화를 입히는 것이 그 유래가 오래 되었으니, 나라의 군주로서 술 마시는 것을 숭상하면 나라를 잃고, 경대부(卿大夫)로서 술 마시는 것을 숭상하면 집안을 잃고, 사서인(士庶人)으로서 술 마시는 것을 숭상하면 몸을 잃네. 밝고 밝은 전감(前鑑)이 있으며 복철(覆轍)이 도도히 널려 있는데도,[59] 외물이 사람을 감응시킴이 무궁하고 마음의 호오(好惡)가 절도가 없어서 고금에 걸쳐 국가를 망하게 한 자들을 한 마디 말로 다할 수가 없네.

참으로 훌륭하구나. 관경중(管敬仲)의 말이여. 여기에 이르기를 "술이 들어가면 혓바닥이 나오고 혓바닥이 나오면 말을 실수하고 말을 실수하면 몸이 버려지니, 술을 버리는 것이 몸을 버리는 것보다 낫다."라고 하였으나, 이 뜻을 아는 자가 매우 드무니, 어찌 가련하게 여길 만한 일이 아니겠는가.

옛사람이 말하기를 "몸을 망치는 일이 한두 가지가 아니지마는 여색

58 을유년(乙酉年) : 1825년(순조25)으로, 매산의 나이 50세 되던 해이다.

59 밝고……있는데도 : 전감(前鑑)은 거울로 삼을 만한 지나간 일을 뜻하고 복철(覆轍)은 수레바퀴가 뒤집힌 자취라는 뜻으로 앞서의 실패를 비유해서 이르는 말이다.

(女色)을 좋아하는 자는 반드시 죽는다." 하였는데, 나 또한 "몸을 망치는 일이 한두 가지가 아니지마는 술을 좋아하는 자는 반드시 죽는다." 라고 말하는 바이네.

술에 빠져 방탕하게 즐기고[60] 욕심을 부리고 절제할 줄을 알지 못하므로 술을 좋아하는 자는 반드시 여색을 좋아하니, 여색과 술이 서로 배합됨은 두 개의 도끼가 외로운 나무를 찍는 것과 같아서, 쓰러지지 않는 자가 거의 드무네. 옛날 김신재(金愼齋) 선생[61]이 일찍이 말씀하기를

"남산 아래에 잠시 거처할 적에 마을 사람 십여 명 중에 술을 좋아하는 자와 여색을 탐닉하는 자들이 있으므로, 내가 그들을 위해서 경계의 말을 해주었는데, 10년이 지난 뒤에 소명(召命)을 받고 도성에 들어가 보니, 이미 이들이 모두 죽어서 한 사람도 남아 있는 자가 없었다."

라고 하셨네.

내가 직접 눈으로 보고 기억하건대, 큰 외삼촌인 박공(朴公)[62]은 문

60 술에……즐기고 : 원문의 '황담(荒湛)'은 술에 빠져 방탕하게 지냄을 이른다. 《시경》〈대아(大雅) 억(抑)〉 편에 "그 덕을 뒤엎고 술에 빠져 즐거워하는구나.〔顚覆厥德, 荒湛于酒.〕"라고 보인다. 원문의 '음후(淫酗)'는 《서경》〈태서 중(泰誓中)〉에 "음탕하고 술주정하여 사나움을 부리니, 신하들이 본받았다.〔淫酗肆虐, 臣下化之.〕" 하였는데, 공영달(孔穎達)이 소(疏)에서 "음주가 과다함을 말한 것이다.〔言飮酒過多也.〕"라고 하였다.

61 김신재(金愼齋) 선생 : 김집(金集, 1574~1656)을 이른 것으로, 신재는 호인 신독재(愼獨齋)를 줄여 쓴 것이다. 자세한 내용은 35쪽 주43 참조.

62 큰 외삼촌인 박공(朴公) : 박명한(朴鳴漢, 1744~1786)으로 자는 봉원(鳳元), 호는 의와(毅窩), 본관은 음성(陰城)이다. 1774년(영조50) 증광 진사시에 합격하고 벼슬

학과 훌륭한 행실이 마땅히 당대(當代)의 으뜸이 될 만하였는데, 술자리[63]에 항심(恒心)이 없어서 중풍으로 마비증이 오고 겨우 일 년 만에 거듭 중풍이 들어 별세해서 사당을 의탁할 곳이 없고 사후(死後)의 일이 처량하네. 그대 또한 들어서 알 것이니, 어찌 사실이 아니겠는가.

그대는 집안의 4대(四代) 종손(宗孫)으로, 위에는 두 분의 편친(偏親)이 계시고 아래에는 처자식이 있어서, 한 몸에 지고 있는 책임이 산더미처럼 많을 뿐만이 아닌데, 조금도 자기 몸을 스스로 아끼지 못하고 오직 광약(狂藥)[64]을 좋아해서 밖으로는 위의(威儀)를 잃고 안으로는 심지(心志)를 상실하며 병상(病牀)에서 죄를 지어서 어버이에게 오직 자식이 병들까 노심초사하는 근심[65]을 끼쳐드렸는데, 이제 응당 성연(惺然)히 스스로 깨닫고 척연(惕然)히 생각을 바꾸어, 상유(桑榆)의 공(功)을 거두리라고 생각하네.[66]

이 제용감 봉사(濟用監奉事)에 이르렀다. 본집의 〈연보〉에 "병오년(1786, 정조10) 선생이 11세 되던 7월에 백구(伯舅) 의와(毅窩) 박공(朴公) 휘 명한(鳴漢)의 상을 당하였다."라고 보인다.

63 술자리 : 원문의 '상정(觴政)'은 원래 주연(酒宴)의 흥을 더하기 위하여 마련하는 술자리의 규칙으로, 상령(觴令) 또는 주령(酒令)이라고도 하는데, 곧바로 주연(酒宴)을 이르기도 한다.

64 광약(狂藥) : 술을 이른다. 북송(北宋)의 명재상인 노국공(魯國公) 범질(范質)이 조카 범고(范杲)가 자신을 천거해 주기를 바라자, "너에게 술을 즐기지 말기를 경계하나니, 미치게 만드는 약이요 아름다운 맛이 아니니다.〔戒爾勿嗜酒, 狂藥非佳味.〕"라는 내용의 시를 지어주었다. 《小學 嘉言》

65 자식이……근심 : 원문의 '유질지우(惟疾之憂)'는 《논어》 〈위정(爲政)〉에 "부모는 오직 자식이 병들까 그것만을 근심한다.〔父母惟疾之憂.〕"라고 나온다.

66 성연(惺然)히……생각하네 : 성연은 밝게 깨닫는 모양을 이르고, 척연(惕然)은 경각심을 가지고 깨우치는 모양을 이른다. '상유(桑榆)의 공(功)'은 초년의 실패를 말년

지금부터 계속해서 '금잔(金盞)을 망치로 때려 부수고 옥잔(玉盞)을 깨뜨리며 부백(浮白)을 버리고 인만(引滿)을 폐해서, 골목에는 굴러다니는 술통이 없게 하고 집안에는 남겨둔 술병이 없게 하여 욕심낼 것을 보지 않아서 마음이 혼란해지지 않게 하기'를 유천(庾闡)이 경계한 것과 같이 한다면,[67] 몸을 수양(修養)하여 수명(壽命)을 연장할 수 있을 것이네. 만약 이렇게 하지 않는다면, 중풍의 조짐이 없는 날이 하루도 없을 것이요, 풍증(風症)이 다시 이르면 결코 살아날 길이 없을 것이니, 편작(扁鵲)과 화타(華陀)가 다시 나오고 대약(大藥)이 산처럼 쌓여 있더라도[68] 또한 어쩔 수가 없을 것이네.

에 만회하여 공을 이룸을 말한다. 《후한서(後漢書)》 권17 〈풍이열전(馮異列傳)〉에 "동우에서 잃었으나 상유에서 만회하였다고 이를 만하다.〔可謂失之東隅, 收之桑榆.〕"라고 하였는데, 동우는 동쪽 해가 뜨는 곳으로 인생의 초년(初年)을 뜻하고 상유는 서쪽의 해가 지는 곳으로, 인생의 만년(晩年)을 뜻한다.

67 금잔(金盞)을……한다면 : 이 내용은 유천(庾闡)이 단주(斷酒)를 경계하여 말한 것으로, 《예문유취(藝文類聚)》 권72 〈식물부(食物部)〉에 보인다. 유천은 동진(東晉)의 문신이자 문장가로 자가 중초(仲初)이며 급사중(給事中), 영저작사(領著作事) 등의 벼슬을 지냈으며, 〈조가의문(弔賈誼文〉, 〈양도부(揚都賦)〉 등의 저작이 있다. '부백'은 '부이대백(浮以大白)'을 줄여 쓴 것으로, 대백은 큰 술잔을 이르는바, 큰 술잔에 따라 호쾌하게 술을 마시는 것을 뜻한다. 전국 시대 위(魏)나라 문후(文侯)가 대부(大夫)들과 술을 마실 적에 공승불인(公乘不仁)으로 하여금 주법(酒法)을 시행하게 하면서 "술잔을 다 비우지 않은 사람에게는 큰 술잔으로 술을 따르리라.〔飮不釂者, 浮以大白.〕"라고 한 고사에서 유래하였다. '인만(引滿)'은 술잔에 가득 차도록 술을 따라 마심을 이른다. 《한서》 권100 상 〈서전 상(敍傳上)〉에 "모두 술잔에 술을 가득 따라 마시며 담소하며 큰 소리로 웃었다.〔皆引滿擧白, 談笑大噱.〕"라고 보인다. '욕심낼 것을 보지 않아서 마음이 혼란해지지 않게 한다.〔不見可欲, 使心不亂.〕'는 구절은 노자(老子) 《도덕경(道德經)》 제3장의 "욕심낼 만한 것을 보이지 않아서 백성들이 혼란에 빠지지 않게 한다.〔不見可欲, 使民心不亂.〕"라는 구절을 원용한 것이다.

이후의 일은 그대 스스로 어떻게 하느냐에 달려 있으니, 응당 남의 말을 기다리지 않고도 재량(裁量)할 바를 알 것이네. 사는 것을 좋아하고 죽는 것을 싫어하며 이로움으로 달려가고 해로움을 피하는 것은 금수(禽獸)도 오히려 그러한데, 하물며 사람이겠는가. 그대는 《상서(尙書)》를 읽기 좋아하니, 다시 〈주고(周誥)〉 한 편을 취하여 온역(溫繹 배웠던 것을 복습하며 깊이 연구함)한다면 성인(聖人)이 우리를 속이지 않았음을 알 것이네.

희렴(豨薟)은 풍병(風病)을 다스리는 효력이 아주 좋은 약이므로 그대를 위하여 구해서 보내니, 법제(法製)대로 술로 쪄서 환(丸)으로 만들어 먹으면 온전한 공효를 거둘 수 있을 것이네.[69] 그러나 만약 술을 끊지 않으면서 오직 약효(藥效)가 있기를 바란다면, 이는 한 잔의 물로 한 수레에 가득 실은 땔나무에 붙은 불을 끄는 것과 같으니,[70] 어찌

68 편작(扁鵲)……있더라도 : 편작과 화타(華佗)는 모두 옛날의 명의(名醫)들이며, 대약(大藥)은 도가(道家)의 도사들이 장생불사(長生不死)를 위해 만드는 금단(金丹)을 이른다. 백거이(白居易)의 〈호가행(浩歌行)〉에 "이미 긴 밧줄로 태양을 매어 둘 수 없고, 대약으로 청춘을 머물게 할 수도 없다네.〔旣無長繩繫白日, 又無大藥駐朱顏.〕"라고 보인다. 《白樂天詩集 卷12》

69 희렴(豨薟)은……것이네 : 희렴은 국화과에 속하는 일년생 초본식물인 진득찰의 전초를 말린 것으로 약재로 만들어 복용하면 풍사(風邪)를 몰아내고 습사(濕邪)를 없애고 관절을 부드럽게 하며 혈압을 낮추는 효능이 있다. 법제(法製)는 약재를 술에 담그거나 불에 볶는 등의 한방(漢方)의 법식대로 약을 제조함을 이른다. 희렴은 술로 쪄서 구증구폭(九蒸九曝)하여 복용하는바, 구증구폭은 아홉 번 쪄서 아홉 번 햇볕에 말림을 이른다.

70 한……같으니 : 원문의 '배수거신(盃水車薪)'은 《맹자》 〈고자 상(告子上)〉의 "지금 세상에 인을 행하는 자들은 한 잔의 물로 한 수레에 가득 실은 땔나무에 붙은 불을 끄는 것과 같다. 그리하여 불이 꺼지지 않으면 물이 불을 이기지 못한다고 말한다.〔今

효력이 있을 수 있겠는가. 오직 강함만이 사욕을 이길 수 있는데, 그대는 평소에 마음의 기운이 부족하여 일도양단(一刀兩斷)하듯 술을 끊을 수 있을지를 또한 기필할 수가 없으니, 이것이 고민이네.

진실로 능히 마음가짐을 매우 조심하고 우환을 염려하여[71] 시종일관 신중히 처신한다면, 이번의 질병이 약석(藥石)이 되지 않을 줄을 어찌 알겠는가? 우환 속에서 산다는 것은 추성(鄒聖)이 가르치신 것이니,[72] 우리 아우를 위하여 이 글을 외고 더 이상 자세히 말하지 않네.

之爲仁者, 猶以一杯水, 救一車薪之火也. 不熄則謂之水不勝火.〕"라는 구절을 원용한 것이다.

71 마음가짐을……염려하여 : 원문의 '조심여환(操心慮患)'은 《맹자》 〈진심 상(盡心上)〉의 "오직 외로운 신하와 서얼의 자식들은 마음가짐을 매우 조심하고 우환을 염려함이 깊다.〔獨孤臣孽子, 其操心也危, 其慮患也深.〕"라는 구절을 원용한 것이다.

72 우환……것이니 : 추성(鄒聖)은 추나라의 성인(聖人)이란 뜻으로 맹자를 가리킨다. 우환 속에서 산다는 것은 《맹자》 〈고자 하(告子下)〉에 "우환 속에서 살고 안락 속에서 죽는다.〔生於憂患而死於安樂也.〕"라고 보인다.

이여륜[73] 병경 에게 줌 임신년[74]

與李汝綸 秉經○壬申

근래 상중(喪中)의 체후(體候)는 편안하십니까? 존왕고(尊王考 상대방 조부의 존칭)께서 후학(後學)을 버리고 돌아가신 뒤로부터, 영남〔山南〕의 많은 선비들이 의귀(依歸)할 곳을 잃고 독서 종자(讀書種子)[75]가 거의 끊어지게 되었는데, 우리 좌하(座下)의 숙질(叔姪) 두 분이 능히 가학(家學)을 계승함에 의지하여 계속해서 이 도(道)를 듣게 되었으니, 애호하며 기대하는 것이 어찌 다만 존문(尊門) 한 집안을 위해서이겠습니까.

상사(喪事)에 기운이 저상(沮喪)되지 않도록 하고 가난 때문에 마음이 변하지 말게 하며 더욱 스스로 분발해서 조금도 물러서지 마십시오. 중(重)하게 도를 자임(自任)함은 한 나무가 큰 집을 지탱하듯이 하고, 용맹하게 학문을 진전시킴은 물이 만 번 꺾여도 반드시 동쪽으로 흘러

73 이여륜(李汝綸) : 이병경(李秉經)으로, 여륜은 자로 보인다. 《승정원일기(承政院日記)》 1805년(순조5) 기사에 '경상도 유생 유학 이병경(慶尙道儒生幼學李秉經)'이란 기록이 보이는데, 동일 인물인지는 미상이다.

74 임신년(壬申年) : 1812년(순조12)으로, 매산의 나이 37세 되던 해이다.

75 독서 종자(讀書種子) : 책을 읽어 학문하는 사람을 이르는 말로, 남송(南宋)의 학자인 나대경(羅大經)이 지은 《학림옥로(鶴林玉露)》에 "한(漢)나라의 두 분 헌왕(獻王)이 모두 책을 좋아하였으니, 나라가 전해진 것이 모두 가장 오래 되었다. 사대부 집안에 독서 종자를 끊어지게 할 수 있겠는가.〔漢二獻皆好書, 而其傳國皆最遠. 士大夫家, 可使讀書種子衰息乎?〕"라고 한 데서 유래하였다. 두 분 헌왕은 전한(前漢)의 하간헌왕(河間獻王)과 후한(後漢)의 동평헌왕(東平獻王)을 이른다.

가는 것[76]처럼 하고, 정밀하게 이치를 살핌은 추호(秋毫)의 끝을 가르듯이 하고, 엄하게 신독(愼獨)함은 귀신이 강림(降臨)하고 있는 듯이 하여, 마음과 입이 서로 믿음을 주고 발과 눈이 함께 이르러서,[77] 끝내 진정으로 학문하는 사람이 된다면, 어찌 우리 도(道)의 영광이 되지 않겠습니까.

76 물이……것 : 《순자(荀子)》 〈유좌(宥坐)〉에 "물이 만 번 꺾여도 반드시 동쪽으로 흐르는 것은 굳은 의지가 있는 것과 같다.〔其萬折也必東, 似志.〕"라는 구절을 원용하여 학문을 하려는 의지가 굳음을 말한 것으로 보인다. 중국의 강은 대부분 서북지방에서 발원하여 동쪽인 황해로 흐른다.

77 발과……이르러서 : 발은 행(行)을 비유하고 눈은 식견으로 지(知)를 비유하는바, 곧 지행병진(知行竝進)을 말한 것이다.

이국언[78] 준 에게 답함 신미년[79]

答李國彦 寯○辛未

편지를 받고서 비로소 이름을 고쳤음을 알았습니다. 이름이라는 것이 비록 스스로 명명(命名)하는 것이라고는 하나, 부형(父兄)이 처음 내려 주신 것인데, 또 어찌하여 고친단 말입니까?

옛사람 중에도 이름을 고친 자가 많습니다. 돌아가신 군주의 휘(諱)를 범하여 고친 자가 있으니, 예를 들면 이세적(李世勣)이 적(勣)으로 고친 경우가 이것이고,[80] 혹은 당시 군주의 휘를 범하여 고친 자가 있으니, 예를 들면 주돈실(周敦實)이 돈이(敦頤)로 고친 경우이니,[81] 이와 같은 무리가 매우 많습니다. 그렇지 않으면, 혹은 먼 형제의 이름과 같아서 고친 자가 있고 혹은 형벌로 죽은 사람의 이름을 피하기 위하여

78 이국언(李國彦) : 이준(李寯)으로 국언은 그의 자로 보인다. 《승정원일기(承政院日記)》 1806년(순조6) 10월 4일 기사에 사학유생유학(四學儒生幼學)에 이름이 기재되어 있는데 동일 인물인지는 미상이다.

79 신미년(辛未年) : 1811년(순조11)으로, 매산의 나이 36세 되던 해이다.

80 이세적(李世勣)이……이것이고 : 이세적(594~669)은 당나라 초기의 명장으로 사공(司空), 요동도행군총관(遼東道行軍總管) 등의 벼슬을 지낸 인물로 자는 무공(懋功)이다. 원래 이름이 서세적(徐世勣)이었는데 고조(高祖) 이연(李淵)에게 이씨(李氏) 성을 하사받고, 태종(太宗) 이세민(李世民)의 이름을 기휘(忌諱)하여 이적(李勣)으로 개명하였다.

81 주돈실(周敦實)을……경우이니 : 주돈실(1017~1073)은 북송(北宋) 때 성리학(性理學)의 기반을 닦은 대학자로, 자(字)가 무숙(茂叔), 호(號)가 염계(濂溪)이다. 영종(英宗)의 초명인 종실(宗實)을 기휘하여 돈이(敦頤)로 이름을 바꾸었다.

고친 자가 있는데, 좌하는 이 중에 한 가지 이유도 없으면서 중년(中年)이 되기도 전에 세 번 이름을 바꿨으니, 무슨 뜻인지 모르겠습니다.

만약 퇴계(退溪)의 아드님과 이름이 같은 것[82]을 혐의(嫌疑)한 것이라면, 고금(古今)에 걸쳐 사람의 성명이 같은 경우가 또한 어찌 끝이 있겠습니까. 만약 대현(大賢)의 아들과 서로 이름이 혼동되어서는 안 된다고 구실을 삼는다면, 대현의 이름이야 마땅히 휘할 대상이지마는 그 아드님에게까지 미루어 미치는 것은 너무 지나치지 않습니까. 또 새로 지은 이름의 뜻이 아름답지 않은 것은 아니나, 이 글자는 경전(經傳)과 자사(子史)에 보이는 것이 거의 어조사처럼 많으니, 좌하의 자손들이 장차 어떻게 이 이름을 휘하겠습니까.

요즘 사람들은 마음을 잡음이 안정되지 못해서, 자식을 낳았다가 기르지 못하면 이름을 바꾸고, 과거에 응시하였다가 급제하지 못하면 이름을 바꾸고, 입신(立身)과 행기(行己 몸가짐)에 있어 남에게 알려지지 못했는데 이 사실을 사람들이 알게 되면 또한 이름을 바꾸는데, 좌하께서야 어찌 이런 일을 하시겠습니까. 어찌 이런 일을 하시겠습니까. 부디 빨리 옛 이름으로 돌아와서 식자(識者)들의 비난을 초래하지 마시기 바랍니다.

82 퇴계(退溪)의……것 : 퇴계 이황의 장남(長男)의 이름이 준(寯)이므로 이렇게 말한 것이다. 이준(1523~1583)은 자가 정수(廷秀)로 천거로 출사하여 벼슬이 첨정(僉正)에 이르렀다.

이국언에게 답함 을해년[83]

答李國彦 乙亥

봄철이 순식간에 저물어가니, 그리운 마음이 봄과 함께 깊어갑니다. 어버이 모시며 보내는 일상생활을 더욱 삼가시고 조용히 지내십니까? 아전이 문에 이르러 징색(徵索 돈이나 곡식을 강제로 요구하는 일)하면서 솥까지 쥐어짜내니, 이런 시름과 괴로움은 듣는 자들도 오히려 마음이 무너지는데, 하물며 자신이 직접 당한 경우에 있어서이겠습니까.

옛날 방손지(方遜志)가 와병(臥病) 중에 양식이 떨어지자 집안사람이 이를 보고하였는데, 바로 말하기를 "고인 중에는 한 달에 겨우 아홉 끼니의 식사를 하였는데도 항아리에 남은 곡식이 없었던 분이 있었으니, 곤궁함이 어찌 나만 홀로 그런 것이겠느냐."라고 하고는, 인하여 크게 웃어 마지않았습니다.[84] 그런데 만약 그때 어버이가 살아계셨다

83 을해년(乙亥年) : 1815년(순조15)으로, 매산의 나이 40세 되던 해이다.

84 방손지(方遜志)가……마지않았습니다 : 방손지는 명나라 초기의 명신인 방효유(方孝孺, 1357~1402)로 손지는 그의 호이고 자는 희직(希直)이다. 혜제(惠帝)를 섬겨 시강학사(侍講學士)로서 당대 제일의 학자라는 중망을 누렸으나, 1402년 연왕(燕王, 성조(成祖))이 무력으로 제위(帝位)를 찬탈한 뒤 등극 조서를 작성할 것을 명하자, 이를 거부하다가 집안 전체가 죽임을 당하였다. 고인 중에 한 달에 겨우 아홉 끼니의 식사를 한 분은 동진(東晉)의 고사(高士)로 안빈낙도(安貧樂道)한 도연명(陶淵明)을 말한 것으로, 도연명의 〈의고(擬古) 9수〉 중 제5수에 "동방에 한 선비 있으니, 그 옷차림 항상 허름하여라. 서른 날에 아홉 끼니를 먹고, 십 년에 한 관을 쓴다네.〔東方有一士, 被服常不完. 三旬九遇食, 十年著一冠.〕"라고 한 것을 원용한 것이다.《陶淵明詩箋證稿 卷4》 이 내용은《어정연감유함(御定淵鑑類函)》 권287 〈인부46(人部四十六) 빈2(貧

면 손옹(遜翁 방손지)이 비록 철석간장(鐵石肝腸)이라 해도 또한 어찌 근심하고 서글퍼하지 않을 수 있었겠습니까.

공부의 과정은 묵은 병환 때문에 좌절을 당했을 것이니, 일폭십한(一曝十寒)[85]으로 귀결되지 않겠습니까. 존문(尊門)의 문호(門戶)를 빛낼 책임이 오직 좌하 한 몸에 달려 있어서 그 중(重)함이 만균(萬匀)[86]에 그칠 뿐이 아니니, 비록 스스로 자기 몸을 가볍게 하고자 하나 될 수가 없습니다.

'선비는 학문을 알지 못하는 것을 근심하니, 학문을 하더라도 택할 바를 아는 것은 어렵고 잘 택하더라도 용맹하게 이것을 행할 수 있어서 안으로는 자신의 사욕을 돌아보지 않고 밖으로는 습속(習俗)에 이끌리지 않는 것, 이것이 더욱 어렵다.'[87]라고 하였으니, 이 의리를 좌하께서는 간파(看破)하셨습니까?

二)〉에 보인다. 원작에는 마지막 구절 '대소부지(大笑不止)'가 '대소이지(大笑而止)'로 되어있는바, 이 경우에는 '크게 웃고 말았다'로 번역하여야 할 것이다.

85 일폭십한(一曝十寒) : 초목(草木)을 가꿈에 있어 하루 동안 따뜻한 햇볕을 쪼이고, 열흘 동안 춥게 한다는 뜻으로, 학업을 연마함에 힘쓸 때는 적고 게을리 할 때가 많아 진전이 없는 것을 비유하는 말이다. 《맹자》 〈고자 상(告子上)〉에 "비록 천하에 쉽게 생장하는 물건이 있더라도 하루 동안 햇볕을 쪼이고 열흘 동안 춥게 하면 생장할 수 있는 물건이 있지 않다.〔雖有天下易生之物也, 一日暴之, 十日寒之, 未有能生者也.〕"라는 구절에서 유래하였다.

86 만균(萬匀) : 만균(萬鈞)과 같은 말로, 균은 30근(斤)을 이르는바 균(匀)과 균(均)과 균(鈞)은 서로 통한다.

87 선비는……어렵습니다 : 이 내용은 주자의 말씀으로 《성리대전(性理大全)》 권48 〈학6(學六) 지행(知行)〉에 보이는데, 원작에는 두 번째 구절의 '학의(學矣)'가 '지학의(知學矣)'로 되어 있으며 마지막 구절의 '시(是)'가 '차(此)'로 되어 있다.

신낙청 종 에게 줌 임신년[88]

與申洛淸 崈○壬申

듣건대, 근래에 돌아가신 충신(忠臣) 정공시(鄭公蓍)[89]의 순절(殉節)한 사실을 기록한 책을 책상 위에 소중히 모시고 있다고 하니, 빌려 볼 수 있겠습니까?

서쪽 변경에 경보(警報)가 울린 것[90]은 백성들이 작은 못에 병기(兵器)를 도둑질하여 희롱한 것에 불과하였는데,[91] 변란(變亂)이 창졸간에 발생하였기 때문에 여러 군(郡)들이 미처 대비하지 못해서 소문만

88 임신년(壬申年) : 1812년(순조12)으로, 매산의 나이 37세 되던 해이다.

89 정공시(鄭公蓍) : 정시(鄭蓍, 1768~1811)를 높여 칭한 것으로 자는 덕원(德園), 호는 백우(伯友), 본관은 청주(淸州), 시호는 충렬(忠烈)이다. 1799년(정조23) 별시(別試) 무과에 급제하고, 선전관 등의 벼슬을 역임하고 1811년 가산 군수에 제수되었다. 재임 중에 홍경래(洪景來)의 난이 일어나 포로가 되었으나 항복하지 않고 절의를 지키다가 아버지와 함께 살해되었다.

90 서쪽……것 : 1811년(순조11), 평안도에서 홍경래(洪景來)와 우군칙(禹君則) 등이 중심이 되어 일으킨 대규모 농민반란을 이른다.

91 작은……것 : 지방 수령의 핍박과 생활고에 시달리다 못해 일으킨 농민들의 반란을 가리키는 표현이다. 원문의 '황지(潢池)'는 물이 고여 이루어진 조그마한 못을 말한다. 서한(西漢) 선제(宣帝) 때에 발해(渤海)에서 농민반란이 일어나 황제가 걱정을 하자, 공수(龔遂)가 "굶주림과 추위에 시달리는 백성들을 관리들이 제대로 돌보지 않자, 폐하의 적자(赤子)들이 폐하의 무기를 훔쳐서 황지 가운데에서 한번 장난을 쳐 본 것일 뿐입니다.〔其民困於飢寒而吏不恤, 故使陛下赤子盜弄陛下之兵於潢池中耳.〕"라고 말했던 고사에서 유래하였다. 적자는 어린아이로 무지한 백성을 비유하는 말이다. 《漢書 卷89 循吏傳 龔遂》

듣고 붕괴되어 달아나지 않으면 항복하였습니다. 유독 정공 부자(父子)만이 의롭게 죽는 것을 두려워하지 않고 요행으로 사는 것을 영화롭게 여기지 아니하여 목숨을 바쳐 인(仁)을 이루었습니다.

안고경(顏杲卿)과 원이겸(袁履謙)[92]처럼 역도(逆徒)들을 꾸짖는 소리가 입에서 끊이지 않았고, 변곤(卞壼)과 유염(劉琰)[93]처럼 온 가문이 죽기를 다투었으니, 24개 군(郡)에 한 사람의 의사(義士)도 없었다고 말할 수 없습니다.[94] 또 제공경욱(諸公景彧)[95]은 출정(出征)할 것을 자

92 안고경(顏杲卿)과 원이겸(袁履謙) : 안고경(692~756)은 당나라 현종(玄宗) 때의 인물로 명필 안진경(顏眞卿)의 종형(從兄)이며 시호는 충절(忠節)이다. 천보(天寶) 14년 을미년(755) 안녹산(安祿山) 밑에서 영전 판관(營田判官)으로 있다가 상산 태수(常山太守)로 발탁되었는데, 안녹산이 반란을 일으키자 평원 태수(平原太守)로 있던 종제 안진경과 호응하여 의병을 일으켜 반란군의 배후를 위협하며 하북(河北) 일대의 고을들을 안정시켰다. 다음 해 사사명(史思明)에 의해 체포되어 안녹산에게 끌려가 심문을 받았으나 끝까지 굴하지 않고 반역을 꾸짖다가 처형되었다. 원이겸(?~756)은 안고경의 부하로 장사(長史) 벼슬을 지냈는데, 안고경과 함께 체포되자 피를 뱉으며 꾸짖다가 안고경과 함께 처형되었다.

93 변곤(卞壼)과 유염(劉琰) : 변곤(281~328)은 진(晉)나라 명제(明帝) 때의 충신으로 자는 망지(望之), 시호가 충정(忠貞)이다. 소준(蘇峻)의 난에 싸우다가 전사하였는데, 그의 두 아들 진(眕)과 우(盱) 또한 뒤따라 적진에 뛰어들어 싸우다가 모두 전사하였다. 그러자 진과 우의 모친 배씨(裴氏)는 두 아들의 시신을 어루만지면서 "아버지는 충신이 되고 너희는 효자가 되었으니, 무엇을 한스러워 하겠는가.〔父爲忠臣, 汝爲孝子, 夫何恨乎?〕"라고 하였다. 《晉書 卷70 卞壼傳》 유염과 유염의 고사는 모두 미상이다.

94 24개……없습니다 : 안녹산의 반란에 하북의 24개 군이 모두 함락되자, 현종이 "하북의 24개 군 가운데 충신이 한 명도 없단 말인가?"라고 탄식하였는데, 안고경(顏杲卿)의 종제(從弟)인 평원 태수(平原太守) 안진경(顏眞卿)이 의병을 모아 평원을 굳건히 지키고 이 소식을 조정에 아뢰자, 현종이 기뻐하면서 "나는 안진경이 어떤 사람인지도 모르는데 그가 이렇게 훌륭한 일을 해내는구나."라고 하였으므로 이렇게 말한 것이

원해서 검을 차고 서쪽으로 내려가서 자신이 병졸들에 앞장서서 직접 화살과 탄환을 무릅썼고, 남문(南門)의 싸움에서 물러서지 않고 싸우다 죽었으니, 참으로 자기의 목숨을 버리면서도 후회하지 않은 분입니다. 정공은 바로 유명한 유학자의 후손이고 제공은 충신의 후손이니,[96] 사람은 세류(世類 문벌(門閥))를 보지 않을 수가 없습니다.

이번 서쪽 지방의 싸움에서 돌아가신 분이 세 분인데, 모두 영남에서 나왔으니,[97] 영남의 풍교(風敎)의 아름다움을 여기에서 볼 수 있습니다. 이것은 영남 한 도(道) 전체의 영광이 되니, 사사로이 집사를 위하여 축하하는 바입니다. 바로 지금 흉악한 역적들이 남김없이 다 소탕되

다.《新唐書 卷153 顔眞卿列傳》

95 제공경욱(諸公景彧) : 홍경래(洪景來)의 난에 순국한 제경욱(?~1812)을 높여 이른 것이다. 자는 경식(敬植), 본관은 칠원(漆原)이다. 홍경래(洪景來)의 난에 평안도 관찰사 이만수(李晩秀)에 의해 청북소모장(淸北召募將)으로 발탁되어 평안도 안주(安州)에서 군사를 모집하고, 관군의 선봉이 되어 반군(叛軍)의 거점인 정주성(定州城)을 공격하다가 남문 앞에서 반군이 퍼부은 시석(矢石)에 맞아 전사하였다. 본집 권51에 제경욱에 대한 전(傳)이 '증통제사제공전(贈統制使諸公傳)'이라는 제목으로 실려 있다.

96 정공은……후손이니 : 정시는 선조와 광해군 때의 저명한 유학자인 한강(寒岡) 정구(鄭逑, 1543~1620)의 후손이고, 제경욱은 임지왜란 때 의병장으로, 망우당(忘憂堂) 곽재우(郭再祐)와 함께 명성이 높았던 충의공(忠毅公) 제말(諸沫, ?~1592)의 후손이므로 이렇게 말한 것이다.

97 서쪽……나왔으니 : 세 분은 정시 부자와 제경욱을 이른 것인데, 이 당시 매산은 이렇게 알고 있었던 듯하다. 본집 권38에 실린 〈가산군수증병조판서충렬정공묘지명(嘉山郡守贈兵曹判書忠烈鄭公墓誌銘)〉에는 "같은 때에 돌아가신 분이 제경욱, 백경한, 한호운, 허항, 임지환, 김대택이니, 이른바 7의사이다.〔同時死事者諸景彧、白慶翰、韓浩運、許沆、林之煥、金大宅, 是所云七義士也.〕"라고 실려 있다.

었으니, 이는 세 분의 영명(英明)한 혼과 굳센 넋이 여귀(厲鬼 사나운 귀신)로 변하여 역적을 멸망시킨 것이 아니겠습니까.

제공(諸公)은 진주(晉州) 분인데, 진주(晉州)는 이곳과 매우 가까우니,[98] 순절(殉節)한 일을 저에게 들려 줄 수 있습니까? 주자께서 장충문공(張忠文公)과 정위민공(鄭威愍公)을 표장(表章)한 고사(故事)[99]를 따라서 세 분을 위하여 전(傳)을 짓고자 하므로 그 자세한 내용을 알고자 하는 것입니다. 저의 썩은 붓으로 이분들을 후대에 길이 전하게 할 수는 없을 것이나, 애오라지 말채찍을 잡으려는 소원[100]을 펼 뿐입니다.

98 진주(晉州)는……가까우니 : 이곳은 밀양(密陽)을 이른다. 이 해 홍직필은 밀양부사로 있는 부친의 임소에 있었으므로 이렇게 말한 것이다. 《梅山集 卷53 年譜》

99 주자께서……고사(故事) : 장충문공(張忠文公)은 북송(北宋)의 충신인 장숙야(張叔夜, 1065~1127)로 충문은 그의 시호이며 자가 혜중(嵇仲)이다. 흠종(欽宗) 정강(靖康) 원년(1126)에 금나라 군대가 남하하자 영남도총관(嶺南都摠管)으로 근왕병(勤王兵) 4천 명을 이끌고 도성(都城) 아래에 진출하였으나 성이 함락되고 황제가 북쪽으로 끌려가자 63세의 나이로 단식하다가 자결하였다. 《宋史 卷353 張叔夜列傳》 정위민공(鄭威愍公)은 남송(南宋)의 충신인 정양(鄭驤)으로 정민은 그의 시호이며 자가 잠옹(潛翁)이다. 동주 지현(同州知縣)으로 있을 적에 금(金)나라 군대가 쳐들어오자 통판(通判) 이하가 모두 도망쳤으나 홀로 버티다가 이튿날 성이 함락되자 우물에 투신(投身)하여 순절하였다. 《宋史 卷448 鄭驤列傳》 후일에 두 사람을 모신 사당을 신주(信州)에 세우고, 나라에서 '정충민절묘(旌忠愍節廟)'라고 사액하였는데, 주자가 〈정충민절묘비(旌忠愍節廟碑)〉를 써서 이들의 충절을 표장하였다. 《晦庵集 卷89 旌忠愍節廟碑》

100 말채찍을 잡으려는 소원 : 마부(馬夫)가 되어 말채찍을 잡고 기꺼이 그의 수레라도 끌고 싶을 정도로 상대방의 덕을 흠모한다는 말이다. 《사기》 권62 〈관안열전 찬(管晏列傳贊)〉에 "가령 안자가 지금 이 세상에 살아 있다면 내 비록 그를 위해 말채찍을 잡는다 하더라도 기쁜 마음으로 받들어 모시겠다.〔假令晏子而在, 余雖爲之執鞭, 所忻慕焉.〕"라는 사마천(司馬遷)의 말에서 유래하였다.

한계응[101] 공한 에게 답함 경인년[102]
答韓季鷹 公翰○庚寅

《중용》 한 권을 가지고 석산(石山)의 깊은 곳에 들어가서 삼여(三餘)[103]에 공부할 과정으로 삼으시겠다는 말씀을 들으니, 더욱 정신을 바짝 차리게 됩니다. 좌하께서는 타고난 자품이 지극히 아름다워 이미 양귀(良貴)[104]가 이루어 졌는데도 아버지와 스승의 가르침까지 더하여 의리의 가운데에서 완전히 무젖어 있으니, 진실로 등마루를 꼿꼿이 세워 마음과 힘을 한결같이 할 수 있다면 무거운 짐을 지고 먼 곳까지 감[105]에 있어 무슨 어려움이 있겠습니까.

한 번 얼굴[106]을 접하고서 이미 의지할 만한 분임을 모두 알았습니다.

101 한계응(韓季鷹) : 한공한(韓公翰)으로 계응은 자로 보이며 본관은 곡산(谷山)이다. 강재(剛齋) 송치규(宋穉圭)의 제자이다.

102 경인년(庚寅年) : 1830년(순조30)으로, 매산의 나이 55세 되던 해이다.

103 삼여(三餘) : 학문하기에 좋은 세 가지 여가(餘暇)로, 해의 여가〔歲之餘〕인 겨울, 하루의 여가〔日之餘〕인 밤, 계절의 여가〔時之餘〕인 장마철을 이르는 말이다.《三國志 魏書 卷13 王肅 註》

104 양귀(良貴) : 본연(本然)의 선(善)에서 비롯된 귀함을 이른다.《맹자》〈고자 상(告子上)〉에 "남이 귀하게 해 준 것은 양귀가 아니니, 조맹(趙孟)이 귀하게 해준 것을 조맹이 능히 천하게 할 수 있다.〔人之所貴者, 非良貴也, 趙孟之所貴, 趙孟能賤之.〕" 하였는데, 주자는《집주(集註)》에서 "양(良)은 본연의 선이다."라고 주해하였다.

105 무거운……감 : 원문의 '임중치원(任重致遠)'은《논어》〈태백(泰伯)〉의 "선비는 도량이 넓고 뜻이 굳세지 않으면 안 된다. 임무는 무겁고 길은 멀기 때문이다.〔士不可以不弘毅 任重而道遠.〕"라는 구절을 원용한 것이다.

106 얼굴 : 원문의 '지우(芝宇)'는 상대방의 용모를 미화한 표현이다. 당(唐)나라 원

우리 당(黨)에 훌륭한 분이 있음을 축하하나, 또한 아름다운 자질은 얻기 쉬워도 지극한 도(道)는 듣기 어려울까 염려되니, 혹시라도 물러서지 말고 용맹스럽게 앞으로 곧장 나가서, 이 오래할 수 있고 크게 할 수 있는 덕업(德業)[107]을 끝마치시는 것이 어떻겠습니까?

근세에 학문에 뜻을 둔 자가 없다고는 말할 수 없으나, 대부분의 사람들이 명성과 이익에 마음을 빼앗겨서 학문을 중도(中道)에 포기하지 않는 경우가 별로 없습니다. 좌하와 같이 뜻을 세우고 이를 견고하고 굳세게 유지하는 분은 이러할 염려가 없으나, 자신을 위해 세우는 계책에 있어서는 또한 마땅히 일에 앞서서 염려를 해야 할 것입니다.

이름을 좇아 실제를 잊음은 예나 지금이나 똑같이 있는 병통인데, 어진 자의 은택이 점점 사라져서 질(質 본바탕)은 없어지고 거짓이 불어나서, 비록 이름은 학문을 한다고 하나 실제는 '자기를 위한 학문〔爲己之學〕'을 하지 않습니다. 그러므로 이 마음이 의리(義理)에 머물러 있는 경우는 적고 쓸데없는 일에 머무는 경우는 많아서 의리에는 도리어 생소하고 쓸데없는 일에는 도리어 익숙합니다. 그러므로 말씀하기를

덕수(元德秀)는 자가 자지(紫芝)인데, 재상(宰相) 방관(房琯)이 덕수를 보면 항상 감탄하며 "자지의 눈썹을 보면 명리(名利)의 마음이 다 사라진다.〔見紫芝眉宇, 使人名利之心都盡.〕"라고 한 데서 나온 말이다. 《新唐書 卷194 元德秀列傳》

107 오래할……덕업(德業) : 원문의 '구대지업(久大之業)'은 가구가대지덕업(可久可大之德業)을 줄여 쓴 것으로 현인(賢人)의 덕과 업을 말한다. 《주역(周易)》 〈계사전 상(繫辭傳上)〉에, "쉬우면 알기 쉽고 간략하면 따르기 쉬우며, 알기 쉬우면 친함이 있고 따르기 쉬우면 공(功)이 있으며, 친함이 있으면 오래할 수 있고 공(功)이 있으면 크게 할 수 있으며, 오래할 수 있으면 현인(賢人)의 덕(德)이요, 크게 할 수 있으면 현인(賢人)의 업(業)이다.〔易則易知, 簡則易從, 易知則有親, 易從則有功, 有親則可久, 有功則可大, 可久則賢人之德, 可大則賢人之業.〕"라고 보인다.

“한 푼의 마음이 내면을 향하면 한 푼의 공력(功力)을 얻고 두 푼의 마음이 내면을 향하면 두 푼의 공력을 얻는다.”[108]라고 하였습니다. 이는 주자께서 매우 긴요(緊要)하게 말씀하신 것이니, 바로 우리들에게 있는 병증(病症)에 대한 약제(藥劑)가 되므로 좌하와 함께 서로 힘쓰기를 원하는 바입니다.

108 한……얻는다 : 이 내용은 《주자어류(朱子語類)》 권8 〈학2(學二) 총론위학지방(總論爲學之方)〉에 보인다.

최찬부[109] 림 에게 답함 을유년[110]

答崔粲夫 琳○乙酉

저는 일찍이,

"예로부터 학자(學者)가 시대마다 없는 적이 없었으나, 명망을 높음으로 삼는 자는 혹 평탄하고 진실한 면모가 부족하고, 강의와 논변에 힘쓰는 자는 혹 실천을 소홀히 하고, 기개와 의리를 숭상하는 자는 거칠고 사나운 기세에 잘못되고, 절문(節文 예절의 규범)을 삼기는 자는 구곡(拘曲 융통성이 없어 변화되지 못함)에 잘못되고, 어린나이에 재기(才器)가 출중한 자는 또 분상이니 공리(功利)에 마음을 치달려서 진실한 마음으로 참된 학문을 하는 자가 참으로 드물다. 모름지기 온갖 거짓이 종식되고 한결같은 성(誠)이 충만되어야 비로소 의거할 만한 전지(田地)가 있게 되는데, 세상의 도도(滔滔)한 흐름이 모두 이름을 좇아 실제를 잊으니, 어찌 민망할 만하지 않겠는가."

라고 생각하였습니다.

"천하의 영재(英才)가 적지 않으나 다만 자신의 지극히 민첩한 재능을 굽혀서 지둔(遲鈍)한 공부에 종사하기가 어렵고, 성인(聖人)의

109 최찬부(崔粲夫) : 최림(崔琳, 1779~1841)으로 찬부는 자이고, 호는 외와(畏窩), 본관은 경주(慶州)이다. 평생을 벼슬하지 않고 후학을 양성하였는데 말년인 1840년(헌종6)에 학행으로 천거되어 선공감역(繕工監役)에 제수되었다.

110 을유년(乙酉年) : 1825년(순조25)으로, 매산의 나이 50세 되던 해이다.

학문에 뜻을 둔 자가 또한 많으나 오직 아래로 사람의 일을 자세히 배워서 위로 하늘의 이치를 통달함에 점차적으로 이르는 것이 어렵습니다. 이미 능하더라도 항상 백 가지 일 중에 한 가지도 능하지 못하다는 마음을 가지며, 이미 알았더라도 오히려 더욱더 알기를 구하는 입장에 서서, 여유를 가지고 깊이 연구하여 학문에 달려가고, 삼오(參伍)[111]하여 깊이 이해하며, 갈고 닦아 학문을 넓히고, 앎을 누적(累積)시켜서 지식을 높이며, 침관(浸灌)으로 부족하면 더욱 그 속으로 완전히 자맥질하며, 옛날 배운 것을 익히는 것으로 부족하거든 더욱 농익게 하여야 합니다. 모사(模寫)하기를 그치지 않아야 비로소 제대로 된 방형(方形)과 원형(圓形)을 그릴 수 있고, 헤아리고 의논하기를 그치지 않아야 비로소 변화를 이룹니다. 처음에는 순서에 따라 그 상세함을 지극히 하고 끝에는 오랫동안 견뎌 완숙함으로 돌아가야 합니다. 법문(法門)[112]을 널리 설치하고 방편(方便)을 곡진하게 베푸는 일을, 진실로 자세하게 반복하지 않으면 안 됩니다. 주자(朱子)께서 또한 일찍이 모든 것을 고스란히 다 드러내놓고 거듭 맹세하기를 '한 번 나의 말을 따라서 열흘이나 보름동안

111 삼오(參伍) : 3과 5로 세어 서로 상고해서 실제를 잘 살핀다는 뜻이다. 《주역》〈계사전 상(繫辭傳上)〉에 "3으로 세고 5로 세어 변하며 그 수를 교착하고 종합한다.〔參伍以變, 錯綜其數.〕" 하였는데, 정이천(程伊川)은 《역전(易傳)》에서 "삼(參)은 삼(三)으로 셈이요 오(伍)는 오(五)로 셈이니, 이미 삼으로 세어 변하고 또 오로 세어 변하여 한 번 먼저 하고 한 번 뒤에 하여 번갈아 서로 상고해서 많고 적음의 실제를 살피는 것이다."라고 주해하였다.

112 법문(法門) : 원래 불교 용어인바, 중생을 열반에 들게 하는 문이라는 뜻으로, 부처의 교법(敎法)을 비유하는데, 후세에는 성인의 가르침을 비유하는 말로도 사용하였다.

행하여 보고, 효험이 없거든 이 노승(老僧)의 머리를 잘라 가라.'라고 하셨습니다.[113] 천하가 광대하고 사람의 일생(一生)인 3만 일(日)이 또한 오래지 않은 것이 아닌데, 능히 열흘이나 보름동안 실제로 공부한 자를 찾아보면 또한 많지가 않으니, 주자께서 긴긴 밤에 눈을 감지 못할 것입니다."[114]

이 의리는 김삼연(金三淵 김창흡(金昌翕)) 선생이 말씀하신 것인데, 아! 통절(痛切)합니다.

오직 족하(足下)[115]에게만 이 말씀을 올릴 수 있으므로 들어서 외는 것이니, 바로 이 자리에서 받아들여 의체(義諦)로 삼을 수 있겠습니까? 지금의 처지에 구애되지 말고, 풍기(風氣 습속(習俗))에 얽매이지 말고, 늦게 태어났다고 하여 스스로 저상(沮喪)되지 말고, 사는 곳이 누추하다 하여 스스로 폄하하지 말고, 허물이 적은 것을 가지고 스스로 기뻐하지 말고, 적은 것을 얻었다 하여 스스로 만족하지 말고, 항상 제일등(第一等)과 십분(十分)의 도리로써 스스로 기약하십시오. 석담(石潭)께서 "한 털끝만큼이라도 성인(聖人)에 미치지 못하면, 나의 일

113 주자(朱子)께서……하셨습니다 : 여기의 주자의 말은 《주자어류(朱子語類)》 권10 〈학4(學四) 독서법 상 (讀書法上)〉에 "대저 배우는 자들은……이와 같이 3년 동안 책을 읽고서 장족의 발전이 없으면 조주 화상이 말한 바와 같이 노승의 머리를 잘라 가라.〔大抵學者……如此讀書三年, 無長進處, 則如趙州和尙道, 截取老僧頭去.〕"라고 한 주자의 말을 삼연이 변형하여 말한 것으로 보인다.

114 천하의……것입니다 : 이 내용은 《삼연집(三淵集)》 권18 〈서(書) 답신유(答申愈)〉에 보이는데, 중간에 일부가 생략된 채로 인용되었으며 일부 글자는 차이가 있다.

115 족하(足下) : 아주 가까운 곳이란 뜻으로 전하여 편지글 등에서 가깝고 대등한 사람에 대한 경칭으로 쓰인다.

이 끝나지 않았다."라고 하신 말씀[116]이, 전귀(全歸)[117]의 자리가 되니, 사사로이 족하를 위하여 원하는 바입니다.

116 석담(石潭)께서……말씀 : 석담은 율곡(栗谷) 이이(李珥)의 또 다른 호이다. 이 말씀은 율곡이 지은 〈자경문(自警文)〉에 보인다. 《栗谷全書 雜著一 自警文》

117 전귀(全歸) : 몸을 잘 보존하여 훌륭한 명성을 남기고 생을 마치는 효성을 말한다. 증자(曾子)의 제자인 악정자춘(樂正子春)이 "부모가 자식을 온전히 낳아주셨으니 자식이 몸을 온전히 하여 돌아가야 효도라고 이를 수 있으니, 몸을 훼손하지 않으며 몸을 욕되게 하지 않으면 온전히 한다고 이를 수 있다.〔父母全而生之, 子全而歸之, 可謂孝矣. 不虧其體, 不辱其身, 可謂全矣.〕"라고 한 데서 온 말이다. 《禮記 祭義》

최찬부에게 줌 경자년[118]

與崔粲夫 庚子

곧바로 여쭙건대, 이 무더위에 고상하신 몸의 체후를 바르고 근신(謹愼)하여 돌보고 계십니까? 훌륭한 이름이 세 번 천거하는 글에 올라서 일명(一命)의 관직이 진실로 여망(輿望)에 부합하니,[119] 현자(賢者)의 분수에 있어서는 가감할 만한 것이 못되겠지마는, 저로서는 찬미하고 경하하지 않을 수 없으니, 이는 스스로 속됨을 면치 못하여 그런 것이겠지요.

출처(出處)에 대해서는 비록 '차갑고 따뜻함은 절로 아는 것이다.〔冷煖自知〕'라고 말하나,[120] 친구들이 마땅히 참여하여 실정(實情)을 알아야 할 일입니다. 원컨대 현자는 서산(西山)에서 한 걸음도 나가지 말아서[121] 유정(幽貞)의 길함[122]을 차지하시길 바라니, 이것이 이른바 '득실

118 경자년(庚子年) : 1840년(헌종6)으로, 매산의 나이 65세 되던 해이다.

119 훌륭한……부합하니 : 최찬부가 이해에 학행으로 천거되어 종구품(從九品)인 선공감역(繕工監役)에 제수되었으므로 이렇게 말한 것이다. 원문의 '섬독(剡牘)'은 문독(文牘) 즉 공문서를 이르는데, 여기서는 천거하는 공문을 가리켰다. 일명(一命)의 관직은 조선 시대 최하위 품계인 종구품(從九品)의 관직을 말한다.

120 출처(出處)에……말하나 : 출처는 도(道)를 펼 만하면 조정에 나아가 벼슬하고 그렇지 못하면 물러나 은거함을 이른다. 원문의 '냉난자지(冷煖自知)'는 스스로의 뜻에 따라 일을 결정함을 말한 것으로, 수당(隋唐) 시기의 고승인 몽산(蒙山) 도명 선사(道明禪師)의 "예컨대 사람이 물을 마심에 차갑고 따뜻함은 절로 아는 것이다.〔如人飮水, 冷煖自知.〕"라는 말을 원용한 것이다. 《五燈會元 卷2 袁州蒙山道明禪師》

121 서산(西山)에서……말아서 : 은거하는 곳에서 학문에 전념하고 세상에 나가지

(得失)에 마음이 동요되지 않고 영욕(榮辱)에 뜻이 움직이지 아니하여 관면(冠冕 관직)을 질곡으로 여기고 녹봉과 지위를 진흙과 찌꺼기로 여긴다.'[123]는 것입니다.

현자는 평소 은거(隱居)를 길이 잊지 않기로 맹세하였으니,[124] 어찌 혹시라도 스스로 주장하지 아니해서 원숭이와 학(鶴)의 원망을 부르겠습니까?[125] 한 번 나아가 은혜로운 명(命)에 사은숙배(謝恩肅拜)하는

말라는 당부이다. 서산은 산 이름으로 중국의 여러 곳에 있는데, 복건성(福建省) 건양현(建陽峴) 서북쪽에 있는 산은 남송의 유학자인 채원정(蔡元定, 1135~1198)이 이곳에 학문을 닦았으며, 복건성 포성현(蒲城縣) 서쪽에 있는 산은 남송의 유학자로《심경(心經)》의 저자인 진덕수(陳德秀, 1178년~1235)가 이곳에서 강학하여 유명하다.

122 유정(幽貞)의 길함 : 유인(幽人) 즉 은자(隱者)가 정고(貞固)하게 도를 지켜 얻는 길(吉)함을 말한 것이다.《주역》 이괘(履卦) 구이(九二)의 효사(爻辭)에 "행하는 도가 평탄하니, 유인이라야 정하고 길하다.〔履道坦坦, 幽人, 貞吉.〕" 하였는데, 주자는《주역본의(周易本義)》에서 "유인이 도(道)를 행하면서 이 점(占)을 만나면 정(貞)하고 길(吉)할 것이다."라고 하였다.

123 득실(得失)에……여긴다 : 이 내용은 당나라 말기 시인이자 문신인 피일휴(皮日休)가 지은 〈여진징군서(與陳徵君書)〉에 보이는 구절을 줄여서 인용한 것이다.《文藪 卷9》 피일휴는 당나라 말기 사람으로 자는 일소(逸少), 호는 취음선생(醉吟先生)이다. 일찍이 고향 근처의 녹문산(鹿門山)에 은거하여 시와 술을 벗 삼아 지내다가 의종(懿宗) 함통(咸通) 8년(867) 진사시에 급제하고, 저작랑(著作郎)과 태상박사(太常博士) 등의 벼슬을 지냈다.

124 은거(隱居)를……맹세하였으니 : 이 내용은《시경》〈위풍(衛風) 고반(考槃)〉에 "은거하는 곳이 시냇가에 있으니, 석인(碩人)의 마음이 넉넉하도다. 홀로 자고 깨어 말하나, 길이 잊지 않기로 맹세하도다.〔考槃在澗, 碩人之寬. 獨寐寤言, 永矢不諼.〕"라고 보인다. 석인은 훌륭한 사람을 이른다.

125 원숭이와……부르겠습니까 : 이 내용은 남북조시대 남제(南齊)의 문인(文人)인 공치규(孔稚圭)가 지은 〈북산이문(北山移文)〉의 "혜초 장막이 텅 비어 밤 학(鶴)이 원망하고, 산인이 떠나가자 새벽 원숭이가 놀란다.〔蕙帳空兮夜鶴怨, 山人去兮曉猿

것은 또한 '밝지도 않고 어둡지도 않음〔不皦不昧〕'[126]이 됨에 무방하나, 장작(將作 선공감(繕工監)의 별칭)의 관직은 원래 사은숙배하는 일이 없고 다만 이불을 지고 가는 것을 가지고 출사(出仕)로 삼으니, 굳이 이 때문에 몸을 이끌고 나아갈 필요는 없을 듯합니다.

진자앙(陳子昂)의 말은 참으로 재미가 있습니다. 그의 말에 이르기를 "지초와 계수나무와 동료가 되고 고라니와 사슴과 함께하니, 수레와 관복, 종과 솥이 꿈속과 같다.〔芝桂爲伍麋鹿同 軒裳鍾鼎如夢中〕"라고 하였으니,[127] 이는 바로 몸을 편안히 하고 천명(天命)을 세우는 일입니다.

한운성(韓運聖)[128] 군은 조행(操行)이 돈후(敦厚)하며 재기(才氣)

驚.〕"라는 구절을 원용하여 말한 것이다. 공치규와 함께 은거하였던 주옹(周顒)이 북제(北齊) 조정의 부름을 받고 회계군(會稽郡)의 해염 현령(海鹽縣令)이 되었다가 임기를 마치고 도성으로 가는 길에 북산에 들리려 하니, 공치규가 〈북산이문〉을 지어 이를 성토(聲討)하였는바, 이 글은 《고문진보 후집(古文眞寶後集)》에 실려 있다.

126 밝지도……않음 : 원문의 '불교불매(不皦不昧)'는 노자(老子) 《도덕경(道德經)》 제14장의 "그 위는 밝지 않고, 그 아래는 어둡지 않다.〔其上不皦, 其下不昧.〕"라는 구절을 줄여 쓴 것이다. 이 구절은 도(道)가 황홀(恍惚)하여 헤아리기 어려움을 표현한 것인데, 여기서는 자신을 너무 밝게 드러내지도 않고 또한 너무 어둡게 감추지도 않는다는 뜻으로 쓰인 것으로 보인다.

127 진자앙(陳子昂)의……하였으니 : 진자앙(656~698)은 당나라 초기의 시인이자 문신으로 자는 백옥(伯玉)이다. 예종(睿宗) 광택(光宅) 1년(684)에 진사시에 급제하고 벼슬이 우습유(右拾遺)에 이르렀다. 당시의 유약한 시풍(詩風)에 반대하고 한(漢)·위(魏)의 고아한 시풍으로 복고할 것을 주창하였다. 진자앙의 말은 〈희마참군상과취가(喜馬參軍相過醉歌)〉의 서문 중의 일부인데, 원작에는 '麋鹿同' 다음에 조(曹)자가 있고 '如夢中' 다음에 야(也)자가 있다. 《御定全唐詩 卷83 陳子昂》

128 한운성(韓運聖) : 1802~1863. 자는 문오(文五), 호는 입헌(立軒), 본관은 청주

가 뛰어나서 더불어 짝할 만한 사람이 적고 또 문학의 성취는 단지 남쪽 지방의 빼어난 인물로 꼽을 뿐만이 아닙니다. 현자와 더불어 평소 친분이 있음을 제가 진실로 알고 있으니, 부디 일깨우고 경계하고 채찍질해서 높은 성취를 이루게 해주시기를 참으로 바라마지 않습니다.

(淸州)이다. 매산의 제자로 평생 과거를 보지 않고 경학(經學) 연구에 힘썼다. 저서로는 《입헌문집》이 있다.

이경로에게 답함 기묘년[129]

答李景輅 己卯

사당이 상상(床床)의 재난[130]을 당했으면 다른 방(房)으로 옮겨 봉안(奉安)하는 것이 마땅하니, 술과 과일을 차리고 고유(告由)하되, 고유하는 글은 마땅히 아래와 같이 해야 합니다.

"유세차운운. 효현손(孝玄孫) 모(某)는 현고조고(顯高祖考) -여러 신위(神位)를 나열해 쓴다.- 에게 감히 밝게 고합니다. 빗물이 새어서 사당이 정결하지 못하므로 지금 다른 곳으로 옮겨 봉안을 하려 하기에 삼가 술과 과일을 가지고 정성을 펴서 경건히 고하고 삼가 고합니다."

다시 사당에 봉안할 때에도 마땅히 고유해야 하는데, 그 고유하는 글은 마땅히,

"지붕이 새는 것을 이미 수리해서 사당이 매우 편안하니, 이에 길일(吉日)을 가려서 지금 옮겨 봉안하려고 합니다."

라고 하여야 하는데, 위아래에 있는 글은 똑같습니다.[131]

129 기묘년(己卯年) : 1819년(순조19)으로, 매산의 나이 44세 되던 해이다.

130 상상(床床)의 재난(災難) : 지붕에 비가 새어 침수(侵水)되는 재난을 이른다. 당나라의 시성(詩聖) 두보(杜甫)가 지은 〈초가지붕이 가을바람에 날아간 일에 대한 노래〔茅屋爲秋風所破歌〕〉의 "지붕 새어 침상마다 마른 곳 없는데, 삼대 같은 빗발은 그칠 줄 모르고 쏟아지네.〔床床屋漏無乾處, 雨脚如麻未斷絶.〕"라는 구절에서 유래하였다. 《杜少陵詩集 卷10》

131 위아래에……똑같습니다 : 위아래에 있는 글은 앞부분의 '유세차운운'과 끝부분의 '삼가 술과 과일을 가지고 정성을 펴서 경건히 고하고 삼가 고합니다'.라는 구절을

김원박[132] 기보 에게 답함
答金元博 基普

마땅히 승중(承重)해야 할 자가 승중하는 경우, 어찌 아버지 장례가 끝나기를 기다리며 어찌 초하루와 보름을 기다릴 것이 있겠습니까. 아버지 상에 성복(成服)한 뒤에 즉시 승중의 복을 입어야 하니, 초상은 단 하루도 상주(喪主)가 없어서는 안 되기 때문입니다.

혹은 소상(小祥)에 승중해야 한다고 하고, 혹은 초하루와 보름에 해야 한다고 하고, 혹은 성복한 다음 날 해야 한다고 한 설(說)들이, 비록 선유(先儒)들에게서 나온 것이나 다 따르기 어려울 듯하고, 오직 우암(尤菴)께서 "아버지 복을 입은 뒤에 초하루와 보름을 기다리지 말고 즉시 할아버지 복을 입어야 한다."라고 말씀하신 것이 바꿀 수 없는 정론(定論)입니다.

승중의 상복은 마땅히 새로 지어야 하고 아버지께서 입으셨던 상복을 그대로 입어서는 안 될 듯합니다. 이는 상중에 죽은 분은 그 상복을 영좌(靈座)에 진열하기 때문입니다.

두 상(喪)에 고유하는 글은 선현(前賢)들이 기술해 놓은 것이 없으나 또한 고유하지 않을 수가 없으니, 할아버지 상에는

"선고(先考)께서 모월 모일 서거하시어 금일 성복하였습니다. 불초

가리킨 것으로 사당에 봉안할 때에도 이 내용을 똑같이 써야 함을 말한 것이다.

132 김원박(金元博) : 김기보(金基普 1757~?)로 원박은 자이고 본관은 청풍(淸風)이다. 1783년(정조7) 증광 진사시에 합격하였다.

가 예(禮)에 따라 대신 복(服)을 입으니, 슬픔이 망극합니다. 삼가 고합니다."

라고 하여야 합니다.

아버지의 빈소에는 마땅히 이르기를

"현고께서 삼년상을 마치지 못하시어 소자가 예에 따라 대신 복을 입으니, 슬픔이 망극합니다. 삼가 고합니다."

라고 해야 합니다. 고유할 때에 술과 과일을 사용하지 않는 것이 마땅할 듯합니다.

조원실[133] 정휴 에게 답함 무자년[134]

答趙元實 鼎休○戊子

좌하(座下)는 타고난 자품이 순수하고 독실하여 자연 허물이 적은데, 진실로 관대(寬大)한 가운데 법도를 지키고자 하고, 온화하고 여유 있는 가운데 과감히 결단하고자 하시니, 주자께서 이공회(李公晦)에게 내리신 가르침[135]을 한결같이 따른다면, 이 가르침은 의당 기질(氣質)을 변화시키는 중요한 방법이 될 것입니다. 도(道)에 있어서 무슨 어려움이 있겠습니까.

무릇 사람이 홀로 한가로이 거처하여 외물(外物)과 접하지 않을 때에는 쉽게 염치를 차리고 의리를 지키나, 나아가 벼슬하여 넓은 자리에 사람이 많이 모인 곳에서 발걸음을 조심스럽게 옮기고, 일하는 것이 번잡하고 어수선하게 되면[136] 사람들과 통(通)하기를 힘쓰지 않을 수가

133 조원실(趙元實) : 조정휴(趙鼎休)로 정휴는 그의 자로 보인다. 《승정원일기(承政院日記)》 1828년(순조28) 12월 27일 기사에 분 봉상시주부(分奉常寺主簿)에 제수된 기록이 보이는데 동일 인물인지는 미상이다.

134 무자년(戊子年) : 1828년(순조28)으로, 매산의 나이 53세 되던 해이다.

135 주자께서……가르침 : 이공회(李公晦)는 주자의 고제(高弟)인 이방자(李方子)로 공회는 자이고, 호는 과재(果齋)이다. 영종(寧宗) 가정(嘉定) 7년(1214, 고종1) 진사시에 급제하고 진주 통판(辰州通判) 등의 벼슬을 지냈다. 여기서 말한 주자의 가르침은 주자가 이공회에게 답한 편지에 보이는 가르침을 말한 것으로 보인다. 《朱子大全 卷五十九 答李公晦》

136 넓은……되면 : 원문의 '반벽(盤辟)'은 《논어집주(論語集註)》 〈향당(鄕黨)〉의 '곽(躩)'에 대한 주자의 주석에 보이는데, 두려워서 발걸음을 조심하여 머뭇거리며 약간

없고, 사람들과 통하기를 힘쓰다가 경계(經界)를 잃게 되면, 점차로 빠져들어 자신이 지키던 바를 상실하여, 평생 쌓은 것을 모두 버리는 자들이 도도(滔滔)하게 많습니다.

원실(元實)이 장차 내직(內職)으로 옮겨서 벼슬길을 한 번 거치게 되면 쉽게 타락할 수 있으므로 일에 앞서 염려하는 것이니, 항상 유하혜(柳下惠)가 삼공(三公)의 벼슬을 자신의 절개와 바꾸지 않았던 것[137]을 가지고 벼슬에 종사하는 부결(符訣)로 삼는 것이 어떻겠습니까? 군자는 화(禍)를 염려해서 미연에 방지하고 큰일을 반드시 작을 때에 방비하니, 이렇게 하시기를 바라는 간곡한 마음을 이기지 못합니다.

저는 듯한 모습을 이른다. '조광(稠廣)'은 조인광좌(稠人廣坐)를 줄여 쓴 것으로 넓은 자리에 사람이 빽빽하게 많이 모여 있음을 이르며 '방오(旁午)'는 왕래하는 사람이 많아 붐비고 어수선함을 이른다.

137 유하혜(柳下惠)가……것 : 유하혜(柳下惠)는 춘추시대 노(魯)나라의 어진 대부인 전금(展禽)으로 유하는 식읍 또는 그가 살던 곳이라 하며 혜(惠)는 시호이다. 이 내용은 《맹자》 〈진심 상(盡心上)〉에 보인다.

조원실에게 줌 경술년[138]

與趙元實 庚戌

성철(聖哲)들의 참된 전수(傳授)가 오로지 성정(性情)에 대한 학문에 있으니, 전수가 성정에 대한 학문에 있지 않으면 선철(先哲)들이 이를 학문이라고 말하지 않았습니다.

공자의 제자들이 몸소 시서(詩書)와 육예(六藝)에 통달하였으니, 어찌 각각 좋아하는 학문이 있지 않았겠습니까마는, 공자께서는 이들을 일러 학문을 좋아한다고 칭찬하지 않으셨습니다. 오직 안자(顏子)만이 박문약례(博文約禮)의 가르침에 종사하여 극기복례(克己復禮)에 오로지 마음을 써서 3개월 동안 인(仁)을 떠나지 않음에 이르렀으므로 홀로 호학(好學)의 칭호를 성사(聖師)에게 얻은 것입니다.[139]

138 경술년(庚戌年) : 1850년(철종1)으로, 매산의 나이 75세 되던 해이다.

139 오직……것입니다 : '박문약례(博文約禮)'는 널리 학문을 닦고 예(禮)로써 이를 요약한다는 뜻으로, 《논어》 〈자한(子罕)〉에 "선생께서 질서 있게 사람을 잘 지도하시되, 글로써 나를 넓혀 주시고 예로써 나를 요약하셨다.〔夫子循循然善誘人, 博我以文, 約我以禮.〕"라고 한 안연(顏淵)의 말에 보인다. '극기복례(克己復禮)'는 《논어》 〈안연(顏淵)〉에, 안연이 인(仁)에 대하여 묻자, 공자가 "사욕을 이겨 예로 돌아감이 인을 하는 것이다.〔克己復禮爲仁.〕"라고 답한 데에 보인다. '3개월 동안 인(仁)을 떠나지 않았다는 것'은 《논어》 〈옹야(雍也)〉에 "안회(顏回)는 그 마음이 석 달 동안 인(仁)을 떠나지 않았고, 그 나머지 사람들은 하루나 한 달에 한 번 인에 이를 뿐이다.〔回也, 其心三月不違仁, 其餘則日月至焉而已矣.〕"라고 한 공자의 말씀에 보인다. '홀로 호학(好學)의 칭호를 받았다는 것'은 《논어》 〈옹야〉에 공자께서 제자 중에 누가 배움을 좋아하냐는 애공(哀公)의 질문에 "안회라는 자가 배움을 좋아하여 노여움을 남에게 옮기지 않으며 잘못을 두 번 다시 하지 않았는데, 불행히도 명이 짧아 죽었습니다.

후세에는 심학(心學)이 실전(失傳)되어서 성(性)과 정(情)에 대한 공부를 할 줄 모르니, 이 때문에 도(道)와의 거리가 더욱더 멀어진 것입니다. 학문하는 자들은 한갓 널리 듣고 잘 기억하고 문사(文詞)를 아름답고 화려하게 하는 것을 뛰어난 것으로 여겨서 성과 정이 황폐해지고 왕왕 제멋대로 정욕(情慾)을 부림에 이르니, 이와 같은 자들이 어떻게 학문을 하겠습니까. 우리들은 마땅히 경계하고 조심해서 후생을 위하여 통렬하게 경계해야 할 것입니다.

지금은 없으니, 배움을 좋아한다는 자를 아직 듣지 못하였습니다〔有顔回者好學, 不遷怒, 不貳過, 不幸短命死矣, 今也則亡, 未聞好學者也.〕"라고 답한 데에 보인다. 성사(聖師)는 '성인(聖人)인 스승'이란 뜻으로 공자를 가리킨 것이다.

최진사[140] 상용 에게 답함 갑오년

答崔進士 象龍○甲午

어버이를 위하는 것은 자신을 위하는 것과 똑같으니, 얼핏 보면 취할 만하나 자세히 보면 취하지 말아야 할 일[141]에 대해, 자기 스스로는 감히 취하지 못하면서 어버이에게 있어서는 이를 취하는 것은, 어버이를 위하는 것이 자기를 위하는 것보다 못한 것이니, 어찌 옳겠습니까. 청렴을 상(傷)하게 하면 몸이 욕되게 되고 몸이 욕되게 되면 어버이를 욕되게 하니, 자기가 하고자 하지 않는 것을 오히려 남에게도 베풀지 말아야 하는데,[142] 하물며 자신의 어버이에게 있어서이겠습니까.

공경하지 않은 채 봉양만 잘 하는 것을 성인(聖人)께서 오히려 개와 말을 기르는 것과 같다고 비판하셨으니,[143] 하물며 의롭지 않은 음식이

140 최진사(崔進士) : 최상룡(崔象龍, 1786~1849)으로 자는 덕용(德容), 호는 봉촌(鳳村), 본관은 경주(慶州)이며 입재(立齋) 정종로(鄭宗魯)의 문인이다. 1822년(순조22) 사마시에 합격하여 성균관에 들어가 학문을 연구하다가 세상이 어지러워 매관매직(賣官賣職)이 성행하자 향리로 돌아와 독암서당(讀巖書堂)을 지어 후진을 가르치며 학문에 전념하면서 매산 등과 경학(經學)과 예학(禮學)에 대하여 서로 의견을 나누었다.

141 얼핏……일 : 이 내용은 《맹자》 〈이루 하(離婁下)〉의 "얼핏 보면 취할 만하고 자세히 보면 취하지 말아야 할 경우에 취하면 청렴을 상하게 한다.〔可以取, 可以無取, 取, 傷廉.〕"라는 구절을 원용한 것이다.

142 자기가……하는데 : 이 내용은 《논어》 〈안연(顔淵)〉의, 인(仁)에 대해 중궁(仲弓)이 묻자 공자께서 "자신이 하고자 하지 않는 것을 남에게 베풀지 말아야 한다.〔己所不欲, 勿施於人.〕"라고 답하신 구절을 원용한 것이다.

겠습니까. 그러나 오우(吳佑)가 이르기를

"아전(衙前)인 손성(孫性)이 아버지를 위하다가 오명(汚名)을 받았으니, 이는 이른바 허물을 보면 인(仁)을 안다는 경우이다."

라고 하였습니다.[144] 이 일은 너그럽게 용서해야 할 경우이지마는 또한 마땅히 기억하고 경계해야 할 것입니다.

음식을 보내준 자가 어버이에게 올리라고 말했다면 이는 해당됨이 있는 것이니, 어찌 재물로 매수하는 것이라고 여겨서 받지 않을 수 있겠습니까.[145] 그러나 만약 주는 사람이 올바른 사람이 아니라면 또한

143 공경하지……미편하셨으니 : 이 내용은 《논어》 〈위정(爲政)〉에 "자유가 효를 묻자, 공자께서 말씀하셨다. "지금의 효라는 것은 봉양만 잘함이라고 이를 수 있다. 개와 말에게도 모두 길러줌이 있으니, 공경하지 않는다면 무엇으로써 분별하겠는가?〔子游問孝, 子曰, 今之孝者, 是謂能養, 至於犬馬, 皆能有養, 不敬, 何以別乎?〕"라고 보인다.

144 오우(吳佑)가……것입니다 : 오우는 주로 오우(吳祐)로 표기되는데, 후한(後漢) 순제(順帝) 때의 명신으로 자가 계영(季英)이다. 오우가 교동후(膠東侯)의 상(相)이 되어 솔선수범하니, 관속들이 감히 속이지 못하였는데, 소리(小吏)인 색부(嗇夫) 손성(孫性)이 몰래 백성의 돈을 거두어 아버지에게 옷을 사다 드리자, 그 아버지가 노하여 "상관이 이처럼 청렴한데, 어찌 차마 속일 수 있겠는가."라고 하며 자수하여 벌을 받기를 재촉하였다. 손성이 부끄럽게 여겨 옷을 가지고 관가에 자수하니, 오우가 "아전이 아버지를 위하다가 오명을 받았으니, 이른바 허물을 보면 인(仁)을 안다는 경우이다.〔掾以親故, 受汚穢之名, 所謂觀過斯知仁矣.〕"라고 하면서 옷을 돌려보냈다고 한다. 《後漢書 卷94 吳祐列傳》 허물을 보면 인(仁)을 안다는 말은, 《논어》 〈이인(里仁)〉에 "사람의 허물은 각기 그 부류대로 하니, 그 사람의 허물을 보면 인한지 인하지 않은지를 알 수 있다.〔人之過也, 各於其黨, 觀過, 斯知仁矣.〕"라고 보인다.

145 해당됨이……있겠습니까 : 이 내용은 《맹자》 〈공손추 하(公孫丑下)〉의 "제나라에 있어서는 해당됨이 있지 않았다. 해당됨이 없이 주는 것은 이는 재물로 매수하는 것이니, 어찌 군자로서 재물에 농락(籠絡) 당할 자가 있겠는가.〔若於齊則未有處也, 無處而餽之, 是貨之也, 焉有君子而可以貨取乎?〕"라는 구절을 원용한 것이다.

명분이 있다고 하더라도 받아서는 안 됩니다. 비록 주는 것과 받는 것이 모두 이치에 합당하더라도, 오직 '곤궁한 자를 보조해 주고 부유한 자를 계속 대주지 않는다.〔周急不繼富〕'[146]는 것을 법도를 삼는다면, 이것이 이른바 '부모의 뜻을 봉양한다는 것〔養志〕'이요, 만일 이와 같이 하지 않는다면 삼생(三牲)과 오정(五鼎)[147]이 모두 부모의 입과 몸을 도울 뿐입니다.

'안으로는 정사를 잘 닦고 밖으로는 외적의 침입을 물리치는 것〔內修外攘〕'은 '내면(內面)을 곧게 하고 외면(外面)을 방정하게 함〔直內方外〕'[148]과 똑같아서, 그 안을 기르지 않고 오직 외적의 침략만을 막는다면, 손님과 주인, 선(先)과 후(後)의 순서를 잃지 않을 자가 별로 없습니다. 이 때문에 선현(先賢)들께서 진실로 항상 이단(異端)과 부정(不正)한 학설을 원수처럼 미워하였고, 심지어는

146 곤궁한……않는다 : 이 내용은 《논어》 〈옹야(雍也)〉의 '자화시어제(子華使於齊)' 장에 보인다.

147 삼생(三牲)과 오정(五鼎) : 삼생은 소·돼지·양을 가리킨다. 옛날에는 이 세 가축의 고기로 제사하거나 봉양하는 것을 태뢰(太牢)라고 하여 가장 성대하게 여겼다. 오정은 《맹자》 〈양혜왕 하(梁惠王下)〉에 "무엇입니까? 군주께서 이른바 더하다는 것은 앞에는 사(士)의 예로써 하고 뒤에는 대부의 예로써 하며, 앞에는 삼정을 쓰고 뒤에는 오정을 쓴 것을 말씀하십니까?〔何哉? 君所謂踰者. 前以士, 後以大夫前以士, 後以大夫, 前以三鼎而後以五鼎與?〕" 하였는데, 영락대전본(永樂大典本) 《맹자집주(孟子集註)》의 소주(小註)에, 쌍봉 요씨(雙峰饒氏)는 "오정은 대부(大夫)의 예이니 양(羊)과 돼지와 물고기와 말린 들짐승과 살코기〔膚〕이다."라고 주하였다. 쌍봉 요씨는 남송의 학자인 요로(饒魯, 1193~1264)로 쌍봉은 그의 호이다.

148 내면을……함 : 이 내용은 《주역》 〈곤괘(坤卦) 문언(文言)〉에 "군자는 경(敬)하여 내면을 곧게 하고, 의로워 외면을 방정하게 하니, 경과 의가 확립되면 덕이 외롭지 않다.〔君子敬以直內, 義以方外, 敬義立而德不孤.〕"라는 구절을 원용한 것이다.

"사람들이 누구나 다 그를 공격할 수 있어서 굳이 성현만이 하는 것이 아니니, 이는 《춘추(春秋)》에 난신적자(亂臣賊子)를 주벌함에 굳이 사사(士師)만이 하는 것이 아님과 같다."[149]

라고 하였으니, 그 분별에 여력(餘力)을 남기지 않았음을 알 수 있습니다. 그러나 반드시 자신이 지주산(砥柱山)[150]처럼 우뚝이 서야 비로소 저 미친 물결을 막을 수 있으니, 정학(正學)을 밝히는 것이 이단(異端)을 물리치는 근본이 되는 것입니다.

주자께서 매번 말씀하기를

"다만 마땅히 우리 도를 힘써 행하여 더욱더 광명하게 하면, 저들의 부정한 학설이 마치 햇볕에 드러난 눈〔雪〕처럼 사라질 것이니, 굳이 깊이 변론할 것이 없다."[151]

라고 하셨으니, 이것이 부정한 학설을 막고 배척하는 의체(義諦)입니다. 진실로 능히 이 뜻을 참되고 간절하게 안다면, 이른바 세상을 속이고 남을 그르친다는 것을 굳이 모두 말할 것이 없으니, 또한 어찌 번거롭

149 사람들이……같다 : 이 내용은 《맹자집주(孟子集註)》 〈등문공 하(滕文公下)〉에 "부정한 학설이 정도를 해침은 사람마다 공격할 수 있고 굳이 성현만이 하는 것이 아니니, 이는 《춘추》의 법에 난신적자를 사람마다 죽일 수 있고 굳이 법관인 사사(士師)만이 하는 것이 아닌 것과 같다.〔蓋邪說害正, 人人得而攻之, 不必聖賢, 如春秋之法, 亂臣賊子, 人人得而誅之, 不必士師也.〕"라고 한 주자의 주석을 말한 것이다.

150 지주산(砥柱山) : 중국의 산서성(山西省) 평륙현(平陸縣) 동남쪽에 있는 산 이름으로 황하(黃河)가 침식하여 흙은 모두 씻겨 나가고 이 돌산이 홀로 황하의 중류에 버티고 있다. 이 때문에 지절이 높은 사람을 상징하는 말로 쓰인다.

151 다만……없다 : 이 내용은 《회암집(晦庵集)》 권50 〈답정정사(答程正思)〉에 보이는데, 원문의 '如雪見晛, 不足深辨.'이 원작에는 '如見晛耳, 故不必深與之辨.'으로 되어 있다.

게 떠들면서 변론하고 밝힐 것이 있겠습니까. 부자(夫子)께서 평소에

"자신의 악(惡)을 다스리고 남의 악을 다스리지 말라."[152]

라고 말씀하셨으니, 진실한 마음으로 스스로를 다스리는 자는 남을 책망할 겨를이 없을 듯합니다.

152 자신의……말라 : 이 말씀은 《논어》 〈안연(顔淵)〉에 보인다.

우직경 행진 에게 답함
答禹直卿 行鎭

손수 보내신 편지를 지금 바로 받아보니 서로 만나 본 것에 비해 덜하지 않고, 이어서 편지를 보고 어버이 모시면서 온갖 경사를 누리시고 기체(氣體)가 두루 보중(保重)하심을 삼가 알았으니, 더욱 반가웠습니다.

춘부장(春府丈)께서 높으신 연세와 덕망으로 영광된 천작(天爵)[153]을 받으셨으니, 구구한 이 몸은 찬미하고 축하하는 마음 지극합니다. 아직 실직(實職)의 명령을 받지 못한 것은 진실로 효자의 마음에 의당 서운할 것이나 이는 또한 밖에서 이르는 것이니, 자신과 무슨 상관이 있겠습니까?

이 일로 인하여 엎드려 생각하건대, 춘부장께서는 문을 닫아걸고 몸의 지조를 지켜서 세상에 바라는 것이 없으셨는데, 갑자기 자사(刺史)의 천거[154]를 받아서 명성이 구천(九天)[155]에까지 알려져서 예로써

153 천작(天爵) : 천연(天然)적인 작위(爵位)란 의미로 덕이 충만하여 자연적으로 존귀해짐을 이르는바, 인작(人爵)과 상대되는 말이다. 《맹자》 〈고자 상(告子上)〉에 "인의와 충신과 선을 좋아하여 게을리하지 않음은 이것이 천작이요, 공과 경과 대부는 이것이 인작이다.〔仁義忠信樂善不倦, 此天爵也, 公卿大夫, 此人爵也.〕"라고 보인다.

154 자사(刺史)의 천거 : 자사는 도(道)를 맡은 감사(監司)를 이른다. 조선조에는 감사가 자기 도내의 학식이 높고 유능한 사람을 임금에게 천거하였으므로 이렇게 말한 것이다.

155 구천(九天) : 구소(九霄)와 같은 말로 하늘의 가장 높은 곳을 말하는데, 여기서

초빙되고 공손한 전송을 받아 경사(京師)에 이르러서 성상(聖上)께서 간곡하게 접견하시어 은혜와 예우가 매우 흡족하였습니다. 이에 모두들 보고 듣고서 감동하지 않는 자가 없었습니다.

조명(詔命)을 기다리라는 명령을 받았으나 즉시 옷을 떨치고 산중으로 돌아오셔서 벼슬을 제수하는 명령을 따르지 않고 다시는 문을 나오지 않으시니, 이것이 바로 이른바 '출처와 거취를 오직 의(義)에 귀결되게 할 뿐이다.'는 것입니다. 구구한 이 몸이 이 의리를 칭송해 마지않았는데, 이번의 내린 비옥(緋玉)의 은혜[156]는 바로 일명(一命)[157]을 계기로 해서 온 것이니, 그렇다면 이 또한 주어진 것이요 자신이 구한 것이 아닙니다.

지난번에 이미 일명의 부름에 응하지 않으셨으니, 이른바 실직이라는 것이 또한 있든 없든 문제될 것이 있겠습니까. 서울에 올라가서 주선한다는 것은 바로 벼슬을 구하는 것이니, 이 어찌 군자가 할 일이겠습니까. 설령 행리(行李)에 구애받지 않더라도[158] 또한 해서는 안 될 것이니, 부디 빨리 중지하시기 바랍니다.

이것이 부모의 뜻을 봉양하는 것이요 이것이 산 효도가 되는 것이니,

는 임금이나 대궐을 뜻하는 말로 쓰였다.

156 비옥(緋玉)의 은혜 : 당상관(堂上官)의 품계에 임명된 은혜를 뜻한다. 비옥은 붉은빛의 관복과 옥으로 만든 관자(貫子)란 뜻으로 당상관의 복장이다.

157 일명(一命) : 조정으로부터 임명받는 최하위의 관직을 가리키는 말로, 조선조의 경우는 종9품이다.

158 설령……않더라도 : 원문은 "縱不局於行李"인데, 행리는 여행이나 여행의 행장(行裝)을 뜻하는 말인바, '서울로 가는 여행을 구애하는 일은 아니나'의 뜻으로 보이나, 분명하지 않다.

효자께서는 이에 대해서 재량(裁量)할 바를 알 것입니다. 후한 대우를 입었기에 저의 진실된 마음을 다 드러내니, 응당 덕(德)으로써 행하는 사랑이라고 여기시리라 생각합니다.

이성술 상조 에게 답함 병오년[159]

答李聖述 相祖 丙午

소상(昭詳)한 내용의 편지를 받고서 가정의 연원(淵源)의 바름을 알았고 덕업(德業)을 오래하고 크게 쌓을 수 있으리라는 기대가 한 때의 의기(意氣)가 아님을 알았습니다. 진실로 능히 돈독하게 믿어서 의혹하지 않고 과감히 행동하여 그치지 않고 굳게 지켜서 변하지 않을 수 있을 것입니다.

인의(仁義)와 충신(忠信)이 마음에서 떠나지 않게 함은 돈독하게 믿는 것이요, 경황 중이나 위급한 상황에도 반드시 이를 행함[160]은 과감하게 행하는 것이요, 오래되어도 잃지 않음은 굳게 지키는 것입니다. 이 세 가지는 진덕수업(進德修業)[161]의 의체(義諦)가 되니, 고명(高明)을 위하여 이를 바랍니다.

요컨대 도(道)는 천지 사이에 없을 수 없는 도가 되고, 학문은 천지 사이에 없을 수 없는 학문이 되고, 나는 천지 사이에 하찮게 여길 수 없는 사람이 됨을 실제로 알아야 합니다. 그런 뒤에야 능히 이 임무를

159 병오년(丙午年) : 1846년(헌종12)으로, 매산의 나이 71세 되던 해이다.

160 경황……행함 : 이 내용은 《논어》 〈이인(里仁)〉의 "군자는 밥을 다 먹는 동안에도 인(仁)을 떠남이 없으니, 경황 중에도 반드시 이 인을 하며, 위급한 상황에도 반드시 이 인을 하는 것이다.〔君子無終食之間, 違仁, 造次, 必於是, 顚沛, 必於是.〕"라는 구절을 원용한 것이다.

161 진덕수업(進德修業) : 덕(德)을 진전시키고 학업(學業)을 닦는다는 뜻, 즉 인품과 학업을 병행 발전시킨다는 의미로 《주역》 〈건괘(乾卦) 문언전(文言傳)〉에 보인다.

담당할 수 있으니, 이것이 성철(聖哲)들의 참다운 가르침이므로 그대를 위하여 한번 외는 것입니다.

조생[162] 완진 에게 답함 임신년[163]

答趙生 完鎭○壬申

《의례》〈상복기(喪服記)〉에 "서자(庶子)로서 후사(後嗣)가 된 자는 자신의 외조부와 종모(從母 이모)와 외숙을 위해서는 복(服)이 없다." 라고 하였는데, 주자가 이것을 《가례(家禮)》에 싣고 말씀하기를 "서자로서 아버지의 후사가 된 자는 자기 생모의 부모와 형제, 자매를 위해서는 복이 없다."라고 하였고, 사계(沙溪)께서는 이것을 모두 《상례비요(喪禮備要)》 가운데에 차례로 기록하였으니, 이것이 예의 대경(大經)이 됩니다.

자기 생모의 부모와 형제, 자매를 위해서는 복이 없다는 것은, 자기 생모를 위해 입는 복의 등급을 낮추기 때문에 모당(母黨 외가 친척)을 끊고 복을 입지 않는 것이니, 이는 전중(傳重)하는 자리에 전일함을 지극히 하는 것이어서 감히 사사로운 정을 펴지 못하는 것입니다. 남의 후사가 된 자는 본생의 외당(外黨 외가)을 위해 입는 복의 등급을 낮추는데, 서자로서 후사가 된 경우에는 복을 끊어버립니다. 복을 끊는 것은 낮추어 입는 것보다 엄하니, 혐의를 분별하는 뜻이 큽니다.

적모(嫡母)의 당(黨)을 위하여 복을 입는 것은 진실로 승적(升嫡 서자(庶子)가 적자(嫡子)로 오름) 여부와는 상관이 없습니다. 승적하면 적

162 조생(趙生) : 조완진(趙完鎭)으로 《승정원일기(承政院日記)》 1823년(순조23) 7월 25일 기사에 유학(幼學)으로 기재되어 있는데 동일 인물인지는 미상이다.

163 임신년(壬申年) : 1812년(순조12)으로, 매산의 나이 37세 되던 해이다.

외조(嫡外祖 적모의 아버지)를 사조(四祖 부(父)·조(祖)·증조(曾祖)·외조(外祖))의 반열에 쓰니, 이는 정통(正統)을 높이고 근본을 밝혀서 그 계통을 하나로 하는 것입니다. 이미 외조에 적외조를 쓰고 자기 생모의 당을 위한 복을 끊는다면 이것은 적모의 당을 외가로 삼는 것입니다.

외가의 친척이라도 또한 두 계통이 없으니, 그렇다면 전중(傳重)[164]한 서자가 어찌 자기 생모의 당을 외가로 볼 수 있겠습니까. 서자는 적모의 당을 위하여 복을 입다가 적모가 별세하면 이들을 위한 복을 입지 않으나, 승중(承重)[165]한 경우에는 적모가 별세하여도 또한 마땅히 정실(正室)의 아들이 외당을 위하여 복을 입는 것과 같이 하여야 합니다.

유시남(兪市南)이 이르기를 "서자가 승적함은 계후(繼後 양자로 후사를 삼음)와 똑같지 않으니, 그 외조를 바꿀 이치가 없을 듯하다."라고 하였는데,[166] 구구한 이 몸은 이 말을 믿지 못하겠습니다. 양자가 된 자도 본생부모를 위해 입는 복을 한 등급을 낮추는데, 승적한 서자는 자기 생모를 위하여 시마복(緦麻服)을 입습니다. 시마복은 서모를 위

164 전중(傳重) : 상제(喪祭)나 종묘에 대한 중한 책임을 전한다는 뜻으로, 대를 이어 종통(宗統)을 이어받는 것을 말한다.

165 승중(承重) : 전중과 같은 뜻이나 전중을 받은 자의 입장에서 말한 것이다.

166 유시남(兪市南)이……하였는데 : 유시남은 유계(兪棨, 1607~1664)로 시남은 호이고 자는 무중(武仲), 본관은 기계(杞溪), 시호는 문충(文忠)이며 사계(沙溪) 김장생(金長生)의 문인이다. 1633년(인조11) 식년 문과에 급제하고, 벼슬이 이조 참판에 이르렀는데 예학(禮學)에 정통하여 《가례원류(家禮源流)》를 저술하였다. 유시남의 말은 《시남집(市南集)》 권13 〈답윤길보논서자위후서(答尹吉甫論庶子爲後書)〉에 보인다.

해 입는 복이니, 혐의를 멀리 함이 더욱 큰 것입니다. 어찌 그 소생의 외조를 그대로 둘 수 있겠습니까. 또 이것을 계실(繼室 후처)의 아들이 봉사(奉祀)함에 비하여 차이가 없다고 한다면 더더욱 이해할 수가 없습니다.

계배(繼配)는 전배(前配 별세한 전처)와 지위와 신분이 유사하니, 계배의 아들이 봉사(奉祀)하는 것은 떳떳한 도리이지마는, 서자가 승적한 경우로 말하면 천한 신분이 귀해지고 가벼운 것이 중해져서 명분이 크게 변하는 것이니, 어찌 계실의 아들이 봉사하는 준례에 견줄 수 있겠습니까. 이는 아직 확정되지 않은 의논이라고 삼가 생각되니, 따르기 어려울 듯합니다.

《주자가례》에 사당(祠堂)·심의(深衣)·거가잡의(居家雜儀)의 세 장(章)을 합쳐서 〈통례(通禮)〉[167] 편이라고 명명한 것은, 또한 이 세 장의 일이 관례(冠禮)·혼례(婚禮)·상례(喪禮)·제례(祭禮)의 네 가지 예의 가운데에 통하고 있기 때문입니다. 이 예는 남과 자신, 옛날과 지금의 차이가 없어서 천하와 만세의 법이 되니, 이 때문에 통례라고 한 것입니다.

《예기》〈왕제(王制)〉의 동뇌(同牢) 주(註)에 '뇌(牢)는 우리이니. 우리는 능히 가축을 기르는 곳이기 때문에 여기에서 기른 희생(犧牲)을

167 통례(通禮) : 《주자가례》의 편차(編次) 중 첫 번째 편의 이름이다. 《주자가례》는 모두 5편으로, 통례 다음에 관례(冠禮), 혼례(婚禮), 상례(喪禮), 제례(祭禮)의 편으로 구성되어 있다.

모두 뇌라 한다.'라고 하였고, 《예기》 〈혼의〉의 공뢰(共牢) 주에 '뇌를 함께 하고 먹는다는 것은 함께 한 희생을 먹어서 희생을 달리하지 않는 것이다.'라고 하였으니, 그렇다면 뇌가 그릇이 아님을 알 수 있습니다.

남석회에게 답함 임진년[168]

答南錫晦[169] 壬辰

지난번에 분노를 억누르는 방도를 물었으므로, 명도(明道) 정호(程顥)께서 지으신 《정성서(定性書)》를 읽을 것을 권했는데, 이를 겸허히 수용하고 참되고 돈독하게 체험하시어, '마음을 잡아 보존하는 공부가 견고하지 못하고 함양(涵養)의 공부가 능숙하지 못함'을 근심으로 삼으시기에 이르렀습니다. 저에게 다시 좋은 약을 내놓으라고 하시는데, 이것은 당사자에게 달려 있고 다른 사람이 위하여 도모해 줄 수 있는 것이 아닙니다.

무릇 마음을 다스리기 어려운 까닭이 진실로 여러 가지이나, 분치(忿懥)가 사유(四有)[170]의 맨 앞에 있는 것은, 성기(性氣)의 부리는 바가 편벽되고 성급함을 이루기 쉬워서 그 발(發)함이 절도에 맞지 아니하여 저절로 그 바름을 얻지 못하기 때문입니다. "극기(克己)는 모름지

168 임진년(壬辰年) : 1832년(순조32)으로, 매산의 나이 57세 되던 해이다.

169 남석회(南錫晦) : 《승정원일기(承政院日記)》 1816년(순조6) 8월 5일 기사에 유학(幼學)으로 기재되어 있는데 동일 인물인지는 미상이다.

170 사유(四有) : 마음의 평정을 잃게 하는 네 가지 요인으로, 마음에 있는 분치(忿懥)·공구(恐懼)·호요(好樂)·우환(憂患)을 이른다. 《대학장구》 전7장의 "이른바 '몸을 닦음이 그 마음을 바룸에 있다.'는 것은 마음에 분치하는 바를 두면 그 바름을 얻지 못하며, 공구하는 바를 두면 그 바름을 얻지 못하며, 좋아하는 바를 두면 그 바름을 얻지 못하며, 우환하는 바를 두면 그 바름을 얻지 못한다.〔所謂修身, 在正其心者, 心有所忿懥則不得其正, 有所恐懼則不得其正, 有所好樂則不得其正, 有所憂患則不得其正.〕"라는 구절에서 유래한 말이다.

기 성질이 편벽되어서 극복하기 어려운 곳으로부터 극복해 나가야 한다."[171]고 하였는데, 분노보다 더 극복하기 어려운 것이 없습니다. 그러므로 말하기를 "분노를 징계하기를 산을 무너뜨리듯이 한다."라고 하고, "불을 끄듯이 한다."[172]라고 한 것입니다.

분노를 이겨 다스리는 방도는 반드시 너그러움을 오랫동안 지켜야 하니, 오랫동안 지키면 발함이 자연히 절도에 맞게 되어, 점점 관유(寬裕)하고 온유(溫柔)해져서 충분히 사람을 포용함에 이르게 되어, 중화(中和)의 정성(定性)을 회복할 수 있습니다.

편지를 보니, "마땅히 분노하지 않아야 할 분노의 경우는 진실로 이치를 살펴보아 억제할 수 있으나 마땅히 분노해야 할 분노의 경우는 오로지 분노를 잊는 것만을 옳게 여겨서는 안 된다."라고 하였으니, 이 말씀이 진실로 옳습니다. 그러나 순(舜)임금이 사흉(四凶)을 주벌한 것[173]과 문왕(文王)이 천하를 편안히 한 것[174]과 안자(顏子)가 노여움을 남에게 옮기지 않은 것[175]은 순수하게 천리(天理)에서 나온 것이

171 극기(克己)는……한다 : 이 내용은 이천(伊川) 정이(程頤)의 문인인 사양좌(謝良佐, 1050~1103)가 한 말로 《심경(心經)》〈안연문인장(顏淵問仁章)〉에 보인다.

172 분노를……한다 : 이 두 구절은 모두 《주자어류(朱子語類)》 권72 〈역(易)8 손(損)〉에 보인다.

173 순(舜)임금이……것 : 사흉은 네 사람의 흉악한 악인(惡人)들로 공공(共工)·환도(驩兜)·삼묘(三苗)·곤(鯀)을 가리킨다. 순임금은 공공을 유주(幽州)로 유배 보내고, 환도를 숭산(嵩山)에 유치(留置)하고, 삼묘를 삼위(三危)로 쫓아내고, 곤을 우산(羽山)에 가두었다. 《書經 虞書 舜典》

174 문왕(文王)이……것 : 이 내용은 《맹자》〈양혜왕 하(梁惠王下)〉에, "문왕(文王)이 한 번 노하여 천하의 백성들을 편안하게 하였다.〔文王一怒而安天下之民.〕"라고 보인다.

지만, 보통 사람의 분노로 말하면 대부분 기질(氣質)의 편벽됨에서 나오니, 만일 분노를 잊고 이치를 살펴보지 않는다면 마땅히 분노해야 할 것과 마땅히 분노하지 않아야 할 것을 분별하기 어렵습니다.

그러므로 주자가 말씀하기를 "노여움을 잊으면 공변되고 이치를 살피면 순하다."[176]라고 한 것이니, 이른바 '분노를 잊는다〔忘怒〕'는 것은 마땅히 분노해야 하는데 분노하지 않음을 말하는 것이 아니요 분노가 이(理)와 의(義)의 바름을 얻는 것을 말하니, 이것이 이른바 '혈기(血氣)의 노여움이 있어서는 안 되고 이(理)와 의(義)의 노여움은 없어서는 안 된다.'[177]는 것입니다.

집안에서는 항상 은혜가 의(義)를 가리니, 모름지기 위엄이 사랑을 이겨야[178] 가도(家道)를 진실로 이룰 수 있습니다. 어찌 한갓 분노를

175 안자(顏子)가……것 : 이 내용은 《논어》 〈옹야(雍也)〉에 "안회라는 제자가 학문을 좋아하여 노여움을 옮기지 않고 허물을 거듭 범하지 않았다.〔有顏回者好學, 不遷怒, 不貳過.〕"라고 한 공자의 말씀이 보인다.

176 노여움을……순하다 : 이 내용은 《주자대전》 권67 〈잡저(雜著) 정성설(定性說)〉에 보인다.

177 혈기(血氣)의……된다 : 이 말은 장경부(張敬夫)의 말로 《맹자》 〈양혜왕 하(梁惠王下)〉 호용장(好勇章)의 장하주(章下註)에 보인다. 장경부는 남송의 도학자이자 문신인 장식(張栻, 1133~1180)으로 경부는 자이며 호는 남헌(南軒), 시호는 선(宣)이다. 음보(蔭補)로 출사하여 우문전 수찬(右文殿修撰) 등의 벼슬을 역임하였다. 호굉(胡宏)으로부터 명도(明道) 정호(程顥), 이천(伊川) 정이(程頤)의 학문을 전수받아 높은 경지를 이루어 주희(朱熹), 여조겸(呂祖謙)과 함께 동남삼현(東南三賢)으로 불렸는데, 주자와 친분이 매우 두터웠다.

178 위엄이 사랑을 이겨야 : 원문은 '위극궐애(威克厥愛)'로, 《서경》 〈윤정(胤征)〉에 "위엄이 사랑을 이기면 진실로 성공할 것이요, 사랑이 위엄을 이기면 진실로 공이 없을 것이다.〔威克厥愛, 允濟, 愛克厥威, 允罔功.〕"라고 보인다.

감추는 것을 일삼아서 집안 식구들을 가르치는 일을 달갑게 여기지 아니하여 이들을 죄과(罪過)에 빠뜨린단 말입니까? 다만 여동래(呂東萊)가 집안 살림살이를 때려 부순 것[179]과 장사숙(張思叔)이 마부를 꾸짖은 것[180]과 증점(曾點)이 큰 몽둥이로 아들을 때린 것[181]과 같이 하지 말아야 할뿐입니다.

고명(高明)[182]은 이미 스스로 말씀하기를 "성품과 기질이 거칠고 급해서 분노를 억제하기 어렵다."라고 하였으니, 줄여서 아름다운 것이 분노보다 더 큰 것이 없습니다. 또 이와 같이 하는 것이 병(病)이 됨을 알았으면 이와 같이 하지 않는 것이 약이 되니, 참기 어려운 바를 참고 포용하기 어려운 바를 포용하는 것, 이것이 분노를 바로 잡는 방법이 됩니다.

혹자가 정자(程子)에게 말하기를 "사람들은 누구나 온화하고 부드

179 여동래(呂東萊)가……것 : 이 내용은 《회암집(晦菴集)》 권54 〈답노덕장(答路德章)〉에 보인다. 여동래는 남송(南宋)의 사상가인 여조겸(呂祖謙, 1137~1181)으로 동래는 그의 호이고, 자는 백공이다. 주자와 육상산의 아호사(鵝湖寺) 회합을 주선하기도 하는 등, 이들과 함께 강학(講學)에 힘써 대학자가 되었으며, 주자와 함께 《근사록(近思錄)》을 편찬하였다.

180 장사숙(張思叔)이……것 : 장사숙은 남송(南宋)의 학자로 이천(伊川) 정이(程頤)의 문인인 장역(張繹, 1071~1108)인데, 사숙은 그의 자이다. 장역이 마부를 욕하면서 꾸짖자 이천이 "어째서 마음을 격동시키고 성품을 참지 못하는가?"라고 나무랐다. 《心經 卷2 大學正心章》

181 증점(曾點)이……것 : 증점은 증자(曾子)의 부친으로 공자의 제자 중의 한 사람이다. 증자가 아버지 증점과 함께 외밭을 매다 실수하여 오이를 뽑아버리자, 화가 난 증점이 큰 몽둥이로 때렸다는 이야기가 《공자가어(孔子家語)》에 실려 있다.

182 고명(高明) : 식견이 높고 사물에 밝은 사람이라는 뜻으로, 상대편을 높여 이르는 말이다.

럽고 관대하고 너그러워야 함을 알지만 일에 임해서는 도리어 포악하고 사나워 집니다."라고 하자, 정자가 말씀하기를 "이는 다만 뜻이 기운을 이기지 못해서 기운이 도리어 그 마음을 움직이게 한 것이다."라고 하셨으니, 빨리 이 의리를 체득해서 항상 뜻을 지킴을 근본으로 삼아야 합니다.

뜻이 능히 기운을 통솔할 수 있으면 기운 또한 스스로 길러져서 내(內)·외(外)와 본(本)·말(末)이 서로서로 배양되어 저절로 도덕을 위배하지 않음에 이를 것이니, 어찌 다만 마음을 분발시키고 성질을 참아서 자신의 능하지 못한 바를 증익시킴이 될 뿐이겠습니까.[183] 삼가 고명(高明)을 위하여 바라는 바입니다.

183 마음을……뿐이겠습니까 : 원문의 '동인증익(動忍增益)'은 《맹자》 〈고자 하(告子下)〉에 "하늘이 장차 큰 임무를 이 사람에게 내리려 할 적에는 반드시 먼저 그 심지를 괴롭게 하며, 그 근골을 수고롭게 하며, 그 체부를 굶주리게 하며, 그 몸을 빈궁하게 하여 그 하는 바를 방해하고 어지럽게 하니, 이것은 마음을 분발시키고 성질을 참게 하여 능하지 못한 바를 증익하게 하려는 것이다.〔天將降大任於是人也, 必先苦其心志, 勞其筋骨, 餓其體膚, 空乏其身, 行拂亂其所爲, 所以動心忍性, 曾益其所不能.〕"라고 보인다.

이중립[184] 도상 에게 답함

答李中立 度相

사당을 옮기면서 길일(吉日)을 가릴 적에 반드시 가장 낮은 신위(神位)의 망명(亡命)[185]을 사용한다는 것은 무엇에 근거한 것인지 알 수가 없으니, 일자(日者)[186]로부터 나온 것이 아닙니까? 그 말이 떳떳하지 못하니, 따르기가 어렵습니다. 설사 굽혀서 세속을 따른다 하더라도 가장 높은 신위를 써서 높은 분에게 통솔되는 의(義)를 붙이는 것이 혹시라도 옳을 듯합니다.

그러나 선조의 생년(生年)을 사용하여 택일하는 것은 끝내 선조에 대한 모독이 되니, 해서는 안 될 것입니다. 이른바 주인(主人)이라는 것은 제사를 주관하는 자이니, 조고(祖考)의 정신은 바로 나의 정신입니다. 한 기운이 유통해서 유명(幽明) 간에 간격이 없어서 신(神)이 사람에게 의지합니다. 그러므로 사람이 가는 곳에 신 또한 따라가는 것이니, 다만 주인의 생(生)과 왕(旺)[187]을 취할 뿐이니, 사당을 옮기는

184 이중립(李中立) : 이도상(李度相)으로 중립은 그의 자로 보인다. 《승정원일기(承政院日記)》 1806년(순조6) 10월 4일 기사에 사학유생유학(四學儒生幼學)으로 기재되어 있는데 동일 인물인지는 미상이다.

185 망명(亡命) : 망자의 생명(生命) 즉 생년(生年)을 가리킨 것으로 보인다. 옛날 사주(四柱)를 표시할 때에 갑자생 남자는 건명(乾命) 갑자생, 갑자생 여자는 곤명(坤命) 갑자생이라고 하였다.

186 일자(日者) : 음양오행설에 입각하여 관상이나 사주를 보고 택일하는 등의 일을 하는 자를 이른다.

일과는 상관이 없을 듯합니다. 그러나 기실은 신과 사람이 서로 의존하는 이치가 이 사이에 존재하니, 저의 뜻은 이와 같을 뿐입니다.

"궤연(几筵)을 받들어 옮길 적에 어찌 택일하지 않겠는가."라고 말하셨는데, 이는 궤연의 경우에 있어 특별히 망명(亡命)을 씀을 말한 것이 아닙니다. 사당과 궤연을 받드는 경우가 있고 혹은 다만 궤연만을 받드는 경우가 있으니, 다만 궤연만을 받드는 경우에는 상생(象生)[188]이라 하여 주인을 따라 택일하지 않을 수가 없으니, 사당과 궤연을 아울러 받드는 경우 또한 마땅히 주인을 따라 같은 날 함께 옮기는 것이 옳을 것입니다.

집을 옮김은 산 자의 일로, 죽은 자를 위한 것이 아닙니다. 죽은 자는 산 자가 가는 곳을 따를 뿐이니, 중(重)하게 여기는 바가 있다고 하여 그 명(命 생년)을 미루어서 날을 가려 그 일을 크게 벌여서는 안 됩니다.

187 생(生)과 왕(旺) : 명리학(命理學)에서 이르는 십이운성(十二運星), 즉 포(抱), 태(胎), 양(養), 생(生), 욕(浴), 대(帶), 관(冠), 왕(旺), 쇠(衰), 병(病), 사(死), 사(死), 장(葬)의 12단계 중의 생과 왕을 말한 것인데 이 두 가지가 가장 길하다.

188 상생(象生) : 일반적으로 궤연(几筵)을 이르는데, 망자가 살아생전에 사용했던 기물들을 진열하여 살아있을 때를 그대로 본뜬다고 하여 붙여진 이름이다. 두우(杜佑)의 《통전(通典)》 권49 〈시향천신부(時享薦新附)〉에 "사당에 신주를 보관하여 사시제를 지내고, 침전(寢殿)에는 의관과 궤장 등 살아생전에 쓰던 기물을 두고서 그곳에 새로운 음식물을 올린다.〔廟以藏主, 以四時祭, 寢有衣冠几杖象生之具, 以薦新物.〕"라고 보인다.

이중립에게 답함 병자년[189]

答李中立 丙子

존중부장(尊仲父丈)은 예(禮)에 마땅히 반부(班祔)[190]하여야 하며 반부할 때는 신주(神主)로써 하니, 어찌 신주를 세우지 않고 할 수 있단 말입니까. 존중부장의 바르고 높은 식견으로 어찌 이에 생각이 미치지 않으셨겠습니까마는, 곤궁하고 외로운 처지 때문에 편의(便宜)를 따르는 방도를 택하여 마침내 제체(齊體 아내)의 묘지에 이미 만들어 놓은 신주를 묻고, 마땅히 세워야 할 신주를 세우지 않으신 것입니다.

자신이 죽은 뒤에 자기 신주를 세우지 말 것을 거듭 명하였으니, 그 뜻과 말씀이 매우 서글프고 가슴 아픕니다. 그러나 이 일은 바른 예(禮)가 아니니, 이 어찌 자질(子姪)[191]들이 마땅히 받들어 순종할 수 있는 것이겠습니까. 애시(哀侍)는 이것을 치명(治命)[192]이라고 말하나, 저는 그렇지 않다고 여깁니다. 모질(耄耋)[193]에 이르도록 장수하고

189 병자년 : 1816년(순조16)으로, 매산의 나이 41세 되던 해이다.

190 반부(班祔) : 방친(傍親)으로 후사가 없는 사람 등을 종가의 사당에 반차(班次)에 따라 합부(合祔)하는 것을 말한다.

191 자질(子姪) : 원래 자식과 조카들을 통칭하는 말이나, 여기서는 조카의 뜻으로 쓰였다.

192 치명(治命) : 사람이 죽기 전에 정신과 지혜가 맑게 깨어 있을 때 내린 유언(遺言)을 이른다. 반대로 정신이 혼미한 상태에서 내린 유언을 난명(亂命)이라고 한다.

193 모질(耄耋) : 7-80세를 이르는 말이다. 모(耄)는 70세이고 질(耋)은 80세를 가리킨다.

현읍(縣邑)의 수령 벼슬을 지냈으며 또 형제의 아들들이 있는데, 어찌 신주를 세우지 않아서 영원히 돌아갈 곳이 없게 한단 말입니까?

상(喪)은 무후(無後 대를 이을 후손이 없는 것)의 경우는 있으나 상주(喪主)가 없는 경우는 없습니다. 상주가 없으면 심지어 이윤(里尹)으로 하여금 상을 주관하게까지 하니,[194] 반드시 아들과 손자가 있은 뒤에야 비로소 신주를 세우고 상을 주관하는 것이 아닙니다. 장례가 끝났는데 신주를 만들지 못하면 영혼이 날아 흩어져서 장차 어느 곳에 의지한단 말입니까?

애시가 비록 존중부장을 위하여 일을 주관한다고 하나, 이미 제주(題主)의 전(奠)[195]이 없었고 또 우제(虞祭)와 졸곡(卒哭)의 제사가 없었으니, 그렇다면 알지 못하겠습니다마는 주관하는 일이 무슨 일입니까? 살아서는 자식이 없는 사람이 되고 죽어서는 상주가 없는 귀신이 되어서, 별세한 분의 사사로운 한이 끝이 없게 될 것이니, 그렇다면 어찌 천리(天理)와 인정(人情)에 편안한 바가 되겠습니까. 유명(幽明)의 길

194 이윤(里尹)으로……하니 : 이 내용은 《예기》 〈잡기 하(雜記下)〉에 "고모와 자매가 남편이 죽고 남편의 집안에 형제가 없으면 남편의 집안사람으로 하여금 상을 주관하게 하고, 아내의 친족은 비록 친하나 상을 주관하지 않으니, 남편이 만약 친족이 없으면 앞뒷집이나 동서가(東西家)에서 하고, 이런 사람도 없으면 이윤이 주관한다.〔姑姊妹其夫死,, 而夫黨無兄弟, 使夫之族人, 主喪, 妻之黨, 雖親, 弗主, 夫若無族矣, 則前後家, 東西家, 無有, 則里尹主之.〕"라고 보인다. 이윤(里尹)은 주(周)나라 때 향관(鄕官)으로 한 마을의 장(長)인 이재(里宰)를 가리킨다.

195 제주(題主)의 전(奠) : 신주를 새로 만들어 망자의 본관과 관작 및 성명을 써서 모시고 제전(祭奠)을 올림을 이른다. 장례 때에 시신을 땅 속에 묻으면 그 즉시 신주를 써서 모시고 혼백을 묘 옆에 묻은 다음 제사를 올린다. 이에 상주가 신주를 받들어 집으로 와서 궤연(几筵)에 봉안하고 초우제(初虞祭)를 행하는 것이 일반적인 예이다.

이 다르나 신과 사람이 서로 의지함이 자손에게 있지 않으면 선조에게 있는데, 이미 신주가 없으니, 어느 곳에 부식(祔食)한단 말입니까?

애시를 위하여 계책을 세우건대, 애시는 마땅히 존중부장을 위하여 후사를 세워서 그 끊어진 대를 이어야 할 것이요, 대를 이을 만한 자가 없더라도 또한 마땅히 신주를 세워서 '현중부(顯仲父)'라고 쓰고 상이 끝나기를 기다려서 존중모(尊仲母)의 신주와 합하여 두 신주를 한 독(櫝)에 넣어 존증조(尊曾祖)에게 부식하여야 합니다. 이것이 변고(變故)에 대처하여 바른 예(禮)를 잃지 않는 것이니, 이것 외에 다른 말을 하는 것은 예가(禮家)로서 관여하여 들을 바가 아닙니다.

어리석은 저는 떳떳한 법을 지킬 뿐이니, 비록 부형에 관계되는 일이라 하더라도 오직 옳은 것을 추구하여 오직 의(義)에 귀결되게 할 뿐입니다. 어찌 마땅히 지켜서는 안 될 것을 고집하여 변통할 것을 생각하지 않을 수 있겠습니까. 애시가 아버지와 스승의 은혜에 보답하는 것이 여기에 있으니, 부디 애시는 노력하시기 바랍니다.

이중립에게 답함 정축년[196]

答李中立 丁丑

후사가 없어 선조에 반부(班祔)하는 경우 또한 마땅히 여러 신위에게 함께 고유해야 하니, 고유하는 글은 마땅히 한결같이 《상례비요》를 따라서 오대(五代)를 함께 한 판(板)으로 만들어야 하고 존고비(尊考妣)를 함께 쓰는 것이 마땅할 듯합니다.

이 이하는 마땅히 "선중부 모관(先仲父某官)이 상기가 이미 다해서 마땅히 현증조고(顯曾祖考) 모관 부군(某官府君)에게 부묘해야 하나, 후사가 없어서 반부의 예를 영원히 행하고 선중모(先仲母) 모봉 모씨(某封某氏)와 선중모 모봉 모씨를 함께 부식하오니, 감창(感愴)하는 마음을 이기지 못합니다. 운운."라고 해야 할 것입니다.

고대에는 대(代)마다 각각 사당을 세우고 사당에는 각각 실(室)이 있고 당(堂)이 있었는데, 후세의 사당의 제도는 옛 것을 회복하지 못해서, 다만 한 사당 안에 각각 감실(龕室)을 세워서 한 감실을 한 대로 삼습니다.

장방(長房)으로서 조주(祧主)를 체천(遞遷)하여 받드는 자[197]는 마

196 정축년(丁丑年) : 1817년(순조17)으로, 매산의 나이 42세 되던 해이다.

197 장방(長房)으로서……자 : 장방은 종손 다음으로 항렬이 높은 집을 이르고, 조주(祧主)는 종손의 입장에서 대수(代數)가 다하여 매안할 신주를 이른다. 종손에게는 조주가 되더라도 장방이나 차방에 5대가 되지 않은 후손이 있으면 차례로 체천하여 제사를 모시다가 모든 후손이 5대가 되면 매안한다.

땅히 자기 할아버지와 아버지와 함께 한 사당에 받들고 똑같이 시제(時祭)를 행해야 하니, 소종(小宗)으로서 대종(大宗)을 합친다는 혐의에 대해서는 이때에는 의문을 가질 바가 아닙니다. 한강(寒岡) 또한 함께 사당에 봉안하는 일이 중월(仲月)에 있으면 같이 시제를 지낸다[198]는 의논을 하신 적이 있습니다.

소목(昭穆)의 법을 지금 다시 창설하여 행할 수가 없으므로 고조·증조·조고·아버지의 네 신위를 차례를 따라 봉안하고, 만약 체천하는 신위가 할아버지와 아버지의 신위와 부자간이 아니면 마땅히 한 감실을 사이에 띄어서 그 차례를 잃지 않는 의리를 보존하는 것이 어떨지 모르겠습니다.

198 한강(寒岡)……지낸다 : 한강은 조선 중기의 문신이자 학자인 정구(鄭逑, 1543~1620)로 한강은 그의 호이고 자는 도가(道可), 본관은 청주(淸州), 시호는 문목(文穆)이다. 퇴계와 남명에게서 성리학을 배웠으며, 과거를 단념하고 학문에만 전념하였다. 천거로 창녕 현감에 제수되고 이후 공조 참판, 대사헌 등을 역임하였다. 이 내용은 《한강집》 제7권 〈답임탁이(答任卓爾)〉에 "사당에 함께 봉안하는 일이 마침 중월(仲月)에 시제(時祭)를 지내는 때를 당했다면 메와 국을 갖추어 큰제사를 지내는 것이 마땅하다."라고 보인다.

박종순에게 답함 을해년[199]

答朴鍾淳[200] 乙亥

나그네가 된 지 일 년이 넘었으니, 나그네의 자질구레한 괴로움[201]이 있지 않겠습니까? 헤어질 때에 술과 여색, 재물 이 세 가지 조항에 대한 경계를, 말하는 사이에 아무렇게나 언급했었는데, "경계하는 말씀을 받들어 가슴에 새겼다."라고까지 말씀하니, 이는 말한 자가 감사함을 아는 것입니다. 이 뜻을 능히 가슴속에 보존하고 보존하여 잃지 않을 수 있겠습니까.

저는 이런 일을 많이 보았으니, 대부분의 경우 의(義)로써 시작했다가 이(利)로써 끝나고 맙니다. 백이(伯夷)와 숙제(叔齊)의 마음을 가지고 갔던 자들이 도척(盜跖)과 장교(莊蹻)[202]의 몸이 되어 돌아오니,

199 을해년(乙亥年) : 1815년(순조15)으로, 매산의 나이 40세 되던 해이다.

200 박종순(朴鍾淳) : 《승정원일기(承政院日記)》 1810년(순조10) 11월 24일 기사에 유학(幼學)으로 기재되어 있는데 동일 인물인지는 미상이다.

201 나그네의 자질구레한 괴로움 : 이 내용은 《주역》 여괘(旅卦) 초육(初六)의 효사의 "초육은 나그네가 자질구레하니, 이것이 재앙을 취하는 이유이다.〔初六, 旅瑣瑣, 斯其所取災.〕"라는 구절을 원용한 것이다.

202 도척(盜蹠)과 장교(莊蹻) : 춘추전국시대의 유명한 큰 도적들이다. 도척은 노(魯)나라 사람으로 포악하여 날마다 죄 없는 사람을 죽이고, 그 간을 꺼내어 회쳐서 먹으며 흉악무도한 짓을 자행하며 수천 명의 도당을 이끌고 천하를 횡행하였다.《史記 卷61 伯夷列傳》 장교는 춘추시대 오패(五霸)의 하나인 초(楚)나라 장왕(莊王)의 후예라 하며, 《사기색은(史記索隱)》에는 초나라 장왕의 아우로 도둑이 된 자라고 하였다. 교(蹻)는 '갸'으로 발음하기도 한다.

어찌 비통할 만한 일이 아니겠습니까. 술과 여색, 재물 이 세 가지는 천고(千古)의 영웅을 그르쳐서, 상류(上流)의 사람들도 많이 비방을 받는데, 더구나 그보다 하등의 사람에 있어서이겠습니까. 능히 이 세 가지에 미혹되지 않는 자로는 오직 양백기(楊伯起)가 있으니, 이에 미혹되지 않았기 때문에 관서부자(關西夫子)가 되었던 것입니다.[203]

그대는 어진 주인을 얻어서 의귀(依歸)할 곳으로 삼았으니, 종일토록 부지런히 힘쓰고 저녁까지도 두려워하여[204] 주인에게 근심을 끼치지 않는 것이 옳을 것입니다. 자신을 그르치고 남을 그르친다는 것을 가지고 항상 염려한다면 가는 곳마다 바르지 않음이 없을 것입니다.

동파옹(東坡翁)의 말은 의미가 있으니, 여기에 이르기를 "만일 나의 소유가 아니라면 한 터럭이라도 취하지 말아야 한다."라고 하였습니다.[205] 만약 이대로 하고자 한다면 술을 끊고 여색을 멀리할 뿐입니다.

203 능히……것입니다 : 양백기(楊伯起)는 후한(後漢) 안제(安帝) 때의 명신이며 홍농(弘農) 사람인 양진(楊震)으로 백기는 그의 자이다. 어려서부터 학문을 좋아하여 여러 서책을 두루 섭렵하였으며, 경전에 특히 밝았으므로 당시의 선비들로부터 '관서 지방의 스승은 양백기'라는 칭송을 받았다. 이는 홍농이 중국의 관서 지방이기 때문에 붙여진 이름이다. 양진은 50세에 무재(茂才)로 추천되어, 형주 자사(荊州刺史) 등을 역임하고 안제 영녕(永寧) 원년(120)에 사도(司徒)가 되었으며, 연광(延光) 2년(123)에 태위(太尉)가 되었다. 성품이 청백하였으며, 외척과 환관의 발호를 막기 위해 애를 쓰다가 오히려 참소를 받고 면직되자 분개하여 음독자살하였다.《後漢書 卷54 楊震列傳》

204 종일토록……두려워하여 : 이 내용은《주역》건괘(乾卦) 구삼(九三) 효사(爻辭)의 "군자가 종일토록 힘쓰고 힘써 저녁까지도 두려워하면 위태로우나 허물이 없다.〔君子終日乾乾, 夕惕若, 厲, 无咎.〕"라는 구절을 원용한 것이다.

205 동파옹(東坡翁)의……하였습니다 : 동파옹은 북송(北宋)의 문장가인 소식(蘇軾, 1037~1101)으로 동파는 그의 호이며 자는 자첨(子瞻), 미주(眉州) 출신이다. 노

술은 능히 심신(心身)을 해치고 여색은 정신을 혼미하게 하니, 어찌 이 두 가지에 부림을 당하면서 남에게 버려짐을 당하지 않는 자가 있을 수 있겠습니까.

어진 주인과 아름다운 손님이 만난 것을, 옛사람이 '두 어려움이 함께 한다.'라고 하였으니,[206] 바로 그대가 오늘날 겪고 있는 일인데, 처음처럼 끝까지 잘하고자 한다면 오직 이 세 가지에 미혹되지 않아야 할 뿐입니다. '하늘에 이르는 큰 죄악이 잠깐을 참지 못하는 데서 이루어진다.'[207]고 하였는데, 이는 바로 재물과 여색이니, 공경히 생각하고 공경히 생각해야 할 것입니다.

천(老泉) 소순(蘇洵)의 아들이고 소철(蘇轍)의 형으로 이들 삼부자는 모두 문명(文名)을 떨쳐 당송팔대가(唐宋八大家)에 들었다. 이 내용은 동파의 역작(力作)인 〈전적벽부(前赤壁賦)〉에 보인다.

206 옛사람이……하였으니 : 옛사람은 당나라의 문장가인 왕발(王勃)을 이른다. 두 가지 어려움〔二難〕은 훌륭한 주인과 손님이 만나는 것인바, 왕발이 지은 〈등왕각 서(滕王閣序)〉에 보인다.

207 하늘에……이루어진다 : 이 내용은 《이정외서(二程外書)》 권12 〈전문잡기(傳聞雜記)〉에 보이는데, 원작에는 '滔天之惡'이 '莫大之惡'으로 되어 있다.

최생[208] 제안 에게 답함 을해년[209]

答崔生 濟安○乙亥

삼아(蔘椏 인삼)를 보내주신 후의에 감사드립니다. 어버이 병환에 필요한 약재 중에 이것이 부족하였는데, 필요한 약재(藥材)[210]를 이로부터 걱정하지 않게 되었으니, 그 감사하고 다행스러운 마음을 어찌 이루 다 말할 수 있겠습니까.

다만 삼아의 값을 받지 않고자 하는데 이는 재물로 매수하려는 것이니, 어찌 군자로서 재물에 농락당할 자가 있겠습니까.[211] 저와 같은 자는 비록 군자라고 말할 수는 없으나, 제가 원하는 바는 여기에 있습니다. 또 '사양하고 받는 것〔辭受〕'와 '취하고 주는 것〔取予〕'은 사대부의 염치와 예법에 관계되니, 털끝만큼이라도 구차히 할 수가 없습니다.

제가 자사(子舍)에 거처하면서,[212] 귀중한 약재를 고을 사람의 자제

208 최생(崔生) : 최제안(崔濟安)으로 이순조 18년 9월 20일《승정원일기(承政院日記)》1818년(순조18) 6월 16일 기사에 유학(幼學)으로 기재되어 있는데 동일 인물인지는 미상이다.

209 을해년(乙亥年) : 1815년(순조15)으로, 매산의 나이 40세 되던 해이다.

210 필요한 약재(藥材) : 원문의 '도규(刀圭)'는 약(藥)의 양(量)을 헤아리는 기구로, 모양이 규(圭)와 비슷하여 이러한 이름이 붙여졌는데, 약재나 의술(醫術)을 일컫는 말로도 쓰인다.

211 이는……있겠습니까 : 대가 없이 값진 물건을 주는 것은 상대방을 재물로 매수하려 한다는 뜻으로, 이 내용은《맹자》〈공손추 하(公孫丑下)〉에 그대로 보인다.

212 제가 자사(子舍)에 거처하면서 : 자사는 각 고을의 관아에서 수령의 자제가 거처하던 곳을 이른다. 매산은 경주 부윤(慶州府尹)으로 있는 아버지를 따라 경주 관아의

에게 받는다면, 마땅히 어떤 사람이 되겠습니까? 좌하의 입장에서 이유 없이 은혜를 베푼다면 이는 아름다운 선물이 아니요, 저로서 이유 없이 받는다면 이는 아름다운 은혜에 고맙게 절하는 것이 아니니, 모두 덕으로써 사랑하는 것이 못됩니다. 인삼 값 1천5백 전(錢)을 이에 삼가 구해 보내니, 도착하거든 부디 받으시기 바랍니다.

맹자께서 "그 사귐을 도로써 하고 그 주기를 예로써 한다.〔其交也以道 其餽也以禮〕"라고 하셨으니,[213] 이것이 우리가 서로 권면(勸勉)해야 할 첫 번째 의체(義諦)가 됩니다.

자사에 이해 8월까지 거처하였으므로 이렇게 말한 것이다.《梅山集 卷53 年譜》

213 맹자께서……하셨으니 : 이 내용은《맹자》〈만장 하(萬章下)〉에 보인다.

최생에게 답함 갑신년[214]

答崔生 甲申

귀성(貴省)의 병호(屛虎)의 다툼이 거의 현황(玄黃)에 이르렀다고 하였는데,[215] 이미 일이 수습되어 편안해져서 대화(大和)를 보합(保合)하여[216] 함께 대도(大道)에 이르렀습니까? 이른바 조두(俎豆)[217]라는

214 갑신년(甲申年) : 1824년(순조24)으로, 매산의 나이 49세 되던 해이다.

215 귀성(貴省)의……하였는데 : 귀성은 상대방이 사는 도(道)로 여기서는 경상도를 가리키는바, 성(省)은 도의 의미이다. 병호(屛虎)의 싸움은 병산서원(屛山書院)과 호계서원(虎溪書院)의 다툼을 이른다. 1620년(광해군12) 퇴계 이황을 주향으로 하는 여강서원(廬江書院, 1676년 호계서원으로 사액을 받음)을 건립하면서 종향자인 서애(西厓) 류성룡(柳成龍)과 학봉(鶴峯) 김성일(金誠一) 가운데 누구의 위패를 퇴계의 왼편에 둘 것인가를 두고 문제가 발생하였다. 서애의 제자들(병파)은 관직으로 따져 영의정을 지낸 서애를 왼편에 두어야 한다고 주장하였고, 학봉의 제자들(호파)은 나이로 따져 네 살이 위인 학봉이 왼쪽에 위치하여야 한다고 주장하였다. 이에 조정에서 상주(尙州)의 우복(愚伏) 정경세(鄭經世)에게 자문을 구하여 서애를 왼쪽, 학봉을 오른쪽에 배향함으로써 위차 문제는 일단락되었으나, 2백 여 년이 지난 1805년(순조5) 서애와 학봉, 한강(寒岡) 정구(鄭逑)와 여헌(旅軒) 장현광(張顯光)의 문묘(文廟) 종사를 청원하는 일을 추진하면서 다시 제기되었다가 문묘 종사 운동이 성사되지 않음으로써 다시 일단락되었다. 1812년(순조12) 호계서원에 대산(大山) 이상정(李象靖)을 추가로 배향하자는 논의가 있게 되자 병파에서는 적극 반대하였고, 결국 병파는 호계서원과 절연하고 서애의 위패를 병산서원으로 옮겨버렸다. 이후 병파와 호파는 서로 대립하는 형세를 지속하게 되었다. 현황(玄黃)은 《주역》 곤괘(坤卦 상육(上六) 효사에 "용이 들에서 싸우니, 그 피가 검고 누르다.〔龍戰于野, 其血玄黃.〕"라고 보이는바, 음과 양의 다툼이 매우 심한 지경에 이름을 말한 것이다.

216 대화(大和)를 보합(保合)하여 : 《주역》 건괘(乾卦) 단사(彖辭)에 "건도(乾道)

것은, 스스로 명덕(明德)을 밝히는 본인의 입장에 있어서는 광대한 허공의 뜬구름과 다를 바가 없는데, 후인들이 서로 능멸하고 다투어서 같은 방에 있으면서 창을 잡음[218]에 이르는 것은 너무 지나치지 않습니까. 가만히 영남의 여러 현자들을 위하여 이러한 거조(擧措)를 애석하게 여깁니다.

정무공(貞武公)[219]의 본전(本傳)이 《존주록(尊周錄)》[220]에 기재되어

가 변화함에 각각 성명을 바루어 대화를 보합하나니, 이에 정(貞)함이 이롭다.〔乾道變化, 各正性命, 保合大和, 乃利貞.〕" 하였는데, 주자는 《주역본의(周易本義)》에서 "대화는 음양(陰陽)이 모인 조화로운 기운이다. 각정(各正)은 만물이 태어나는 초기에 얻는 것이고, 보합은 이미 생겨난 뒤에 온전히 보존하는 것이다."라고 주하였다.

217 조두(俎豆) : 제사를 지낼 때 제수(祭需)를 담는 그릇들로 조(俎)는 희생(犧牲)을 담는 도마 모양의 제기이며, 두(豆)는 굽이 달린 제기를 이르는데 인신하여 제사의 뜻으로 쓰인다.

218 같은……잡음 : 원문의 '동실조과(同室操戈)'는 그 사람의 설(說)을 가지고 그 사람을 공격하는 것을 뜻하는 조과입실(操戈入室)을 원용하여 말한 것이다. 한(漢)나라 때 임성(任城)의 하휴(何休)가 공양학(公羊學)을 좋아하여 《공양묵수(公羊墨守)》, 《좌씨고황(左氏膏肓)》, 《곡량폐질(穀梁廢疾)》을 지었는데, 정현(鄭玄)이 이 책들에 대해 반박하는 저술을 내놓자, 하휴가 읽어 보고 탄식하기를 "강성(康成) 정현(鄭玄)이 나의 방에 들어와 나의 창을 잡고 나를 치는구나.〔康成入吾室, 操吾矛, 以伐我乎!〕" 하였다 한다. 《後漢書 卷35 鄭玄列傳》 여기서는 같은 퇴계의 제자들끼리 서로 다툼을 비유하여 말하였다.

219 정무공(貞武公) : 최진립(崔震立, 1568~1636)으로 정무는 그의 시호이며 자는 사건(士建), 호는 잠와(潛窩), 본관은 경주(慶州)이다. 1592년(선조25) 임진왜란에 아우 최계종(崔繼宗)과 함께 의병을 일으켜 공을 세웠으며 1594년에 무과에 급제하여 부장에 제수되었으나 신병으로 사직하고 물러났다가, 1597년 정유재란(丁酉再亂)이 발발하자 결사대 수백 명을 이끌고 서생포(西生浦)의 왜적을 격멸하였으며 양호(楊鎬), 권율(權慄)과 함께 도산(島山) 전투에서 대승하였다. 1636년 병자호란(丙子胡亂) 때 공주 영장(公州營將)으로 참전하여 용인(龍仁) 험천(險川)에서 청군을 만나 싸우다

있는 것을, 삼가 이에 등사하여 올리니, 부디 살펴보시기 바랍니다. 이것은 돌아가신 태학사(太學士) 강한(江漢) 한경원(黃景源) 공이 지은 〈명배신전(明陪臣傳)〉 가운데 있는 글[221]로 《존주록》에 편입된 것입니다.

금년은 바로 의종(毅宗)이 사직(社稷)을 위해 순사(殉死)하신 갑신년(甲申年)입니다.[222] 일월(日月)이 무상하게 순환하여 세기(歲紀)가

가 전사하였다.

220 존주록(尊周錄) : 《황단배향록(皇壇陪享錄)》이라고도 칭한다. 1796년(정조20) 3월 3일 황단(皇壇)에 제향을 마치고 나서 정조가 3월 20일 역대 임금과 신하들이 지은 존주(尊周)의 의리가 남긴 글을 모아 편집하도록 명하여 편찬된 책이다. 《승정원일기》에서는 《황단배향록(皇壇陪享錄)》이라 하였고, 《홍재전서》에서는 《존주록(尊周錄)》이라 하였는데, 정조 사후에 《존주휘편(尊周彙編)》이라는 이름으로 14권 7책으로 편찬되었다. 1595년(선조28) 신충일(申忠一)을 건주위(建州衛)에 사자(使者)로 보낸 이후부터 정조가 서거할 때까지 청나라와의 전쟁 및 교섭의 역사와 이와 관련되는 신하들의 사적을 모은 것이다. 《承政院日記 正祖 20年 3月 20日》 《국역 홍재전서 제177권 일득록17 훈어4》

221 태학사(太學士)……글 : 태학사는 대제학(大提學)의 별칭이다. 강한(江漢)은 황경원(黃景源, 1709～1787)의 호이다. 자는 대경(大卿), 본관은 장수(長水), 시호는 문경(文景)으로 도암(陶菴) 이재(李縡)의 문인이다. 1740년(영조16) 증광 문과에 급제하고 벼슬이 대제학을 거쳐 판중추부사에 이르렀는데 항상 춘추대의(春秋大義)를 주장하여 《남명서(南明書)》를 편찬하였다. 〈명배신전(明陪臣傳)〉은 명나라 의종(毅宗) 이래 명나라에 대한 절의를 지킨 조선 사람들의 전기(傳記)로, 황경원의 문집인 《강한집(江漢集)》의 권27부터 권32에 걸쳐 실려 있는데, 정무공 최진립(崔震立)의 전은 《강한집(江漢集)》 권28 〈명배신전2〉에 수록되어 있다.

222 의종(毅宗)이……갑신년(甲申年)입니다 : 의종은 명(明)나라의 마지막 황제인 숭정제(崇禎帝)의 묘호(廟號)이고, 갑신년은 숭정(崇禎) 17년인 1644년이다. 이 해 3월 이자성(李自成)이 북경을 포위하여 함락시키자, 숭정제가 황후와 황자, 공주들을 모두 죽게 하고 만세산(萬歲山)에서 자신의 시체를 훼손할지언정 백성들을 괴롭히지

네 번 돌았는데,[223] 하늘이 흐리멍덩하여 천도(天道)가 안정되지 못하여, 보리와 벼의 감회와 개심(漑鬵)의 애통[224]을 더욱 스스로 견디기 어려우니, 이 때문에 병자년과 정축년에 의리를 위해 돌아가신 여러 현자들에 대한 감회가 깊은 것입니다. 올해를 만나 이 전(傳)을 얻은 것은 우연치 않은 일인 듯하니, 응당 서글피 사모하는 마음이 새로워지실 것이라고 헤아려집니다.

충신을 구하는 일은 마땅히 충신의 가문에서 해야 하니, 이는 궁인(弓人)의 아들은 키를 만드는 것을 배우고 대장장이 아들은 갖옷 만드는 것을 배우기 때문입니다.[225] 자신은 포의(布衣)의 선비이니, 이 일이

말라는 유언을 남기고 목매 자살하였으므로 사직(社稷)을 위해 순사(殉死)했다고 한 것이다. 사직은 국가를 상징한다.

223 세기(歲紀)가……돌았는데 : 세기는 육십갑자의 의미로 쓰인 것으로 보인다. 이해 1824년 갑신년은 명나라가 망한 1644년 갑신년과 180년 차이가 있는바, 이를 세기가 네 번 돌았다고 표현한 것으로 보인다.

224 보리와……애통 : 보리와 벼의 감회는 기자(箕子)가 〈맥수가(麥秀歌)〉에서 읊은 감회를 이른다. 기자가 주나라에 조회하러 가는 길에 멸망한 은나라의 옛 궁궐터를 지나면서 보리와 벼와 기장만이 우거진 모습을 보고 고국의 멸망을 슬퍼하면서 〈맥수가(麥秀歌)〉를 지었는데, "우북한 보리 이삭이여, 벼와 기장이 무성하구나. 저 사나운 아이여! 나와 서로 좋지 못하였네.〔麥秀漸漸兮, 禾黍油油. 彼狡童兮, 不與我好兮.〕"라고 하였다. '저 사나운 아이'는 포악한 정사를 자행하다가 나라를 멸망시킨 주왕(紂王)을 이른 것이다.《史記 卷38 宋微子世家》 개심(漑鬵)의 애통은 쇠망해 가는 세상을 당하여 옛날 융성했던 시대를 그리워하는 애통한 마음을 비유하는 말이다.《시경》〈회풍(檜風) 비풍(匪風)〉의 "누가 고기를 요리하는가? 작은 가마솥과 큰 가마솥을 씻어 주리라. 누가 장차 서쪽으로 돌아갈까? 좋은 목소리로 위로하리라.〔誰能亨魚? 漑之釜鬵. 誰將西歸? 懷之好音.〕"라는 구절에서 온 말로 융성했던 주나라가 점점 쇠망해 가니, 누구든지 주나라를 일으킬 사람만 있다면 얼마든지 돕겠다는 의미이다.

225 궁인(弓人)의……때문입니다 : 이 내용은 《예기(禮記)》〈학기(學記)〉에 "훌륭

나와 무슨 상관이 있느냐고 말하지 말고 항상 국가를 위해서 한 번 죽으려는 마음을 보존하며, 또한 윗사람을 친애해서 관장(官長)을 위해 목숨을 바치는 의리[226]를 가지고 향리(鄕里) 사람들을 격려해서, 이로써 국가가 위급할 때에 힘을 얻는 계책으로 삼는 것이 어떻겠습니까?

한 대장장이의 아들은 반드시 갖옷을 만드는 것을 배우고, 훌륭한 궁인의 아들은 반드시 키 만드는 것을 배운다.〔良冶之子, 必學爲裘; 良弓之子, 必學爲箕.〕"라는 구절을 원용한 것이다.

226 윗사람을……의리 : 이 내용은 《맹자》 〈양혜왕 하(梁惠王下)〉에 "임금께서 인정을 행하시면 이 백성들이 윗사람을 친애해서 관장을 위해 죽을 것입니다.〔君行仁政, 斯民, 親其上, 死其長矣.〕"라고 보인다.

주생 택기 에게 답함 무인년[227]

答朱生 宅基○戊寅

우암(尤菴) 선생이 일찍이 함흥(咸興)의 두 주군(朱君)을 전송하면서 이르시기를

"나도 모르게 놀라면서 기뻐하였으니, 이는 이들의 성씨(姓氏)가 이렇게 만든 것이다. 저 풀숲 사이에 있는 거미〔蛛〕를 좋아하는 마음을 미루어, 무정(無情)한 저 수유나무〔茱〕나 나무 그루터기〔株〕까지도 장차 내 마음에 싫어함이 없을 것이다."[228]

라고 하셨으니, 그렇다면 우암께서 자나 깨나 자양(紫陽 주자)을 사모했던 것을 여기에서 알 수 있습니다.

바로 두 분 아드님이 옷깃을 나란히 하고 저를 찾아왔는데, 이 일이 마치 우옹(尤翁)께서 두 주군을 사모하고 사랑했던 것과 같아 황홀하였으니, 저 또한 무슨 마음인지 알 수 없으나 반드시 까닭이 있을 것입니다.

소매를 헤치고 손수 쓰신 편지를 받들어 보니, 마음이 위로됨이 이신(貳身 분신(分身))을 접하는 듯할 뿐이 아니었으며, 집에서 조섭하시는

227 무인년(戊寅年) : 1818년(순조18)으로, 매산의 나이 43세 되던 해이다.

228 나도……것이다 : 이 내용은 우암이 지은 〈송함흥이주군서(送咸興二朱君序)〉의 내용을 축약하여 말한 것이다. 거미 주(蛛), 수유나무 수(茱), 나무 그루터기 주(株) 자에 모두 주자의 성씨인 주(朱) 자가 들어있는바, 주자를 사모한 나머지 이러한 물건만 보아도 반가운 마음이 든다는 뜻이다. 이 글은 《송자대전(宋子大全)》 권137에 실려 있다.

체후가 건승하고 여유가 있음을 삼가 알았으니, 더욱 찬미하고 축하합니다. 편지에 이르시기를

"《범학전서(範學全書)》와 《홍범외기(洪範外記)》[229]는 판본이 완전하지 못해서 거의 인쇄하여 볼 수가 없다."

라고 하시니, 개탄스럽습니다. 닳은 것을 고치고 없어진 것을 보완하는 일은 마땅히 시일을 지체하지 말아야 하는데, 어쩌면 이리도 느긋하게 지낸단 말입니까.[230] 서쪽 지방의 문헌(文獻)이 동남쪽보다 뒤지는 것은 아마도 이 때문일 것입니다.

이것은 평안도 한 도의 사림(士林)들의 책임이니, 서둘러 도모하여 새롭게 만드시기를 바랍니다. 옛사람의 시에 "우리 부사(父師)가 아니었으면 모두 좌임(左衽)했을 것이니,[231] 대동강 물이 모두 은혜의 물결

229 범학전서(範學全書)와 홍범외기(洪範外記) : 《범학전서》는 남계(南溪) 박세채(朴世采, 1631~1695)가 지은 《범학전편(範學全書)》으로 《서경》 의 〈홍범(洪範)〉을 주석한 책이다. 《동사강목(東史綱目)》 〈범례(凡例) 채거서목(採據書目)〉에 보인다. 《홍범외기》 또한 《서경》의 〈홍범〉을 주석한 책으로 보이나 자세하지 않다.

230 느긋하게 지낸단 말입니까 : 원문의 '예예(泄泄)'는 《시경》 〈대아(大雅) 판편(板篇)〉에 "하늘이 바야흐로 진동하려 하시니 그렇게 느긋해 하지 말지어다.〔天之方蹶, 無然泄泄.〕"라고 보이는데, 주자가 《집전(集傳)》에서 "예예(泄泄)는 답답(沓沓)과 같으니, 이완(弛緩)의 뜻이다."라고 주하였다.

231 우리……것이니 : 부사(父師)는 곧 태사(太師)로 은(殷)나라의 태사를 지낸 기자(箕子)를 가리킨다. 기자는 은나라 주왕(紂王)의 숙부인데, 기(箕)는 나라 이름이고 자(子)는 작위이다. 은나라가 멸망한 후에 주(周)나라 무왕(武王)의 물음에 답하여 천하를 다스리는 아홉 가지의 대법(大法)인 홍범구주(洪範九疇)를 가르쳐 주고 조선의 평양(平壤)으로 옮겨 와 기자조선(箕子朝鮮)을 세웠다고 전해지기 때문에 이렇게 말한 것이다. 좌임(左衽)은 옷깃을 왼쪽으로 여미는 것으로 오랑캐의 복식이다. 《논어》 〈헌문(憲問)〉의 "관중이 없었다면 우리는 머리를 풀고 옷깃을 왼편으로 하는 오랑캐가

이다.〔微我父師皆左衽 大同江水盡恩波〕"라는 시구가 있어 이를 외우니, 응당 저와 마음이 부합할 것이라고 여기는 바입니다.

되었을 것이다.〔微管仲, 吾其被髮左衽矣.〕"라고 보인다.

이생[232] 계심 에게 답함 병술년[233]

答李生 啓心○丙戌

이(理)는 하나일 뿐입니다. 그러므로 이 이(理)를 부여받은 자는 그 성(性)이 똑같으니, 성(性)은 오상(五常)[234]입니다. 오상 밖에 따로 성이 없으니, 사람과 물(物)이 똑같이 오상의 성을 갖추고 있으나 사람은 기(氣)가 바르고 통창하고 마음이 허령(虛靈)하기 때문에 오상의 덕을 온전히 갖추었고 물건은 기(氣)가 편벽되어 마음이 가려져 어둡기 때문에 혹은 온전하고 혹은 온전하지 못하니, 온전하지 못한 것은 기(氣)의 죄이지, 이(理)의 죄가 아닙니다.

금수(禽獸)의 마음이 비록 가려져 어둡다고 하나 또한 영각(靈覺)이 있으므로 추위와 따뜻함을 알고 굶주림과 배부름을 압니다. 또 이(利)로 달려가고 해(害)를 피하며 삶을 좋아하고 죽음을 미워하는 것은 사람과 똑같고, 영각이 발휘되는 곳에 있어서는 왕왕 사람보다 더 낳은 점이 있습니다. 사단(四端)[235]의 발함이 비록 사람처럼 감응하는 것에

232 이생(李生) : 이계심(李啓心)으로, 《승정원일기(承政院日記)》 1823년(순조23) 4월 14일 기사에 유학(幼學)으로 기재되어 있는데 동일 인물인지는 미상이다.

233 병술년(丙戌年) : 1826년(순조26)으로, 매산의 나이 51세 되던 해이다.

234 오상(五常) : 여러 가지 의미로 쓰이나 여기서는 다섯 가지 떳떳한 본성(本性)인 인(仁)·의(義)·예(禮)·지(智)·신(信)을 가리켰다.

235 사단(四端) : 인(仁)·의(義)·예(禮)·지(智)의 단서인 측은지심(惻隱之心)·수오지심(羞惡之心)·사양지심(辭讓之心)·시비지심(是非之心)을 이른다. 《孟子 公孫丑上》

따라 발현되지는 못하나, 예컨대 의로운 말·의로운 소·의로운 원숭이·충성스러운 개와, 동안풍(董安豐)의 닭과 개 그리고 마북평(馬北平)의 고양이가 젖을 먹여준 것[236]과 같은 따위는 모두 사단 중의 하나가 갑자기 발현되어 나온 것이니, 어찌 형기(形氣)에 구애되어서 밖으로 발하지 않는다고 말할 수 있겠습니까.

사람과 물건의 큰 구분은 오로지 형질(形質)에 달려 있습니다. 그러므로 사람은 사람의 성을 따르고 물건은 물건의 성을 따르는데, 사람은 능히 물건의 성을 다 할 수 있으나 물건은 스스로 자기 성을 다하지 못합니다. 그렇다면 그 한 점 밝은 곳에 나아가서 그 이치가 갖춰지지 않음이 없음을 징험할 수 있으니, 그 하나를 차지하면 그 넷을 소유하는 것입니다.[237]

236 동안풍(董安豐)의……것 : 동안풍은 당나라 때 안풍(安豐) 사람 동소남(董召南)을 가리킨다. 닭과 개가 서로 먹여 준 것은 한유(韓愈)의 〈차재동생행(嗟哉董生行)〉에 "집에 개가 새끼를 낳아 밖으로 나가 먹이를 찾자, 닭이 와서 그 새끼에게 먹여주는데, 뜰 안에서 쪼아 벌레와 개미를 주워 먹여도 먹지 않고 소리 내어 슬피 우니, 닭은 방황하며 머뭇거리며 오랫동안 떠나지 못하고, 날개로 와서 덮어 주며 어미개가 돌아오기를 기다리도다.〔家有狗乳出求食, 鷄來哺其兒, 啄啄庭中拾虫蟻, 哺之不食鳴聲悲, 彷徨躑躅久不去 ,以翼來覆待狗歸.〕"라고 보인다. 《五百家注昌黎文集 卷2 古詩》 마북평(馬北平)은 당나라 대종(代宗), 덕종(德宗) 때에 북평군왕(北平郡王)에 봉해진 마수(馬燧, 726~795)를 이른다. 고양이가 젖을 먹여준 것은 한유가 지은 〈묘상유(貓相乳)〉에 보인다. 마수의 집에 두 암고양이가 있어 같은 날 함께 새끼를 낳았는데, 한 마리가 바로 죽어서 그 새끼들이 어미젖을 먹지 못하고 울자, 다른 한 마리가 그 새끼들을 마치 제 새끼처럼 젖을 먹여 기른 일이 있었다. 《五百家注昌黎文集 卷14 雜文》

237 그……것입니다 : 이 내용은 《이정유서(二程遺書)》 권15 〈입관어록(入關語錄)〉에 "하늘에 오기(五氣)가 있다. 그러므로 모든 생물은 오성(五性)을 구비하고 있지 않음이 없으니, 하나를 차지하면 넷을 가지게 된다.〔天有五氣, 故凡生物, 莫不具有五

마음의 허령함은 동정(動靜)에 구애되지 않습니다. 그러므로 미발할 때에 거울처럼 밝고 물처럼 고요한 것이 허령의 본체요, 이미 발하여 만 가지 변화를 수응(酬應)하는 것은 허령의 용(用)입니다. 사람의 마음은 신명(神明)하여 측량할 수가 없어서 지각(知覺)이 감홍하는 기틀이 일찍이 잠시도 정지하지 않으나, 허령의 체단(體段 본체)은 때마다 그렇지 않음이 없으니, 어찌 사물과 접하지 않았을 때에는 신(神)이라고 하고 영(靈)이라고 하면 안 된다고 말할 수 있겠습니까. 《대학》 명덕(明德)의 장구(章句)에 있는 허령 두 글자[238]는 체와 용을 겸하여 말한 것입니다.

性, 居其一而有其四.〕"라고 보인다. 오기는 수(水)·화(火)·금(金)·목(木)·토(土)의 다섯 가지 기(氣)를 말한 것이다.

238 대학……글자 : 《대학장구(大學章句)》 경(經)1장의 "명덕은 사람이 하늘에서 얻은 바, 허령하고 어둡지 아니하여 중리를 갖추고 만사에 응하는 것이다.〔明德者, 人之所得乎天而虛靈不昧, 以具衆理而應萬事者也.〕"라는 구절의 허령 두 글자를 이른다.

신의택에게 줌 계미년[239]

與申義宅 癸未

이자강(李子岡)[240]이 방문하여 서로 대화를 나누다가 말이 좌하에게 미쳤는데, 근간에 반합(牉合)의 상(喪)[241]을 당했다는 말을 들었습니다. 막 편지를 보내 위로를 드리려 하였는데, 부음(訃音)이 이어서 이르렀습니다.

생각해보건대 배필의 의리로 보아 이런 훌륭한 부인을 다시 얻기 어렵다고 탄식하셨을 것이니, 비록 광달(曠達)하신 좌하로도 또한 문에 기대어 죽음을 보고 빈소(殯所)에 임하여 곡하지 않을 수 없었을 것입니다. 또 좌하는 벼슬길에 나아갈 뜻을 끊고 종사하는 생업이 없어서 부인으로 하여금 평소 술지게미와 쌀겨도 배불리 먹을 수 있도록 해주지 못하고 오직 곤궁과 유랑(流浪)만을 실컷 겪게 하셨는데, 이제 객지에서 고복(皐復)[242]하여 곧바로 객사(客舍)에 떠도는 혼이 되게

239 계미년(癸未年) : 1823년(순조23)으로, 매산의 나이 48세 되던 해이다.

240 이자강(李子岡) : 매산과 절친한 사이인 이봉수(李鳳秀, 1778~1852)로 자강은 그의 자이고, 호는 대은(大隱), 본관은 연안(延安)이다. 임로(任魯)·오희상(吳熙常) 등에게 수학하였다. 1805년(순조5) 증광 생원시에 합격하고, 1812년 세마(洗馬)가 되었으며, 의령 현감 등의 벼슬을 지냈다.

241 반합(牉合)의 상(喪) : 아내의 상을 이른다. 반합(牉合)은 반쪽과 반쪽이 합한다는 뜻으로, 곧 남녀가 혼인하는 것을 이르는데 여기서는 아내의 뜻으로 쓰였다. 《의례(儀禮)》〈상복(喪服)〉 전(傳)에, "남편과 아내는 반쪽이 합한 것이다.〔夫妻, 牉合也.〕"라고 보인다.

242 고복(皐復) : 사람이 죽으면 곧바로 지붕 위에 올라가 죽은 사람이 입었던 옷을

하였으니, 이를 생각하면 마음이 서글퍼집니다.

옛날 부융(苻融)이 부인(婦人)의 상을 당하였으나 가난하여 빈렴(殯殮 염습(斂襲)하고 입관(入棺)하여 빈소에 안치함)을 하지 못하자, 고을 사람들이 그를 위하여 관과 염습할 의복을 마련해 주고자 하였는데, 이를 받지 않고 말하기를

"옛날 장례는 들 가운데 버렸는데, 오직 처자에게만이 이 뜻을 행할 수 있다. 그러니 다만 이 자리에 매장한다."

라고 하였는데,[243] 좌하는 이 지경에 이르지는 않으셨습니까?

근간에 이미 장례는 치르셨습니까? 큰 아들이 이미 장가들고 작은 아들이 장차 성인(成人)이 되게 되어서 세상 사이의 재미가 이로부터 시작되게 됐었는데, 인사(人事)의 변고가 이처럼 지극한 지경에 이르니, 거듭 이 때문에 가슴 아파하는 것입니다.

지금 사람들 중에는 부인을 잃으면 집안일을 주관할 사람이 없다고 하여 장례를 치르자마자 속현(續絃)[244]하는 사람들이 있으니, 이는 크게 풍속을 해치고 무너뜨리는 것입니다. 《의례(儀禮)》에 "아내를 여읜 아버지가 반드시 3년이 지난 뒤에 장가를 가는 것은 아들의 뜻을 이루어 주는 것이다."라고 하였습니다.[245] 아들이 없더라도 마땅히 대상(大

흔들며 영혼(靈魂)을 부르는 일을 이르는데, 초혼(招魂)이라고도 한다.

243 부융(苻融)이……하였는데 : 이 내용은 《후한서(後漢書)》 권98 〈부융전(符融傳)〉에 보인다. 부융(符融)은 동한(東漢) 중기(中期)의 고사(高士)로 자는 위명(偉明)이다.

244 속현(續絃) : 끊어진 거문고 줄을 다시 잇는다는 뜻으로, 아내를 여읜 뒤에 다시 새 아내를 맞는 일을 비유하는 말이다.

245 의례(儀禮)에……하였습니다 : 이 내용은 《의례주소(儀禮注疏)》 〈상복(喪服)〉

祥)과 담제(禫祭)를 기다려야 하는데, 하물며 아들이 있어서 장가들어 중궤(中饋)[246]를 이을 수 있음에 있어서이겠습니까.

복성(卜姓)[247]은 비록 재혼(再婚)과는 다르나 또한 마땅히 상이 끝나기를 기다려야 하니, 이것은 예법이 되어 넘을 수 없는 것입니다. 좌하이시기 때문에 이처럼 일에 앞서서 염려하는 것입니다.

편 '부재위모장(父在爲母章)'의 전(傳)에 보인다. 남편은 아내의 상에 기년복(朞年服)을 입으므로 기년(期年)이 지나면 다시 결혼할 수 있으나 삼년상을 치루는 아들을 위해 3년이 지난 뒤에 결혼함을 말한 것이다. 본래 자식은 어머니를 위하여 자최 삼년복을 입는데, 아버지가 상주가 되기 때문에 삼년복을 입지 못하고 장기(杖朞)를 하나, 심상(心喪)으로 삼년상을 치루기 때문에 아들을 위해 3년이 지난 뒤에 다시 결혼할 수 있는 것이다.

246 중궤(中饋) : 부녀자가 집안에서 여러 가지 음식을 마련하는 일을 가리킨다. 《주역》 가인괘(家人卦) 육이(六二)의 효사(爻辭)에 "육이는 이루는 바가 없고 규중에 있으면서 음식을 장만하면 정(貞)하여 길하리라.〔六二, 无攸遂, 在中饋, 貞吉.〕" 하였는데, 공영달(孔穎達)의 소(疏)에 "부인의 도는, 맡은 일이 규중에서 음식을 마련해서 먹이고 제수 물품을 장만하는 데 있다."라고 하였다.

247 복성(卜姓) : 첩(妾)을 얻을 적에 동성(同姓)을 피하여 고르는 것을 이르는 말인데. 여기서는 첩을 얻는 일의 의미로 쓰였다.

임경봉에게 답함 갑신년[248]

答林景鳳 甲申

상주(喪主)처럼 오늘 외간상(外艱喪 부친상)을 당하고 다음날 내간상(內艱喪 모친상)을 당한 경우에는 마땅히 부친의 상중에 모친상을 당한 예(禮)를 적용해서 삼년복을 입어야 하니, 이는 의심할 것이 없을 듯합니다.

《의례(儀禮)》〈상복(喪服)〉의 소(疏)에 "아버지가 별세한 지 3년 이내에 어머니가 별세하면 그대로 기년복을 입는다."라고 말한 것은, 바로 《상복》 경문(經文)의 '아버지가 별세할 경우 어머니를 위해서〔父卒則爲母〕'라는 구절의 '즉(則)'자를 잘못 보아 허다한 갈등(葛藤)을 만들어 낸 것이니, 어찌 민망할 만하지 않습니까.

'아버지가 별세할 경우 어머니를 위해서〔父卒則爲母〕'라고 말한 것은 바로 '아버지가 살아계시면 어머니를 위하여 기년복을 입는다.'는 것을 상대(相對)하여 말한 것입니다. 경(經)에서 '아버지가 별세하면 어머니를 위하여〔父卒爲母〕'라고 말하지 않고 '아버지가 별세할 경우 어머니를 위해서〔父卒則爲母〕'라고 말한 것에서, 바로 아버지가 별세한 뒤에 어머니 상을 당하면 바로 삼년복을 입는다는 것을 알 수 있는데, 하필 아버지 복을 벗은 뒤에 어머니가 별세하여야 삼년복을 입겠습니까. 또 자식이 어머니 상에 삼년복을 입지 못하는 것은 아버지 때문에 뜻을 굽혀 그러한 것인데, 아버지께서 이미 별세하였다면, 누구에게

248 갑신년(甲申年) : 1824년(순조24)으로, 매산의 나이 49세 되던 해이다.

뜻을 굽혀서 어머니를 위하여 삼년복을 입지 못한단 말입니까.

마융(馬融)이 "아버지가 별세하면 다시 뜻을 굽힐 상대가 없으므로 중복(重服)인 삼년상을 펼 수 있다."라고 한 말이[249] 진실로 이미 바름을 얻었고, 공중달(孔仲達)이 《예기》 〈잡기(雜記)〉의 '삼년지상기경조(三年之喪旣穎條)'를 풀이하기를 "먼저 부친상이 있고 뒤에 어머니가 별세하였으면 연제(練祭)와 대상제(大祥祭) 또한 그러하니, 이는 앞글에 '아버지가 별세하면 어머니를 위하여 삼년복을 입는다.'는 내용이 있기 때문이다. 《의례》 〈상복(喪服)〉의 '자최삼년장(齊衰三年章)'에 '아버지가 별세할 경우 어머니를 위하여 입는다.'라고 한 것이 이것이다."라고 하였습니다.[250]

두예(杜預) 또한 말하기를 "아버지를 이미 장례하고 어머니가 별세하셨다면, 어머니의 복을 입고 우제(虞祭)가 끝남에 이르러 다시 아버지의 복을 입고, 아버지 상의 연제를 마치면 어머니의 복을 입는다. 아버지에 대한 상을 벗어야 하면 아버지의 복을 입고 상을 마치며,

249 마융(馬融)이……말이 : 마융(79~166)은 후한(後漢) 중기의 문신이자 유학자로 자는 계장(季長)이다. 환제(桓帝) 때 남군 태수(南郡太守)를 지냈다. 각종 경전(經典)에 주석을 달았고 노식(盧植)과 정현(鄭玄) 등의 제자를 길러내어, 훈고학(訓詁學)의 비조로 칭해진다. 마융의 말은 《통전(通典)》 권89 〈예(禮)49 흉(凶)11 자최3년(齊縗三年)〉의 주석에 보인다.

250 공중달(孔仲達)이……하였습니다 : 공중달은 당나라 초기의 문신이자 학자인 공영달(孔穎達, 574~648)로 중달은 자이다. 당나라의 태종(太宗)에게 중용되어 국자감의 좨주(祭酒), 동궁시강(東宮侍講) 등의 벼슬을 지냈다. 황명에 따라 위징(魏徵)과 함께 《수서(隋書)》를, 고증학자인 안사고(顔師古) 등과 함께 《오경정의(五經正義)》를 찬술하여 오경(五經) 해석의 통일을 시도하였다. 공중달의 말은 《예기주소(禮記注疏)》 권42 〈잡기 하(雜記下)〉의 소(疏)에 보인다.

끝나고 나면 어머니의 복을 입는다."라고 하였으니,[251] 이 몇 사람의 말을 근거해 보면 고인들이 일찍이 아버지의 복을 벗어야 비로소 어머니의 삼년상을 펼 수 있다고 말한 적이 없음을 알 수 있습니다.

가공언(賈公彦)이 소(疏)에서 잘못 해석한 폐해로 인하여 장차 천성(天性)이 박(薄)해짐을 면치 못하게 되었으니, 작은 우환이 아닙니다. 사계(沙溪)와 우암(尤菴) 두 선생께서 모두 소(疏)의 설(說)을 의심하였고, 도암(陶菴)에 이르러는, "전일(專一)하게 경문(經文)을 따른다면 아버지가 먼저 별세하고 어머니가 돌아가신 경우에는 비록 하루 사이라 하더라도 삼년상을 펼 수 있다."라고 하셨습니다.[252] 이것이 바꿀 수 없는 정론(定論)이니, 백세(百世) 뒤에 주공(周公)과 공자(孔子)를 기다리더라도 의혹되지 않을 것입니다. 부디 빨리 이를 따라 쓰시고 다른 설에 흔들려 뜻을 꺾이지 마시고, 삼년복을 입어 차례대로 전상(前喪)과 후상(後喪)의 연제와 대상제, 담제(禫祭)를 거행하시고, 길제(吉祭)인 제사는 한날에 부모를 함께 모시는 것이 마땅할 듯합니다.

251 두예(杜預)……하였으니 : 두예는 진(晉)나라 사람으로, 자는 원개(元凱)이며 사마소(司馬昭)의 매부(妹夫)이다. 위(魏)나라에서 상서랑(尙書郎)을 지냈고 가충(賈充)이 율령을 제정할 때에 주해(註解)를 달았다. 무제(武帝) 때에 진남대장군(鎭南大將軍)에 제수되었다. 두예의 말은 《통전(通典)》 권97 〈예(禮)57 흉(凶)19 병유부모지상 급연일거려악실의(並有父母之喪及練日居廬堊室議)〉에 보인다.

252 도암(陶菴)에……하셨습니다 : 도암은 이재(李縡, 1678~1746)의 호이다. 자는 희경(熙卿), 본관은 우봉(牛峰), 시호는 문정(文正)으로 1702년(숙종28) 문과에 급제하고 벼슬이 대제학을 거쳐 의정부 좌참찬에 이르렀다. 예학(禮學)과 성리학(性理學)에 두루 밝았다. 도암의 말은 《사례편람(四禮便覽)》 권4 〈상례(喪禮) 성복(成服)〉에 보인다.

하순(賀循)이 "아버지가 별세하여 아직 빈(殯)을 하지 않았는데 할아버지 복을 입을 경우에는 기년복을 입는다."라고 한 것[253]은 전혀 의리가 성립되지 않으며, '부친이 살아계실 때의 예를 차마 바꾸지 못하는' 의리 또한 설명이 되지 않으니, 결코 증거로 원용할 수가 없습니다. 이문암(李文庵)[254]이 스승인 도암의 말씀을 믿지 않고 가공언의 소(疏)를 믿었다는 것은, 저는 무슨 말인지 알지 못하겠습니다.

253 하순(賀循)이……것 : 하순(260~319)은 동진(東晉)의 학자이자 문신으로 자가 언선(彦先)이다. 수재(秀才)로 천거되어 개부의동삼사(開府儀同三司) 등의 벼슬을 지냈다. 예(禮)에 조예가 깊어 당대의 유종(儒宗)으로 추앙되었다. 하순의 말은 《통전(通典)》 권97 〈예(禮)57 흉(凶)19 부미빈이조망복의(父未殯而祖亡服議)〉에 보인다.

254 이문암(李文庵) : 이의철(李宜哲, 1703~1778)로 문암은 호이다. 자는 원명(原明), 본관은 용인(龍仁)으로 도암 이재의 문인이다. 1748년(영조24) 춘당대 문과에 급제하고 예조 판서, 대제학 등을 역임하였다.

조생 직온 에게 답함 정해년

答趙生 直溫○丁亥

향음주(鄕飮酒)와 향사(鄕射) 두 예(禮)는 바로 옛날 지방 사람들이 노인을 쉬게 하고 농부를 위로하며 모여서 즐기고 나이대로 대우하던 일입니다. 모여서 술을 마시면 이를 일러 향음주라 하고 향음주로 인하여 활쏘기를 하면 이를 일러 향사(鄕射)라고 하니, 모두 상서(庠序)[255]에서 사람을 가르치는 법이었습니다.

향음주의 예를 먼저 하고 향사를 뒤에 하여 공경하는 마음과 겸양하는 마음을 일으키고, 활을 쏠 때에는 뜻이 바르고 몸이 곧은 것으로 덕행(德行)을 관찰하니, 이것이 향음주와 향사의 실제가 되고 의문(儀文)과 도수(度數)[256]는 지엽이 됩니다. 이미 근본을 힘쓴다면 지엽은 마땅히 간략하게 해야 될 것인데, 어찌 이를 힘들게 받아들여 병(病)을 삼겠습니까.

배우고 때로 익히면 응당 저절로 성대하고 익숙해지니,[257] 이것은

255 상서(庠序) : 고대에 지방의 학교를 이르는 말로 은(殷)나라에서는 서(序)라 하였고 주(周)나라에서는 상(庠)이라고 하였는데, 후세에는 학교를 통칭하는 말로 쓰였다.

256 의문(儀文)과 도수(度數) : 의문은 의식과 예절을 이르고 도수는 규칙을 이른다.

257 성대하고 익숙해지니 : 원문의 '체체(棣棣)'는 《시경》 〈용풍(鄘風) 백주(柏舟)〉에 "위의(威儀)가 성하고 익숙하니 가릴 것이 없도다.〔威儀棣棣, 不可選也.〕"라고 보이는데, 주자는 《집전(集傳)》에서 "체체는 성대하고 익숙한 모양이다.〔棣棣, 富而閑習之貌.〕"라고 풀이하였다.

힘써 행하기를 어떻게 하느냐에 달려 있을 뿐입니다. 의논을 세운 것이, 말〔辭〕이 간략한 데도 뜻이 다 갖추어져 있어서 알기 쉽고 행하기 쉬운데도 돈독하고 진실하여, 문구(文具 실속 없이 형식만 갖춤)에 귀결되지 않았다고 말씀한 것에서, 가례(嘉禮)의 일을 높이고 훌륭한 전례(典禮)를 삼가서 그 성(誠)을 세운 것을 더욱더 징험할 수 있습니다.

진실로 능히 이를 미루어 행하여 예교(禮敎)가 크게 넓혀진다면 참으로 몸을 바루고 나라를 편안하게 할 수 있으니, 어찌 조그만 보탬이겠습니까. 각종 기물(器物)을 구비하여 활용을 지극히 하는 것으로 말하면, 각각 재물을 내어서 예(禮)를 이루는 것이 이치를 해치지 않을 듯하나, 마땅히 진솔회(眞率會)[258]를 법도로 삼아야 합니다. 모이기를 자주하면서도 예(禮)를 힘써 행하고 물자(物資)는 소박하면서도 정(情)은 두텁게 하는 것, 이것이 바로 계속할 수 있는 방도입니다. 만약 소뢰(小牢)[259]의 희생을 쓰기를 기다려서, 이 일을 크게 떠벌린다면 어찌 중도(中途)에 폐해지지 않겠습니까.

이 예를 회(會)라고 이름하든 계(契)라고 이름하든 모두 불가(不可)할 것이 없습니다. 관선회(觀善會)라는 명칭은 우암(尤菴) 선생 때에

258 진솔회(眞率會) : 북송(北宋)의 명재상인 사마광(司馬光)이 벼슬길에서 물러나 낙양(洛陽)에 거처할 적에 사마단(司馬旦), 석여언(席汝言), 왕상공(王尙恭), 초건중(楚建中), 왕근언(王謹言), 송숙달(宋叔達) 등과 함께 결성한 모임의 이름이다. 연령은 65세부터 78세까지이며, 원풍(元豐) 6년(1083) 3월 26일에 최초의 모임을 가졌는데, 검소한 모임을 추구하여 술은 다섯 순배를 넘지 않고 음식도 다섯 가지를 넘지 않도록 차렸다. 《古今事文類聚 前集 卷45 樂生部 洛陽耆英》

259 소뢰(小牢) : 원래 제례(祭禮)의 규모를 지칭하는 용어로서, 희생으로 소·양·돼지를 사용하는 경우를 태뢰(太牢)라고 하고, 양과 돼지만 사용하는 경우를 소뢰라고 한다. 《禮記 玉藻 嚴陵方氏注》

처음 나왔고 신양계(愼良契)란 명칭은 후제(厚齋)[260]로부터 비롯되었으니, 바라건대 의향대로 취사선택하십시오. 저는 굳이 회(會)나 계(契)라고 칭할 것이 없고 고례(古禮)의 향음주와 향사란 이름을 그대로 따르는 것이 마땅할 듯하다고 생각합니다.

손님과 주인은 하늘과 땅을 형상한 것이고, 개(介)와 준(僎)은 음과 양을 형상한 것이고 삼빈(三賓)은 삼광(三光)을 형상한 것이니,[261] 그렇다면 이 네 가지 중에 하나가 빠져도 안 되는데, 사람을 고정시킬 수가 없으니, 이는 때에 따라 그 자리에 있는 사람들 중에 바로 상의하여 미리 경계(警戒)하도록 할 뿐입니다.

홍무(洪武)[262] 연간에 향음주의(鄕飮酒儀)를 반포하여 실행하였는

260 후재(厚齋) : 김간(金榦, 1646~1732)으로, 후재는 호이고 자는 직경(直卿), 본관은 청풍(淸風), 시호는 문경(文敬)이며 송시열(宋時烈), 박세채(朴世采)의 문인이다. 학행으로 천거되어 벼슬이 우참찬에 이르렀다. 많은 저술을 남겼는데, 특히 예설(禮說)에 조예가 깊었다.

261 손님……것이니 : 이 내용은 《예기》 〈향음주의(鄕飮酒義)〉에 그대로 보이는데, 진호(陳澔)의 《예기집설대전(禮記集說大全)》에 "빈을 세워서 하늘을 형상함은 빈을 높이는 것이요, 주인을 세워서 땅을 형상함은 주인을 공양하는 것이다. 개(介)로써 빈을 돕고 준(僎)으로써 주인을 도움은 음과 양이 하늘과 땅을 보좌함을 형상한 것이다. 삼빈은 여러 빈의 우두머리이니, 빈을 보좌하는 것이 삼광이 하늘을 보좌하는 것과 같은 것이다. 삼광은 별 중에 큰 것이 세 가지가 있으니, 이름을 상고할 수 없다. 선유가 이르기를 '삼대신은 심성(心星)이 대신(大辰)이 되고 벌성(伐星)이 대신이 되고 북신(北辰)이 또한 대신이 된다.' 하니, 이치상 혹 그럴듯하다.〔立賓以象天, 所以尊之也; 立主以象地, 所以養之也. 介以輔賓, 僎以輔主人, 象陰陽之輔天地也. 三賓, 衆賓之長也, 其以輔賓, 猶三光之輔于天也. 三光, 星之大者, 有三, 其名, 不可得而考. 先儒謂三大辰; 心爲大辰, 伐爲大辰, 北辰,亦爲大辰. 理或然也.〕"라고 한 찬황호재(贊皇浩齋)의 주석이 보인다. 개(介)와 준(僎)은 향음주례(鄕飮酒禮) 때 행사를 도와 주선하는 자로서, 주인을 돕는 자를 준(僎), 빈(賓)을 돕는 자를 개(介)라고 한다.

데, 주현(州縣)에서는 학관(學官)[263]이 늙어서 벼슬에서 물러난 사대부들을 이끌고 학교에서 행하였고, 이사(里社)에서는 사장(社長)[264]이나 이장(里長)이 주관하였는데, 나이가 가장 많은 자를 정빈(正賓)으로 삼고 나머지는 연치에 따라 순서대로 자리하게 하였습니다.

《대명회전(大明會典)》[265]에 의하면 준과 빈은 향리(鄕里)에서 나이가 높고 덕이 있는 사람 중에서 가려 뽑고, 개는 다음으로 나이 많은 사람을 뽑고, 삼빈은 빈의 다음가는 사람을 뽑으니, 한결같이 이 제도를 따르면 어찌 준이 없어서 손님을 맞이하지 못하고 술잔을 올리는 예를 거행하지 못함을 염려할 것이 있겠습니까.

예(禮)는 음악에서 이루어지니, 교대로 노래하고 음악을 합주(合奏)하는 것은 손님을 즐겁게 하기 위한 것일 뿐만 아니라, 이는 절목(節目) 중에 큰 것이니 폐해서는 안 됩니다. 또 이 예는 향(鄕)에서 시행하여 상하와 귀천을 다 통하여 행하는 것이니, 그렇다면 악가(樂歌)가 서로 달라서는 안 될 듯합니다.

향음주와 향사 이 두 예는 모두 교화를 숭상하고 백성을 인도하는

262 홍무(洪武) : 명(明)나라 태조(太祖)의 연호로, 1368년부터 1398년까지이다.

263 학관(學官) : 옛날 학사(學事)에 관한 사무를 주관하던 관원이나 관학(官學)의 교사(敎師)를 이르는 말이다.

264 사장(社長) : 원문에는 결자(缺字)로 되어 있으나 문맥에 따라 사장으로 번역하였다. 사장은 사(社)의 우두머리로, 사는 행정단위인데 규모는 시대별로 달랐다.

265 대명회전(大明會典) : 명나라의 여러 법령을 집대성한 종합적인 행정 법전으로 총 180권이다. 명나라 효종(孝宗) 홍치(弘治) 10년(1497, 연산군3)에 서부(徐溥) 등이 황제의 칙령으로 편찬한 뒤, 무종(武宗) 정덕(正德) 4년(1509, 중종4)에 이동양(李東陽) 등이 수정하여 11년에 간행하였다.

것을 위주로 하는데, 향음주는 문덕(文德)이기 때문에 연치(年齒)를 숭상하고, 향사는 무사(武事)이기 때문에 공(功)을 숭상하여, 두 예(禮)의 음악이 서로 통할 수 없을 것 같으나, 《시경》 주남(周南)의 〈관저(關雎)〉·〈갈담(葛覃)〉·〈권위(卷耳)〉를 합주하고 소남(召南)의 〈작소(鵲巢)〉·〈채빈(采蘋)〉·〈채번(采蘩)〉을 합주하며, 또 빈(賓)이 나갈 때에 〈해하(陔夏)〉[266]를 연주해서, 향음주와 향사가 모두 같으니, 그렇다면 향사의 시(詩)가 또한 향음주의 예(禮)에도 통할 수 있는 것입니다.

고악(古樂)을 지금 회복시킬 수가 없다면 마땅히 시를 낭송하여 가곡(歌曲)과 음악에 해당시킬 것이요, 또 주남과 소남은 향대부(鄕大夫)[267]의 음악이니, 더욱 국군(國君)을 피할 의리가 없습니다. 주남과 소남의 6편 가운데 오직 낭송하고 싶은 것을 낭송하여, '향악(鄕樂)은 듣고 싶은 것을 연주한다.〔鄕樂惟欲〕'[268]는 뜻에 붙이는 것이 옳을 것입니다.

무릇 예에 관련된 절〔拜〕은 모두 재배(再拜)인데, 다만 배(拜)라고

266 해하(陔夏) : 고대 악장(樂章)의 이름으로 구하(九夏) 중의 하나인데 연회(宴會)를 끝마칠 때 연주하였다.

267 향대부(鄕大夫) : 주(周)나라의 관직명이다. 천자에게 6향(鄕)이 있는데, 향마다 경(卿)을 한 사람씩 두어 각각 그 향의 정교(政敎)와 금령을 담당하게 하였다.

268 향악(鄕樂)은……연주한다 : 이 내용은 《의례》〈향음주례(鄕飮酒禮)〉에 보이는데, 남송 때의 학자인 이여규(李如圭)가 지은 《의례집석(儀禮集釋)》에 "정현의 주에 '향악은 주남(周南)과 소남(召南) 여섯 편 중에서 듣고 싶은 것을 연주하고 차례에 따라서 하지 않는다. 〈녹명(鹿鳴)〉·〈어리(魚麗)〉를 노래하지 않는 것은 국군(國君)과의 혐의를 피함이다.' 하였다.〔鄭注, 鄕樂周南召南六篇之中, 惟所欲作不從次也. 不歌鹿鳴魚麗者辟國君也.〕"라고 보인다.

한 것은 글을 생략한 것입니다. 예에 다만 한 번만 절하는 경우로는 기배(奇拜)와 공수배(空首拜)[269]가 있는데, 이는 바로 신하가 올리는 예에 군주가 답례하는 것이니, 이 외에는 한 번만 절하는 예가 없습니다. 절할 때에 반드시 북향(北向)하는 것은 당(堂)에 통솔되기 때문입니다. 당은 반드시 남쪽을 향하고 있기 때문에 손님과 주인이 모두 문미(門楣)에 이르러 당을 향하여 절하므로 반드시 북향하는 것입니다. 읍(揖)할 때에 서로 향하는 것은 지형에 따라 예를 행하기 때문입니다. 읍할 때에 반드시 국궁(鞠躬)하는 것이 바로 예이고, 국궁하지 않고 읍하는 것은 반읍(半揖)이라고 합니다.

《사림광기(事林廣記)》[270]에 이르기를

"읍할 때에는 모름지기 무릎을 꼿꼿이 편 채로 몸을 굽히고 머리를 숙여서 눈은 자기 신발의 코를 보는 것으로 준칙을 삼는다. 손은 다만 무릎 가에만 이르게 할 것이요 무릎 안으로 들어가게 해서는 안 된다. 존장(尊長) 앞에서 읍할 때에는 손이 모름지기 무릎을 지나야 한다."

라고 하였습니다.

《가례원류(家禮源流)》[271]의 읍례도(揖禮圖)에

269 기배(奇拜)와 공수배(空首拜) : 기배는 한쪽 무릎을 먼저 꿇고 한 번만 하는 절이고 공수배는 머리를 손등에 이르게 하여 땅에 닿지 않게 하는 절을 이른다. 《周禮 春官 大祝 辨九拜》

270 사림광기(事林廣記) : 조선 초기에 많이 활용하였던 일종의 백과사전인 유서(類書)로, 남송(南宋) 말기에 진원정(陳元靚)이 찬하였다.

271 가례원류(家禮源流) : 조선 후기의 학자이자 문신인 유계(兪棨, 1607~1664)가 《가례(家禮)》에 관한 여러 글을 분류, 정리한 책으로 《가례》의 본문을 기본으로 삼고,

"상례(上禮)는 몸을 굽히고 손을 들어 눈과 가지런하게 하고, 중례(中禮)는 몸을 굽히고 손을 들어 입과 가지런하게 하고 하례(下禮)는 몸을 굽히기만 한다."

라고 한 것이 바로 국궁(鞠躬)을 말한 것입니다.

향음주와 향사는 선(善)과 악(惡)을 분별하여 서로 뒤섞이지 않게 하는 것이니, 그렇다면 선한 자를 좋아하고 선하지 못한 자를 미워해야 하지마는, 미워해야 할 자는 반드시 조문(條文)을 어기고 법규를 범하며 규칙(規則)[272]을 따르지 아니하여 바른 자리를 문란시킴에 이른 자라야 합니다. 이와 같은 자는 처음에는 향사례에 '이긴 자가 이기지 못한 자에게 벌주(罰酒)를 마시게 한다.'는 조문을 적용해서 벌주를 마시게 하고, 벌주를 받고도 회개하지 않으면 마땅히 명나라 때의 내고(大誥)[273]를 준용하여 열(列) 밖의 자리에 앉히고, 그래도 회개하지 않으면 자리에서 내치는 것이 마땅할 듯합니다. 만약 재물을 내는 벌을 내리면 송사를 이루기가 쉬울 듯하니, 오래할 수 있는 방도가 아닐 것입니다.

《의례(儀禮)》, 《예기(禮記)》, 《주례(周禮)》에서 관계되는 사항을 뽑아서 주석으로 삼아 이를 원(源)이라 하고, 주자 이후 여러 학자들의 사례(四禮)에 관한 글을 나누어 모아 유(流)라 하였다.

272 규칙(規則) : 원문에는 결자(缺字)로 되어 있으나 문맥에 따라 규칙으로 번역하였다.

273 명나라 때의 대고(大誥) : 명나라 태조(太祖) 홍무(洪武) 18년(1385, 우왕(禑王)11)에 반포한 법률 문건을 이른다.

박여범 중홍 에게 답함 정해년[274]

答朴汝範 重洪○丁亥

춘추(春秋)의 법에 '군주가 시해(弑害)를 당했을 때에 역적을 토벌해지 못했으면 장례(葬禮)에 대한 일을 쓰지 않는 것'[275]은 복수하는 대의(大義)를 중하게 여기고 장사 지내는 상례(常禮)를 가볍게 여겨서, 만세(萬世)의 신자(臣子)들에게 '이렇게 비상한 변고를 만나면 반드시 역적을 토벌하여 복수한 뒤에야 그 군주와 어버이를 장례할 수 있다'는 것을 보여 준 것입니다. 평민의 집안에서 불행히 이러한 변고를 만난 자는 비록 3년이 지났더라도 마땅히 복수하기를 기다린 뒤에 비로소 장례하는 것이 춘추의 의리에 위배되지 않을 것입니다.

《예기》〈상복소기(喪服小記)〉에 "3년이 지난 뒤에 장례하는 자는 반드시 두 번 제사한다." 하였는데, 주에 이르기를 "장례가 끝나면 반드시 연제(練祭 소상제)와 상제(祥祭 대상제)를 거행한다. 그러므로 두 번 제사한다고 말한 것이다."라고 하였습니다. 연제와 상제 두 제사를 이어서 두 번 거행하는 것은, 예를 들면 이 달에 연제를 지내고 다음 달에 상제를 지내는 것입니다. 최복(衰服)을 벗는 것은 이미 때가 지났고 상제를 지내고 바로 탈상(脫喪)하고 다시 담제(禫祭)는 지내지 않습니다.

274 정해년(丁亥年) : 1827년(순조27)으로, 매산의 나이 52세 되던 해이다.

275 춘추(春秋)의……것 : 이 내용은 《춘추공양전(春秋公羊傳)》 은공(隱公) 11년에 보인다.

아내의 원수는 마땅히 형제의 원수와 같이 보아야 하니, 병기를 가지러 집으로 되돌아가지 말고 싸워야 합니다. 비록 부모의 원수와는 같은 하늘 아래 살지 않는 것[276]과는 다르나, 반드시 보복하여야 끝나는 것은 똑같습니다. 보복한 이후에 장례를 지내고, 장례를 지낸 뒤에 우제(虞祭)와 졸곡(卒哭)과 부제(祔祭)를 행하고, 부제를 지낸 다음 달에 연제를 행하고 또 다음 달에 상제를 행하며 담제 없이 곧바로 탈상하니, 이는 삼년상과 그 예(禮)가 또한 같습니다.

아버지가 살아계신데 어머니가 별세하면 비록 기년(期年)이 지난 뒤에 연제와 상제를 지내나, 상제를 지낸 뒤에 그대로 심제(心制)를 행하여 반드시 27개월의 시기를 준수한 뒤에 탈상하여야 합니다.

276 부모의……것 : 이 내용은 《예기》 〈곡례 상(曲禮上)〉에 "아버지의 원수와는 같은 하늘 아래에 살지 않는다.〔夫之讎, 弗與共戴天.〕"라고 보인다.

최사형에게 답함 계사년[277]

答崔士亨 癸巳

아내의 상에 재우제(再虞祭)를 지낸 다음 아내의 상 궤연(几筵)에 고유하기를

"삼우제(三虞祭)와 졸곡제(卒哭祭)와 부제(祔祭)를 진실로 마땅히 뒤이어 행해야 하나, 현고(顯考)와 현비(顯妣)의 우제와 졸곡제가 끝나기를 기다려야 하므로, 이에 상식을 인하여 고유합니다."

라고 하고, 부모의 상의 졸곡제와 부제를 지낸 뒤에 아내 상의 삼우제와 졸곡제와 부제를 행하는 것이 마땅할 듯합니다.

277 계사년(癸巳年) : 1833년(순조33)으로, 매산의 나이 58세 되던 해이다.

권명응[278] 소 에게 답함 병신년[279]

答權明應 炤○丙申

선방(禪房)에 유숙하시며 체후를 더욱 삼가고 계십니까? 한 번 만날 기약은 오직 고명(高明)께서 어떻게 도모하느냐에 달려 있습니다. 흰 눈이 내리는 아침이나 달 밝은 밤이 모두 안 될 것이 없고 환한 대낮에 향로의 향불이 훈훈할 때 또한 회포를 풀기에 좋으나, 일을 안배하는 것은 자연스럽지 못합니다.

인물을 좋아하는 성벽(性癖)이 늙은 나이에 더욱 고질(痼疾)이 되어서, 매번 육일옹(六一翁)이 석만경(石曼卿)을 통하여 천하의 기이한 선비를 구했던 일[280]을 좋아하니, 고명에게 의지하여 궁벽한 산중과

278 권명응(權明應) : 권소(權炤)로 명응은 그의 자로 보인다. 《승정원일기(承政院日記)》 1835년(헌종1) 9월 29일 기사에 유학(幼學)으로 기재되어 있는데 동일 인물인지는 미상이다.

279 병신년(丙申年) : 1836년(헌종2)으로, 매산의 나이 61세 되던 해이다.

280 육일옹(六一翁)이……일 : 육일옹은 북송(北宋)의 대문장가인 구양수(歐陽脩, 1007~1072)로, 자호가 육일거사(六一居士)이므로 이렇게 칭한 것이다. 자는 영숙(永叔), 시호는 문충으로 당송팔대가(唐宋八大家)의 한 사람이다. 벼슬은 한림학사(翰林學士)와 참지정사(參知政事) 등을 역임하였다. 석만경(石曼卿)은 북송의 시인이자 문신인 석연년(石延年, 994~1041)으로 만경은 그의 자이다. 진종(眞宗) 때 태자중윤(太子中允)을 지냈으며 시인으로 명성이 높았으나, 술을 좋아해서 병으로 일찍 세상을 떠났다. 천하의 기이한 선비를 구했던 일은, 구양수가 지은 〈석비연시집서(釋祕演詩集序)〉에 "그러므로 일찍이 기쁘게 만경과 종유하여, 이로써 은밀히 천하의 기이한 선비를 구하고자 하였다.〔故嘗喜從曼卿遊, 欲因以陰求天下奇士.〕"라고 보인다. 《文忠集 卷41 序七首》

멀리 떨어진 바닷가에 있는 옥을 품고 옥을 쥔[281] 군자(君子)를 듣기 원합니다.

남과 더불어 선행(善行)을 하는 것은 바로 고충(苦衷)을 늘 잊지 않는 것이니, 비록 작은 재능과 조그마한 기예(技藝)를 가지고 있더라도 반드시 그를 위해 부지(扶持)해주고 유도해서 그의 그릇과 학업을 성취시키기를 바랍니다. 작은 악으로 큰 선(善)을 가리지 않고 여러 단점이 있더라도 한 장점을 버리지 않기를 주자께서 말씀하신 바처럼 하려고 합니다. 오직 고명만이 이 말을 알아들을 수 있을 것입니다.

군자는 몸에서 옥(玉)을 떼어 놓지 않으니,[282] 그렇다면 비록 평소라도 또한 옥을 패용(佩用)해야 합니다.《예기》〈옥조(玉藻)〉에 '공자가 상환(象環)을 찼다.'라고 말한 것은, 형(珩)·황(璜)·거(琚)·우(瑀)[283]를 제거하고 상환만을 패용했다고 한 것이 아닙니다. 상환을 가지고 패옥을 꿰어 연결하여 길이가 다섯 치가 되었던 듯합니다.[284]

공자는 검소함을 숭상하셨기 때문에 빈주(蠙珠 진주(眞珠))를 사용하

281 옥을……쥔 : 훌륭한 자질을 지녔음을 비유하는 구절이다.《초사(楚辭)》〈구장(九章) 회사(懷沙)〉에 "옥을 품고 옥을 쥐었어도, 고달픈 처지라 보여줄 길 전혀 없네.〔懷瑾握瑜兮, 窮不知所示.〕"라고 보인다.

282 군자는……않으니 : 이 내용은《예기》〈옥조〉의 "패옥에는 충아가 있으니 군자는 연고가 없으면 몸에서 옥을 떼어 놓지 않으니, 군자는 옥에 덕을 견준다.〔佩玉有衝牙, 君子無故, 玉不去身, 君子於玉比德焉.〕"라는 구절을 원용한 것이다.

283 형(珩)·황(璜)·거(琚)·우(瑀) : 모두 몸에 차는 패옥(佩玉)들이다.

284 길이가……듯합니다 :《예기》〈옥조(玉藻)〉에 "공자가 상환을 찼는데 넓이가 다섯 치이고 인끈은 잡색실로 만들었다.〔孔子, 佩象環五寸而綦組綬.〕"라고 하였기 때문에 이렇게 말한 것이다.

지 않고 상환을 사용했을 것입니다. 진주(陳註)는 단지 상환을 패용했을 뿐이라고 말한 듯하니, 옳지 않을 듯합니다.[285] 소주(小註)에서 양씨(楊氏)가 소리가 없다고 칭찬한 것[286]은, 옥(玉) 소리를 쟁쟁하게 울린다는 의리에 어긋나니, 더더욱 따를 수가 없습니다.

285 진주(陳註)는……듯합니다 : 진주는 《예기집설대전(禮記集說大全)》의 진호(陳澔)의 주를 이른다. 진호(1260~1341)는 원(元)나라 초기의 저명한 경학가(經學家)로 자가 가대(可大), 호가 운주(云住)이다. 송(宋)나라를 멸망시킨 원(元)나라의 조정에 벼슬하지 않고, 학문에만 전념하여 총 10권의 《예기집설대전》을 편찬하였다. 위에서 말한 경문(經文)에 대해 진호가 "상환은 상아로 만든 고리이니, 그 넓이가 5촌이다. 공자는 겸손하여 옥환을 차지 않으셨다. 그러므로 평상시에 상환을 차셨으니, 예복의 정패를 말한 것이 아니다.〔象環, 象牙之環也, 其廣五寸. 孔子, 謙不佩玉, 故燕居佩之, 非謂禮服之正佩也.〕"라고 주하였으므로, 이렇게 말한 것이다. 정패는 정식의 패물을 이른다.

286 소주(小註)에서……것 : 소주는 《예기집설대전》에 있는 소주이고 양씨는 남송(南宋)의 문신이자 학자인 양간(楊簡, 1141~1226)을 가리킨다. 자는 경중(敬仲), 호는 자호선생(慈湖先生), 시호는 문원(文元)이며 상산(象山) 육구연(陸九淵)의 문인이다. 소주의 내용은 아래와 같다. "지극하다! 상환이 소리가 없음이여! 소리가 없는 상환을 차는 것을 후학들이 그 의의를 깨닫지 못한다. 아! 지극하다. 온 천하가 함께 보는 것이나 보이지 않고, 온 천하가 함께 듣는 것이나 소리가 들리지 않는다.〔至矣哉! 象環之無聲乎! 佩無聲之象環, 後學莫之曉也. 嗚呼至矣! 擧天下之所共視, 而莫之見也,, 擧天下之所共聽, 而莫之聞也.〕"

김목에게 답함

答金穆

삼종(三宗)은 대를 이은 군주이므로 성왕에게 특별히 삼종을 들어 말하였으니,[287] 시대가 서로 가깝기 때문입니다. 성탕(成湯)을 말하지 않은 것은 시대가 멀어서 생략한 것이 아니고 바로 수성(守成)의 어려움이 창업(刱業)보다 어렵기 때문이었습니다.

주(周)나라에 있어서는 반드시 태왕(太王)과 문왕(文王)을 칭한 것은 이목(耳目)에 미친 바를 자세히 하고 또 할아버지의 뜻을 잇고 계승하는 것을 소홀하지 말 것을 경계한 것입니다.

287 삼종(三宗)은……말하였으니 : 이 내용은 채침(蔡沈)이 지은《서경집전(書經集傳)》〈무일(無逸)〉 편 편제(篇題)의 "성왕이 처음 정사를 다스리자, 주공은 성왕이 그 편안함만 알고 편안하지 말아야 함을 알지 못할까 두려우므로 이 글을 지어 훈계한 것이다.……삼종(三宗)을 든 것은 대를 이은 임금이기 때문이다.〔成王初政, 周公懼其知逸而不知無逸也, 故作是書以訓之.……擧三宗者, 繼世之君也.〕"라고 보인다. 삼종은 은나라의 어진 임금인 중종(中宗)·고종(高宗)·조갑(祖甲)을 말한다.

이생[288] 만각 에게 답함 병오년[289]

答李生 晩慤○丙午

훌륭한 명성을 익히 새기고 탄복한 지가 오래되었으나, 천애(天涯)와 지각(地角)처럼 아득히 멀고 삼성(參星)과 상성(商星)[290]처럼 서로 떨어져 있어서 만나볼 길이 없으니, 항상 꿈속에서만 만나고 있습니다. 이는 바로 옛사람이 말한바

"나아가서는 서로 부합하지 못하고 물러가서는 서로 잊지 못하니, 억지로 이끌려 떨어진 채로 각각 백발이 되고자 한다."

라는 것입니다.[291]

그런데 이번에 귀한 편지가 바람결에 날아와서 오랜 세의(世誼)를 되새기게 하고 금난(金蘭)의 우호[292]를 펴게 하였습니다. 훌륭한 말과

288 이생(李生) : 이만각(李晩慤)으로, 《승정원일기(承政院日記)》 1850년(철종1) 4월 29일 기사에 예안 사인(禮安士人)으로 기재되어 있는데 동일 인물인지는 미상이다.

289 병오년 : 1846년(헌종12)으로, 매산의 나이 71세 되던 해이다.

290 삼성(參星)과 상성(商星) : 삼성은 동쪽에, 상성은 서쪽에 있어 어느 별이 나오면 다른 별이 져서 같이 볼 수 없기 때문에 서로 이별한 뒤에 오래도록 만나지 못할 때의 비유로 쓰인다. 《春秋左氏傳 昭公元年》

291 옛사람이……것입니다 : 옛사람은 당나라의 문호(文豪)인 백거이(白居易, 772~846)로, 이 내용은 〈여원미지서(與元微之書)〉에 보인다. 《御定淵鑑類函 卷253 人部12 思友5》

292 금난(金蘭)의 우호 : 돈독하고 변치 않는 좋은 우정을 뜻한다. 《주역(周易)》 〈계사전 상(繫辭傳上)〉에 "두 사람이 마음을 함께 하니 그 예리함이 쇠를 끊는다. 마음을 함께 하는 말은 그 향기가 난초와 같다.〔二人同心, 其利斷金. 同心之言, 其臭如蘭.〕"

정밀한 뜻이 붓과 먹 사이에 넘쳐나고 정신적인 교유가 묵묵히 일치하여 부절(符節)을 합한 듯하니, 해가 다하도록 높이 보존하여 아침저녁 사이에 만나는 것〔朝暮遇〕[293]처럼 생각하고 있습니다.

가만히 생각하건대 문순(文純) 노선생[294]은 백세의 스승입니다. 도를 믿음이 돈독하고 학문을 좋아함이 진실 되며, 남들이 알아주지 않아도 서운해 하지 않고 후회하지 않으며 배우기를 싫어하지 않고 가르치기를 게을리 하지 않으셨으니,[295] 마땅히 회옹(晦翁)의 세적(世適)이 될 것입니다. 선현(先賢)들이 문순공의 덕을 형용한 내용 중에 다시 평할 것이 없으며, 증성(曾聖)께서 안자(顔子)를 칭찬한 다섯 가지 말씀과 《주역》 〈계사전(繫辭傳)〉에 노겸(勞謙)을 해석한 네 구(句)[296]

하였다. 이후로 금란(金蘭)은 돈독한 우정을 비유하는 말로 쓰였다.

293 아침저녁……것 : '조모우(朝暮遇)'는 자신을 알아주는 지기(知己)를 짧은 시간만에 만남을 비유하는 말로, 《장자》 〈제물론(齊物論)〉에 "만세 뒤에 그 해답을 아는 큰 성인을 한번 만난다 하더라도, 아침저녁으로 만나는 것과 같은 것이다.〔萬世之後而一遇大聖知其解者, 是旦暮遇之也.〕"라는 구절에서 연유하였다.

294 문순(文純) 노선생 : 퇴계(退溪) 이황(李滉)으로 문순은 퇴계의 시호이다.

295 남들이……않으셨으니 : 원문의 '불온(不慍)'은 《논어》 〈학이(學而)〉에 "사람들이 알아주지 않더라도 서운해 하지 않는다면 군자가 아니겠는가.〔人不知而不慍, 不亦君子乎.〕"라고 보이며, '불회(不悔)'는 《중용장구》 제11장에 "군자는 중용을 따라 세상에 은둔하여 남들이 알아주지 않아도 후회하지 않는다.〔君子依乎中庸, 遯世不見知而不悔.〕"라고 보이며, '불염불권(不厭不倦)'은 《맹자》 〈공손추 상(公孫丑上)〉에 "인은 내 능하지 못하거니와 나는 배우기를 싫어하지 않고 가르치기를 게을리하지 않았다.〔聖則吾不能, 我學不厭而教不倦也.〕"라고 하신 공자의 말씀이 보인다.

296 증성(曾聖)께서……구 : 증성은 증자(曾子)를 이르고, 안자(顔子)를 칭찬한 다섯 가지 말씀은 《논어》 〈태백(泰伯)〉의 "능하면서 능하지 못한 이에게 물으며, 많으면서 적은 이에게 물으며, 있어도 없는 것처럼 여기며, 가득해도 빈 것처럼 여기며, 잘못을

는 오직 선생만이 여기에 해당할 수 있습니다.

저는 어렸을 때부터 선생께서 남기신 책을 가슴속에 새기고 익혀서 마음과 눈에 떼어 놓지 않았고, 《언행록(言行錄)》[297]과 같은 책으로 말하면, 일찍이 이는 사람의 기질(氣質)을 변화시킬 수 있는 책이라고 여겨, 존왕고(尊王考 상대방의 조부) 어른을 뵐 때마다 이런 뜻을 말씀해 드렸습니다. 노성(老成)한 어른이 돌아가심에 항상 그 전형(典型)이 누군가에게 남아있을 것이라고 생각했었는데, 좌하께서 수립한 바가 이처럼 훌륭하니, 이는 수사(洙泗)의 가르침[298]을 전수하고 하분(河汾)의 도(道)[299]를 강(講)하는 자이니, 저의 구구한 찬송이 다만 옥오(屋

범해도 따지지 않았다.〔以能問於不能, 以多問於寡, 有若無, 實若虛, 犯而不校〕"라고 한 증자의 말씀을 이른 것이며, 노겸(勞謙)을 해석한 네 구는 〈계사전 상(繫辭傳上)〉에 "공로가 있어도 자랑하지 않으며 공(功)이 있어도 덕(德)으로 여기지 않음은 후함의 지극함이니, 공(功)이 있으면서도 남에게 몸을 낮춤을 말한 것이다.〔勞而不伐, 有功而不德, 厚之至也, 語以其功下人者也.〕"라는 구절을 이른 것이다.

297 언행록(言行錄) : 《퇴계언행록(退溪言行錄)》을 이른 것으로 퇴계의 문집과 제자들이 남긴 자료에서 퇴계의 말씀과 행실을 추출하고 분류하여 정리한 자료이다. 숙종 때 갈암(葛菴) 이현일(李玄逸)의 문인인 창설재(蒼雪齋) 권두경(權斗經, 1654~1726)이 편찬한 《퇴계선생언행통록(退溪先生言行通錄)》을 저본으로 하여, 퇴계의 후손인 청벽(青壁) 이수연(李守淵, 1693~1748)이 중심이 되어 문제점을 수정하고 항목을 더욱 세분하여 도산서원에서 간행하였다.

298 수사(洙泗)의 가르침 : 공자의 가르침, 즉 유학(儒學)을 가리킨다. 수사는 노나라 곡부현(曲阜縣)을 지나는 사수(泗水)와 그 지류인 수수(洙水)를 아울러 일컫는 말로 공자가 이곳에서 강학 활동을 하였다.

299 하분(河汾)의 도(道) : 제자들에게 강론하는 도학을 이른다. 하분은 황하(黃河)와 분수(汾水)의 합칭으로, 수(隋)나라의 대유(大儒)인 왕통(王統, 584~617)이 하수와 분수 사이에서 강학하여 1천 명이나 되는 제자를 육성하였는데, 설수(薛收)와 방교(房喬), 이정(李靖), 위징(魏徵), 방현령(房玄齡) 등 뛰어난 인재들을 배출하였다.

烏)의 사랑[300] 때문이 아닙니다.

좌하는 타고난 자품이 도(道)에 가깝고 젊은 나이에 학문에 뜻을 두어서 진실로 이미 영남 한 도의 백성들이 우러르고 있으며, 편지에 가득한 가르침에서 또한 식견이 탁월함과 조예(造詣)의 참됨을 증험할 수 있습니다. 진실로 능히 뜻과 사업을 확충하고 밝히신다면 도에 나아가 덕을 이루지 못함을 근심할 것이 없는데, 어찌 천하고 누추한 저에게 의뢰할 것이 있어서 도움을 구하기를 이처럼 하십니까? 저는 타고난 자품이 둔하고 졸렬한 가장 하등의 사람이며, 어려서는 제대로 배우지 못하고 장성해서는 도를 듣지 못하여 무능하고 녹록(碌碌)하여 남에게 견줄 수 없는 것이 오늘 하루뿐이 아닙니다.

어느덧 고령(高齡)이 되어 거듭 죽을병에 걸려서 자리에 몸져누워 있으니, 거의 시체와 귀신에 가깝습니다. 다시 병촉(炳燭)[301]에 미칠

300 옥오(屋烏)의 사랑 : 어떤 사람을 좋아하면 그 집 지붕에 앉아 있는 까마귀까지도 좋아하게 된다는 뜻이다. 《한시외전(韓詩外傳)》 권3의 "강태공(姜太公)이 무왕(武王)에게 아뢰기를 '사람을 사랑하는 자는 그 사랑이 그의 지붕 까마귀에까지 미치고, 사람을 미워하는 자는 그 미움이 그의 마을 모퉁이의 벽에까지 미칩니다.〔愛其人, 及屋上烏, 惡其人者憎其胥餘.〕"라고 한 데서 유래하였다.

301 병촉(炳燭) : 촛불을 밝힌다는 뜻으로 늙어서도 공부를 좋아함을 비유하는 말이다. 춘추 시대, 진(晉)나라 평공(平公)이 공부하기에는 자신의 나이가 너무 많음을 걱정하자, 악사(樂師)인 사광(師曠)이 "어찌하여 촛불을 밝히지 않으십니까?……신이 들으니, 어려서 학문을 좋아하는 것은 해가 돋아오를 때의 햇빛과 같고, 장성하여 학문을 좋아하는 것은 해가 중천에 있을 때의 햇빛과 같으며, 늙어서 학문을 좋아하는 것은 켜놓은 촛불의 빛과 같다고 하였으니, 촛불을 밝혀 밝은 것과 어둠 속을 가는 것이 어느 것이 낫겠습니까."〔何不炳燭乎?……臣聞之, 少而好學, 如日出之陽, 壯而好學, 如日中之光, 老而好學, 如炳燭之明, 炳燭之明, 孰與昧行乎?〕"라고 권유한 데서 유래하였다. 《說苑 卷3 建本》

만한 정력이 없고, 참으로 물에 거꾸러진 나한(羅漢)이 되어서 스스로 도 구원하지 못하니, 어찌 감히 남을 위하여 일을 도모할 수 있겠습니까.

세상의 가르침이 쇠퇴하여 학문에 마음을 다하는 자가 거의 드뭅니다. 설령 혹 있다 하더라도 좌우에서 도와주는 자가 없어서 끝내 나태하고 게으르게 구습을 답습하다가 뜻과 기개가 소진되고 마니, 장차 어느 곳에서 분발한단 말입니까?

사우(師友)들과 강습하는 것이 유익함이 가장 많습니다. 성인(聖人) 또한 학문이 강습되지 못하는 것을 근심하셨으니,[302] 이 도를 사우들과 더불어 한 번 강명(講明)하면 이 마음이 한 번 강명해지니 강학하는 것은 자기를 위한 것이요 남을 위한 것이 아닙니다.

선현들이 스승을 높이고 벗을 취한 것이, 어찌 다만 소리와 기운이 서로 통하였기 때문이겠습니까.[303] 말로(末路)가 어지러워 성인(聖人)의 도가 밝아지지 못해서, 말이 학문에 미치면 바로 사람들이 함께 비웃으면서, '괴벽(乖僻)하여 세상과 어긋난다.'[304]라고 말하고 그렇지

302 성인(聖人)……하셨으니 : 《논어》 〈술이(述而)〉에서 공자께서 "덕이 닦아지지 못함과 학문이 강습되지 못함과 의를 듣고 옮겨가지 못하며 불선을 고치지 못하는 것이 바로 나의 걱정거리이다.〔德之不修, 學之不講, 聞義不能徙, 不善不能改, 是吾憂也.〕" 라고 하였으므로 이렇게 말한 것이다.

303 어찌……때문이겠습니까 : 《주역》 건괘(乾卦) 문언(文言)에 "같은 소리끼리 서로 호응하고 같은 기운끼리 서로 찾는다.〔同聲相應, 同氣相求.〕"라고 하였는바, 서로 취향이 같을 뿐만이 아님을 말한 것이다.

304 괴벽(乖僻)하여 세상과 어긋난다 : 원문의 '타괴(打乖)'는 괴벽(乖僻)하여 풍속에 어긋난다는 뜻으로, 《퇴계선생문집고증(退溪先生文集攷證)》 권3 〈제4권 시(詩) 화김언우(和金彦遇)〉에 "살펴보건대 타(打)는 행함이다. 타괴는 괴벽하여 세속과 다른 것이다. 강절이 지은 타괴시가 있다.〔案打, 爲也. 打乖, 爲乖僻不同俗也. 康節有打乖

않으면 바로 '명성을 좋아한다.'라고 말하는데, 이는 '괴벽하여 세상과 어긋나는 것'과 '명성을 좋아하는 것'이 진실로 배우는 자들의 병폐이나, 마음의 본체(本體)가 밝지 못하고 공부가 순서가 없으면, 비록 옛 성현들의 말씀과 지나간 행실을 표절(剽竊)한다고 하더라도, 끝내 들어나지 못하고 살피지 못하여서, 바로 의(義)로움으로 하루아침에 갑자기 엄습하여 취하는 것[305]이 됨을 알지 못하는 것입니다.

근세에 사장(詞章 문장)을 익혀서 얻는 화려한 명성이 사람들의 마음을 함몰(陷沒)시켜서 하늘이 나에게 내려주신 것을 거의 보존하지 못하고 있습니다. 이러한 유속(流俗)의 폐해가 이단(異端)보다 심하여, 온 세상이 도도히 흘러가 명예의 구렁과 재화의 굴에 출몰하니, 어떻게 선(善)과 이(利)의 기미를 분별할 수 있겠습니까.[306]

좌하께서는 일찍이 스스로 과거공부를 그만두어 초연히 삼고(三古)의 선비[307]와 같으시니, 의당 다만 심흉(心胸)을 넓히고 지보(地步)[308]

詩.〕"라고 보인다. 강절은 북송(北宋)의 학자인 소옹(邵雍)이며 타괴시는 소옹이 스스로 세상과 어긋나는 삶을 살면서 유유자적하게 지낸다는 뜻을 말한 〈안락와중호타괴음(安樂窩中好打乖吟)〉 시를 이른다. 타괴에는 '기변(機變)'의 뜻도 있으나 여기서는 취하지 않았다.

305 의(義)로……것 : 이 내용은 《맹자》 〈공손추 상(公孫丑上)〉에 "이 호연지기(浩然之氣)는 의리를 축적하여 생겨나는 것이다. 의(義)로움으로 하루아침에 갑자기 엄습하여 취하는 것이 아니다.〔是集義所生者. 非義襲而取之也.〕"라고 보인다.

306 선(善)과……있겠습니까 : 이 내용은 《맹자》 〈진심 상(盡心上)〉에 "순(舜)임금과 도척(盜跖)의 구분을 알고자 한다면 다른 것이 없다. 이(利)와 선(善)의 사이인 것이다.〔欲知舜與蹠之分, 無他. 利與善之間也.〕"라고 한 구절을 원용하여 말한 것이다.

307 삼고(三古)의 선비 : 태평성대의 훌륭한 선비라고 말한 것으로 보인다. 삼고는 원래 상고(上古)·중고(中古)·하고(下古)로, 《예기(禮記)》 〈예운(禮運)〉의 소(疏)

를 키우며 규모를 세우고 공부를 치밀히 하여, 9층의 대(臺)를 만듦에 다리를 크게 만들고[309] 백척간두(百尺竿頭)에서 한 걸음을 더 내딛으셔서,[310] 이 일대사(一大事)를 끝마치십시오. 간절히 바라는 마음 그지없습니다.

주자께서 평소 말씀하시기를

"사람의 기운이 모름지기 강하여야 비로소 일을 할 수 있으니, 예컨대 천지(天地)의 기운이 강하기 때문에 어떤 사물을 막론하고 모두 꿰뚫고 통할 수 있는 것이다."

라고 하셨습니다.[311] 진실로 능히 굳세고 단호하고 과감하여 용감하게 도(道)에 나아가기를, 마치 산에 오를 적에 높은 곳에 이르고는 다시 분발하고 힘을 써서, 반드시 정상에 오르고 지극한 경지에 나아가려고 하여 다만 전진할 줄만 알고 물러날 줄을 알지 못하는 것과 같이 하여

에는 "복희(伏羲)가 상고, 신농(神農)이 중고, 오제(五帝)가 하고이다."라고 하였고, 《한서(漢書)》〈예문지(藝文志)〉의 주에는 "복희가 상고, 문왕(文王)이 중고, 공자(孔子)가 하고이다."라고 하는 등 여러 설이 있다.

308 지보(地步) : 현재 처해 있는 위치나 자리를 가리킨다.

309 구층의……만들고 : 《근사록(近思錄)》〈위학(爲學)〉 편의 "모름지기 마음을 크게 하여 열리고 넓게 하여야 하니, 비유하건대 9층의 대를 만들 적에 모름지기 다리를 크게 만들어야 비로소 되는 것과 같다.〔須是大其心, 使開闊, 譬如爲九層之臺, 須大做脚, 須得.〕"라는 구절을 원용한 것이다. 다리는 기초(基礎)를 이른다.

310 백척간두(百尺竿頭)에서……내딛으셔서 : 《전등록(傳燈錄)》의 "백척간두에서 한 걸음을 더 내디뎌야 시방세계의 이치가 이 몸에 온전해질 수 있네.〔百尺竿頭進步, 十方世界是全身.〕"라는 구절을 원용한 것이다. 이는 곧 일정한 경지에 올라 있더라도 보다 더 높은 경지를 향해 부단히 노력해야 함을 뜻한다.

311 주자께서……하셨습니다 : 이 내용은 《주자어류(朱子語類)》 권8 〈학(學)2 총론위학지방(總論爲學之方)〉에 보인다.

야, 거의 중도에 폐하는 것을 면할 수 있을 것입니다. 고어(古語)에 이르기를 "백 리(里)를 가는 자는 구십 리를 반으로 여긴다."라고 하였으니,[312] 삼가 좌하를 위해서 이 글을 외웁니다.

많이 알면서도 조금 아는 이에게 묻는[313] 지극한 뜻에 삼가 감사해서 망령되이 저의 진심(眞心)을 다 말씀드리나, 이는 밝은 태양 아래에 등불을 더 하는 것이 아니겠습니까. 반드시 풍기(風氣)에 의해 구속되는 바가 되시지 말고 색목(色目)[314]에 의해 반목(反目)당하는 바가 되시지 말며 오직 마음을 비우고 기운을 화평히 해서, 도리를 강명해야 합니다.

도리가 밝아지고 나면 마치 저울추와 저울대를 잡고서 경중(輕重)을 헤아리는 것과 같아서, 여기에 맞으면 옳고 여기에 맞지 않으면 잘못된 것입니다. 그러나 각각 들은 바를 존중하고 각각 아는 바를 행하는 것[315] 또한 무방하니, 굳이 구차하게 서로 같아지기 위해 급급해 할 것이 없습니다. 이것이 서로 붕우 간에 필요로 하는 제일의 의리가

312 고어(古語)에……하였으니 : 이 내용은 끝마무리의 중요성을 말한 것으로, 《전국책(戰國策)》〈제책(齊策)〉에 그대로 보인다.

313 많이……묻는 : 이 내용은 증자가 이미 작고한 안연(顔淵)을 상찬하며 "유능하면서도 무능한 이에게 묻고, 많이 알면서도 조금 아는 이에게 물었다.〔以能問於不能, 以多問於寡.〕"라고 한 말을 원용한 것이다. 《論語 泰伯》

314 색목(色目) : 여러 가지 뜻이 있으나 여기서는 당파(黨派)를 가리킨 것으로 보인다.

315 각각……것 : 이 내용은 주자가 육자정(陸子靜)에게 보낸 편지에 보인다. 육자정은 남송(南宋)의 심학자인 육구연(陸九淵, 1139~1192)으로 자정은 자이며 호는 상산(象山)이다. '심즉리(心卽理)'의 주관적 유심론(唯心論)을 근간으로 한 심학(心學)의 주창자로 주자의 이학(理學)과 대립하였다. 《晦庵集 卷3書》

되므로 다시 현자를 위해서 바라는 것입니다.

엎드려 듣건대, 노선생(퇴계 이황)의 유집(遺集)을 중간(重刊)하여 영종손(令宗孫)께서 저에게도 한 부를 주신다고 허락하였다고 하니, 그 뜻이 매우 정성스럽고 지극하여 다만 손을 모으고 기다릴 뿐입니다.

베개에 엎드려 기운이 다해서 어지러움을 무릅쓰고 답장을 써서 반체(泮遞)[316]에 부탁하였는데, 어느 때에나 밝게 보시는데 도달할지 모르겠습니다. 할 말은 많으나 명회(冥會)[317]에 남겨 두고, 때에 맞추어 대래(大來)의 운수[318]가 이르러, 덕(德)과 업(業)이 모두 높아지시기를 만 번 바랍니다.

316 반체(泮遞) : 반궁(泮宮) 즉 성균관에서 부리는 체부(遞夫)를 이른 말로 보이나 분명하지 않다.

317 명회(冥會) : 심령(心靈)으로 서로 통하고 마음속으로 이해한다는 의미이다.

318 대래(大來)의 운수 : 크게 길(吉)하고 형통한 운수를 이르는 말로, 《주역》 태괘(泰卦) 괘사(卦辭)의 "태는 음(陰)인 소가 가고 양(陽)인 대가 오니, 길하여 형통하다.〔泰, 小往大來, 吉, 亨.〕"라고 한 데서 온 말이다.

유생 두심 에게 답함 정미년[319]

答柳生 斗心○丁未

하늘과 인간은 진실로 하나의 이(理)이지마는 하늘은 마음이 없습니다. 그러므로 원(元)·형(亨)·이(利)·정(貞)이 발현되어 춘(春)·하(夏)·추(秋)·동(冬)이 되니 그 발현됨이 차례가 있고, 사람은 정(情)이 있으므로 인(仁)·의(義)·예(禮)·지(智)가 감응하여 측은(惻隱)·수오(羞惡)·사양(辭讓)·시비(是非)가 되는데, 그 감응함이 사물을 따릅니다.

그러나 주자가 일찍이 이것을 논하여 말씀하기를 "발현될 때에는 순서가 없고 생겨날 때에는 순서가 있다."라고 하셨으니,[320] 하늘과 인간이 비록 유심(有心)과 무심(無心)의 구별이 있으나 원(元)은 사덕(四德)을 다 포괄하고 인(仁)은 오상(五常)을 통합하고 있습니다.[321]

319 정미년(丁未年) : 1847년(헌종13)으로, 매산의 나이 72세 되던 해이다.

320 주자가……하셨으니 : 주자의 말씀은 《주자어류》 권6 〈성리(性理)3 인의예지등명의(仁義禮智等名義)〉에 보인다.

321 원(元)은……있습니다 : 사덕(四德)은 원(元)·형(亨)·이(利)·정(貞)을 이르고 오상은 인(仁)·의(義)·예(禮)·지(智)·신(信)을 이른다. '원은 사덕을 포함하고 있다는 것'은 정이천(程伊川)의 《역전(易傳)》 건괘(乾卦) 단사(彖辭)에 "사덕의 원이 오상의 인과 같으니, 한가지로 말하면 한 가지 일이요, 전체로 말하면 네 가지를 모두 포함한다.〔四德之元, 猶五常之仁, 偏言則一事, 專言則包四者.〕"라고 보이며, '인(仁)은 오상(五常)을 통합하고 있다'는 것은 《회암집(晦菴集)》 권45 〈서(書) 답유성지(答游誠之)〉의 '인은 사덕을 통괄하고 있다.〔仁統四德.〕'는 말을 원용한 것으로 보인다. 사덕은 오상에서 신(信)을 제외한 것으로 의미는 동일하다.

인·의·예·지는 각각의 사건에 따라 보면 각자 분명하나, 맥락을 모아서 보아도 또한 전혀 혼란스럽지 않으니, 모름지기 순서가 없는 가운데에 나아가 순서가 있는 것을 보아서 천인상여(天人相與)의 이치를 관찰하는 것이 마땅할 듯합니다.

학문하는 방도는 오직 기질(氣質)을 변화시킴에 달려 있을 뿐이니, 힘을 쓸 때에는 유약(柔弱)한 자가 진실로 강함에 나아갈 수 있고 어리석은 자 또한 밝음에 나아갈 수 있습니다. 공자의 문하에서 가르침을 베풀 적에 어찌 이를 따르지 않은 적이 있었겠습니까마는 그러나 변하여 하나의 하자(瑕疵)도 있지 않음에 이른다면 이는 배우는 자의 지극한 공부이니, 성인(聖人)만이 할 수 있는 일입니다. 안자(顔子)와 같이 성인의 경지에 한 칸을 도달하지 못한 분 또한 감히 가볍게 이것을 의논할 수가 없었는데, 하물며 유(由)와 사(賜)[322]이겠습니까.

횡거(橫渠) 선생이 젊어서는 손무(孫武)와 오기(吳起)를 좋아하고 말년에는 불가(佛家)와 노장(老莊)에서 도망해 온 것[323]으로 말하면 기질을 변화시킨 것이 지극하다고 이를 만합니다. 그러나 횡거가 일찍이 스스로 말씀하시기를 "나는 이 공이안(恭而安)[324]을 배웠으나 이루

322 유(由)와 사(賜) : 모두 공자의 고제(高弟)로 유는 자로(子路)의 이름이며, 사는 자공(子貢)의 이름이다. 자로는 성이 중(仲)으로 용맹하고 정치에 소질이 있었으며 자공은 성이 단목(端木)으로 언어에 소질이 있었다.

323 젊어서는……곳 : 원문의 '조열만도(早悅晩逃)'는 주자(朱子)의 〈횡거선생유상찬(橫渠先生遺像贊)〉에 "젊어서는 손무(孫武)와 오기(吳起)를 좋아하고 말년에는 불가(佛家)와 노장(老壯)에서 도망하였네.〔早悅孫吳, 晩逃佛老.〕"라는 구절을 줄여 쓴 것이다.

지 못하였다."라고 하셨는데, 명도(明道 정호(程顥))가 말씀하기를 "이 분의 학문이 이루어지지 못함에서 다소간의 병통이 있었음을 알 수 있다." 하셨고, 윤화정(尹和靖 윤돈(尹焞)) 또한 말씀하기를 "횡거는 높은 부분은 너무 높고 편벽된 부분은 너무 편벽되다."라고 하였으며, 선유(先儒) 중에는 또 '너무 경직되게 지켰다'고 말한 분이 있습니다.

이와 같은 것으로 보면, 횡거 같은 대현(大賢)으로도 다 변화시키지 못한 것이 약간은 있는 것인데, 하필 공자 문하의 여러 제자들과 그 장단점을 비교하여 품평할 것이 있겠습니까.

324 공이안(恭而安) : 공자의 기상(氣像) 중의 하나로, 《논어》 〈술이(述而)〉에 "공자께서는 온화하면서도 엄숙하시며, 위엄스러우면서도 사납지 않으시며, 공손하면서도 편안하셨다.〔子溫而厲, 威而不猛, 恭而安.〕"라고 보인다.

허생 간 에게 답함 신해년[325]

答許生 柬○辛亥

《예기》〈곡례(曲禮)〉에는 '밥은 왼쪽에 두고 국은 오른 쪽에 둔다.' 하였고, 《의례》〈특생례(特牲禮)〉에는 '서직(黍稷)은 동쪽에 둔다.' 하였으니, 이는 국의 밖에 두는 것입니다. 《가례》에서 밥을 오른 쪽에 두는 것은 바로 《의례》〈소뢰(少牢)〉에 각서(角黍)가 오른 쪽에 있고 갱(羹)이 술 왼쪽에 있는 것과 같고, 또 〈특생례〉에 술잔을 형(鉶, 제사에 국을 끓여 올리는 솥, 또는 그 국)의 남쪽에 올리는 것과 같은데, 사계(沙溪)께서 "당시의 속례(俗禮)에서 나온 듯한데, 《가례》는 《서의(書儀)》[326]를 따라 고치지 않았다."라고 하신 것이, 그 실제를 얻은 듯합니다.

우제(虞祭) 이후에는 산 사람의 일이 끝나고 귀신의 일이 시작되므로, 그 제찬(祭饌)을 진설하는 것이 제례를 따라서 밥이 오른 쪽에 있고 국이 왼쪽에 있습니다. 상식(上食)은 살아있을 때를 형상하니, 〈곡례〉를 따라 마땅히 밥은 왼쪽에 진설하고 국은 오른쪽에 진설하여야 하니, 이것이 따를 만한 선유(先儒)의 정론(定論)이 됩니다.

325 신해년(辛亥年) : 1851년(철종2)으로, 매산의 나이 76세 되던 해이다.

326 서의(書儀) : 북송(北宋)의 대학자인 사마광(司馬光, 1019~1086)이 지은 예서(禮書)로, 고례(古禮)에 근본하고 당시의 행할 만한 것을 참작하여 만들었다. 표주(表奏)・공문(公文)・사서(私書)・가서(家書)의 서식 1권, 관의(冠儀) 1권, 혼의(婚儀) 2권, 상의(喪儀) 6권 등 도합 10권으로 되어 있다. 《사마씨서의(司馬氏書儀)》라고도 한다.

김생 정윤 에게 답함 신해년

答金生 正綸○辛亥

수양(收養)과 출계(出繼)는 명의(名義)가 똑같지 않습니다. 그러므로 《상례비요》의 도식(圖式)에 양모(養母)는 있으나 양부(養父)는 없으니, 양육하는 공이 오로지 어머니에게 있기 때문입니다.

이른바 양모라는 것은 동종(同宗)으로 세 살 이하의 버려진 자식을 기른 것이어서 어버이와 더불어 똑같이 자최(齊衰) 삼년복을 입는데, 《상례비요》의 심상삼년조(心喪三年條)에 이르기를 "자기의 부모가 살아계시면 양부모를 위해서 심상 삼년을 한다."라고 하였으니, 이것을 근거해 보면 부모가 생존해 있는 자는 양모를 위해서 자최 복을 입을 수가 없고 다만 심상 삼년을 펴서 길러준 은혜를 보답할 뿐입니다.

부모가 살아계시지 않으면 마땅히 양모를 위하여 자최 복을 입을 것이나 수양아버지는 자기 부모의 생존 여부를 따지지 않고 다만 심상을 펼 뿐인데, 심상도 삼년은 너무 과하니 기년으로 단정하는 것이 마땅할 듯합니다.

이생 용두 에게 답함

答李生 容斗

상(喪)을 주관할 만한 사자(嗣子 집안의 대를 잇는 아들)가 없고 다만 아우와 출계(出系)한 아들이 있는 경우, 고례(古禮)에 '어버이가 같으면 장자가 상을 주관한다.〔親同則長者主之〕'는 글[327]을 가지고 헤아려보면 출계한 아들이 마땅히 주관해야 할 듯하나, 과방(過房 출계)한 자가 이미 대종(大宗)의 제사를 주관해서 생가(生家)의 상사(喪事)를 대신 행하기가 어려울 듯하니, 후사를 세우기 전에 망자(亡者)의 아우가 대신 주관하여, 신주(神主)에 현중형(顯仲兄)이라고 쓰고, 축문은 아우가 형에게 아뢰는 글을 쓰는 것이 마땅할 듯합니다. 과방한 아들로 하여금 대신 제사하지 않게 하는 것은 또한 근본이 둘이 되는 혐의를 분별하는 것입니다.

327 고례(古禮)에……글 : 원문은 "어버이가 같으면 친한 자가 상을 주관한다.〔親同則親者主之〕"로 되어 있으나, 《예기》 〈분상(奔喪)〉의 "어버이가 같으면 장자가 상을 주관하고 같지 않으면 친한 자가 주관한다.〔親同長者主之, 不同親者主之.〕"라는 구절과 문맥을 감안하여 이렇게 고쳐 해석하였다. '親同則親者主之'라는 글은 고례(古禮)에 보이지 않는다.

김경회에게 답함 무진년[328]

答金景會 戊辰

그대의 아름다운 재주를 가지고 진실로 참되고 간절하게 도를 구한다면 아무리 멀어도 이르지 못할 바가 없을 것이나, 다만 입지(立志)가 견고하지 못할까 근심할 뿐입니다. 바르고 통달한 기운을 받은 자는 누구나 다 성인(聖人)이 될 수 있으니, 어찌 태어난 지역에 구애될 것이 있겠습니까.

우리 동방(東方)은 궁벽하게 멀리 떨어진 바닷가에 있고 규모가 치우치고 좁아서, 귀천(貴賤)과 상하(上下)를 명분으로 정하여 한 번 정해지면 바뀌지 않습니다. 신분이 귀한 자는 그래도 자중(自重)할 줄을 아나, 천한 자는 하류(下流)에 처하기를 달게 여기는데, 어찌 하늘이 재주를 달리 내려서 그런 것이겠습니까. 차별을 너무 심하게 하여 배양(培養)하기를 도(道)로써 하지 않기 때문입니다. 어찌 풍기(風氣)에 구속되어 중(中)을 받아 태어난 뜻[329]을 다할 것을 생각하지 않을 수 있겠습니까. 이 때문에 호걸스러운 선비는 문왕(文王)을 기다리지 않고도 흥기(興起)하는 것입니다.[330]

328 무진년(戊辰年) : 1808년(순조8)으로, 매산의 나이 33세 되던 해이다.

329 중(中)을……뜻 : 중은 하늘로부터 받은 천성(天性)을 이른다. 《춘추좌씨전(春秋左氏傳)》 성공(成公) 13년 기사에 "백성은 천지의 성품을 받아 태어난다.〔民受天地之中以生.〕"라고 보인다.

330 문왕(文王)을……것입니다 : 이 내용은 《맹자》 〈진심 상(盡心上)〉의 "문왕을 기다린 뒤에 흥기하는 자는 평범한 백성이니, 호걸의 선비로 말하면 비록 문왕 같은 성군

지금 그대는 바닷가 중의 바닷가에서 태어났으나 뜻과 생각이 깊으니, 어찌 호걸스러운 선비가 되기에 부족하겠습니까. 진실로 학문에 뜻을 둔다면 하늘이 끝내 그 소원을 이루어 주지 않겠습니까. 그러므로 이르기를 "뜻이 확립되지 못함을 근심하고 지위가 남에게 미치지 못함을 근심하지 않는다."[331]라고 한 것입니다.

그대는 《주역》 계열의 지식에 본래 영험한 마음과 슬기로운 식견이 있으니, 이를 사서(四書)에 베푼다면 유추(類推)가 가능할 것인바, 이렇게 하면 결정정미(潔淨精微)[332]한 《주역》의 본질만을 이해할 뿐만이 아닐 것입니다. 혹시라도 물러서지 말고 익숙히 읽고 정밀하게 생각한다면 어찌 의심스러운 뜻을 분석하지 못함을 걱정할 것이 있겠습니까.

가장 어려운 것은 몸에 돌이켜 실천하는 것입니다. 찾아가 가르침을 받을 곳이 없다고 한탄하지 말고 자신의 마음을 엄한 스승으로 삼고,

(聖君)이 없더라도 흥기한다.〔待文王而後興者, 凡民也, 若夫豪傑之士, 雖無文王猶興.〕"라는 구절을 원용한 것이다.

331 뜻이……않는다 : 이 내용은 진(晉)나라의 문신이자 학자인 우부(虞溥)가 지은 〈장훈제생고(獎訓諸生誥)〉에 보이는데 원작에는 "재주가 남에게 미치지 못함을 근심하지 않고 뜻이 확립되지 못함을 근심한다.〔不患才不及, 而患志不立.〕"로 되어 있다. 《御選古文淵鑒 卷23》

332 결정정미(潔淨精微) : 깨끗하고 고요하며 정미하고 은미하다는 뜻으로, 《주역》의 본질을 갈파한 말이다. 《예기》 〈경해(經解)〉에 "그 나라에 들어가서 교육을 알 수 있으니, 그 사람됨이 온화, 유순하고 돈후함은 《시경》의 가르침이요, 소통하여 원대함을 앎은 《서경》의 가르침이요, 광박하고 평이하고 선량함은 《악경(樂經)》의 가르침이요, 깨끗하고 고요하고 정미하고 은미함은 《역경(易經)》의 가르침이다.〔入其國, 其教可知也. 其爲人也, 溫柔敦厚, 詩教也; 疏通知遠, 書教也; 廣博易良, 樂教也; 潔靜精微, 易教也.〕"라는 공자의 말씀이 보인다.

또 태어난 처지가 불우하다고 한탄하지 마십시오. 뜻이 있는 자는 일을 끝내 이루어내는 법입니다. 작은 언덕에는 비록 소나무와 측백나무가 없으나 그윽한 골짜기에는 본래 지초(芝草)와 난초(蘭草)가 자라는 법이니, 이 때문에 공자께서 말씀하시기를 "군자는 도(道)를 닦고 덕(德)에 들어갈 때에 곤궁하다고 하여 절개를 바꾸지 않는다."고 하신 것입니다.[333] 부디 경회(景會)는 공경히 생각하기 바랍니다.

333 그윽한……것입니다 : 이 내용은 《공자가어(孔子家語)》 권5 〈재액(在厄) 제20〉의 "지초(芝草)와 난초(蘭草)는 깊은 숲속에서 자라지만, 사람이 없다 하여 향기를 풍기지 않는 것은 아니다. 군자는 도를 닦고 덕에 들어갈 때에 곤궁하다고 하여 절개를 바꾸지 않는다〔芝蘭生於深林, 不以無人而不芳. 君子修道立德, 不爲窮困而改節.〕"라는 구절을 원용한 것이다. '改節'은 '敗節'로 되어 있는 본도 있다.

지경철[334]에게 답함 기사년

答池景喆 己巳[335]

어머니 상중에 아버지 묘소를 이장(移葬)할 경우에는 어머니의 최복(縗服)을 입고 있다고 하여 아버지의 시마복(緦麻服)을 입지 않을 수가 없습니다. 시마복이 비록 가벼우나 아버지를 위하여 입는다면 참최(斬衰)의 의의를 형상해서 삼년의 체(體)를 구비하여 도리어 어머니의 자최복(齊衰服)보다 더 무거우니, 이 때문에 그 복을 입지 않으면 안 되는 것입니다.

아버지와 어머니 두 분의 영좌(靈座)를 마땅히 따로 진설하고 상식(上食)을 해야 하니, 상식할 때에는 각자의 복을 입어야 합니다. 두 분 함께 발인(發靷)할 때에는 시마복을 입고 따라가며, 합장(合葬)하면서 현훈(玄纁)[336]을 어머니에게 올릴 때에도 마땅히 시마복을 입어야 하니, 이는 아버지의 장례를 중하게 여기기 때문입니다. 만약 합장이 아니면 각자의 복을 입고, 합장하더라도 어머니 우제(虞祭) 때에 이르러서야 비로소 다시 어머니의 자최복을 입습니다.

334 지경철(池景喆) : 순조 5년 《승정원일기(承政院日記)》 1805년(순조5) 2월 13일 기사에 일관(日官)으로 기재되어 있는데 동일 인물인지는 미상이다. 일관은 점성과 복서(卜筮) 등으로 길흉을 판단하여 예언하던 관직을 이른다.

335 기사년(己巳年) : 1809년(순조9)으로, 매산의 나이 34세 되던 해이다.

336 현훈(玄纁) : 장례 지낼 때에 망자에게 올리는 검은 비단과 붉은 비단으로, 나중에 광중(壙中)에 묻는다.

남윤묵에게 답함 신미년[337]

答南允默 辛未

좌우(左右)[338]께서는 한가롭게 지낸 지가 오래되었으니 응당 손에 잡고 있는 것이 있을 터인데, 무슨 일에 힘을 쓰고 계신지 알지 못하겠습니다.

한 부의 《한훤차록(寒暄箚錄)》[339]은 그 책이 비록 작으나 또한 충분히 고심(苦心)을 볼 수 있었는데, 좌우께서는 이보다 더 큰일을 하고 싶지 않습니까? 좌우께서는 팔도(八道)의 막빈(幕賓)[340]을 지내시어 나라 전체의 재부(財賦)에 대해 모두 통달하고 있으니, 군정(軍政)·전제(田制)·조적(糶糴)의 법에 있어서, 처음 만들 때와 이를 지켜 나갈 때의 형세가 다른 점, 옛날과 지금에 있어 마땅함이 다른 점, 단점과 장점, 득과 실, 이롭고 해로움, 편하고 편리하지 않음, 조처하는 방법, 바로잡는 방법 등에 대하여 본래 가슴속에 초본(草本)이 간직

337 신미년(辛未年) : 1811년(순조11)으로, 매산의 나이 36세 되던 해이다.

338 좌우(左右) : 집사(執事)와 같은 말로 본래 측근에서 신변의 일을 처리하는 사람을 이르는데, 옛날에는 상대방을 직접 호칭하는 것을 결례로 생각하여 좌우(左右)라고 써서 공경하는 뜻을 표시하였다.

339 한훤차록(寒暄箚錄) : 서간문의 형식 및 내용에 대한 것을 유(類)대로 편집한 책이다. 지금 전해지는 책은 5권 3책의 목판본으로 편자가 미상인바, 이를 가리키는지 아니면 이와 별도의 책을 편집한 것인지는 분명하지 않다.

340 막빈(幕賓) : 조선 시대 감사(監司), 유수(留守), 병사(兵使), 수사(水使) 등을 따라다니며 일을 돕던 관원으로, 비장(裨將)이나 도사(都事) 또는 평사(評事) 등이 모두 포함된다.

되어 있을 것입니다.

고심참담하여 마음속에 계획하고 있는 것들을 책에 써서 작은 수록(隨錄)을 만든다면, 추위에 떠는 자가 따뜻한 옷을 봄에게서 빌리고 더위를 먹은 자가 겨울의 차가운 바람으로 돌아가고 싶어 함[341]이 없으리라고 어찌 장담하겠습니까.

반계(磻溪)의 주장 또한 공소(空疏)한 말이요, 《반계수록(磻溪隨錄)》은 묶인 채 시렁 위에 방치되고 있다고 말하지 마십시오.[342] 올빼미 눈도 적합한 곳이 있고 학의 긴 다리도 맞는 곳이 있어서 물건마다 각자 때에 따라 쓰이는 곳이 있습니다. 좌우는 지혜가 충분히 시무(時務)를 알 만하고 문장이 충분히 책을 지을 수 있습니다. 이 때문에 제가 권하는 것이니, 부디 서둘러 도모하시기 바랍니다.

제가 제수 받은 일명(一命)의 관직[343]은 진실로 분수 밖의 것인데, 어찌 이것을 조만간에 일어날 일이었다고 말합니까? 천한 이 사람의 분수로는 영화가 아니라고 말할 수 없으니 또 어찌 축하할 것이 못된다고 말하겠습니까마는, 좌우께서 기뻐하여 잠을 이루지 못함에 이르렀

341 추위에……함 : 이 내용은 《장자》 〈칙양(則陽)〉에 보인다.

342 반계(磻溪)의……마십시오 : 반계는 유형원(柳馨遠, 1622~1673)의 호로 자가 덕부(德夫), 본관이 문화(文化)이다. 1654년(효종5)에 진사시에 합격하였으나, 문과(文科)에 급제하지 못하자 벼슬의 뜻을 버리고 전라도 부안군(扶安郡) 우반동(愚磻洞)에 은거한 채 평생 학문에 전력하여 거의 20년에 걸쳐 《반계수록》을 완성하여 후대 학자들의 흠모를 받았다. 《반계수록(磻溪隧錄)》은 통치 제도에 관한 개혁안을 중심으로 저술한 책이다. 수록은 책을 읽다가 수시로 베껴 둔 것이라는 뜻으로 겸사(謙辭)이다.

343 제가……관직 : 일명(一命)은 조정으로부터 받는 최하등의 관직인 종9품을 가리키는 말로, 매산은 바로 지난해인 1810년(순조10)에 종9품의 돈녕부 참봉(敦寧府參奉)에 제수되었으므로 이렇게 말한 것이다. 《承政院日記 純祖10年 12月 27日》

다는 것은 너무 지나치지 않습니까. 스스로 생각하건대 악정자(樂正子)처럼 선을 좋아함이 없으니, 그렇다면 사람을 견줌에 그 등급을 잃은 것이 아닙니까.[344] 저와 같은 자는 다만 병든 폐인(廢人)일 뿐이니, 어찌 출처와 거취에 대해 말할 만한 것이 있겠습니까. 또 고립무원(孤立無援)의 외로운 몸이 천 리 멀리 가정을 떠나야 하니, 비록 나아가서 어명(御命)에 응하고자 하나, 형편상 따를 길이 없습니다.

제가 감히 제 한 몸을 소중히 여기고 녹봉을 가벼이 여기는 것이 아니요 또한 감히 곤궁함에 처하여 높은 뜻을 지키려는 것이 아닙니다. 그런데 단아(端雅)한 지조가 매우 견고하다고 하신 것은 이 무슨 말씀입니까? 좌우처럼 현명한 사람으로서 어찌 저를 이해해 주지 못함이 이에 이른단 말입니까?

344 좌우께서……아닙니까 : 악정자(樂正子)는 이름이 춘(春)으로 증자(曾子)의 제자이다. 그가 노나라에서 벼슬하자 맹자께서 이 말을 듣고 '기뻐서 잠을 이루지 못하였다.〔喜而不寐.〕'고 말씀하였는데, 이를 의아하게 여긴 공손추가 그 이유를 묻자 맹자가 악정자의 사람됨이 선(善)을 좋아한다고 하였으므로 이렇게 말한 것이다. 자세한 내용이 《맹자》 〈고자 하(告子下)〉의 '호선우어천하장(好善優於天下章)'에 보인다.

남윤묵에게 답함 경진년[345]

答南允默 庚辰

소작(蘇綽)의 조용조법(租庸調法)[346]과 원진(元稹)의 균전도(均田圖)[347]는 삼대(三代) 이후 큰 경륜이 됩니다. 시대에 따라 변역(變易)함은 또한 응당 방도가 있을 것이니, 일찍이 이것에 대해 이해하고 있는 것이 있습니까? 삼가 듣기를 원합니다.

저와 같이 어리석은 자는 다만 처사(處士)로서 큰소리만 치면서 공

345 경진년(庚辰年) : 1820년(순조20)으로, 매산의 나이 45세 되던 해이다.

346 소작(蘇綽)의 조용조법(租庸調法) : 소작(498~546)은 남북조시대 서위(西魏)의 명상으로 자는 영작(令綽)이다. 우문태(宇文泰)의 개혁정치를 보좌하여 계장(計帳)과 호적법을 만들고 육조 조서(六條詔書)를 제정하여 부국강병을 이루었다. 조용조법은 당나라 고조(高祖) 무덕(武德) 7년(624)에 반포된 조세제도(租稅制度)로 균전제(均田制)를 배경으로 하여 조용조 세 가지로 징세하였는바, 조(租)는 구분전(口分田)에 부과하는 세금이고, 용(庸)은 인구(人口)에 부과하는 노역(勞役) 의무이고, 조(調)는 각 가호(家戶)에 부과하는 현물세(現物稅)였다.《資治通鑑 唐紀》'소작의 조용조법'이라고 표현한 것은《주자어류(朱子語類)》권136〈역대3(歷代三)〉에 소작이 당대에 시행된 조용조법의 기틀을 만들었다는 주자의 주장이 있으므로 말한 것이다.

347 원진(元稹)의 균전도(均田圖) : 원진(779~831)은 당나라 후기의 시인이자 문신으로 자는 미지(微之)이다. 상서좌승(尙書左丞), 무창군 절도사(武昌軍節度使) 등의 벼슬을 역임하였다. 원진의 균전도는《신오대사(新五代史》권12〈주본기(周本紀)〉에 "〈주(周)나라 세종(世宗)이〉 일찍이 밤에 독서하다가 당나라 원진이 지은 균전도를 보고 개연히 탄식하며 말하기를 '이는 지극한 정치의 근본이니, 왕자의 정사가 이로부터 시작된다.'라고 하고는 조칙을 내려 균전도법을 반포하게 하였다.〔嘗夜讀書, 見唐元稹均田圖, 慨然歎曰: 此致治之本也, 王者之政, 自此始. 乃詔頒其圖法.〕"라고 보인다.

허하게 상상만 하는 자입니다. 형편과 이해에 대해 자세하게 알지 못하니, 좌우의 매우 긴요한 말씀을 듣고자 하는 것은 바로 이 때문입니다.

조용조법은 수당(隋唐)이래로 통행(通行)되었고, 균전도는 주(周)나라 세종(世宗)이 이에 의거하여 천하의 토지를 똑같이 만들었습니다. 회옹(晦翁)께서 일찍이 이 균전도를 보지 못한 것을 한스럽게 여겼는데, 혹 그 내용이 전해지는 것이 있습니까? 지금 조정에서는 양남(兩南 호남과 영남)의 양전(量田)[348]을 실시하고 있습니다. 매번 좌우가 한 방면을 담당할 수 있다고 생각하는데, 누가 좌우를 선택해서 이 일을 시키겠습니까.

348 양전(量田) : 토지를 측량하여 6등급으로 나누어 토지 대장을 정리하는 것으로 조선조에서는 20년마다 한 번씩 실시하도록 법에 정해져 있었으나 인력 부족 등의 이유로 제대로 지켜지지 않았다.

최생 박 에게 줌 신미년[349]

與崔生 𪹋○辛未

예(禮)에 의하면 납폐(納幣)와 친영(親迎)[350]은 같은 날에 하지 않습니다. 효종조(孝宗朝)에 혼인하기 한 달 전에 납폐하도록 거듭 명을 내렸으니, 예(禮)의 뜻을 헤아려 보고 나라의 금령(禁令)을 기준해 보면 결코 어겨서는 안 되는데, 지금 이를 한날에 행하니, 예가 아니요 금령을 범하는 것입니다.

반드시 자신부터 옛 법을 회복해서 각각의 날짜를 택하는 것이 어떻겠습니까? 한날에 행하는 것이 맨 먼저 어느 때에 시작되었는지 알 수 없으나 바로 편의를 취하는 것이니, 누추합니다. 그 소종래(所從來)를 어찌 말할 것이 있겠습니까.

349 신미년(辛未年) : 1811년(순조11)으로, 매산의 나이 36세 되던 해이다.

350 납폐(納幣)와 친영(親迎) : 혼례의 절차들로 납폐는 신부(新婦)의 집에 폐백을 보내는 것을 이르고 친영(親迎)은 신랑(新郎)이 신부의 집으로 가서 신부를 맞이하여 오는 것을 이른다.

전군실 최신 에게 답함 을유년[351]

答全君實 最信○乙酉

천하를 다스리는 일은 진실로 밭을 갈면서 할 수 없으나, 책을 읽는 것은 밭을 갈면서도 할 수 있습니다. 아침에 나가 밭을 갈고 저녁에 돌아와 책을 읽음에 또한 방해되고 뜻을 빼앗김에 이르지는 않습니까?

고대에는 선비와 농부가 직업(職業)을 바꾸지 않았습니다. 그러므로 학교에 들어가고 나면 농사일을 다스리지 않아서 선비와 농부가 이미 나뉘어져, 학교에 들어가는 자는 나라에서 부양해 주었는데, 지금은 선비가 된 자들을 부양해 주지 않아서 농사가 아니면 생업을 도모할 길이 없습니다. 이 때문에 많은 현자(賢者)와 영걸(英傑)들이 모두 밭두둑 가운데에서 나왔습니다.

예관(兒寬)[352]은 경서(經書)를 가지고 가서 김을 매다가 휴식할 때에는 경서를 독송하였고, 상림(常林) 또한 경서를 가지고 가서 밭을 갈고 김을 매었습니다. 그의 아내가 매번 직접 음식을 장만해 가지고 식사하게 하였는데, 상림이 비록 전야(田野)에 있었지마는 서로 손님을 뵙듯 공경하였으니,[353] 이 일이 바로 취하여 본받기가 좋습니다. 그러므로

351 을유년(乙酉年) : 1825년(순조25)으로, 매산의 나이 50세 되던 해이다.

352 예관(兒寬) : ?~기원전 103. 전한(前漢) 무제(武帝) 때 문신으로 공안국(孔安國)의 문인이다. 경학(經學)에 밝았으며 벼슬이 어사대부(御史大夫)에 이르렀는데 청렴하고 공평하여 명성이 높았다. 품팔이를 하는 동안에도 늘 경서를 몸에 지니고 있고, 밭일을 하다가 휴식할 때마다 경서를 독송하였다고 한다. 《漢書 卷58 兒寬傳》

353 상림(常林)……공경하였으니 : 상림은 삼국시대 위(魏)나라의 명신으로 자가 백

족하(足下)를 위하여 외우고 권면하는 것입니다.

고(伯槐)이다. 벼슬이 태상(太常)에 이르렀으며 고양향후(高陽鄕侯)에 봉해졌다. 본문의 내용은 《삼국지(三國志) 위지(魏志)》 권23 〈상림전(常林傳)〉 배송(裴松)의 주에 보인다.

신자유 필우 에게 줌
與愼子有 必祐

지금 기거(起居)가 화평하시고 편안하시리라 생각합니다. 토원(菟園)[354]에 풍년이 들어, 응당 문밖에는 세금을 독촉하는 자가 없을 것으로 짐작되는데, 정신을 안정시키고 책을 읽을 수[355] 있습니까?

"일상생활을 하는 사이에 마땅히 장엄(莊嚴)과 공경을 위주로 하고[356] 모든 일을 스스로 장정(章程 법칙)을 세워서 투철하게 탐구(探求)하여 정미(精微)한 곳까지 깊이 들어가서,[357] 심지(心志)로 하여금 방

354 토원(菟園) : 본래 한(漢)나라 양 효왕(梁孝王)이 만들어 노닐면서 손님을 맞이했던 정원으로, 양 효왕이 죽자 경제(景帝)가 백성들로 하여금 그곳에서 경작하게 하고 세금을 거두었다. 전하여 여기에서는 농사짓는 땅이라는 뜻으로 쓰였다.

355 책을 읽을 수 : 원문의 '점필(佔畢)'은 본래 스승이 경의(經義)를 풀어 가르치지 않고 단지 책만을 읊는 것을 가리켰는데, 뒤에 독서 또는 송독을 두루 가리키게 되었다. 《예기》〈학기(學記)〉에 "지금 가르치는 자들은 그 보는 간독(簡牘)만을 읊을 뿐이다. [今之敎者, 呻其佔畢.]" 하였는데, 진호(陳澔)는《예기집설대전(禮記集說大全)》에서 "신(呻)은 읊는 소리이고 점(佔)은 봄이고 필(畢)은 간독이다.[呻, 吟諷之聲也, 佔, 視也, 畢, 簡也.]"라고 주하였다.

356 일상생활을……하고 : 《예기(禮記)》〈표기(表記)〉에 "군자가 장엄하고 공경하면 날로 강해지고 편안하고 방사(放肆)하면 날로 박해지니, 군자는 하루라도 자기 몸을 어긋나게 하여 하루를 마치지 못할 것처럼 하지 않는다.[君子, 莊敬, 日强; 安肆, 日偸, 君子, 不以一日使其躬儳焉, 如不終日.]"라고 한 공자 말씀이 있으므로 이렇게 말한 것이다.

357 투철하게……들어가서 : 원문의 '편약근리(鞭約近裏)'는 편벽근리(鞭辟近裏)와 같은 말이다. 고대 낙양(洛陽)의 방언으로 송대 학자들의 상용어인바, 투철하게 탐구하

종하지 않게 하는 것, 이것이 강해지고 커지는 근본이 되니, 이를 행하고 여기에 이치를 궁구하는 공부를 더하시어 성현(聖賢)의 말씀을 반드시 믿을 수 있다고 여기고 고인(古人)의 일을 반드시 행할 수 있다고 여기신다면, 세속의 이해가 자신에게 누(累)가 되지 못할 것입니다."[358]

이것은 바로 주자께서 사람들을 위하여 매우 긴요하게 말씀한 것이니, 바로 우리들이 서로 힘써야 할 것입니다. 다만 경전을 연구하지 않으면 어떻게 하는 것이 장엄과 공경이 되고 어떻게 하는 것이 장정(章程)이 되는지를 알지 못하니, 부디 더욱 병촉(炳燭)[359]하는 절도에 부지런히 힘쓰는 것이 어떻겠습니까?

병을 무릅쓰고 존선(尊先)의 묘명(墓銘)[360]을 지어서 삼가 보시도록

여 정미(精微)한 곳까지 깊이 들어감을 형용하는 말이다. 북송의 명도(明道) 정호(程顥)가 "학문이란 단지 투철하게 탐구하여 정미한 곳까지 깊이 들어가 자신에게 절실하게 할 따름이다. 그러므로 절실히 묻고 가깝게 생각하면 인(仁)이 그 가운데에 있는 것이다.〔學只要鞭辟近裏, 著己而已. 故切問而近思, 則仁在其中矣.〕"라고 한 말이 《이정유서(二程遺書)》 권11 〈사훈(師訓)〉에 보인다.

358 일상생활(日常生活)……것입니다 : 이 내용은 주자가 범백숭(范伯崇)에게 답한 편지에 보이는데, 원문과 약간의 차이가 있다. 《朱子大全 卷39 書》

359 병촉(炳燭) : 늙어서도 공부를 좋아함을 비유하는 말이다. 자세한 내용은 143쪽 주301 참조.

360 존선(尊先)의 묘명(墓銘) : 존선은 신필우(愼必祐)의 증조(曾祖)인 신수이(愼守彝, 1688~1768)이고, 묘명은 묘갈명을 이르는데, 본집에는 신수이의 행장만이 실려 있고 묘갈명은 실려 있지 않다. 신수이의 묘갈명은 송내희(宋來熙, 1791~1867)의 문집인 《금곡집(錦谷集)》 권13 〈묘갈(墓碣)〉에 '취한당신공묘갈명(就閒堂愼公墓碣銘)'이란 제목으로 실려 있으며 행장은 본집 권46에 '황고신공행장(黃皐愼公行狀)'이란 제목으로 실려 있다. 신수이는 자가 군서(君敍), 호가 황고(黃皐), 본관은 거창(居昌)으로 도암(陶菴) 이재(李縡)의 문인이다. 취한당은 자호이다.

올리오나, 들어난 것을 그윽하게 하고 은미한 것을 밝혀서 영원히 전해지도록 도모하지 못할까 두렵습니다. 황고공(黃皐公)의 문자[361]에 있어서는 갑자기 붓을 들어 쓸 수 있는 것이 아니니, 정신과 숨이 다소 돌아오기를 기다렸다가 끝내 명(命)을 따르고자 합니다.

361 황고공(黃皐公)의 문자 : 신수이의 문집인 《황고집(黃皐集)》의 서문 〈황고집서(黃皐集序)〉를 이르는데, 이 글은 본집에는 보이지 않으나 《황고집》에 실려 있다.

매산집

제21권

書서

김생[1] 상구 에게 답함 신미년[2]

答金生 尙九○辛未

《의례》의 〈사혼례(士昏禮)〉에는 '신부가 계단으로 올라가 나아가 절한다.'라고 하였는데,[3] 《서의(書儀)》에 처음으로 '신부가 나아가 조계(阼階 동쪽 섬돌) 아래에 서서 북향하여 절한다.'라고 하였으니,[4] 이는 《개원례(開元禮)》[5]의 예(禮)를 따른 것입니다. 사마온공(司馬溫公) 또한 말씀하기를 "옛날에는 당상(堂上)에서 절했는데 지금은 당하(堂下)에서 절하니, 이는 공손한 것이다. 지금 사람들의 풍속을 따를 만하다."라고 하였습니다.[6] 이 때문에 《가례(家禮)》 또한 《서의》를 인습한

1 김생(金生) : 이름이 상구(尙九)로, 《승정원일기(承政院日記)》 정조(正祖) 16년 윤4월 27일 기사에 유학(幼學)이라는 기록이 보이는데, 동일 인물인지는 미상이다.

2 신미년(辛未年) : 1811년(순조11)으로, 매산의 나이 36세 되던 해이다.

3 의례의……하였는데 : 이 내용은 《의례》 〈사혼례〉의 "신부가 대추와 밤이 담긴 상자를 들고 문으로 들어가 서계로 올라가 앞에 나아가 절을 하고, 자리에 올려놓는다.〔婦執笲棗栗, 自門入, 升自西階, 進拜奠于席.〕"라는 구절을 말한 것이다.

4 서의(書儀)에……하였으니 : 이 내용은 《서의》 권4 〈혼의 하(婚儀下)〉 의 "며느리가 북향하여 당하에서 시아버지에게 절한다.〔婦北面拜舅于堂下.〕"라는 구절을 말한 것이다.

5 개원례(開元禮) : 당(唐)나라 현종(玄宗) 개원(開元) 연간에 칙명에 의해 서견(徐堅), 소숭(蕭嵩) 등이 150권으로 편찬한 《대당개원례(大唐開元禮)》를 말한다. 길례(吉禮), 빈례(賓禮), 가례(嘉禮), 군례(軍禮), 흉례(凶禮)의 다섯 가지로 분류되어 있다.

6 사마온공(司馬溫公)……하였습니다 : 사마온공은 북송(北宋)의 학자이자 정치가로 《서의》를 편찬한 사마광(司馬光)인바, 온공은 봉호(封號)이다. 사마온공의 말은

것입니다.

정 선생(程先生 정자(程子))께서 일찍이 말씀하기를

"군신 간은 의리로써 합하여 신분의 귀천이 있으므로 당하에서 절하고, 부자간은 은혜를 주장하여 귀천의 구별이 없으므로 당상에서 절한다. 신부가 시부모에게 있어서는 또한 의리로써 합하여 귀천이 있으므로 당하에서 절하는 것이 예(禮)이다."

라고 하였습니다.[7]

백운 김씨(白雲金氏)[8]는 말하기를

"가인(家人)의 예(禮)는 조정과 다르고, 더구나 부인이 제사가 있을 적에 당(堂)에서 내려가지 않는데, 이것이 큰 예법이니, 그렇다면 지금 당하에서 절하는 것은 예와 다를 듯하다."

라고 하였으니, 이 말이 옳을 듯합니다.

제가 삼가 생각해보건대, 자식이 관례(冠禮)를 하고 부모에게 절하면 부모가 그를 위해서 일어나므로 당상에서 절하고, 며느리가 폐백을 올릴 적에 시부모에게 절하면 시부모가 답례하지 않으므로 당하에서 절하니, 아들과 며느리가 절을 달리하는 뜻은 여기에서 나오지 않았겠

위의 주석 4에서 밝힌 글의 주석에 보인다.

7 군신……예이다 : 이 내용은 《이정유서(二程遺書)》 권18 〈유원승수편(劉元承手編)〉에 보인다.

8 백운 김씨(白雲金氏) : 누구를 이른 것인지 미상이다. 백운 김씨의 말은 사고전서(四庫全書) 등에도 보이지 않는바 매산 주변의 유자(儒者)로 보인다. 중국의 경우, 백운은 송말원초(宋末元初)의 학자인 허겸(許謙, 1270~1337)의 호이다. 백운의 스승이 김이상(金履祥, 1232~1303)인데 인산(仁山)에 은거하였기 때문에 주로 인산 선생으로 칭해졌는바, 매산이 혼동하여 말한 것일 수도 있다.

습니까? 그러나 감히 딱 잘라 말씀드리지 못하겠습니다. 지금 세속은 관례와 혼례에 모두 당상에서 절하여 저절로 고례(古禮)에 부합하니, 따를 만합니다.

심의(深衣)의 작은 띠는 비록 《가례》와 《상례비요》에 보이지 않으나, 《가례보주》에 이르기를 "지금 사람들은 또 겨드랑이 아래를 잘라 트고 봉합하고는 작은 띠를 오른 쪽에 꿰매서 세속의 평상시의 옷과 같이 하는데, 이는 옛 제도가 아니다."라고 하였으니, 비록 옛 제도가 아니라고 하나 작은 띠의 유래가 오래되었습니다.

《이아(爾雅)》에 "옷고름을 천(袸)이라 한다." 하였는데, 주에 이르기를 "천은 옷의 작은 띠이다."라고 하였고, 《예기》 〈상대기(喪大記)〉에 "좌임(左衽)한다." 하였는데, 그 소(疏)에 "살았을 때 오른쪽을 향하게 함은 왼손으로 대(帶)를 풀어 뽑기가 편하기 때문이다."라고 하였습니다. 여기서 말한 대(帶)는 바로 작은 띠이니, 다만 이 물건이 적기 때문에 다른 곳에 보이는 바가 없는 것입니다.

그렇다면 〈심의〉 편과 〈옥조(玉藻)〉 편에 실려 있지 않다고 해서 작은 띠가 없다고 말해서는 안 되는 것이 분명합니다. 지금 세속에서 말하는 '내외(內外)의 작은 띠'는 그 몸에 맞게 하여 옷 입기에 편리하게 하고자 할 뿐이니, 어디서 유래했는지를 반드시 알 수는 없으나 절로 옛 뜻에 부합하니, 폐해서는 안 될 듯합니다.

점다(點茶)[9]하는 글은 이미 《가례》의 참례(參禮)에 보이니, "주부가

9 점다(點茶) : 마른 찻잎을 끓는 물에 부어 차를 우려내는 것을 이른다.

올라가 다선(茶筅)을 잡고 있으면 집사가 끓는 물을 담고 따라가서 차를 우린다." 하였는데, 《의절(儀節)》[10]에 이것을 해석하기를 "옛사람은 차(茶)가루를 그릇 속에 넣고서 끓는 물을 투입하여 다선(茶筅)을 가지고 잘 섞는다." 하였고, 또 시제(時祭) 조의 주(註)에 다합(茶盒)과 다선과 다반(茶盤)이란 말이 있으니, 그렇다면 시제에도 점다함을 알 수 있습니다. 점다라고 말하지 않고 봉다(奉茶)라고 말한 것은 참례에 자세히 나왔기 때문에 그 글을 바꿨을 뿐이요, 차를 점다하지 않고 받들 뿐이라고 말한 것은 아닙니다. 시제와 우제(虞祭)에 의식이 똑같지 않음을 볼 수 없습니다.

10 의절(儀節) : 《가례의절(家禮儀節)》을 이른다. 명(明)나라의 학자 구준(丘濬, 1421~1495)이 찬한, 《주자가례(朱子家禮)》의 주석서로, 《문공가례의절(文公家禮儀節)》이라고도 한다. 《常變通攷 卷29 家禮考疑上 通禮 祠堂》

손 진사[11] 병로 에게 답함 신미년

答孫進士 秉魯○辛未

편지에 보여 주신 말씀은 받들어 다 보았습니다. 큰일과 작은 일, 일의 시비(是非)와 득실(得失)을 막론하고 감히 정사(政事)에 간여하지 않는 것이 바로 저의 집의 가법(家法)이므로, 가슴에 새겨 두고 잃지 않고 있습니다.

자사(子舍)[12]에 거처하는 것은 새벽에 문안하고 저녁에 잠자리를 받들기 위해서입니다. 혹시라도 자식이 공문(公門)의 온갖 일에 관여한다면, 이것이 어찌 현재 있는 위치에서 그 자리에 맞는 일을 행하는 것이겠습니까. 사사로운 분수에 감히 할 수 없는 바입니다.

설령 우러러 일을 도와서 고을을 다스리고 백성을 교화시킴에 보탬이 된다고 하더라도 이미 자제의 직분이 아닌데, 게다가 유익함이 없고 해(害)만 있는 경우이겠습니까.

주자께서 발의하신 당중우(唐仲友)의 죄안(罪案)[13]에, 그의 여러 아

11 손 진사(孫進士) : 손병로(孫秉魯, 1747~?)로 자는 종례(宗禮), 본관은 밀양(密陽)이다. 1777년(정조1) 증광 진사시에 합격하였다. 밀양에 거주하면서 입재(立齋) 정종로(鄭宗魯), 괴천(槐泉) 유문룡(柳汶龍) 등과 교유하였다.

12 자사(子舍) : 각 고을의 관아에서 수령의 자제가 거처하던 곳을 이른다. 매산은 이해 2월 밀양 부사(密陽府使)로 있는 아버지를 찾아가 밀양 관아의 자사에 거처하였다. 《梅山集 卷53 年譜》

13 주자께서……죄안(罪案) : 당중우(唐仲友, 1135~1187)는 남송 초기의 문신이자 학자로 자는 여정(與政), 호는 열재(說齋)이다. 소흥(紹興) 24년 갑술년(1154) 진사시

들들이 정사(政事)를 혼란시킨 일을 성토하셨으니, 이 글을 읽으면 등에서 땀이 나서 옷을 적십니다. 비록 정사를 어지럽힘에 이르지 않는다 하더라도 만약 그 사이에 가타부타 하는 말이 있게 되면 어찌 일이 혼란에 이르지 않겠습니까.

집사는 남쪽지방의 벼리이신데, 자기 자신을 어떠한 사람으로 보십니까? 다른 사람을 도에 합당하도록 이끄는 의리에 있어, 응당 제가 가르침을 따르지 않는 것을 가지고 죄로 삼지는 않으실 것입니다.

에 급제하여 저작랑 등을 역임하고 태주 지사(台州知事)가 되었다가 주자에게 탄핵을 받고 파직되었다. 이후 벼슬하지 않고 저술 활동과 후학 양성에만 전념하였는데, 주자의 이학(理學) 위주의 학문에 반대하고 경세치용학(經世致用學)을 강조하여 천문과 지리 및 형정(刑政) 등 경세(經世)에 유익한 학문을 연구하였다. 주자가 발의한 죄안은 당중우를 탄핵한 상소인 〈안지태주당중우장(按知台州唐仲友狀)〉을 이르는데, 《회암집(晦菴集)》 권18, 19에 실려 있다.

강정능[14] 진 에게 답함 기해년[15]

答姜靜能 鎭○己亥

삼가 고명(高明)[16]을 보건대 기운과 용모가 참되고 순수하며 신명(神明)을 안에 온축하고 있으니, 진실로 충분히 중임(重任)을 맡을 만한 그릇입니다.

존문(尊門)은 본래 정학(正學)의 연원(淵源)이 있어[17] 가정에서 그 요체를 주고받아 이미 단전밀부(單傳密付)[18]한 것이 있으니, 여기에서 깊이 새겨 익힌다면 응당 이치에 나아가고 일을 행하는 실제(實際)에 있어 스스로 터득함이 있을 것이니, 어찌 다시 다른 데서 구할 필요가 있겠습니까.

저처럼 어리석은 자는 비록 좌하(座下)를 위해서 일을 도모하고자 하나, 물속에 빠져 쓰러진 나한(羅漢)이 자신을 구원하지 못함과 같으니, 어찌하겠습니까. 그러나 항상 뜻이 같은 선비들을 창도해서 함께

14 강정능(姜靜能) : 강진(姜鎭, 1799~1865)으로 정능은 자이고 본관은 진주(晉州)이며 음보(蔭補)로 순릉 참봉(順陵參奉)을 지냈다.

15 기해년(己亥年) : 1839년(헌종5)으로, 매산의 나이 64세 되던 해이다.

16 고명(高明) : 식견이 높고 사물에 밝은 사람이라는 뜻으로, 상대편을 높여 이르는 말이다.

17 존문(尊門)은……있어 : 가문이 대대로 노론의 학통을 이어왔으므로 말한 것이다.

18 단전밀부(單傳密付) : 단전이나 밀부는 말이나 문자에 의거하지 않고 한 사람 한 사람 심법(心法)으로 전해오는 도통(道統)을 말한다. 원래 선종(禪宗)의 용어인데, 여기서는 한 학통으로 전수된 것을 뜻한다.

지선(至善)의 경지에 이르기를 원하니, 이 뜻이 형형(炯炯)하게 자나 깨나 가슴속에 맺혀있습니다. 다른 사람에 있어서도 오히려 이와 같은데 하물며 고명이겠습니까.

제가 가만히 생각하건대, 뜻을 세워서 규모(規模)를 정하고, 경(敬)에 거(居)하여 대본(大本)을 세우고, 이치를 밝혀서 심체(心體)를 다하고, 자기 사욕(私慾)을 이겨 호연지기(浩然之氣)를 기르고, 덕을 돈독히 하여 신묘(神妙)한 덕화(德化)에 나아가는, 이 다섯 가지는 바로 진덕수업(進德修業)[19]의 의체(義諦)요 선철(先哲)들이 평소에 말씀하셨던 것이니, 진실로 그다지 신기한 것이 아닌 듯하나, 진실로 도(道)에 나아가고 덕(德)을 이루고자 한다면 또한 이를 버려서는 될 수가 없습니다. 그러므로 고명을 위하여 원하는 것이니, 응당 추구(芻狗)[20]로 보아서 소홀히 여기지는 않으실 것입니다.

과거(科擧)는 어떻게 되셨습니까? 정자와 주자의 문하에 가르치는 방법이 또한 많이 있었지만, 제자들이 벼슬에 진취(進取)하는 것을 막지 않았고, 다만 도리에 맞지 않게 망령되이 행동하는 것을 경계하였을 뿐입니다. 진실로 성현(聖賢)의 학문에 종사해서 능히 성현의 말씀을 가지고 심신을 다스리는 자료로 삼고, 깊이 이의(理義)를 연구하여 아는 바대로 따라 행한다면 비록 공령(功令)의 글을 공부하더라

19 진덕수업(進德修業) : 덕(德)을 진전시키고 업(業)을 닦는다는 뜻으로 심성(心性)과 사업(事業)을 병행 발전시킨다는 의미인바, 《주역》 〈건괘(乾卦) 문언전(文言傳)〉에 보인다.

20 추구(芻狗) : 짚을 엮어서 개의 형상으로 만든 것으로, 옛날 제사를 지낼 때 진설하였는데, 제사가 끝나면 곧바로 내버리기 때문에, 잠시 사용하고 버리는 물건의 비유로 쓰인다.

도 또한 경전(經傳)의 글을 발휘할 수 있을 것이니, 어찌 마음에 해롭겠습니까. 선비가 업(業)을 바꾸지 않고도 성현의 경지에 충분히 들어갈 수 있는데, 다만 반드시 성현이 되려는 의지가 없는 것이 근심일 뿐입니다.

좌하의 가법(家法)은 평소 이미 선과 이익을 분별하는 것이 마치 못을 자르고 쇠를 끊어내는 것처럼 단호하니, 비록 억지로 과거에 응시하더라도 응당 세속의 수재(秀才)들처럼 우물쭈물 주저하고 구차하게 굴지 않으실 것입니다. 더구나 고명은 스스로 세운 바가 이미 탁연(卓然)하지 않습니까.

그러나 이른바 과거(科擧)라는 것은 끝내 제일등(第一等) 십분(十分)의 도리가 아니니, 만일 자중(自重)하고자 한다면, 늙기 전에 과거 공부를 그만두는 것이 정도(正道)를 얻음이 될 듯합니다. 의중이 어떠하신지 모르겠습니다.

이장여(李長汝)[21]가 여러 번 방문해 주었는데, 사람을 보니 정신이 안정되고 식견이 뛰어나서 마땅히 후일의 수재가 될 만하였습니다. 유학(儒學)의 종자가 이에 힘입어서 다 끊어지지 않을 것이니, 예원(藝園)의 승패[22]를 또한 어찌 굳이 말할 것이 있겠습니까.

21 이장여(李長汝) : 이인귀(李寅龜, 1809~1896)로 장여는 그의 자이고 호는 완이(莞爾), 본관은 전주(全州)이다. 화서(華西) 이항로(李恒老)와 매산(梅山) 홍직필(洪直弼) 두 문하에서 수학하였다. 1881년(고종18) 경학으로 천거되어 벼슬이 공조 참판(工曹參判)에 이르렀으나, 망국 이후 단양(丹陽)에 은거하여 학문에 전념하였다.

22 예원(藝園)의 승패 : 과거 시험의 합격과 급제 여부를 말한 것이다.

강정능에게 답함 계묘년[23] 2월

答姜靜能 癸卯二月

지금 열심히 공부하는 과정이 아직도 《화양전서(華陽全書)》[24]에 머물고 있습니까? 대로(大老)[25]의 학문은 오로지 추(鄒)와 민(閩)[26]에서 나와서 확고하게 장척(丈尺)[27]을 지키며 명리(名理)를 익숙히 썼습니다. 그리하여 마치 물이 만 길 위에 있다가 내려갈 때가 되면 곧바로 쏟아져 내리는 것과 같아서 한 터럭만큼도 우물쭈물 주저하고 구차한 뜻이 없습니다.

또 일마다 제일의 의리를 보았고 의리를 분변함이 바로 일도양단(一刀兩段)이었으며 도(道)를 곧게 하여 행해서 아홉 번 죽음에 이르러도 후회하지 않았는바, 강상(綱常)을 바로 서게 한 공로가 가장 높으니, 이 공은 맹자와 주자 아래에 있지 않습니다.

저는 일찍이 우옹(尤翁)이 계시지 않았다면 우리들은 머리를 풀고

23 계묘년(癸卯年) : 1843년(헌종9)으로, 매산의 나이 68세 되던 해이다.

24 화양전서(華陽全書) : 우암(尤庵) 송시열(宋時烈)의 문집인 《송자대전(宋子大全)》으로, 우암이 충북 괴산(槐山)의 화양동(華陽洞)에 살았기 때문에 우암을 화양으로 칭하기도 하므로 이렇게 일컬은 것이다.

25 대로(大老) : 학문과 도덕을 겸비한 국가의 원로에 대한 존칭으로 여기서는 우암을 가리킨 것이다.

26 추(鄒)와 민(閩) : 맹자와 주자의 학문을 뜻한다. 추는 맹자의 출생지이고 민은 주자가 살았던 민중(閩中)으로 지금의 복건성(福建省)이다.

27 장척(丈尺) : 장과 척은 길이를 재는 단위들인데, 전(傳)하여 법도(法度)를 가리키는 말로 쓰인다.

옷깃을 왼쪽으로 여미는 오랑캐가 되었을 것이라고 생각하였습니다. 취향(趣向 당색(黨色))이 다른 사람들은 우암의 망극한 공화(功化)를 입은 것을 모르고 공공연히 제멋대로 비난하고 헐뜯어서 입을 놀려 다투어 외치는데, 다만 그 가련함을 볼 뿐입니다.

우리 당(黨)의 선비 중에도 '우암이 우암이 되는 소이(所以)'를 참으로 아는 자가 또한 드무니, 하물며 취향이 다른 사람에 있어서이겠습니까. 고명이 이러한 때에 이 책을 읽으니, 먼저 힘써야 할 바를 안다고 이를 만합니다.

하나의 직(直) 자는 바로 천성(千聖 모든 성현(聖賢))이 서로 전수하신 참된 가르침이요, 이 어른이 먼저 그 큰 것을 세운 것입니다. 여기에 감동하고 분발하여 깨달아 확고한 힘을 얻는다면 바로 이 책을 헛되이 읽지 않는 것이니, 고명을 위하여 이렇게 되길 원합니다. 학문하는 것이 어려운 것이 아니고 문로(門路)의 바름을 얻는 것이 어려움이 되니, 만일 정도를 얻고자 한다면 반드시 식견이 우선이 되어야 합니다.

이 때문에 하남노자(河南老子)가 평소에 말씀하기를

"군자는 마땅히 식견을 근본으로 삼아야 하고 행실이 그 다음이다. 지금 사람들이 힘으로는 능히 그것을 행할 수 있으나 식견이 그것을 알지 못해서 좋아하고 미워함에 그 마땅함을 잃고, 옳고 그름에 그 참됨을 어지럽히니, 비록 미생(尾生)의 신의와 증자(曾子)의 효성이 있더라도 나는 귀하게 여기지 않는다."

라고 하신 것입니다.[28]

28 하남노자(河南老子)가……것입니다 : 하남노자는 하남성(河南省) 출생인 이천

우옹이 큰 것을 세우고 참된 것을 볼 수 있었던 까닭은 바로 식견을 근본으로 삼았기 때문일 뿐입니다. 우리들이 우옹을 배우기를 원하는 것 또한 진실로 여기에 있으니, 고명께서는 형제분들과 함께 서로 힘쓰시기 바랍니다.

우암의 편지 가운데 시사(時事)와 출처(出處)에 대해 다소 상세하지 못한 점은 진실로 답답할 만하나, 진실로 누에의 실과 새털과 같은 정밀한 의리[29]와 바다처럼 넓고 하늘처럼 높은 기상을 취하여 알 수 있다면, 사실이 좀 자세하지 못한 것에 대해 또한 굳이 마음을 허비할 것이 있겠습니까. 이것은 장고가(掌故家)[30]의 고증(考證)이 될 뿐이니, 고증하는 학문은 유문(儒門)에서 귀하게 여기는 바가 아닙니다. 저는 주자 글의 시사와 출처에 대해서도 또한 일찍이 이렇게 말하였으니, 소략하다고 병(病)으로 여기시지나 않으실는지요?

(伊川) 정이(程頤)를 이른다. 이 내용은 《이정유서(二程遺書)》 권25 〈창잠도본(暢潛道本)〉에 보인다. 미생은 춘추시대(春秋時代) 노(魯)나라 사람으로, 미생고(微生高)라고도 한다. 어떤 여자와 다리 밑에서 만나기로 약속을 했는데, 시간이 지나도 여자가 오지 않고 마침 홍수가 져서 물이 닥쳐왔으나 신의를 지키기 위해 자리를 피하지 않고 다리의 기둥을 안은 채 익사하여 신의를 굳게 지키는 인물로 꼽힌다. 《莊子 盜跖》 증자(曾子)는 증삼(曾參)으로 민자건(閔子騫)과 함께 공자 문하에서 효성이 가장 지극한 인물로 꼽히는바, 어버이의 뜻을 봉양하는 효도로 맹자의 상찬(賞讚)을 받았다. 《孟子 離婁上》

29 누에의……의리 : 이 내용은 원나라 학자 오징(吳澄, 1249~1333)이 주자의 〈육선생화상찬(六先生畫像讚)〉을 본떠 지은 〈회암선생 주문공 화상찬(晦庵先生朱文公畫像讚)〉에서 "현묘하고 은미한 의리를 누에의 실과 소털처럼 자세히 분석했네.〔義理玄微, 蠶絲牛毛.〕"라고 주자를 찬양한 내용을 원용한 것이다.

30 장고가(掌故家) : 고사(故事)나 옛 제도 등에 대해 해박한 사람을 이른다.

보내 주신 편지에 포부(抱負) 운운하신 말씀은, 천하고 남루한 제가 감히 견주어 의논할 수 있는 것이 아니니, 이것은 다른 사람의 일을 말씀하신 것일 것입니다. 그리고 은둔하여 부지(扶持)하는 것은, 부지하지 않음으로써 부지하는 것이라고까지 말씀하셨는데,[31] 참으로 이 말씀이 좋습니다. 그러나 저와 같은 자는 진실로 부지하고 부지하지 않음에 대해 말할 만한 것이 없습니다. 나이와 병이 모두 지극하여 여생을 일체 끊고서 한 걸음도 밖에 나가지 않으니, 어찌 진퇴(進退)와 행장(行藏)에 다시 헤아릴 만한 것이 있겠습니까.

애오라지 '보답하지 않음을 보답으로 삼는 것〔不報爲報〕'[32]을 가지고 구경(究竟)의 법으로 삼으려 하나 손에 가진 것이 없어서, 무궁한 후세에 하교(下教)하신 대로 부지하지 못할까 두렵습니다. '자신의 지키는 바를 온전히 한다.〔全吾所守〕'는 네 글자는 필생(畢生)의 부결(符訣 부절과 같은 비결)이 되니, 가슴에 깊이 새겨서 잃지 않고자 합니다.

31 은둔하여……말씀하셨는데 : 이 내용은 우암 송시열이 송명보(宋明甫)에게 보낸 편지에서 "벼슬하여 강상(綱常)을 부지하는 것은 부지함으로써 부지하는 것이요, 은둔하여 강상을 부지하는 것은 부지하지 않음으로써 부지하는 것이다.〔出而扶持者, 以扶持而扶持者也. 處而扶持者, 以不扶持而扶持者也.〕"라고 말한 것을 원용하여 말한 것이다.《宋子大全 卷30 書 與宋明甫》

32 보답하지……것 : 조정에서 벼슬하지 않고 은둔하면서 지절(志節)을 지키는 일이 또한 임금의 은혜에 보답하는 것이 됨을 말한 것이다. 주자가 진동보(陳同甫)에게 답한 편지의 "선비가 가령 자기를 알아주는 군주를 만나지 못해도 홀로 자기 몸을 선하게 하여 대의를 천하에 밝혀서 천하에 배우는 자들에게 우리 도의 올바름을 알고 윗사람의 사령(使令)을 기다리게 한다면 이것이 바로 보답하지 않음으로 은혜에 보답하는 것이다.〔就其不遇, 獨善其身, 以明大義於天下, 使天下之學者, 皆知吾道之正, 而守之以待上之使令, 是乃所以報不報之恩者.〕"라는 구절을 원용하였다.《晦菴集 卷36》

옛날 살던 현강(玄江)은 바로 부(部)의 경계이니, 어명(御命)을 따르지 않고 도망한 자가 감히 머물 수 있는 곳이 아니므로 노호(鷺湖)로 옮겨 우거(寓居)하니,[33] 이는 이곳이 바로 기전(畿甸)임을 취한 것입니다. 다만 연로(輦路 어가(御駕)가 지나는 도로)와 너무 가까워서 또한 스스로 편안하지 못한 점이 있습니다.

33 옛날……우거(寓居)하니 : 현강(玄江)은 현석강(玄石江)을 줄여 말한 것으로, 지금의 마포구 현석동 일대인 현석촌 앞을 흐르는 한강을 이른다. 매산은 현석강 가의 소동루(小東樓)에 살다가 1842년(헌종8) 노호(鷺湖) 가로 이사하였는데, 노호는 지금의 노량진 일대 앞을 흐르는 한강을 이른다. 어명(御命)을 따르지 않고 도망했다는 것은 홍직필이 1841년 12월 사헌부 집의에 제수되었으나 나아가지 않은 것을 말한 것으로 보인다. 《梅山集 卷53 年譜》

강정능에게 답함 계묘년 11월

答姜靜能 癸卯復月

삼령(三靈)[34]이 길함을 바쳐 이에 만복(萬福)을 받아서, 성상(聖上)의 마마(媽媽)가 다음날 바로 낫게 되어 이에 성대한 의식을 거행하니, 이는 5백 년 동안에 세 번 있는 큰 경사입니다. 억만년의 무궁한 아름다움이 오늘을 터전으로 시작될 것입니다.

날마다 어린아이와 백발의 노인들과 함께 밭두둑 가운데서 손뼉을 치고 기뻐하면서도 우리 정능(靜能)과는 손잡고 서로 축하하지 못하는 것이 한이었는데, 이 때 마침 손수 쓰신 가르침을 받으니, 마치 감통(感通)한 것이 있는 듯합니다. 이어 부모님을 모시면서 남은 시간에 학문하는 체후가 바르고 아름다우심을 알았으니, 더욱 평소의 바라던 바에 흡족합니다. 엎드려 듣자오니, 대정(大庭)[35]의 행차(行次)가 도성으로 들어왔는데, 체후(體候)가 탈이 없다고 하니, 찬탄하고 기뻐합니다.

열심히 공부하시는 주자와 송자 두 분의 책은 항상 책상 위에 소중히 올려놓고 있습니까? 명릉(明陵 숙종의 능호)께서 마마를 앓으실 때에, 우옹께서는 퇴우당(退憂堂) 김공(金公)[36]의 급보를 받으시자 편지

34 삼령(三靈) : 천(天)·지(地)·인(人), 또는 천신(天神)·지기(地祇)·인귀(人鬼)를 말한다.

35 대정(大庭) : 상대방의 부친을 높여 부른 것이다.

36 퇴우당(退憂堂) 김공(金公) : 김수흥(金壽興, 1626~1690)으로 퇴우당은 호이고 자는 기지(起之), 본관은 안동(安東), 시호는 문익(文翼)이다. 1655년(효종6) 춘당대문과(春塘臺文科)에 급제하고 다시 이듬해 문과 중시에 급제한 뒤 부교리·대사간·도

를 잡고 눈물을 흘리고는 바람 불고 눈 내리는 저녁임에도 도보로 달려가 문안(問安)하였으니, 이는 가슴에 가득한 혈성(血誠)에서 나온 것입니다.

오늘날에 이르러도 저는 사우(士友)들을 접할 때마다 이 일을 말해주면서 격앙되는 마음을 이기지 못합니다. 충성하고 애모하는 마음이 유연(油然)이 생겨나는데, 또 보내주신 편지를 통해 목격한 것과 똑같다고 하신 말씀을 들으니, 더더욱 사모하는 마음이 일어납니다.

편지에 금세에 또한 이러한 일이 있다고 감탄하였는데, 존장(尊丈)께서 오늘 서울로 행차하신 것은 어찌 선철의 발자취를 뒤따르신 것이 아니겠습니까. 찬탄하고 감복함을 말로 다하지 못하겠습니다.

우리들이 강학(講學)함은 위로는 성현에게 죄를 짓지 않고, 중간으로는 자신을 그르치지 않고, 아래로는 장래의 후학들에게 해가 되지 않고자 하는 것입니다. 이것이 자양노자(紫陽老子 주자)의 참된 가르침이니, 진실로 이렇게 되고자 한다면 다만 마땅히 주자와 송자의 글을 외고 본받을 뿐입니다.

늙고 병들어 거의 죽게 되어서 명리(名理)를 연찬(硏鑽)하는 것이 어려우니, 오직 두 분 현자의 《대전(大全)》[37]을 손으로 쓰다듬으며 제 자신이 능하지 못한 것을 고명이 하시길 원할 뿐입니다. 우리 도를 의탁함이 정능에게 있으니, 반드시 사문(斯文)을 흥기시키는 것을 자임(自任)할 것이요, 제일등(第一等)을 들어 다른 사람에게 양보하는 일을 하지 않으시는 것이 어떻겠습니까?

승지 등을 역임하고, 1674년에 영의정에 올랐다.

37 두……대전(大全) : 《주자대전(朱子大全)》과 《송자대전(宋子大全)》을 이른다.

뜻이 한 세상의 밖에 있는 자는 온 세상 사람들이 그의 깨끗함을 흐리게 하지 못하고, 뜻이 만물의 밖에 있는 자는 한 물건도 그의 삶을 해치지 못하니, 이것이 바로 고인(古人)의 명언입니다. 부디 이 뜻을 체행(體行)하시어 더욱더 일을 맡아서 표방(標榜)하는 것을 사양하지 말고 남의 훼방과 칭찬을 피하지 말아서, 오직 '천리가 당연하여 이렇게 하지 않을 수 없다.〔天理當然不得不然〕'는 것으로 여덟 자의 부신(符信)을 삼으시기를 거듭 바라고 거듭 바랍니다.

천한 이 몸의 병은 참으로 나을 길이 없으니, 이제 형체와 정신이 이탈하려고 해서 생명을 도규(刀圭)[38]에 맡기고 신체를 병상(病牀)에 맡기고 있습니다. 항상 조문(朝聞)[39] 한 가지 일을 생각할 때마다 평소의 뜻을 헛되이 저버리고 있으니, 망연하게 부끄러움을 더할 뿐입니다.

38 도규(刀圭) : 약의 양(量)을 헤아리는 기구로, 칼과 비슷하며 위는 뾰족하고 가운데는 패였는데, 의술(醫術)이나 약재(藥材)를 일컫는 말로도 쓰인다.

39 조문(朝聞) : 조문석사(朝聞夕死)를 줄인 말로, 《논어》 〈이인(里仁)〉에 "아침에 도를 들으면 저녁에 죽어도 괜찮다.〔朝聞道, 夕死可也.〕"라고 보이는데, 이는 선비가 비록 오래 살더라도 도를 듣지 못하면 아무 의미가 없기 때문에, 도를 듣는다면 오늘 저녁에 당장 죽어도 괜찮음을 말한 것이다.

강정능에게 답함 갑진년 2월

答姜靜能 甲辰二月

좌하께서는 권칙(權侙)[40]이 지은 《안여식전(安汝式傳)》을 읽어 보신 적이 있으십니까? 이 전(傳)에 이르기를

> "여식은 본래 명나라 사람이다. 벼슬이 상서(尙書)에 이르렀는데 갑신년의 난[41]에 바다를 항해하여 우리 동방에 와서 마침내 태백산 속에 은둔하였다. 나이가 이미 팔십이 넘었으나 얼굴에 윤기가 흘러 홍조를 띠고 걸음걸이가 나는 듯 가벼웠으니, 아마도 득도하여 신선술(神仙術)이 있는 자였던 듯하다."

라고 하였습니다. 이 일이 《농암집(農巖集)》에 실려 있는데, 농암께서 또한 '전이 의심스럽다.'라고 하였으니, 부디 탐문하여 알려 주시기 바랍니다.

권칙이 지은 본전(本傳)이 혹시라도 현재 남아 있으면 등사해서 보여 주시기를 바랍니다. 인물을 좋아하는 벽(癖)이 죽을 나이에 이르러 더욱 고질병이 되어서 왕왕 남들한테 속임을 당하면서도 그칠 줄을

40 권칙(權侙) : 자는 자경(子敬), 호는 국헌(菊軒), 본관은 안동(安東)으로, 백사(白沙) 이항복(李恒福)의 사위이다. 1641년(인조19) 정시(庭試) 문과에 급제하고 벼슬이 가평 군수(加平郡守)에 이르렀다.

41 갑신년의 난 : 갑신년은 숭정(崇禎) 17년인 1644년으로, 이 해 3월 농민의 반란을 이끈 틈왕(闖王) 이자성(李自成)이 북경을 포위하여 함락시키자, 명나라 마지막 황제인 의종(毅宗), 즉 숭정제(崇禎帝)가 자금성의 북쪽에 있는 경산(景山)에서 처첩과 딸들을 죽이고 목을 매달아 자살하였다.

모르니, 응당 달관(達觀)한 이들의 비웃음을 받을 것입니다.

귀종(貴宗 남의 일가를 높이는 말)의 종인(鍾仁) 씨께서 여러 번 저를 방문해 주셨는데, 바로 그 눈썹을 보니 속되지 않음을 알 수 있었고 선조이신 옥천자(玉泉子) 형제분의 연원(淵源)을 이어 받아 올바른 길을 잃지 않았음을 알 수 있었습니다.

그의 유편(遺編)을 대략 읽어보니, 또한 정신을 깨울 만한 내용이 많았습니다. 그러나 숨겨진 것을 드러내고 그윽한 것을 천양(闡揚)하여 후세에 길이 전해지도록 도모함에 이르러서는, 송장처럼 누워 해그늘을 보며 흐르는 세월만 안타까워하고 있는[42] 제가 힘써서 할 수 있는 바가 아닙니다. 다만 우선 명문(銘文)의 자료들을 받아 두었으나 효자의 마음에 능히 부응할는지는 기필할 수가 없습니다.

42 해그늘을……있는 : 원문의 '시음(視蔭)'은 해그늘을 보면서 날을 탐한다는 뜻인 시음게일(視蔭愒日)을 줄여 말한 것인데, 하는 일 없이 세월을 보내면서 날짜가 지나가는 것을 애석해 하는 것을 의미하기도 하고 죽을 날이 얼마 남지 않은 것을 의미하기도 한다. 춘추 시대 진(晉)나라의 경(卿)인 조맹(趙孟)이 해그늘을 바라보면서 "아침 그늘이 저녁까지 갈 수 없는데, 어찌 5년을 기다릴 수 있겠는가."라고 하니, 후자가 나와서 사람에게 고하기를 "조맹은 머지않아 죽을 것이다. 백성의 주인이 되어 세월을 허송하며 날을 탐하니, 그가 얼마나 살 수 있겠는가?" 하였다.〔趙孟視蔭曰, 朝夕不相及, 誰能待五. 后子出而告人曰, 趙孟將死矣, 主民, 翫歲而愒日, 其與幾何.〕"라고 한 고사에서 유래하였다.《春秋左氏傳 昭公 1年》

강선지[43] 장환 에게 답함 계묘년 복월

答姜善之 長煥○癸卯復月

학교를 일으키는 한 가지 일이 정치의 기본이 되는데 속된 관리들이 쓸모없는 것으로 여긴 지가 오래되었으니, 세도(世道)가 모두 망한 것은 이 때문일 것입니다. 향음주(鄕飮酒)와 향사례(鄕射禮) 두 예(禮)를 시험해 보아 바람이 불면 풀이 반드시 바람을 따라 쓰러지는[44] 아름다운 효험이 있으십니까?

이른바 무지한 백성들이 지극히 어리석으나 신묘(神妙)하여, 지혜로써 어거하면 속이고, 의심함을 보이면 교활해지며, 예로써 대하지 않으면 의를 따르는 마음이 가벼워지고, 은혜로써 어루만지지 않으면 충성을 바치는 마음이 박해지는데, 이는 마치 메아리가 소리에 응하는 것과 같고 그림자가 형체를 따르는 것과 같아 정신이 서로 통하고 기운이 서로 응하여, 형세상 막을 수가 없습니다.

백성을 올바르게 다스리는 방법이 오로지 풍속을 교화함에 달려 있

43 강선지(姜善之) : 강장환(姜長煥, 180~1871)으로 선지는 그의 자이고 호는 주일재(主一齋), 본관은 진주(晉州)이다. 1837년(헌종3) 식년 문과에 급제하고 벼슬이 사간(司諫)에 이르렀다. 이 편지가 쓰인 해인 계묘년에 강선지는 무안 현감(務安縣監)으로 있었다.

44 바람이……쓰러지는 : 백성들이 위정자(爲政者)의 덕화(德化)에 반드시 감화(感化)됨을 이르는 말이다. 《논어》 〈안연(顔淵)〉에 "군자의 덕은 바람과 같고 소인의 덕은 풀과 같으니, 풀 위에 바람이 가해지면 풀은 반드시 쓰러진다.〔君子之德風, 小人之德草, 草上之風, 必偃.〕"라고 하신 공자의 말씀에 연유한다.

으니, 명도(明道)께서 진성(晉城) 고을을 다스렸을 때와 횡거(橫渠)께서 운암(雲巖)을 다스렸을 때와 회옹(晦翁)께서 장주(漳州)와 남강(南康)을 다스렸을 때의 고사에서 이것을 살펴 볼 수 있습니다.[45] 부디 이 고사를 빨리 따라서 인물을 도야할 방법을 도모하는 것이 어떻겠습니까?

강장(講長)을 세우고 강회(講會)를 설치하는 것이, 유학의 교화에 있어 권여(權輿)[46]가 되니, 옆 사람의 시비와 유속(流俗)의 비웃음과 지적을 돌아보지 말고 이를 들어서 조처하시고 그 행하는 바를 의심하지 마시기를 거듭 바라고 거듭 바랍니다.

45 명도(明道)께서……있습니다 : 명도(明道)는 정호(程顥)의 호이고 횡거(橫渠)는 장재(張載)의 호이고 회옹(晦翁)은 주희(朱熹)의 호이다. 이 세 분이 각각의 고을을 다스릴 적에, 향교(鄕校)를 설치하여 문풍(文風)을 크게 일으켜 풍속을 교화시켜, 고을이 잘 다스려졌으므로 이렇게 말한 것이다.

46 권여(權輿) : 사물의 처음을 이르는 말이다. 권(權)은 저울대이고, 여(輿)는 수레의 바탕으로, '저울을 만들 때는 저울대부터 만들고 수레를 만들 때는 수레의 바탕부터 만든다.'는 의미에서 유래하였다. 《시경》 〈진풍(秦風) 권여〉에 "나에게 큰 집이 깊고 넓더니, 지금에는 밥 먹을 때마다 남음이 없도다. 아, 권여를 잇지 못함이여.〔於我乎, 夏屋渠渠, 今也, 每食無餘, 于嗟乎, 不承權輿.〕"라고 보이는데, 이는 군주가 현자를 초치해서 처음에는 큰 집을 하사하여 살게 하였으나 지금은 박대하여 식사조차 남는 것이 없어, 군주가 처음을 잇지 못함을 현자가 한탄한 시이다.

최가언[47] 제묵 에게 답함 계묘년 원월
答崔可言 濟默○癸卯元月

보내주신 편지에서 출처(出處)에 대해 운운하신 말씀은 그 정성스러운 뜻을 모두 받들어 알겠습니다. 그러나 고인(古人)이 이른바 '벼슬하지 않는 것은 의(義)가 없다.'는 것은 녹사(祿仕)를 가지고 말한 것일 뿐입니다.[48] 그런데 저와 같은 자가 입은 은혜로운 명은 만만 천한 분수에 감당할 수 있는 바가 아니니, 만일 정숙자(程叔子 이천 정이)의 역량이 없다면 어찌 감히 무릅쓰고 응할 수 있겠습니까.

담장을 넘어 피하고 문을 닫고 받아들이지 않는 것[49]은 신실로 중도(中道)에 부족한 일이지만, 정(情)이 곤궁하고 형세가 절박한 뒤에야 비로소 이것이 지나친 일이 아님을 알게 되었습니다.

47 최가언(崔可言) : 최제묵(崔濟默, 1797~1847)으로 가언은 그의 자이고 호는 가암(可菴). 본관은 삭녕(朔寧)이다. 강재(剛齋) 송치규(宋穉圭)의 문인으로 벼슬하지 않고 학문에 전력하였다.

48 고인(古人)이……뿐입니다 : 원문의 '불사무의(不仕無義)'는 원래 자로(子路)가 지팡이로 대바구니를 멘 장인(丈人)에게 "벼슬하지 않는 것은 의가 없으니, 장유의 예절을 폐할 수 없는데 군신의 의를 어찌 폐할 수 있겠는가.〔不仕無義, 長幼之節不可廢也, 君臣之義, 如之何其廢之.〕"라고 한 말인데, 홍직필이 녹사를 말한 것이라고 한 것은 미상이다. 최제묵이 보낸 편지의 어떤 구절이 있어 이렇게 말한 것으로 보인다.

49 담장을……것 : 벼슬을 사양함을 뜻하는 구절이다. 맹자가 "옛적에 신하가 되지 않았으면 군주를 만나보지 않았다. 단간목은 담장을 넘어 피하였고, 설류는 문을 닫고 받아들이지 않았으니, 이는 모두 너무 심하다. 만나보려는 정성이 절박하면 만나볼 수 있는 것이다.〔古者, 不爲臣, 不見. 段干木踰垣而辟之, 泄柳閉門而不內, 是皆已甚. 迫斯可以見矣.〕"라고 말한 데서 온 말이다. 《孟子 滕文公下》

최가언에게 답함 을사년[50] 섣달
答崔可言 乙巳臘月

해가 장차 다해 가고 있습니다. 바로 묻건대 애시(哀侍)[51]께서는 체후를 잘 지탱하고 삼가고 계십니까? 그동안 근심스럽고 시끄럽던 일이 근간에 이미 진정되어, 예서(禮書)를 읽는데 방해되지 않겠지요? 손님을 응접하는 일 또한 일상생활에 늘상 있는 일이니, 다만 마땅히 분수에 따라 대처할 뿐입니다.

주자의 시에 "돌아가거든 자주 오지 마오. 숲이 깊어서 산길이 어두우니.〔歸去莫頻來 林深山路黑〕"라고 한 구절과 정한강(鄭寒岡 정구(鄭逑))의 시에 "벗님네들 신 신고 찾아올 생각 마시라. 어지러운 구름 층층의 눈에 오솔길 완전히 묻혔다오.〔寄語親朋休理屐 亂雲層雪逕全迷〕"라고 한 구절[52]은, 비록 손님을 사절하기 위해서 지은 것이나, 반드시 문을 닫고 받아들이지 않는 것은 아닙니다.

또 세간(世間)의 일이 모두 사람의 일이니, 사람의 일을 사람으로 하여금 하게 하지 않으면 다시 누가 하기를 바라겠습니까. 정자께서 이 의리를 말씀한 것이 아주 진실하고 돈독하니 혹시라도 사람을 만나

50 을사년(乙巳年) : 1845년(헌종11)으로, 매산의 나이 70세 되던 해이다.

51 애시(哀侍) : 서간문에서 흔히 쓰이는 용어로, 양친 중 한 분의 상을 당했을 경우 삼년상을 치르는 동안에 상주를 호칭하는 말이다.

52 주자의……구절 : 주자의 시는 '사객(謝客)'이란 제목으로 《주자대전》 권6 〈시(詩) 운곡이십육영(雲谷二十六詠)〉에 실려 있고 정구의 시는 '무흘야영(武屹夜詠)'이라는 제목으로 《한강집(寒岡集)》 제1권 〈시(詩)〉에 실려 있다.

고 맞이하는 일에 싫증을 내지 말고 처하는 바에 따라 각각 그 정성을 다하는 것이 어떻겠습니까?

예(禮)를 강(講)하고 경서를 연구하는 두 가지 일은 진실로 마땅히 겸해야 하는데, 현재 책상 위에 소중히 올려놓고 보시는 책은 무슨 책입니까? 천만 번 노력하여 백정자(伯程子)께서

"종일토록 부지런히 힘쓰는 것이 매우 큰일인데, 단지 '충신(忠信)이 덕을 진전시키는 것'이 실제로 힘을 쓰는 곳이 되고, '말을 닦음에 성실함을 세우는 것'이 실제로 업(業)을 닦는 곳이 된다."

라고 하신 말씀[53]을 종신(終身)의 의체(義諦)로 삼는 것이 어떻겠습니까?

학문을 강(講)함은 바로 이치를 밝히고 일에 응하는 것입니다. 사리(事理)가 이미 밝아지면 마땅히 일에 따라 이치대로 행해야 할 것이니, 이는 모두 학문 아닌 것이 없습니다. 만나는 처지에 따라 학문을 하면 강학함이 바로 한 가지 즐거운 일이니, 힘쓰고 힘쓰시기 바랍니다.

53 백정자(伯程子)께서……말씀 : 백정자는 명도(明道) 정호(程顥)를 이르는바, 이 내용은 《이정유서(二程遺書)》 권1 〈단백전사설(端伯傳師說)〉에 보인다. 원작에는 바로 앞에 '종일건건(終日乾乾)'이 있고 '대소사(大小事)'가 '대소대사(大小大事)'로 되어 있다.

박생 유행 에게 줌 계유년[54]

與朴生 攸行○癸酉

영남루(嶺南樓)는 이름난 경승(景勝)이고 동경(東京 경주(慶州))은 이름난 도읍입니다. 여기에서 모이고 여기에서 흩어져서, 서로 모이기를 날아오는 구름처럼 하고 홀연히 떠나기를 세찬 바람과 같이 하였으니, 산과 바다[55] 사이의 하나의 고사(故事)가 되어서 이 일이 영원히 전하여 없어지지 않을 수 있는 것은 이 땅의 아름다움 때문이 아니요 사람 때문입니다.

작별한 이래로 몸을 잘 조섭(調攝)하고 계십니까? 동지(冬至)에 양(陽) 하나가 생겨나고[56] 인하여 해가 다하니, 시절의 변화에 감개하고 고상한 풍모를 그리워하면서 노심초사 잊지 못하고 있습니다.

근래에는 어느 곳에 머물고 계십니까? 고승(高僧)과 도가(道家)들과 더불어 이름난 사찰의 청정(淸淨)한 경계에서 함께 머물고 계십니까?

순일(純一)함을 지키고 화락(和樂)함에 처하며[57] 참됨을 생각하고

54 계유년(癸酉年) : 1813년(순조13)으로, 매산의 나이 38세 되던 해이다.

55 산과 바다 : 원문의 '영해(嶺海)'는 도성에서 멀리 떨어진 변경 지방을 이르기도 하고 혹 영남(嶺南) 지방을 이르는 경우도 있으나, 일반적인 의미로 보아 이렇게 해석하였다.

56 동지(冬至)에……생겨나고 : 《주역》의 64괘(卦)를 열두 달에 배합할 경우, 10월이 되면 순음효(純陰爻)인 곤괘(坤卦 ䷁)가 되었다가 동지가 있는 11월이 되면 처음 양효(陽爻) 하나가 생겨 복괘(復卦 ䷗)가 되므로 말한 것이다.

57 순일(純一)함을……처하며 : 이 내용은 주자가 지은 〈조식잠(調息箴)〉에 "구름

원기(元氣)를 보존하며 이슬의 깨끗한 정기를 받아 마시면서 소유(逍遙)하는 본성[58]을 따르고 계십니까? 다만 제가 현관(玄關)을 두드리고 진택(眞宅)을 찾을 수가 없으니,[59] 그렇다면 제가 물을 거슬러 찾아갈 수 있는 것은 정신뿐입니다.

빌려드린 도서(道書 도가의 책)는 이미 다 이해하셨을 것으로 짐작되는데, 진실로 함께 증험하고 참된 이치를 깨달을 수 있으셨습니까? 또한 성(性)이 도(道)와 함께 하고 도로써 뜻을 편안하게 함에 도움이 있었습니까? 사람들은 쉬운 책도 보기 어려워하는데, 좌하께서는 어려운 책을 보는 것도 쉽게 하시니, 당세의 채서산(蔡西山)[60]이라고 말하더라도 괜찮을 것입니다.

만일 좌하(座下)께서 좋아하는 것을 의리를 연찬(硏鑽)하는 것으로

속에 누워 하늘 위를 다니는 것은 내가 감히 논할 바가 아니나, 순일함을 지키고 화락함에 처하면 천이백 년을 살리라.〔雲臥天行, 非予敢議, 守一處和, 千二百歲.〕"라고 보인다.《朱子大全 卷85》

58 소유(逍遙)하는 본성 : 유유자적하고 자득하여 편안히 지내는 본성을 이른다.《장자》〈소요유(逍遙遊)〉에 "이리저리 배회하면서 그 곁에서 하는 일 없이 날을 보내고, 이리저리 소요하다가 그 밑에서 자고 눕고 하지 않는가?〔彷徨乎無爲其側, 逍遙乎寢臥其下?〕"라고 하였는데, 성현영(成玄英)의 소(疏)에 "소요는 자득함을 이름이다.〔逍遙, 自得之稱.〕"라고 하였다.

59 현관(玄關)을……없으니 : 현관은 도(道)로 들어가는 법문이라는 뜻이 있고 진택(眞宅)은 무덤이나 진정한 집이라는 뜻이 있으나, 여기서는 '상대가 머물고 있는 곳을 직접 찾아 갈 수가 없다.'는 의미로 쓰인 것으로 보인다.

60 채서산(蔡西山) : 남송의 학자인 채원정(蔡元定, 1135~1198)으로 서산은 그의 호이고 자는 계통(季通), 시호는 문절(文節)이다. 벼슬길에 나가지 않고 학문과 강학에 몰두하다가 주자를 만나 문인이 되었는데, 주자는 그의 학문이 높고 나이가 5세 밖에 차이가 나지 않으므로 벗으로 대하였다.

옮긴 다면, 응당 뛰어난 지식과 절륜한 이해력을 갖게 되어서 도(道)의 심오한 이치를 드러낼 수 있을 것입니다. 율려(律呂)와 황극(皇極)에 관한 여러 책[61]과 같은 것들을 어찌 다만 함께 증험하여 분명히 알게 될 뿐이겠습니까.

산마루에서 냉이를 먹으면서,[62] 의지를 견고히 가지고 생각을 괴로울 정도로 깊이하기를 또 계통(季通 채원정의 자)이 남긴 법을 따르신다면, 어찌 병촉(炳燭)의 공부를 내려놓고서 한갓 천 번 보고 만 번 보는 일에 마음을 허비하겠습니까. 늙어서 학문을 좋아함은 더더욱 사람들이 좋아할 만한 일이니, 부디 좌하께서는 힘쓰시기 바랍니다.

좌하께서 산에 거처하고 구름 속에 누워 사는 지조와 정신과 성(性)을 기르는 평소의 행실을 가지고 우리 도(道)로 돌아온다면, 실제로 일은 반만 하고도 효과가 배로 나타나게 될 것이니, 노년이 되었다고 하여 스스로 체념하지 않으신다면 아무리 먼 곳인들 이르지 못할 것이 있겠습니까.

좌하께서는 형체와 정신을 지치게 하지 않아서 이목(耳目)이 모두

61 율려(律呂)와……책 : 율려는 고대에 음악의 표준으로 삼았던 12종류의 음률을 말한다. 십이율려(十二律呂)라고 하는데, 양성(陽聲)인 황종(黃鍾), 태주(大簇), 고선(姑洗), 유빈(蕤賓), 이측(夷則), 무역(無射)의 육율(六律)과 음성(陰聲)인 협종(夾鍾), 중려(仲呂), 임종(林鍾), 남려(南呂), 응종(應鍾), 대려(大呂)의 육려(六呂)를 이른다. 황극(皇極)은 고대의 천문(天文)·역산(曆算)·오행(五行) 등에 관련된 전문적인 방술(方術)을 가리킨다. 채원정은 《황극경세지요(皇極經世指要)》와 《율려신서(律呂新書)》를 저술하였다.

62 산마루에서 냉이를 먹으면서 : 채원정이 서산(西山)에서 공부할 적에 굶주린 배를 채우기 위하여 냉이를 캐어 먹었다는 기록이 있으므로 말한 것이다. 《宋史 卷434 蔡元定列傳》

총명함을 제가 참으로 알고 있으나, 소년 시절과 비교하면 차이가 있을 것이니, 널리 묻고 배우는 일은 하기가 어려울 듯합니다. 《주역(周易)》을 전공(專攻)하여, 《주역》의 상수(象數)와 의리(義理)가 그 극(極)으로 돌아오는 곳을 함께 연구하시기 바랍니다. 《주역》이라는 책은 문자의 원조(元祖)요 의리의 종주(宗主)입니다. 괘효(卦爻) 가운데에 상(象)과 점(占)[63]이 구비되지 않은 것이 없고 사리(事理)가 포함되지 않은 것이 없습니다. 사리에 오로지 구애되어서도 안 되고 또한 상과 점에 오로지 구애되어서도 안 되니, 부디 그 힘을 하나로 이루되 상수와 의리 두 가지 사이에 치우치지 말아서 《주역》의 결정정미(潔淨精微)[64]한 가르침을 다하시기 바랍니다.

63 상(象)과 점(占) : 《주역》의 괘효(卦爻)의 상과 이에 따른 점괘(占卦)를 가리킨다.

64 결정정미(潔淨精微) : 깨끗하고 고요하며 정밀하고 은미하다는 뜻으로, 《주역》의 본질을 갈파한 말이다. 《예기(禮記)》 〈경해(經解)〉에 "그 나라에 들어가서 교육을 알 수 있으니, 그 사람됨이 온화, 유순하고 돈후함은 《시경》의 가르침이요, 소통하여 원대함을 앎은 《서경》의 가르침이요, 광박하고 평이하고 선량함은 《악경(樂經)》의 가르침이요, 깨끗하고 고요하고 정미하고 은미함은 《역경(易經)》의 가르침이다.〔入其國, 其教可知也. 其爲人也, 溫柔敦厚, 詩教也. 疏通知遠, 書教也. 廣博易良, 樂教也. 潔靜精微, 易教也.〕"라는 공자(孔子)의 말씀이 보인다.

박생에게 답함 갑술년[65]

答朴生 甲戌

영해(嶺海 영남)에 쓸쓸하게 떨어져 있어서 함께 말할 만한 사람이 없으니, 가슴이 답답하게 막힌 채 통하지 못하였습니다. 그런데 다행히 훌륭한 분이 찾아주시어 열흘 동안 서로 마주함에 한 조각 얼음처럼 맑은 마음이 옥항아리에 담겨져서[66] 깨끗하게 빛이 흘러나오니, 어찌 다만 가슴속에 응어리가 없어졌을 뿐이겠습니까.

이것은 제가 영남지방으로 온 뒤에 처음 있었던 기쁜 일이었는데, 뒤이어 오리와 기러기가 날아서 갑자기 각각 하늘로 흩어져서 예전과 같아 낙심하니, 만나지 않는 것이 정을 잊고 지내는 것만 못하게 여겨졌습니다. 그러던 차에 손수 쓰신 편지를 받으니, 마치 다시 얼굴을 뵌 듯하고 겸하여 동정(動靜)이 그동안 더욱 편안하심을 알게 되었습니다.

연사(年事)가 크게 흉년이 든 것을 걱정하고 심지어는 며칠을 지탱할지 모르겠다고 말씀하셨는데, 이는 집사께서 걱정할 만한 일이 아닙니다. 집사께서는 하늘과 땅을 솥으로 삼고 해와 달[67]을 약물(藥物)로

65 갑술년(甲戌年) : 1814년(순조14)으로, 매산의 나이 39세 되던 해이다.

66 한……담겨져서 : 사람의 마음과 풍모(風貌)가 고결(高潔)함을 비유하는 표현이다. 당(唐)나라 시인 왕창령(王昌齡)의 〈부용루송신점(芙蓉樓送辛漸)〉 시에 "낙양의 친우가 만약 묻거든, 한 조각 얼음처럼 맑은 마음이 옥 항아리에 담겨져 있다고 하게나.〔洛陽親友如相問, 一片氷心在玉壺.〕"라고 보인다. 《全唐詩 卷143 王昌齡》

67 해와 달 : 원문의 오토(烏兎)는 해와 달로 해 속에 까마귀가 있고, 달 속에 토끼가

삼으며 목룡(木龍)과 금호(金虎), 영아(嬰兒)와 타녀(姹女)[68]로 몸을 따뜻하게 기르고 조정하며 추첨(抽添)[69]하여 목욕하니, 그렇다면 어찌 인간 세상의 흉년을 두려워할 것이 있겠습니까. 아니면 세상 인연에 마음이 끌려서 아직도 탈피하지 못한 것이 있는 것입니까?

그러나 집사께서는 평소 도가의 수련에 정진(精進)하고 순수하게 마음을 다하였는데도, 능히 하루의 굶주림을 구원하지 못하는 것은 혹 미처 진리를 깨닫지 못해서 그런 것입니까? 아니면 기화요초(琪花瑤草)와 옥액(玉液)과 석수(石髓)[70]가 본래 창자를 채우고 있어서 다른

있다는 신화에서 유래한 것이다.

68 목룡(木龍)과……타녀(姹女) : 목룡과 금호(金虎)는 사람의 몸속에 있는 음(陰)과 양(陽) 가리킨 것으로 보인다. 주자의 〈재거감흥(齋居感興)〉 시에 "연단하는 솥에 용과 호가 서려 있어, 3년 만에 신묘한 단약(丹藥)을 만들었네.〔金鼎蟠龍虎, 三年養神丹.〕" 하였는데, 김매순(金邁淳)이 지은 《주자대전차의문목표보(朱子大全箚疑問目標補)》에 "도가에서는 건(乾)·곤(坤)을 솥과 화로라고 하고 감(坎)·이(离)를 수(水)·화(火)라고 하니, 용·호는 바로 수·화인바 이는 사람의 몸속에 있는 음·양(陰陽)을 가리켜 말한 것이다.〔道家以乾坤爲爐鼎, 坎离爲水火, 龍虎卽水火也, 蓋指人身中陰陽而言.〕"라고 보이는데, 청룡(青龍)은 동방 목(東方木)에 해당되고 백호는 서방 금(西方金)에 해당되므로 목룡과 금호라고 칭한 것으로 보인다. 한편 《동춘당집 별집》 제5권 〈경연일기(經筵日記)〉에는 "솥 속의 약물을 용호(龍虎)라고 하는데, 천천히 달인 것을 용이라 하고 급하게 달인 것을 호라고 합니다."라는 구절이 보인다. 영아(嬰兒)와 타녀는 도가에서 단약(丹藥)을 만드는 데 들어가는 재료들로 영아는 납〔鉛〕, 타녀는 수은(水銀)을 이른다.

69 추첨(抽添) : 불을 땔 때에 불이 약하면 땔감을 더 넣고 불이 너무 세면 땔감을 빼내는 방법을 이른다.

70 옥액(玉液)과 석수(石髓) : 옥액은 옥을 주초(朱草)에 녹여서 만든 선약(仙藥)이며, 석수는 돌에서 흘러나오는 진액(津液)으로 석종유(石鍾乳)라고도 하는데, 모두 복용하면 신선이 되어 장생불로한다는 도가의 전설이 있다.

사람들이 더불어 알 바가 아닌 것입니까? 일찍이 생각하건대, '세상에 어찌 신선이 있겠는가.'라는 말은, 바로 추풍객(秋風客)이 탁월하게 본 것이니,[71] 어리석은 저는 이 말을 믿을 뿐입니다.

설령 도가에서 말하는 바와 같이, 단약(丹藥)이 몸 안으로 들어와 형체와 정신이 모두 오묘해져서 천생(千生)의 습기(習氣)를 벗어나고 만겁(萬劫)의 미혹을 깨뜨리며 음양의 밖을 초월하고 원시(元始)의 고향으로 돌아간다 하더라도, 또한 어찌 능히 세월을 길게 연장하여 노쇠하지 않고 천지에 배합하여 길이 보존할 수 있겠습니까. 천만 번 이런 이치가 있을 수 없으니, 명교(名教) 안의 낙토(樂土)[72]를 좇아 구경(究竟)의 법으로 삼는 것만 못합니다.

구용(九容)과 구사(九思), 사물(四勿)과 삼귀(三貴)[73]는 실로 수양

71 세상에……것이니 : 추풍객(秋風客)은 전한(前漢)의 제7대 황제인 무제(武帝)를 이른다. 무제가 일찍이 〈추풍사(秋風辭)〉를 지었기 때문에 이렇게 칭한다. 무제의 말은 《속후한서(續後漢書)》 권72상 〈기술(技術)〉에 "효무제가 말년에 잘못을 뉘우치고 신하들을 대할 때마다 스스로 탄식하며 말하기를 '지난번에 내가 미혹되어 방사들에게 속임을 당한 것이니, 천하에 어찌 신선이 있겠는가.' 하였다.〔孝武晩年悔過, 每對群臣自歎曰: 鄕時愚惑爲方士所欺 天下豈有神僊.〕"라고 보인다.

72 명교(名教) 안의 낙토(樂土) : 명교는 유교(儒教)를 이른다. 진(晉)나라 때 왕징(王澄), 호무보지(胡毋輔之) 등이 모두 제멋대로 행동하는 것을 통달한 것으로 여겨서 그중에는 벌거벗고 다니는 자도 있었다. 악광(樂廣)이 듣고 웃으면서 말하기를 "명교 안에 본래 낙토가 있거늘, 어찌 굳이 이렇게 할 것이 있는가.〔名教內自有樂地, 何必乃爾.〕"라고 하였는바, 이를 원용한 것이다. 《晉書 卷43 樂廣列傳》

73 구용(九容)과……삼귀(三貴) : 구용은 옛날 군자가 수신하고 처세할 적에 견지해야 하는 아홉 가지 몸가짐으로 '발은 진중하게〔足容重〕, 손은 공손하게〔手容恭〕, 눈은 바르게〔目容端〕, 입은 무겁게〔口容止〕, 목소리는 조용하게〔聲容靜〕, 머리는 곧게〔頭容直〕, 숨소리는 엄숙하게〔氣容肅〕, 서 있는 모습은 덕이 있게〔立容德〕, 얼굴빛은 장엄

하는 요체(要諦)가 되니, 이 밖에 어찌 다른 방도가 있겠습니까. 어리석은 저는 이것을 받들어 행해서 죽고 난 뒤에 그만두려고 합니다. 헤아려보건대, 응당 늘상 하는 진부한 말이요 죽은 법이라고 생각해서 저를 믿지 않으실 것입니다.

이 몸의 병은 집사께서 증세에 맞는 약재를 투약해 주심에 힘입어 위태로운 지경에서 벗어나 안정되었으나, 아직도 처음의 상태를 회복하지 못해서 정신이 혼몽한 것이 마치 2월 봄철에 졸음이 많은 것과 같으니, 정신과 기운을 제대로 조섭(調攝)하지 못했음을 알 수 있습니다. 아니면 약을 아직 다 입에 넣지 않아서 이런 것입니까?

신선(神仙)은 진실로 배워서 될 수 있는 것이 아니고 장생불사도 진실로 힘으로 이룰 수 없으니, 원묘(元妙)[74]에 정신을 의탁하고 태소(泰素)[75]에 마음을 노니는 뜻을 듣기 원합니다. 만일 신묘한 단약이

하게〔色容莊〕' 하라는 것이다. 《禮記 玉藻》 구사(九思)는 군자가 생각해야 하는 일 아홉 가지로 '볼 때는 밝게 보기를 생각하고〔視思明〕, 들을 때는 밝게 듣기를 생각하고〔聽思聰〕, 얼굴빛은 온화하기를 생각하고〔色思溫〕, 용모는 공손하기를 생각하고〔貌思恭〕, 말할 때는 충성되기를 생각하고〔言思忠〕, 일할 때는 조심하기를 생각하고〔事思敬〕, 의심날 때는 묻기를 생각하고〔疑思問〕, 분노할 때는 어려움을 생각하고〔忿思難〕, 얻을 것을 보고서는 의로운가를 생각하라〔見得思義〕'는 것을 이른다. 《論語 季氏》 사물(四勿)은 공자가 말씀하신 극기복례의 조목으로 '예가 아니면 보지 말며〔非禮勿視〕, 예가 아니면 듣지 말며〔非禮勿聽〕, 예가 아니면 말하지 말며〔非禮勿言〕, 예가 아니면 동하지 말라.〔非禮勿動〕'라는 네 가지를 이른다. 《論語 顔淵》 삼귀는 증자가 말한바 군자가 도를 닦는 데 귀중히 여겨야 할 것 세 가지로 '용모를 움직일 때에는 거칠고 태만한 태도를 멀리하며〔動容貌斯遠暴慢矣〕, 얼굴빛을 바룰 때에는 성실함에 가깝게 하며〔正顔色斯近信矣〕, 말과 소리를 낼 때에는 비루함과 도리에 위배되는 것을 멀리하여야 한다.〔出辭氣斯遠鄙倍矣〕"라는 것을 말한다. 《論語 泰伯》

74 원묘(元妙) : 도가의 말로 심오하고 미묘한 도를 이른다.

있다면 응당 저에게 숨기지 않을 터인데, 다만 남에게 미칠 만한 참되고 묘한 좋은 비결이 집사에게 없지 않을까 두렵습니다. 삼가 정자(程子)께서 지으신 "때맞춰 잘 쓴다면 이 백성을 장수하게 할 수 있다네."라는 시구[76]를 가지고 집사를 위하여 욉니다. 병으로 대강 적어서 다 말하지 못합니다.

75 태소(太素) : 고대에 우주를 구성하는 원시 물질을 이르는 말인데, 인신하여 태공(太空)의 뜻으로 쓰인다.

76 정자(程子)께서……시구 : 정자는 이천(伊川) 정이(程頤)를 가리키고, 인용된 시구는 이천이 지은 〈단약(丹藥)을 보내 준 왕전에게 사례함〔謝王佺寄丹〕〉 시의 끝부분인바 시의 전문은 아래와 같다. "지성은 조화에 통하고 약은 신령과 통하는데 멀리서 약을 보내어 노쇠한 늙은이의 병든 몸을 구제하네. 내게도 단약이 있는데 그대 믿을 수 있는가. 때맞춰 잘 쓴다면 이 백성을 장수하게 할 수 있다네.〔至誠通化藥通神, 遠寄衰翁濟病身. 我亦有丹君信否? 用時還解壽斯民.〕" 단약은 유가(儒家)의 도(道)를 견주어 말한 것이다. 《性理羣書句解 卷4 謝王佺寄丹》

김생[77] 필 에게 줌 병자년[78]

與金生 泌○丙子

반하(半夏 음력 5월)가 거의 다 지났는데 기거동작(起居動作)을 알맞게 절제하고 계십니까? 멀리서 생각하건대, 물이 흐르고 꽃이 피는 인적 없는 빈산에서 한가롭고 조용한 아취를 누리고 계실 것입니다. 또한 농사일로 공부하는 학과(學課)에 쓸 시간을 빼앗기고 있지는 않습니까?

옛날 어떤 사람이 채전(菜田)을 가꾸면서 매우 고생스럽게 지혜와 힘을 쓰자, 정백자(程伯子)께서 말씀하기를 "군자의 일은 오직 백성을 구제하고 덕을 기르는〔振民育德〕 두 가지가 있을 뿐 나머지 다른 것이 없으니, 이 두 가지는 자신을 위하고 남을 위하는 도(道)이다." 하셨습니다.[79] 이 말씀은 참으로 농사일에 마음을 쓰는 자의 지극한 경계가

77 김생(金生) : 김필(金泌)로 《승정원일기(承政院日記)》 순조(純祖) 19년 7월 19일 기사에 유학(幼學)이라는 기록이 보이는데, 동일 인물인지는 미상이다.

78 병자년(丙子年) : 1816년(순조16)으로, 매산의 나이 41세 되던 해이다.

79 어떤……하셨습니다 : 원문의 진민(振民) 진민(賑民)과 같은 말로 백성을 구제함을 이른다. 《주역》 고괘(蠱卦) 상전(象傳)에 "산 아래에 바람이 있는 것이 고이니, 군자가 이 상을 보고서 백성을 구제하고 덕을 기른다.〔山下有風蠱, 君子以, 振民育德.〕" 하였는데, 정이천이 《역전(易傳)》에서 "산(山) 아래에 바람이 있으니, 바람이 산을 만나 돌면 물건이 다 흩어져 혼란해진다. 그러므로 일이 있는 상(象)이 된다. 군자(君子)가 일이 있는 상(象)을 보아 백성들을 구제하고 자신의 덕(德)을 기른다. 자신에게 있어서는 덕(德)을 기르고 천하(天下)에 있어서는 백성들을 구제하니, 군자(君子)의 일삼는 바가 이 두 가지보다 더 큰 것이 없다."라고 주하였다. 정명도의 이 말씀은

되니, 능히 이해하실 수 있습니까? 곤궁한 유자에게 있어 의식(衣食)의 근원이 농사일에 있으니, 이는 생활에 있어 필요하여 소홀히 할 수 없는 것입니다. 다만 이 일이 있음만 알고 수기치인(修己治人)이 무슨 일인지를 알지 못한다면 또한 본말(本末)의 순서를 잃는 것이 아니겠습니까. 농사는 진실로 천하의 큰 근본이 되나, 수기치인의 실제에 비교하면 또한 지엽이라고 할 수 있습니다.

좌하께서는 대대로 서울에 살아서 농사일이 무슨 일인지 모르셨는데, 스스로 호서와 영남에 유리(流離)한 이래로, 온 집안 식구가 농촌으로 돌아가서 다시는 옛 책을 온역(溫繹)하는 일을 뜻으로 삼지 않으니, 항상 집안에 전해오는 유학이 좌하에 이르러 끊길까 염려스럽습니다. 부디 《소학》과 사서(四書)를 취하여 학과(學課)로 삼아 부지런히 힘쓰고 힘써서 종신(終身)의 가계(家計)[80]로 삼는 것이 어떻겠습니까?

《이정유서(二程遺書)》 권14 〈해구월과여소문(亥九月過汝所聞)〉에 보이는데, 원작을 줄여 인용하였다.

80 가계(家計) : 공부를 이른 말이다. 주자가 여백공(呂伯恭)에게 답한 편지에 "사서는 혼잡하고 경서는 냉담하니, 후생들은 마음과 뜻이 아직 안정되지 않아서 외면으로 향하지 않는 이가 적다.〔史書鬧熱, 經書冷淡, 後生心志未定, 少有不偏向外去者.〕"라고 하였는데, 퇴계 이황이 말하기를 "배우는 사람은 먼저 모름지기 심신을 수렴하여 냉담한 가계(家計)로써 고되고 힘든 공부를 해야 한다. 이에 연찬하고 되씹되 오래도록 그만두지 않아야 바야흐로 그 맛이 좋은 줄을 참으로 알아 힘을 얻게 될 것이다.〔惟學者, 先須收斂身心, 以冷淡家計. 作辛苦工夫, 於此鑽研咀嚼, 久久不輟, 方始眞知其味之可悅, 而得其力也.〕"라고 하였다. 《朱子大全 卷33 答呂伯恭》《退溪集 卷19 答黃仲擧別紙》

이생 진연 에게 답함 계유년[81]

答李生 眞淵○癸酉

보내주신 편지를 읽어보니 끝내 과명(科名 과거시험)을 중하게 여겨서, 만약 소성(小成)[82]을 이루면 옛 집을 지키고 간곡한 가르침을 받겠다고 말씀하기까지 하였으니, 어찌면 이리도 자중(自重)하지 못한단 말입니까.

이른바 소성이라는 것이 어떠한 물건입니까? 이를 얻고 잃는 것에 있어 굳이 경중을 따질 것이 없는데 어찌 이를 목표로 삼기에 이르렀습니까? 가문의 명성이 떨치고 떨쳐지지 않음은 배우느냐 배우지 않느냐에 달려 있으니, 어찌 과거 급제가 있고 없음에 관계되겠습니까. 만약 끝내 과거를 성취하지 못하면 책을 읽어 유자(儒者)가 되지 못한단 말입니까.

진학(進學)과 수신(修身)은 진실로 선비 된 자의 직분상 당연한 것이어서 의복이나 음식과 같은데, 어찌 사람마다 기대할 바가 아니라고 할 수 있겠습니까. 다른 사람도 오히려 그러한데, 더구나 문원공(文元公)의 후손[83]에 있어서이겠습니까.

우리들이 학문하는 것이 매우 얕기 때문에 도의(道義)가 마음을 기

81 계유년(癸酉年) : 1813년(순조13)으로, 매산의 나이 38세 되던 해이다.

82 소성(小成) : 과거의 소과(小科) 즉 사마시에 합격함을 이른다.

83 문원공(文元公)의 후손 : 문원공은 문묘(文廟)에 종사(從祀)된 회재(晦齋) 이언적(李彦迪, 1491～1553)의 시호인바, 이진연이 회재의 후손인 것으로 보인다.

쁘게 함이 추환(芻豢)[84]이 입을 기쁘게 하는 것보다 더 심함을 알지 못해서 이처럼 전진하다가 뒷걸음치는 말을 하는 것입니까? 진실로 능히 곱씹어서 참된 의미를 안다면 비록 공부를 하지 않고자 하더라도 또한 될 수 없을 것입니다.

옛날 허백운(許白雲)[85]이 사람을 가르칠 적에, 나태한 자는 진작시키고 예리한 자는 꺾고 구애되는 자는 열어주고 방자한 자는 절제시켜서 그 재능에 따라 모두 얻는 바가 있게 하였으나, 유독 과문(科文)만은 가르쳐주지 않고 말하기를 "의(義)와 이(利)가 여기로부터 나누어진다."라고 하였으니, 이 일을 저는 항상 외고 본받고 있습니다.

그대에게 제시한 것이 어찌 의미가 얕은 것이겠습니까. 부디 서서히 연구해보시기 바랍니다.

84 추환(芻豢) : 소·말·양처럼 풀을 먹는 가축을 추(芻)라고 하고 개·돼지처럼 곡식을 먹는 가축을 환(豢)이라고 하는바, 곧 맛있는 음식을 가리킨다.

85 허백운(許白雲) : 송말원초(宋末元初)의 학자인 허겸(許謙, 1270~1337)으로, 백운은 그의 호이고, 자는 익지(益之), 시호는 문의(文懿)이다. 김이상(金履祥)의 문하에서 수학하여 정주학(程朱學)의 맥을 이었다. 과거에 응시하지 않고 팔화산(八華山)에 은거하여 강학했는데, 문인이 1천여 명에 달하였다. 하기(何基)에서 왕백(王柏), 김이상으로 이어지는 주자(朱子) 학맥을 계승하여 '금화사선생(金華四先生)'으로 일컬어졌고, 북방의 허형(許衡)과 함께 '남북이허(南北二許)'로 불렸다.

이대윤과 흥윤 형제에게 답함 갑술년[86]

答李大潤興潤 甲戌

오늘 그대 형제가 보낸 편지를 받아서 근황이 쾌적함을 알았으니, 지극히 위로되고 지극히 위로됩니다. 보내주신 목면(木綿)은 애틋한 고인(故人)의 정이 있으니, 이에 감복됨이 참으로 추위로 몸이 언 자가 옷을 빌려 입은 듯합니다. 저는 진실로 곤궁한 자이나 현재 관아(官衙)에서 거처하여 따뜻한 옷을 입고 따뜻한 방에 살아서 한겨울에 서리와 눈이 있음을 거의 알지 못하니, 어찌 남의 옷을 취하여 추위를 막겠습니까.

또 그대들 집안은 대대로 청빈(淸貧)하여 항상 굶주림과 추위가 함께 이르는 근심이 있어서 본래 이를 이기지 못하는데, 어찌 남에게 미칠 수 있겠습니까. 금년 목면 농사의 흉작은 옛날에도 유례가 없는 것이어서 면직으로 능히 몸을 가릴 수 있는 자가 별로 없으니, 다만 갖옷 없이 겨울을 당해 내야 할 뿐만이 아닙니다.

지금 매서운 기후와 차가운 바람이 뼈와 살을 침입하고 손과 발을 얼게 하니, 온몸이 모두 벌거숭이어서 눈 속에서 얼어 죽는 자가 몇 백 명인지 알 수 없고 나머지 사람들 또한 거친 삼베옷도 없이 해를 마쳐야 하니, 따뜻한 봄을 보지 못할 것입니다. 눈과 귀로 접하는 바에 제 가슴이 찢어지는 듯합니다.

바로 이러한 때에 편히 앉아서 따뜻함과 배부름을 누리는 것은 바로

86 갑술년(甲戌年) : 1814년(순조14)으로, 매산의 나이 39세 되던 해이다.

분수가 아니니, 항상 이를 천지신명에게 죄를 받는 것처럼 여기고 있습니다. 어찌 차마 그대들이 주는 목면을 받아서 그 죄를 더욱 무겁게 하겠습니까.

비록 큰 휘장과 덮개를 쳐서 사람들을 가려 주어 추위에 떠는 자들의 얼굴을 모두 기쁘게 하지는 못하나, 어찌 취해서는 안 되는 것을 취하여 남의 재물을 상하게 하겠습니까. 이는 이른바 '해당됨이 없이 주는 것은, 이는 재물로 매수하는 것이다.'[87]라는 것이니, 제가 진실로 군자라고 하기는 부족하나 또한 어찌 재물에 농락될 수 있겠습니까.

내가 그대 형제를 우리 집안 식구와 똑같이 여기고 있으니, 선물한 물건을 언제 받지 않은 적이 있었습니까. 다만 이 목면은 문방(文房)에 필요한 물건들과는 달라서 재물로 매수함에 가까우니, 무슨 구실로 이것을 받을 수 있겠습니까. 이 때문에 되돌려 보내니, 부디 받아 두었다가 겨입을 솜옷을 만드는 자료로 삼고, 이 몸을 염려하지 마시기 바랍니다. 이만 줄입니다.

87 해당됨이……것이다 : 맹자가 일찍이 제(齊)나라에서 좋은 금 100일(鎰)을 주자 받지 않았는데, 송(宋)나라에서 준 보통 금 70일과 설(薛)나라에서 준 보통 금 50일은 받자, 제자인 진진(陳臻)이 그 이유를 물었다. 맹자는 '송나라에서는 노자로 주었고 설나라에서는 신변보호를 위하여 주었으므로 받았으나, 제나라에 있어서는 해당되는 명분이 없어서 받지 않았다'고 대답하고 이어 "제나라의 경우는 해당됨이 있지 않았다. 해당되는 명분이 없이 주는 것은 이는 재물로 매수하는 것이니, 어찌 군자로서 재물에 농락당할 자가 있겠는가.〔若於齊則未有處也, 無處而餽之, 是貨之也, 焉有君子而可以貨取乎.〕"라고 말하였다. 일은 24냥을 이른다. 《孟子 公孫丑下》

이기경[88]에게 답함 을해년[89]
答李基敬 乙亥

《상례비요(喪禮備要)》 도판(圖版)에 글자를 바로 쓰고 거꾸로 쓴 것은 각각 의례(義例)가 있는데, 다만 이 현훈(玄纁)[90]이란 글자를 구의(柩衣)[91]를 따라 바로 쓰지 않고 도리어 북(北)을 상(上)으로 함을 따라서 거꾸로 쓴 것은 그 연유를 알 수 없습니다.

위에 현(玄)이 있고 아래에 훈(纁)이 있는 것은 바로 구의의 색깔이니,[92] 구의라는 글자를 이미 시신의 머리를 따라서 남(南)을 상(上)으로 하여 바로 썼다면 현훈 또한 마땅히 동일한 예로 바로 써야 할 터인데, 지금 이렇게 쓰지 않아서 위치의 상하(上下)는 똑같으나 따라서 쓴 남북(南北)은 다르니, 이것이 의심스럽습니다.

이 도판은 그 도면을 따라 위로부터 쓰면 그 형세가 순탄하니, 도판

88 이기경(李基敬) : 《승정원일기(承政院日記)》 순조(純祖) 13년 5월 7일 기사에 이기경이 오위장(五衛將)에 제수된 기록이 보이는데 동일 인물인지는 미상이다.

89 을해년(乙亥年) : 1815년(순조15)으로, 매산의 나이 40세 되던 해이다.

90 현훈(玄纁) : 장례 지낼 때에 산신(山神)에게 드리는 검은 비단과 붉은 비단으로, 뒤에 광중(壙中)에 묻는다.

91 구의(柩衣) : 영구(靈柩)를 덮는 홑겹으로 된 이불인 이금(夷衾)을 이른다.

92 위에……색깔이니 : 이 내용은 《의례》 〈사상례〉의 '상과 제와 이금을 진설한다.〔牀第夷衾〕'라는 조의 소(疏)에 "검은 질(質)은 길이가 손의 위치와 가지런하고, 붉은 쇄(殺)로는 발을 가리는데, 이금도 이와 같이 위는 검은 천으로 만들고 아래는 붉은 천으로 만들어 서로 연결하여 사용한다.〔冒緇質長與手齊, 頳殺掩足, 夷衾亦如此, 上以緇, 下以頳, 連之乃用也.〕"라고 보인다. 《儀禮注疏 卷12 士喪禮 第12》

가운데에 쓰인 당(堂)과 명정(銘旌)·영좌(靈座)·탁좌(卓子)·조계(阼階)·서계(西階)와 같은 따위는 바로 이렇게 되어 있습니다. 이 때문에 구의의 경우는 시신의 머리를 따라 남을 상으로 하여 바로 썼고, 현훈은 도판의 형세를 따라 북을 상으로 하여 쓴 것입니다.

북을 상으로 한 것은 구의에 견주면 거꾸로 쓴 것이 되나 도판의 형세를 따르면 바로 쓴 것이 되니, 이는 구의 옆에 있는 빈(殯) 자를 북을 상으로 하여 쓴 것을 가지고 알 수 있습니다. 또 영악(靈幄)[93] 가운데 베개·이불·신은 또한 남을 상으로 함을 따라 바로 쓰고 영악과 멱(帟) 자는 북을 상으로 함을 따라 거꾸로 썼으니, 이것을 미루어 대조(對照)해 보면 그 의미를 알 수 있을 것입니다.

무릇 시신에 속하는 것은 시신의 머리를 따라 남을 상으로 하여 바로 썼고, 이것 외에 범연(泛然)히 칭한 것은 도면을 따라 북을 상으로 하여 거꾸로 썼습니다. 어리석은 소견은 이와 같은데, 틀리지나 않았으면 다행이겠습니다.

93 영악(靈幄) : 영침(靈寢)이나 영좌(靈座)에 둘러치는 휘장이다

정원경[94] 주석 에게 답함 경자년[95]

答鄭元卿 胄錫○庚子

새로 이사하신 작은 집[96] 주변은 호수와 산이 매우 고요하여 산은 높음을 싫어하지 않고 물은 깊음을 싫어하지 않을 것이니, 짐작하건대 응당 영원히 잊지 않기를 맹세하려는[97] 그런 생각이 있을 것입니다. 자고 깨고 노래하고 지내는 여가에 자연히 참으로 마음 쓰는 곳이 있을 것이니, 한 부의 《주서(朱書)》[98]를 가지고 쉬지 않고 연찬하시며 또한 능히 사서(四書)를 깊이 연구하고 계십니까? 이는 존문(尊門)의 가법(家

94 정원경(鄭元卿) : 정주석(鄭胄錫, 1791～?)으로 원경은 그의 자이고 본관은 청주이다. 음직(蔭職)으로 영릉 참봉(英陵參奉), 과천 현감(果川縣監), 장수 현감(長水縣監) 등의 벼슬을 지냈다.

95 경자년(庚子年) : 1840년(헌종6)으로, 매산의 나이 65세 되던 해이다.

96 작은 집 : 원문의 '형우(衡宇)'는 두 개의 기둥에 가로나무 하나를 대서 만든 문, 즉 형문(衡門)을 단 작은 집을 말하는데, 도연명의 〈귀거래사(歸去來辭)〉에, "마침내 작은 집을 바라보고 기뻐 달려가니, 동복들은 환영하고 어린아이는 문에서 기다린다.〔乃瞻衡宇, 載欣載奔, 僮僕歡迎, 稚子候門.〕"라고 보인다.

97 영원히……맹세하려는 : 원문의 '영시불훤(永矢弗諼)'은 《시경》 〈위풍(衛風) 고반(考槃)〉에 "시냇가 언덕에 은거할 곳 마련하니 석인의 마음이 넉넉하도다. 홀로 자고 깨어 말하면서 길이 잊지 않기로 맹세하노라.〔考槃在澗, 碩人之寬. 獨寐寤言, 永矢弗諼.〕"라고 한 데서 온 말로, 현자가 은둔해 사는 즐거움을 표현한 것이다. 고반은 현자가 은거하는 집이며, 석인(碩人)은 훌륭한 사람을 이른다.

98 주서(朱書) : 주자의 글, 또는 주자의 편지글 등 여러 가지 의미로 쓰이는데 여기서는 앞의 '한 부〔一部〕'라는 말을 감안하여 《주자대전》이나 《주자서》 등의 책으로 보고 번역하였다.

法)으로 일상의 다반사(茶飯事)와 같은 것입니다.

육경(六經)[99]이 어느 것인들 배우는 자의 몸과 마음에 관계되지 않는 것이 있겠습니까마는 그 긴요함은 사서가 우선입니다. 진실로 능히 깊이 연구하고 완미(玩味)하여 몸에 절실하게 체험한다면 가슴속에 장척(丈尺)과 형칭(衡秤)[100] 같은 것이 있게 될 것이니, 이것을 가지고 사리(事理)를 재고 저울질하면 자연 어긋나지 않을 것이요 자신의 기질(氣質) 또한 잘 함양할 수가 있어서 평생을 수용하여도 다함이 없을 것입니다.

옛날 배운 것을 가지고 이 공부를 새롭게 해서 이를 잘 씹어서 추환(芻豢)의 참된 의미[101]를 얻는다면, 마음과 몸이 모두 기쁘고 덕과 업이 모두 높아질 것이니, 다만 간절히 손을 모아 기다릴 뿐입니다.

질병이 안으로 침입하고 굶주림과 추위가 밖에서 빼앗는 일이 공통적인 근심이 되나, 어려운 곳을 통과하는 것이 이것이 어려운 것입니다. 곤궁함에 명(命)이 있음을 알고 현달함에 때가 있음을 알아서 지극한 어려움을 당하여도 두려워하지 않는 것은 군자의 용맹입니다. 반드시 뜻을 돈독히 하고 공업(功業)을 쌓아야[102] 소견이 여기에 미칠 수가

99 육경(六經) : 유가(儒家)의 기본 경전인 《시경》·《서경》·《주역》·《춘추》·《예기》·《악경》을 이르는데 《악경》은 전해지지 않는다.

100 장척(丈尺)과 형칭(衡秤) : 장척은 물건의 길이를, 형칭은 물건의 무게를 재는 도구로, 사물에 대해 판단해 내는 능력을 비유한 것이다.

101 추환(芻豢)의 참된 의미 : 추(芻)는 소·말·양처럼 풀을 먹는 가축을 이르고, 환(豢)은 개·돼지처럼 곡식을 먹는 가축을 이르는바, 추환은 곧 고기를 가리킨 것으로 고기의 제 맛을 알려면 잘 씹어야 하므로 사서를 깊이 탐구하여 그 참된 의미를 알아냄을 이 말로 비유한 것이다.

있으니, 부디 이치를 밝히는 일과 지언(知言)[103]에 더욱 독실하게 힘써서 기습(氣習 기질(氣質))에게 지지 말고 사물에게 빼앗기지 말아서 우뚝하게 홀로 서고 확고하게 스스로 지켜서 이 한 대사(大事)를 끝마치시는 것이 어떻겠습니까?

102 공업(功業)을 쌓아야 : 원문의 '거업(居業)'은 본래 공업(功業)을 보유한다는 의미로 《주역》 〈건괘(乾卦) 문언전(文言傳)〉에 "말을 함에 그 성실함을 세움이 업(業)을 보유하는 것이다.〔脩辭立其誠, 所以居業也.〕"라고 보이는데, 여기서는 문맥에 의거하여 거(居)를 적(積)의 뜻으로 보고 해석하였다.

103 지언(知言) : 다른 사람의 언사(言辭)를 잘 변석(辨析)하여 그 뜻을 잘 이해함을 이른다. 《맹자》 〈공손추 상(公孫丑上)〉에 "〈지언은〉 편벽된 말에서 가려진 바를 알며, 방탕한 말에서 빠져 있는 바를 알며, 사특한 말에서 괴리된 바를 알며, 회피하는 말에서 논리가 궁함을 아는 것이다.〔詖辭知其所蔽, 淫辭知其所陷, 邪辭知其所離, 遁辭知其所窮.〕"라고 보인다.

전상수 팔순 에게 답함 병오년[104]

答田商叟 八淳○丙午

농사를 짓는 여가에 계속하여 학업에 힘쓰고 있습니까? 도(道)는 다른 곳에 있지 않으니, 《소학》에서 구하면 충분합니다. 이 책은 《대학》의 근본이 되고 또 성인(聖人)이 되는 기초가 여기에서 벗어나지 않으니, 《소학》 한 질을 가지고 한평생의 가계(家計)[105]로 삼아 속학(俗學)에 유혹되지 말고 명성(名聲)과 이익에 뜻을 빼앗기지 말아서 날로 진전하여 마지않는다면, 자연 응당 성현(聖賢)의 지위에 점차 이르게 될 것입니다.

선현(先賢)이 말씀하기를 "집에 있을 때에는 선(善)을 행하는 것이 가장 즐겁다." 하였으니,[106] 만일 선을 하고자 한다면 《소학》이 그 절도(節度)가 될 수 있으니, 힘쓰고 힘쓰십시오.

104 병오년(丙午年) : 1846년(헌종12)으로, 매산의 나이 71세 되던 해이다.

105 가계(家計) : 공부를 이른 말이다. 자세한 내용은 207쪽 주80 참조.

106 선현(先賢)이……하였으니 : 선현은 후한(後漢) 광무제(光武帝)의 여덟 째 아들인 동평헌왕(東平憲王) 유창(劉蒼)을 가리킨다. 명제(明帝)가 유창에게 집에 있을 적에 무엇이 가장 즐거우냐고 묻자, 유창이 "선(善)을 행하는 것이 가장 즐겁습니다.〔爲善最樂.〕"라고 대답한 고사를 원용한 것이다. 《後漢書 卷42 東平憲王列傳》

안생[107] 태중 에게 답함 병자년[108]

答安生 泰重○丙子

동경(東京 경주(慶州))을 한 번 유람한 일은 마치 환상(幻想)의 경계를 다녀온 것처럼 황홀하여, 산천과 인물이 항상 꿈속에 빈번하게 나타납니다. 그런데 바로 내 마음과 눈에 떠나지 않는 것은 산에 있어서는 오직 옥산(玉山)[109]이고 사람에 있어서는 오직 그대뿐이니, 옥산과 그대가 아름답지 않다면 어찌 나로 하여금 오래토록 잊지 못함이 여기에 이르게 하겠습니까.

노란 국화와 밝은 달이 고인(故人 친구)의 안색과 방불하나 생각해 보니 천리 밖에 아득히 멀리 있는데, 지금 손수 보낸 편지를 받으니 얼굴을 마주하는 듯하고, 어버이 모시는 몸이 길(吉)하고 경사롭다고 하니 더욱 반가운 소식입니다.

듣자하니 대령(大嶺) 이남 지방이 대풍(大豐)이 들 상(象)이 있다고 하기에, 좌우(左右)께서도 마땅히 큰 사발로 밥을 배불리 먹을 것이라고 생각했었습니다. 그런데 편지를 받고 보니 작년과 재작년보다 곤궁

107 안생(安生) : 안태중(安泰重)으로, 《승정원일기》 고종 15년(1878) 1월 25일 기사에 유학(幼學)이라는 기록이 보이는데, 동일 인물인지는 미상이다.

108 병자년(丙子年) : 1816년(순조16)으로, 매산의 나이 41세 되던 해이다.

109 옥산(玉山) : 《신증동국여지승람》 제21권 〈경상도(慶尙道) 경주부(慶州府)〉에 "자옥산(紫玉山)으로 안강현(安康縣)의 서쪽 13리에 있다."라고 기재되어 있는데, 안강현은 경주부의 속현이다. 지금의 경주시 안강읍 옥산리 일대로 이곳에 회재(晦齋) 이언적(李彦迪)의 고택이 있으며 그를 모신 옥산서원이 있다.

함이 더 심하다고 하니, 어째서 그런 것입니까? 풍년이라고 하여도 문밖에서 세금을 독촉하는 것이 조금도 그치지 않아서입니까?

곤궁함은 진실로 우리의 분수이니, 마땅히 곤궁함을 편안히 여기기를 천명(天命)처럼 하여야 합니다. 만약 한 털끝만큼이라도 원망하는 마음이 싹튼다면 이것은 천명에 순종하지 않는 것이니, 어찌 즐거워하고 근심하지 않음[110]이 될 수 있겠습니까. 옛날 신도반(申屠蟠)[111]이 가난을 편안히 여기고 은둔을 즐거워하며 도를 완미하고 진리를 지켜서 염량세태(炎涼世態)에 경중을 따지지 않았고 또 곤궁과 영달에 절개를 바꾸지 않았으며, 장사숙(張思叔)[112]은 《맹자》에 "지사(志士)는 죽어서 시신이 구렁에 뒹굴 것을 잊지 않고 용사(勇士)는 싸우다가 그 머리를 잃을 것을 잊지 않는다."라고 한 글을 읽고는 감동하여 분발한 바가 있었으니, 이는 장사숙의 집이 가난해서 모름지기 이와 같이 한 뒤에야 빈천과 부귀가 그 마음을 얽맬 수 없어서 비로소 뜻을 세울

110 즐거워하고 근심하지 않음 : 원문은 '낙차불우(樂且不憂)'로 북송의 학자 횡거(橫渠) 장재(張載)가 지은 〈서명(西銘)〉에 "즐거워하고 근심하지 않음은 효도에 순실한 자이다.〔樂且不憂, 純乎孝者也.〕"라고 보인다.

111 신도반(申屠蟠) : 후한 말기의 학자로 자는 자룡(子龍)이다. 어려서 집안이 가난해 칠공(漆工)이 되었으나 지조로 명망이 높았다. 은거하면서 학문에 정진하여 오경(五經)에 두루 정통하였고, 도위(圖緯)에도 밝았다. 한나라 황실이 기울자 양군(梁郡)의 탕산(碭山)에 숨어 나무 위에 집을 짓고 살았다. 태위(太尉) 황경(黃瓊)과 대장군 하진(何進)이 연이어 불렀지만 끝내 벼슬에 나아가지 않았다. 《後漢書 卷53 申屠蟠列傳》

112 장사숙(張思叔) : 북송 말의 도학자인 장역(張繹, 1071~1108)으로 사숙은 그의 자이다. 어려서 빈한하여 학문을 닦지 못하다가 이천(伊川) 정이(程頤)의 문인이 되어 끝까지 정성을 다해 모셨다. 《송명신언행록(宋名臣言行錄)》에 실려 있는 좌우명이 유명하다.

수 있었던 것입니다.

사생(死生)이 빈부보다 더 중한데 죽음에 있어서도 오히려 그 뜻을 바꾸지 않았으니, 빈부를 또 어찌 굳이 따질 것이 있겠습니까. 장사숙이 능히 그 뜻을 스스로 수립할 수 있었던 것이 당연합니다. 신도반과 장사숙 두 현자의 일을 좌우께서 행하시기 바랍니다.

지난번 편지에 좌우에게 학문할 것을 권면하였는데, 저를 오활하다고 여기시지나 않습니까? 옛날 진(晉)나라 평공(平公)이 사광(師曠)에게

"내 나이가 칠십이니, 배우고자 하나 너무 늦었을까 두렵다."

라고 하니, 사광이 말하기를

"어려서 학문을 좋아하는 것은 해가 돋아오를 때의 햇빛과 같고, 장성하여 학문을 좋아하는 것은 해가 중천에 있을 때의 햇빛과 같으며, 늙어서 학문을 좋아하는 것은 켜놓은 촛불의 빛과 같으니, 촛불을 밝혀 밝은 것이 어찌 어둠 속을 가는 것과 같겠습니까."

라고 하였습니다.[113] 이 말이 의미가 있어서 늦게 배우는 자의 진전(眞詮 참된 깨달음)이 되니, 이 때문에 좌우를 위해서 외는 것입니다.

113 진(晉)나라……하였습니다 : 이 내용은 《설원(說苑)》 권3 〈건본(建本)〉에 보인다. 사광은 춘추 시대 진(晉)나라 사람으로 자는 자야(子野)이며 악사(樂師)를 지냈다. 태어날 때부터 장님이었는데, 음률(音律)을 잘 판별했고 소리로 길흉(吉凶)까지 점쳤다고 한다. 《금경(禽經)》을 지었다고 전해진다.

안생에게 답함 을유년[114]

答安生 乙酉

보내 주신 편지에 "세상살이가 도무지 마음에 들어오지 않는다."라고 하였는데, 이는 바로 노년에 늘 있는 근심입니다. 날이 저물면 편안히 쉬는 가운데 세상의 인연이 저절로 가벼워지고 기욕(嗜慾)이 저절로 얕아지며 가슴속을 가득 채운 것이 모두 천리(天理)여서 굳이 인욕(人欲)을 이겨 다스리기를 기다리지 않고도 하나의 근원(根源)에서 공을 거둘 수 있으니, 이렇게 할 수 있겠습니까?

일찍이 그대와 함께 신라(新羅)의 멸망을 언급할 적에 '한 사람도 의리에 죽은 자가 없고 오직 평생 스스로 지조를 지켜 편안히 한 왕자가 있을 뿐이다.'[115]라고 말하였으니, 이는 당시의 군자들에게 유감을 갖지 않을 수 없어서 그렇게 말했던 것입니다. 그런데 근래 《송도지(松都志)》[116]를 읽어 보니, 경순왕(敬順王)이 고려에 나라를 바칠 적에 고려

114 을유년(乙酉年) : 1825년(순조25)으로, 매산의 나이 50세 되던 해이다.

115 한……뿐이다 : 왕자는 삼베옷을 입고 한평생을 살았던 마의태자(麻衣太子)를 이른다. 신라가 고려 태조 왕건(王建)의 세력에 대항할 길이 없다고 여겨 경순왕이 항복하려고 하자 이를 반대하였으나 결국 고려에 귀부(歸附)를 청하는 국서(國書)가 전달되니, 태자는 마의를 입고 금강산에 들어가 여생을 보냈다고 한다. 원문의 '자정(自靖)'은 스스로 의리와 지조를 지켜 편안하게 산다는 뜻으로 《서경》 〈미자(微子)〉에 "스스로 의리에 편안하여 사람마다 스스로 선왕에게 뜻을 바칠 것이니, 나는 떠나가 은둔함을 돌아보지 않겠다.〔自靖, 人自獻于先王, 我不顧行遯.〕"라고 보인다.

116 송도지(松都志) : 1648년(인조26)에 당시 개성 유수(開城留守)였던 잠곡(潛谷) 김육(金堉)이 편찬한 개성의 읍지로 현존하는 개성의 읍지 중 가장 오래되었다.

의 태조가 나복교(羅伏橋)에서 항복을 받았는데, 이때 왕을 따라 온 신라의 옛 신하가 이 일을 목격하고는 비분(悲憤)한 마음을 이기지 못해서 다리에서 떨어져서 죽었다고 하니, 남조(南朝)의 이시랑(李侍郎)[117]이라고 이를 만합니다. 이 일이 신라의 찬란한 광채가 되지 않겠습니까.

지난번에 제가 말했던 것은 거의 한 시대를 무함함을 면하지 못할 뻔하였습니다. 그 이름이 인멸(湮滅)되어 전하지 않는 것이 애석합니다. 그러나 진실로 그 의리를 다했다면 또한 사후(死後)의 명성이 무슨 상관이 있겠습니까. 나를 위해서 경주의 여러 현자들에게 말해 주기 바랍니다. 바로 이 한 가지 일이 또한 후세에 영원히 찬사가 있게 될 것이니, 군신과 부자의 인륜을 더욱 강(講)하여, 윗사람을 친애해서 어른을 위해 죽는 의리를 잃지 말아서 선철들이 순국한 외로운 충정(衷情)에 부응하기 바랍니다.

117 남조(南朝)의 이시랑(李侍郎) : 남조는 남쪽으로 쫓겨난 나라라는 뜻으로 남송(南宋)을 지칭한 것이고 이시랑은 이약수(李若水, 1093~1127)를 가리킨다. 1126년 북송이 금(金)나라에 항복한 뒤에 휘종(徽宗)과 흠종(欽宗)이 볼모로 잡혀갔는데, 당시 이부 시랑(吏部侍郎)이던 이약수도 이들을 따라 금나라에 갔다. 금나라가 장방창(張邦昌, 1081~1127)을 황제로 옹립하고 흠종에게서 황제의 복장을 뺏으려고 핍박하자 금나라 장수를 꾸짖다가 수감되고 금나라의 회유를 받았으나 끝까지 굴하지 않고 죽으니, 금나라 사람들이 "요(遼)나라가 망할 때에는 절의를 지켜 죽은 사람이 10여 명이었는데, 남조에는 겨우 이시랑 한 사람밖에 없다.〔遼國之亡, 死義者十數, 南朝惟李侍郎一人.〕"라고 하였다.《宋史 卷446 李若水傳》

피생 동익 에게 답함 무인년[118]

答皮生 東益○戊寅

듣건대 약국을 폐업했다고 하니, 공부하는 과정에 방해가 되었기 때문입니까? 농사일에 전념하기 위해서입니까? 이른바 약을 파는 일은 농제(農帝)의 《신농본초(神農本草)》[119]에 따라 맛을 살피고 동군(桐君)의 《동군채약록(桐君採藥錄)》[120]에 따라 약명을 고찰해서 군신(君臣)과 백품(百品)[121]의 이름을 나열하고 맵고 쓴 것과 오독(五毒)[122]의 맛을 분별해서 만백성의 목숨을 온전히 살리는 일이니, 이것이 바로 어진 사람이 마음을 쓰는 것입니다. 이 때문에 한백휴(韓伯休)는 한

118 무인년(戊寅年) : 1818년(순조18)으로, 매산의 나이 43세 되던 해이다.

119 농제(農帝)의 신농본초(神農本草) : 농제는 중국 고대의 삼황(三皇) 중 한 사람인 신농씨(神農氏)를 가리킨다. 신농씨는 농사를 가르치고 백초(百草)를 맛보아 약초를 가려내고 온갖 질병에 대해 처방을 제시하여 《신농본초》를 지었다고 전해지나, 이 책은 한대(漢代) 이후에 편찬된 것으로 보고 있다. 《史記 三皇紀》《通志 三皇紀》

120 동군(桐君)의 동군채약록(桐君採藥錄) : 동군은 황제(黃帝) 때의 인물로 전해지는데, 동려현(桐廬縣)의 동산에서 살면서 약을 채취하며 도를 구하였다고 한다. 초목과 금석의 성미를 잘 알아 《동군채약록》을 저술하였다고 한다. 《本草綱目 卷1 上 序例上》《百度百科》

121 군신(君臣)과 백품(百品) : 군은 조제(調劑)에 있어 주로 넣는 약재를, 신은 보조로 넣는 약재를 이르며 백품은 각종의 약재를 이르는 말이다.

122 오독(五毒) : 다섯 종류의 독이 있는 약을 이른다. 《주례(周禮) 〈천관(天官) 양의(瘍醫)〉에 "무릇 종기를 다스림에 있어 오독으로 치료한다.〔凡療瘍, 以五毒攻之.〕" 라고 하였는데, 정현(鄭玄)이 주에 "오독은 독이 있는 다섯 가지 약으로……석담(石膽)·단사(丹砂)·웅황(雄黃)·여석(礜石)·자석(慈石)이다." 하였다.

입으로 약값을 두 가지로 부르지 않았고,[123] 장공초(張公超)는 약을 파는 것을 생업으로 삼았으니,[124] 만일 이 일이 의롭지 않다면 두 현자가 이것을 했겠습니까.

호적계(胡籍溪) 같은 분은 가게를 열어 약을 팔아서 생업을 삼고 '호거사숙약정포(胡居士熟藥正鋪)'라고 방(牓)을 써 붙이니, 주자께서 그의 청개(淸介)함을 찬미였습니다.[125] 주자 또한 스스로 책방을 열었었는데, 남헌(南軒) 장식(張栻)이 이익을 가까이한다고 타이르자 주자

123 한백휴(韓伯休)는……않았고 : 한백휴는 후한(後漢)의 고사(高士)인 한강(韓康)으로 백휴는 자이다. 항상 명산에서 약을 채취하여 장안(長安)의 시장에서 팔았는데, 누구에게나 약값을 똑같이 받아 30여 년 동안 한 입으로 약값을 두 가지로 부르지 않았다. 어느 날 한 여자가 한강에게 약을 사러 왔는데, 약값을 깎아 주지 않자 화를 내며 '그대가 한백휴인가? 어찌하여 약값을 깎아 주지 않는가?'라고 하니, 한강이 그동안 자신이 이름을 숨기며 살아왔는데, 이제 여자까지도 자신의 이름을 알고 있음을 탄식하며 마침내 패릉산(霸陵山)에 은거한 고사가 있으므로 이렇게 말한 것이다. 《後漢書 卷113 逸民列傳 第73》

124 장공초(張公超)는……삼았으니 : 장공초는 후한 안제(安帝) 때의 고사인 장해(張楷)로 공초는 그의 자이고 장패(張霸)의 아들이다. 《엄씨춘추(嚴氏春秋)》, 《고문상서(古文尙書)》에 정통하여 문도들이 많았으나 번다한 것을 싫어하여 은거하였다. 집이 가난한데 별다른 생업이 없어 시장에서 약을 팔아 생계를 유지하였던 고사가 있으므로 이렇게 말한 것이다. 《後漢書 卷66 張霸傳》

125 호적계(胡籍溪)……찬미하였습니다 : 이 내용은 《주자어류(朱子語類)》 권101 〈정자문인(程子門人)〉에 보인다. 호적계는 남송 때 학자인 호헌(胡憲, 1084~1162)으로 적계(籍溪)는 그의 호이며, 자가 원중(原仲), 시호가 간숙(簡肅)이다. 호안국의 조카이며 주자의 부친 주송(朱松)의 친우이며 주자의 스승 중의 한 명이다. 건주학교수(建州學敎授) 등 여러 벼슬에 제수되었으나 나아가지 않고 고산(故山)에 은거하면서 땅을 일궈 약초를 팔아 부모를 봉양했는데, 많은 사람들이 문도가 되어 따랐다. 뒤에 벼슬에 나아가 비서정자(秘書正字)를 지냈다.

께서는 이것을 버리면 달리 생계로 삼을 일이 없다고 답하셨으니, 오직 그 마음을 확립함에 의(義)와 이(利)의 분별을 어떻게 하느냐를 살펴볼 뿐입니다. 어찌 약국을 의로운 일이 아니라고 하여 폐할 수 있겠습니까.

김낙풍에게 답함 무인년[126]

答金樂豐 戊寅

좌우가 현재 거처하고 있는 곳[127]은 바로 옛날의 진수(鎭戍)[128]입니다. 관수(官戍)는 진나라와 송나라 때에 현달한 요직(要職)이고 진장(鎭將)은 후주(後周) 때 현달한 요직이니, 경시해서는 안 됨이 분명합니다.

한 장(障 변방의 작은 성채(城寨))에 오르면 마땅히 한 장의 책임을 다해야 하고 한 보(堡)에 있으면 마땅히 한 보의 직책을 다해야 하니, 벼슬을 맡고 있는 자는 지위의 높고 낮음을 막론하고 마땅히 삼가고 한결같이 하는 도(道)를 생각해야 합니다. 주(周)나라 사람이 회이(淮夷)를 막을 적에 한 것처럼 활과 화살을 준비하고 과(戈)와 창을 단련하며 칼날을 예리하게 갈아서 감히 좋지 않음이 없게 할 수 있겠습니까?[129] 이미 무관(武官)으로 몸을 일으켰으니, 항상 병기(兵器)와 갑옷을 깔

126 무인년(戊寅年) : 1818년(순조18)으로, 매산의 나이 43세 되던 해이다.

127 좌우가……곳 : 경상 좌수영(慶尙左水營)의 개운포(開雲浦) 만호영으로 만호(萬戶)가 주둔했던 곳이다. 지금의 부산광역시 동구 좌천동(佐川洞)에 있었다. 김낙풍이 개운포 만호로 있었다는 기사가 《승정원일기(承政院日記)》 순조 17년 12월 28일 기사에 보인다.

128 옛날의 진수(鎭戍) : 진수가 옛날에는 수비하는 군대가 주둔하고 있는 군영(軍營)이나 성보(城堡)를 가리키는 말로 쓰였기 때문에 이렇게 말한 것이다.

129 주(周)나라……있겠습니까 : '활과 화살을 준비하고 과(戈)와 창을 단련하며 칼날을 예리하게 갈아서 감히 좋지 않음이 없게 한다.'는 말은 노후(魯侯) 백금(伯禽)이 침략해온 회이(淮夷)와 서융(徐戎)을 정벌할 때 맹세한 말이므로 이렇게 말한 것이다. 《書經 費誓》

고 자서 싸우다가 죽어도 싫어하지 않는[130] 뜻을 보존한 뒤에야 절충어모(折衝禦侮)[131]할 수 있는 것이니, 부디 가정을 돌아보아 연연해하고 낙심하여 가련한 기색이 보이는 일이 없게 하시기 바랍니다.

마복파(馬伏波)의 풍절(風節)[132]을 비록 쉽게 미칠 수는 없으나 바로 원하는 바는 여기에 있지 않겠습니까. 지난해 제가 몰운대(沒雲臺)에 올라가서 정운(鄭運)[133]의 유적비(遺蹟碑)를 읽어보고 당일의 일을 상상하면서 비분강개하고 눈물을 흘리며 곧바로 이분을 구천(九泉)에서 다시 살아나게 하였으면 하는 바람을 가졌으나 될 수가 없었습니다. 좌우께서도 마땅히 이러한 감회를 가지셔서 지나간 유적으로 심상하게 보지 않으신다면 다행일 것입니다.

130 병기(兵器)와……않는 : 이 내용은 《중용》 제10장에 그대로 보이는데, 주자의 《장구(章句)》에 임(衽)을 석(席)으로 풀이한 것을 따라 이렇게 번역하였다. 그러나 다산(茶山) 정약용(丁若鏞)은 "임은 옷깃이니, 투구와 갑옷은 바로 쇠와 가죽을 옷깃으로 삼는 것이다. 《장구》에 임을 석이라 훈한 것은 옳지 않을 듯하다.〔衽者衣衽也, 鎧甲正以金革爲衽. 章句訓衽爲席, 恐不然也.〕"라고 주장하였다.

131 절충 어모(折衝禦侮) : 적(敵)의 침략을 꺾고 적의 침입을 막는다는 뜻으로 외적의 방비에 대비하는 일을 말한다.

132 마복파(馬伏波)의 풍절(風節) : 마복파는 후한(後漢) 광무제(光武帝) 때의 명장인 마원(馬援 기원전 11~기원후 49)으로 복파장군(伏波將軍)의 벼슬을 하였기 때문에 이렇게 칭한 것이다. 광무제에게 중용되어 많은 공을 세웠으며 남만(南蠻)을 정벌하였다. 풍절은 기풍과 절개를 이른다.

133 정운(鄭運) : 1543~1592. 자는 창진(昌辰), 본관은 하동(河東), 시호는 충장(忠壯)으로 1570년(선조3) 무과에 급제하여 출사하였고 녹도 만호(鹿島萬戶)로 있을 때에 임진왜란이 일어나자 이순신(李舜臣) 장군의 휘하에서 왜적과 싸웠다. 1592년 9월 1일 부산포 해전에서 이순신이 이끈 조선 해군이 대승을 거둘 때 우부장(右部將)이 되어 선봉에서 싸우다가 전사하였다.

비록 고인의 뒤를 따라 장성(長城)의 굴에서 말에게 물을 먹이고 교하(交河)의 근원에서 병기를 씻는 일[134]을 할 수는 없으나, 항상 무경(武經)의 여러 책[135]을 읽어서 용병(用兵)하여 승리하는 밑천으로 삼는 것이 어떻겠습니까? 삼국시대의 주연(朱然)이 종일 조심하고 또 조심해서 마치 행진(行陣)에 있을 때와 같이 하였는데, 주자가 이 일을 인용하여 배우는 자들이 마음을 잃는 것을 경계하셨습니다.[136] 진실로 이 뜻을 체득한다면 응당 자기가 따라야 할 바에 있어 미혹되지 않을 것입니다.

듣건대 귀진(貴鎭)과 여러 이웃의 진들이 밤낮으로 서로 모여서 잡기

134 장성(長城)의……일 : 이 내용은 《어정연감류함(御定淵鑑類函)》 권230 〈변새부일(邊塞部一) 어변2(禦邊二)〉에 보인다.

135 무경(武經)의 여러 책 : 병법(兵法)에 대하여 기술한 무경칠서(武經七書) 등을 이른다. 무경칠서는 북송(北宋) 때에 《손자(孫子)》·《오자(吳子)》·《사마병법(司馬兵法)》·《육도(六韜)》·《황석공삼략(黃石公三略)》·《울료자(尉繚子)》·《이위공문대(李衛公問對)》의 일곱 책을 모은 것으로, 이는 유가(儒家)의 대표적인 경서인 《논어》·《맹자》·《대학》·《중용》·《시경》·《서경》·《주역》을 묶어 칠서라 하는 데서 착안하여 이름한 것이다.

136 삼국시대의……경계하셨습니다 : 이 내용은 《주자어류》 권12 〈학(學)6 지수(持守)〉에 "삼국시대의 주연(朱然)이 종일 조심하고 또 조심해서 마치 행진(行陣)에 있을 때와 같이 하였으니, 배우는 자가 이러한 마음을 지키면 길이 마음을 잃지 않을 것이다.〔三國時朱然, 終日欽欽, 如在行陣, 學者持此, 則心長不放矣.〕"라고 보이는 주자의 말을 이른 것이다. 주연(182~249)은 삼국시대 오(吳)나라의 장군으로 자는 의봉(義封)이다. 건안(建安) 24년(219) 관우(關羽)가 지키는 형주(荊州)를 공격하는 전투에 참여하여 관우를 사로잡는 공을 세워 중용되었고 황초(黃初) 원년(220) 유비(劉備)가 대군을 이끌고 오나라를 공격하자 대도독(大都督) 육손(陸遜)을 따라 우도독(右都督)이 되어 촉나라 군대를 대파하고 정북장군(征北將軍)에 올랐으며, 계속 공을 세워 벼슬이 좌대사마(左大司馬)에 이르렀다.

(雜技)를 가지고 소일(消日)하는 방법으로 삼는다고 하니, 만일 그렇다면 어찌 남문을 걸어 잠그고 나라를 지키는 것이 되겠습니까. 한 명의 진장(鎭將)이 비록 훌륭한 일을 할 수는 없으나 마땅히 국가의 간성(干城)이 되겠다는 마음을 가져야 하니, 좌우를 위해서 원하는 것 또한 진실로 여기에 있습니다. 제 마음을 이해해 주실 수 있겠습니까?

경항운에게 답함

答慶恒運

좌우의 이번 부임(赴任)은 오로지 가난 때문에 생긴 일입니다. 그렇다면 포관격탁(抱關擊柝)[137] 또한 사양할 수 없는 것이니, 참으로 이른바 관직을 가리지 않고 벼슬한다는 것입니다.

무릇 관직에 있는 자는 녹봉이 적으면 염증이 생기고 염증이 생기면 공경하는 마음이 부족하게 됩니다. 태만한 마음이 조금이라도 있게 되면 일이 날마다 파탄(破綻)으로 달려가니, 이는 바로 선현들이 경계하신 바입니다. 다만 마땅히 처한 상황에 따라 편안히 여기기를 마치 천명(天命)을 편안히 여기는 것처럼 하고, 윗사람을 섬기고 아랫사람을 부림에 있어 성의(誠意)를 다해야 하니, 성의가 서로 믿어진 뒤에야 훌륭한 일을 할 수 있습니다.

게으른 뜻이 한 번 생기면 바로 자포자기(自暴自棄)[138]가 되니, 백성

137 포관격탁(抱關擊柝) : 가난 때문에 부득이하게 하는 미관말직을 말한다. 《맹자》 〈만장 하〉에 "높은 자리를 사양하고 낮은 자리에 처하며 많은 녹봉을 사양하고 가난한 데 처하려면 어떤 자리가 마땅한가? 포관과 격탁이 좋으니라.〔辭尊居卑, 辭富居貧, 惡乎宜乎? 抱關擊柝.〕"라고 보인다. 포관은 문지기이고 격탁은 나무를 두드리면서 야경(夜警)하는 사람을 이른다.

138 자포자기(自暴自棄) : 자포는 스스로 해치는 것으로 도덕과 예의를 부정함을 이르고, 자기는 스스로 포기하는 것으로 자신은 도덕과 인의(仁義)를 행할 수 없다고 체념함을 이른다. 맹자는 "자포하는 자와는 더불어 말할 수 없고 자기하는 자와는 더불어 훌륭한 일을 할 수 없으니, 말할 적에 예의를 비방하는 사람을 자포라 이르고, 내 몸은 인에 거할 수 없고 의를 따를 수 없다고 말하는 사람을 자기라 이른다.〔自暴者,

을 다스리는 일 또한 그렇습니다. 이치를 따르고 법을 지켜서 오직 자기 직분에 당연히 해야 할 일을 다해야 하니, 어찌 벼슬의 높고 낮음에 얽매일 것이 있겠습니까. 지금 좌우께서 처한 자리는 삼품(三品)의 지위이고 한 장(障)을 맡고 있어서[139] 본래 맡은 직위가 있고 직책이 있으니, 힘써 훌륭한 계책을 생각해서 국가의 절충어모(折衝禦侮)[140]에 대한 도모를 하시는 것이 어떻겠습니까?

위급한 일의 발생은 국가에 때때로 있는 것이니, 수비를 철저히 하고 봉화(烽火)를 삼가서 항상 적의 침략이 있는 것처럼 대비하는 것이 바로 정사(政事)를 펴는 것입니다. 형세가 막혀서 진실로 힘쓰기가 어렵더라도 반드시 '그 어려움을 생각하여 쉽게 할 것을 도모하며 평소에 일을 갖추어 갑작스럽게 닥치는 위급한 상황에 대응한다.〔思艱圖易素具應卒〕'[141]는 것으로 여덟 자의 부(符)를 삼기를 거듭 바라고 거듭

不可與有言也, 自棄者, 不可與有爲也, 言非禮義, 謂之自暴也, 吾身不能居仁由義, 謂之自棄也.〕"라고 하였다. 《孟子 離婁上》

139 지금……있어서 : 경항운(慶恒運)은 1825년(순조25)부터 1834년 사이에 여러 번에 걸쳐 오위장(五衛將)에 제수되었는데, 이 직위는 정3품으로 주로 입직(入直)과 도성을 순찰하는 일과 시위(侍衛) 등의 임무를 수행하였으며, 오위장들은 외소(外所)·남소(南所)·서소(西所)·동소(東所)·북소(北所) 등 다섯 위장소(衛將所)에 각각 1명씩 입직하여 왕의 명령에 따라 임무를 수행하였다.

140 절충 어모(折衝禦侮) : 227쪽 주131 참조할 것.

141 그……대응한다 : 원문의 '사간도이(思艱圖易)'는 《서경(書經)》〈군아(君牙)〉에 "그 어려움을 생각하여 쉽게 해줄 것을 도모하면 백성들이 이에 편안해질 것이다.〔思其艱, 以圖其易, 民乃寧.〕"라고 말한 구절을 줄여 말한 것이며, '소구응졸(素具應卒)'은 《사기(史記)》 권79 〈범수채택열전(范雎蔡澤列傳)〉의 "일을 평소에 갖추지 못하면 갑작스럽게 닥치는 위급한 상황에 대응하지 못한다.〔物不素具, 不可以應卒.〕"라는 구절을 줄여 말한 것이다.

바랍니다.

공무(公務)의 여가(餘暇)에 반드시 무경(武經)의 여러 책[142]을 읽어서 항상 용도호략(龍韜虎略)[143]이 마음과 눈에 삼삼하게 늘어서 있게 하고, 한가로운 날에 진영(陣營)의 자제들을 거느려서 기마술과 궁술을 익히게 하고 이어서 심복(心腹)을 다 미루어 윗사람을 친애하고 어른을 위해서 죽는 의리[144]로써 가르쳐 준다면 어디를 간들 효험을 보지 못함이 없을 것입니다.

가르침이 있으면 종류가 없으니,[145] 이 무리들을 교화의 밖에 버려두어서는 안 됩니다. 좌우는 오랫동안 내영(內營 대궐 안에 있는 병영)에 있었으니, 선왕조에 지우(知遇)를 입은 것이 어떻습니까? 삼가 짐작하건대, 선왕의 은혜에 보답하려는 한 생각이 단사(丹砂)처럼 찬란할 것이니, 어찌 작은 벼슬이라 하여 소홀히 하겠습니까. 이 때문에 좌우를 위하여 이와 같이 말하는 것이니, 응당 제 마음을 환하게 이해해 주실 것이라고 생각합니다.

142 무경(武經)의 여러 책 : 자세한 내용은 228쪽 주135 참조.

143 용도호략(龍韜虎略) : 병서(兵書)의 대칭(代稱)인데 용병전략(用兵戰略)이란 의미로도 쓰인다.

144 윗사람을……의리 : 이 내용은 《맹자》 〈양혜왕 하(梁惠王下)〉의 "임금께서 어진 정치를 행하시면 이 백성들이 윗사람을 친애해서 어른을 위해 죽을 것입니다.〔君行仁政, 斯民親其上, 死其長矣.〕"라는 구절을 원용하여 말한 것이다.

145 가르침이……없으니 : 이 내용은 《논어》 〈위령공(衛靈公)〉에 "가르침이 있으면 종류가 없다.〔有教無類〕"라고 보이는데, 주자는 이에 대해 '사람의 성(性)은 다 선하나 그 종류에 선과 악의 다름이 있는 것은 기질과 습관에 물들기 때문이다. 그러므로 군자가 가르침이 있으면 사람이 모두 선으로 돌아올 수 있으니, 다시 그 종류의 악함을 논해서는 안 된다.'라고 풀이하였다.

박생 병은 에게 답함 기해년[146]

答朴生 秉殷○己亥

조주(祧主)를 체천(遞遷)함[147]은 마땅히 적손(嫡孫)을 먼저 하고 서손(庶孫)을 뒤에 해야 하니, 항렬(行列)의 높고 낮음은 굳이 논할 것이 없을 듯합니다. 만약 이미 먼저 항렬이 높은 서족(庶族)의 신주를 바꿔 썼다면 마땅히 사유를 고하고 추후에 바꿔야 할 것이니, 고유하는 글은 아래에 있습니다.

"유세차 운운. 현손(玄孫) 아무개는 현고조고(顯高祖考) 운운과 현고조비(顯高祖妣) 운운, 현증조고(顯曾祖考) 운운과 현증조비(顯曾祖妣) 운운께 감히 밝게 고합니다. 두 대의 체천할 신주를 마땅히 장방(長房)으로 옮겨야 하는데, 적손을 먼저 하고 서손을 뒤에 함이 이미 선철들의 정론(定論)이 있습니다. 그런데도 잘못 서종숙(庶從叔)의 속칭(屬稱)으로 신주를 썼으니, 일이 떳떳한 법과 다르게 되었습니다. 예(禮)에 마땅히 개정(改正)하여 불초(不肖)의 방으로 옮겨 봉안하여야 하기에, 삼가 술과 과일을 가지고 펴서 경건히 고합니다."

146 기해년(己亥年) : 1839년(헌종5)으로, 매산의 나이 64세 되던 해이다.

147 조주(祧主)를 체천(遞遷)함 : 조주는 봉사손(奉祀孫)과 5대 이상이 되어 친진(親盡)이 된 신주를 말한다. 이 신주는 봉사손의 집에서 아직 5대가 되지 않은 최장방(最長房)으로 옮기고, 최장방이 죽을 경우 다음 최장방으로 옮기는데, 그 자손 중에 4대 이내의 자손이 없게 되면 무덤 옆에 매안(埋安)한다.

박종휴 진수 에게 답함 경술년[148]

答朴重休 振秀○庚戌

말씀하신 뜻은 모두 잘 알았습니다. 수많은 생명이 세상과 함께 변하여 없어지나, 전해져서 다 바뀌지 않는 것으로는 유독 성씨(姓氏)가 그대로 남습니다.

그러나 한(漢)·당(唐) 이래로 혹 당시 군주가 성을 하사하여 성이 바뀌는 경우가 있고 혹 원수를 피하여 성을 바꾸는 경우도 있고 혹 혐의(嫌疑)를 피하여 성을 바꾸는 경우도 있고 혹 나그네가 되었다고 하여 바꾸는 경우도 있으니, 예컨대 성을 월(越)로 바꾸고 발(勃)도 바꾼 경우와 주(朱)씨 성을 사칭하고 정(鄭)씨 성을 사칭한 경우와 석경당(石敬塘)의 석씨와 유지원(劉知遠)의 유씨[149] 등 이루 다 셀 수가 없습니다.

자기 성을 바꾼 뒤에 아울러 자기 관향(貫鄕)까지 바꾸어서 왕왕 스스로 뿌리를 잘라 흐르는 물결 따라 흘러가고 구름처럼 흩어져서 그 끝이 없으니, 허공에 날아가는 새와 광야에 달리는 짐승과 무엇이 다르겠습니까. 모이고 흩어짐이 일정함이 없어서 인도(人道)가 혹 거

148 경술년(庚戌年) : 1850년(철종1)으로, 매산의 나이 75세 되던 해이다.

149 석경당(石敬塘)의……유씨 : 석경당(892~942)은 오대시대 후진(後晉)의 고조(高祖)로 후당(後唐)의 명종(明宗)을 섬기다가 그가 죽자, 후당을 멸하고 후진(後晉)을 건국한 인물이고 유지원(劉知遠, 895~948)은 오대시대 후한(後漢)의 고조로 석경당의 부하로 있다가 후진의 소제(少帝)가 거란에 잡혀가자 후한을 건국한 인물로, 두 사람은 모두 돌궐(突厥) 사타족(沙陀族) 출신인데 선대 왕족의 성을 사칭하였다.

의 끊어지게 되었습니다.

존문(尊門)에서 관향을 바꾼 것은 남을 속이고자 한 것이 아니었습니다. 처음에 관향을 바꾼 것은 세상에 은둔하여 자정(自靖)하기 위해서였고, 중간에 관향을 회복한 것은 진실로 성씨가 나온 바를 좋아하고 근본을 잊지 않은 데서 나온 것으로,[150] 각각 정밀한 의리가 있었습니다. 그런데 지금 또다시 백 년이 지난 뒤에 관향을 바꾸는 것은 신중함이 부족한 듯합니다. 옛날 그대로 밀성(密城 밀양(密陽))을 관향으로 하는 것이 선조를 따르는 의의(意義)가 될 것입니다.

백 년 동안 써온 호적과 사판(祠版)의 함중(陷中)[151] 등 허다한 문적(文籍)을 갑자기 바꾸기가 어려우니, 태인(泰仁)을 버리고 밀성을 따르는 것이 바로 변사(變事)에 처하여 그 바름을 잃지 않는 것이 될 것입니다.

밀성은 바로 소자출(所自出 어떤 사물이 나온 근본이나 출처)이니, 시초를 근원하고 종말을 맞추며 종(宗)으로 통괄하고 근원으로 모으는 것이

150 처음에……것으로 : 태인박씨는 시조가 고려(高麗) 문종(文宗) 때 도평의사사사(都評議使司事)을 지낸 박언상(朴彦祥)이다. 박언상의 8세손인 박거인(朴居仁)이 고려 말에 지금의 전라북도 태인(泰仁)으로 유배되어 그곳에 정착하였는데, 그의 증손자로 단종 때에 대호군(大護軍)으로 있던 돈재(遯齋) 박연생(朴衍生)이 수양대군(首陽大君)이 계유정난(癸酉靖難)을 일으켜 왕위를 찬탈하자, 벼슬을 버리고 전라남도 장성군에 은거하면서 본관(本貫)을 밀양에서 태인으로 고쳤다. 이후 태인박씨는 각각 집안별로 일부는 밀양으로 복관하였고 일부는 그대로 남았다. 《한국인의 족보, 일신각(日新閣)》, 《두산백과사전》 자정(自靖)은 스스로 의리에 맞게 처신하여 편안하게 여긴다는 뜻으로 자세한 내용은 217쪽 주104 참조.

151 사판(祠版)의 함중(陷中) : 사판은 신주를 이르고 함중은 신주나 위패 속에 네모지게 파낸 홈으로, 여기에 죽은 사람의 이름과 별호, 관향과 관직 따위를 적는다.

어찌 의리의 편안함을 얻지 않겠습니까. 저의 어리석은 소견이 이와 같으나 감히 자신할 수가 없으니, 부디 널리 물어서 재량(裁量)하시기 바랍니다.

박돈행에게 답함
答朴敦行

조조(朝祖)[152]는 살았을 때에 밖에 나가면 부모에게 고하는 뜻을 본뜬 것이니, 부녀자가 길을 떠날 때에 어찌 높은 분에게 하직인사를 하지 않을 수 있겠습니까.

《주례(周禮)》〈천관(天官)〉에 "왕후(王后)의 상에 선조의 사당에 뵙게 되면 벽제(辟除)를 한다." 하였는데, 웅씨(熊氏)가 이것을 인용하여 어머니 상에 또한 조조하는 증거로 삼았습니다. 노(魯)나라 정강(定姜)[153]이 머리를 싸매고 비녀를 하고 군주를 뵈었으니, 살았을 때에 마땅히 뵈었다면 죽어서는 어찌 뵙지 않을 수 있겠습니까. 신독재(愼獨齋 김집(金集))께서 남편의 궤연에 뵙는 것이 예에 맞는다고 하였으니, 마땅히 바꿀 수 없는 정론이 될 듯합니다.

152 조조(朝祖) : 발인(發靷)하기 하루 전에 영구(靈柩)를 모시고 사당으로 가서 조상을 뵙는 의절(儀節)이다. 이는 살았을 때에 밖에 나가게 되면 부모에게 고하는 뜻을 본뜬 것인데, 후세에는 가묘(家廟)가 협소한 관계로 혼백(魂帛)으로 대신하였다. 《가례(家禮)》 권4 〈상례(喪禮)〉에 "발인 하루 전날에 조전(朝奠)을 올리면서 영구를 옮길 것을 고유한다. 영구를 받들어 조묘에 알현시킨다.〔發引前一日, 因朝奠以遷柩告, 奉柩朝於祖.〕"라고 보인다. 혼백은 초상을 당하여 신주를 만들기 전에 명주를 접어서 임시로 만든 신위(神位)를 이른다.

153 노(魯)나라 정강(定姜) : 《춘추좌씨전(春秋左氏傳)》 성공(成公) 14년 등에 정강은 위(衛)나라 정공(定公)의 부인이라고 하였는데, 동일인인지는 미상이다.

이인식에게 답함
答李仁植

시아버지가 자부(子婦)의 상을 주관하다가 자부의 소상제(小祥祭)를 치르기 이전에 별세하였으면, 자부의 소상제를 마땅히 시아버지 상의 졸곡(卒哭) 뒤에 행해야 하는데, 남편이 마땅히 제사를 주관하여야 하는 바, 축문은 남편이 아내에게 고하는 글을 써야 합니다.

축문이 제주(題主)와 똑같지 않은 것[154]에 대해서는 굳이 구애될 필요가 없을 듯합니다. 소상제 전날에 마땅히 뒤로 늦춰서 행하는 사유를 아내 상(喪)의 궤연(几筵)에 고해야 하니, 고유하는 축사는 아래에 있습니다.

"유세차 운운. 남편 아무개는 망처(亡妻) 아무개에게 밝게 고합니다. 처음 상을 선부군(先府君)께서 주관하셨으므로 망자부(亡子婦)라고 신주에 썼는데, 명일에 장차 연사(練事)-혹은 상사(祥事)라고도 한다-를 뒤로 늦춰 행할 때에 축문에 남편이 아내에게 고하는 예를 써야 하므로 이에 고합니다."

154 축문이……것 : 제주(題主)는 신주에 죽은 사람의 이름 등을 쓰는 일을 가리킨다. 처음 상을 치를 적에 시아버지가 상을 주관하여 신주에 '자부 모씨'라고 쓰여 있으나, 지금 시아버지가 별세하여 축문에는 남편의 이름을 쓰므로 이렇게 말한 것이다. 이 신주는 대상(大祥)과 담제(禫祭)가 지나 부묘(祔廟)할 때에 다시 쓰는바, 이를 개제(改題)라 한다.

한국보 유관 에게 답함 갑신년[155] 동짓달

答韓國寶 有觀○甲申復月

삼연(三淵) 선생이 가슴 아파하면서 말씀하시기를[156]

"주자께서 후학(後學)을 위하여 법문(法門)[157]을 넓게 만들어서 학문하는 방편을 곡진히 베푸시기를 이루 말할 수 없이 진실로 상세하게 반복하셨는데, 또 일찍이 그 뜻을 남김없이 다 드러내면서 거듭 맹세하여 말씀하기를 '한 번 내 말대로 열흘이나 보름 동안 공부해 보아서 효험이 없거든 이 노승(老僧)의 머리를 잘라 가라.'[158]라고 하였으니,

155 갑신년(甲申年) : 1824년(순조24)으로, 매산의 나이 49세 되던 해이다.

156 삼연(三淵)……말씀하시기를 : 삼연은 김창흡(金昌翕, 1653~1722)의 호이다. 자는 자익(子益), 본관은 안동(安東), 시호는 문강(文康)이며 영의정 김수항의 아들이고 몽와(夢窩) 김창집(金昌集), 농암(農巖) 김창협(金昌協)의 아우이다. 과거에 관심이 없어 1673년(현종14)에 진사시에 합격한 뒤 과장에 발을 끊었으며, 1689년 기사환국 때 아버지가 사사(賜死)되자 영평(永平)에 은거하였다. 1721년(경종1) 집의에 제수되었으며, 이듬해 영조가 세제(世弟)로 책봉되자 세제시강원(世弟侍講院)에 임명되었으나 모두 사임하고 나가지 않았다. 형 김창협과 함께 성리학과 문장으로 명성이 높았다. 삼연이 말한 아래의 내용은 《삼연집(三淵集)》 권18 〈서(書) 답신유(答申愈)〉에 실려 있는데, 본문과는 약간의 차이가 있다.

157 법문(法門) : 원래 불교 용어로 부처의 교법(敎法)을, 중생(衆生)을 열반(涅槃)에 들게 하는 문이라고 비유하는 말인데, 여기서는 성인(聖人)의 법에 들어가는 문을 가리켰다.

158 한……가라 : 이 내용은 《주자어류(朱子語類)》 권10 〈학4(學四) 독서법 상 (讀書法上)〉에 "대저 배우는 자들은……이와 같이 3년 동안 책을 읽고서 장족의 발전이 없으면 조주 화상이 말한 바와 같이 노승의 머리를 잘라 가라.〔大抵學者……如此讀書三

이 말씀이 통절하다. 천하가 광대하고 사람이 살아가는 3만 일이 또한 오래지 않은 것이 아닌데도, 열흘이나 보름 동안의 공부를 능히 실제로 하는 사람을 찾아보면 또한 그다지 많지 않으니, 주자께서 아마도 장차 지하(地下)[159]에서 눈을 감지 못하실 것이다."

라고 하였으니, 저는 이 구절을 읽을 때마다 거의 눈물을 흘립니다. 그러므로 이를 들어서 외는 것입니다. 그대는 빨리 이 뜻을 확실하게 이해해서 치랍(梔蠟)[160]을 일삼지 말고 명성을 힘써 구하지 말며 명예를 좇아 실제를 잊지 말고 오직 이천(伊川)의 얼굴만 보았다는 비난을 받지 않은 뒤에야 비로소 참다운 학문을 한다고 이를 만하여 선생의 제자가 됨에 부끄러움이 없을 것이니, 어진 그대는 공경히 생각하십시오.

年, 無長進處, 則如趙州和尙道, 截取老僧頭去.〕"라고 한 주자의 말을 삼연이 변형하여 말한 것으로 보인다.

159 지하(地下) : 원문의 '장야(長夜)'는 사람이 죽은 뒤에 묻히는 지하를 비유하는 말이다.

160 치랍(梔蠟) : 치자(梔子)와 밀랍(蜜蠟)의 병칭으로, 실속이 없는 자가 겉만 꾸며 자신을 과시함을 이른다. 《유하동집(柳河東集)》 권20 〈고편(賈鞭)〉에 시정의 장사꾼들이 평범한 채찍에 치자물을 들여 황금빛을 내고 밀랍을 칠해 윤택하게 하여 비싸게 파는 이야기가 보이는데, 여기에서 유래하였다. 유하동은 유종원(柳宗元, 773~819)을 이른다.

한국보에게 답함 신묘년[161]

答韓國寶 辛卯

주정(主靜) 공부[162]에 치우쳐서 병(病)이 생김에 이르렀다는 것은 또한 초학자가 미칠 바가 아닙니다. 세속에서 소란스럽게 사는 자의 입장에서 보면 고요할 줄 아는 것이 참으로 좋으나, 나는 참으로 고요한 자를 보지 못했습니다.

몸과 마음이 모두 고요하여야 비로소 고요하다고 이를 수 있는데, 정좌(靜坐)하는 자들이 왕왕 앉아는 있으나 잡념은 그치지 않고 있으니, 이와 같은 경우를 어찌 고요하다고 말할 수 있겠습니까. 빨리 이 뜻을 체득해서 주자의 반나절은 정좌(靜坐)하고 반나절은 독서하라는 법[163]을 사용해서 한쪽에 치우치지 않는 것이 어떻겠습니까?

이른바 반나절씩 하라는 것은, 하루의 반을 나누어서 오전의 반은 정좌를 하고 오후의 반은 독서하라고 말한 것이 아니요, 정좌와 독서 두 가지를 모두 그 힘을 다하여 잠시도 그쳐서는 안 됨을 말한 것일

161 신묘년(辛卯年) : 1831년(순조31)으로, 매산의 나이 56세 되던 해이다.

162 주정(主靜) 공부 : 유학자들의 수양법으로 망상을 제거하고 마음을 고요하게 가져 외물에 동요되지 않도록 수양하는 공부를 이른다. 북송(北宋)의 유학자 염계(濂溪) 주돈이(周惇頤, 1017～1073)의 〈태극도설(太極圖說)〉에 "성인이 중(中)·정(正)·인(仁)·의(義)로써 정하되 주정(主靜)하여 사람의 법을 세웠다.〔聖人定之以中正仁義而主靜, 立人極焉.〕"라고 한 데서 온 말이다.

163 주자의……법 : 이 내용은 《주자어류(朱子語類)》 권116 〈주자(朱子)13 훈문인(訓門人)4〉에 보인다.

뿐입니다. 선철께서 또한 말씀하기를 "배우는 자들이 이런 공부를 하지 않고 헛되이 일생을 보낸다."라고 하였으니,[164] 부디 좌우께서는 노력하십시오.

164 선철께서……하였으니 : 선철은 명(明)나라 때의 학자 고반룡(高攀龍, 1562~1626)으로 자는 존지(存之), 호는 경일(景逸), 시호는 충헌(忠憲)이다. 만력(萬曆) 17년(1589) 진사(進士)가 되어 출사하고 벼슬이 대리소경(大理少卿)에 이르렀다. 엄당(閹黨)의 원한을 사서 삭적(削籍) 당하자 귀향하여 스승 고헌성(顧憲成)과 함께 무석(無錫)의 동림서원(東林書院)에서 강학하며 동림학파(東林學派)를 일으켜 스승과 함께 영수가 되었다. 고반룡의 이 말은《고자유서(高子遺書)》권1 〈어(語)〉에 보인다.

김은수 명규 에게 답함 정미년[165]

答金誾叟 命奎○丁未

예로부터 성철(聖哲)들은 항상 경계하고 두려워하는 마음을 가졌습니다. 대성(大聖)이신 순(舜)임금께서 남면(南面)하여 자기 몸을 공손히 하셨으니[166] 어찌 경계할 만한 일이 있었겠습니까마는 그런데도 익(益)은 나태하고 방탕함을 경계하였고,[167] 고요(皐陶)는 안일과 욕심을 경계하였고,[168] 우(禹)는 오만하고 포악함을 경계하였으니,[169] 이런 일이 있을 것을 근심하여 미리 방비한 것이 아니겠습니까. 아니면 이런 일이 없을 줄 알면서도 우선 이러한 말을 해서 경계한 것일 것입니다.

165 정미년(丁未年) : 1847년(헌종13)으로, 매산의 나이 72세 되던 해이다.

166 대성(大聖)이신……하셨으니 : 이 내용은《논어》〈위령공(衛靈公)〉의 "저절로 다스리신 분은 순임금이실 것이다. 무엇을 하셨겠는가? 몸을 공손히 하고 바르게 남면하였을 뿐이셨다.〔無爲而治者, 其舜也與. 夫何爲哉? 恭己正南面而已矣.〕"라는 구절을 원용한 것이다.

167 그런데도……경계하였고 : 익(益)은 순임금 때의 재상인 백익(伯益)으로, 그가 순임금에게 경계하기를 "나태함이 없고 방탕함이 없으면 사방의 오랑캐가 조회를 올 것입니다.〔無怠無荒, 四夷來王.〕"라고 하였으므로 말한 것이다.《書經 大禹謨》

168 고요(皐陶)는……경계하였고 : 고요가 우(禹)임금에게 경계의 말을 올리기를 "안일과 욕심으로 제후(諸侯)를 가르치지 마시어 삼가고 두려워하소서.〔無教逸欲有邦, 兢兢業業.〕"라고 하였으므로 말한 것이다.《書經 皐陶謨)》

169 우(禹)는……경계하였으니 : 우가 순임금에게 경계를 올리면서 "단주처럼 오만하지 마소서. 태만하게 노는 것을 좋아하며 오만함과 포악함을 저질렀습니다.〔無若丹朱傲. 惟慢遊是好一, 傲虐是作.〕"라고 하였으므로 말한 것이다.《書經 益稷》

인심은 위태로워서 조금만 경계와 두려움을 늦추면 곧바로 안락(安樂)으로 흐르는데도 스스로 알지 못하니, 이른바 '성인(聖人)이라도 생각하지 않으면 광인(狂人)이 된다.'[170]는 것이 이것입니다. 공자의 문하에서 전수한 심법(心法)은 또한 다만 계구(戒懼)와 신독(愼獨)[171]뿐인데, 후세에 배우는 자들 중에는 실제로 이 뜻을 터득한 자가 매우 드무니, 이에 왕왕 태만함이 공경을 이기고 욕심이 의리를 이겨서[172] 점차적으로 선(善)이 날로 사라지고 악이 날로 쌓이게 되니, 인욕(人欲)이 멋대로 흐르고 천리가 멸절되어 패가망신한 자들이 많습니다.

말로(末路)에 훌륭한 선비들에 있어서까지 모두 질박함이 없어지고 거짓이 불어났으니, 바로 우계(牛溪) 선생이 말씀하신바 "공덕(功德)을 바랄 뿐이요 스스로 힘쓰는 것은 애당초 하려 하지 않는다.〔望德祈功 而自家用力則不肯下手者〕"는 것입니다.[173] 이와 같이 하면서도 성인

170 성인(聖人)이라도……된다 : 이 내용은 《서경》 〈다방(多方)〉에 그대로 보인다.

171 계구(戒懼)와 신독(愼獨) : 계구는 계신공구(戒愼恐懼)를 줄인 말로, 《중용장구》 제1장에 "군자는 보지 않을 때에도 경계하고 삼가하며, 듣지 않을 때에도 두려워하는 것이다.〔君子戒愼乎其所不睹, 恐懼乎其所不聞.〕"라고 보이며, 신독은 신기독(愼其獨)을 줄인 말로 남은 모르고 자신만이 아는 생각을 삼가는 것인바, 《중용장구》 제1장에 "숨겨진 곳보다 드러남이 없으며 은미함보다 나타남이 없으니, 그러므로 군자는 그 홀로를 삼가는 것이다.〔莫見乎隱, 莫顯乎微, 故君子愼其獨也.〕"라고 보인다.

172 태만함이……이겨서 : 원문은 '태승경욕승의(怠勝敬欲勝義)'로, 《대대례(大戴禮)》의 〈무왕천조(武王踐阼)〉에 보이는 "공경이 태만함을 이기는 자는 길하고 태만함이 공경을 이기는 자는 망하며, 의리가 욕심을 이기는 자는 순하고 욕심이 의리를 이기는 자는 흉하다.〔敬勝怠者吉, 怠勝敬者滅, 義勝欲者從, 欲勝義者凶.〕"라는 구절을 축약하여 원용한 것인데, 이 글은 본래 주(周)나라 무왕(武王)이 즉위할 때 강태공(姜太公)이 지어 올린 〈단서(丹書)〉에 있는 내용이라고 한다.

173 우계(牛溪)……것입니다 : 우계는 성혼(成渾, 1535~1598)의 호이다. 자는 호원

(聖人)의 도를 구하는 것은 북쪽으로 수레를 몰면서 월(越)나라로 가려는 것이 아니겠습니까.

현자께서는 세상의 변고를 많이 겪어서, 병폐에 대해 통절하게 말씀하신 것이 바로 이와 같으시니, 그렇다면 마땅히 직접 자신이 병폐를 바로잡을 것을 생각하여야 하는데, 병폐를 바로잡는 방법은 충(忠)과 신(信)이 있을 뿐입니다. 성문(聖門)에서 사람을 가르칠 적에 오로지 충과 신을 위주로 하였으니, 충과 신은 문(文)과 행(行)의 근본이 됩니다. 그러므로 '충과 신으로써 근본을 삼는다.'라고 하였으니,[174] 이것이 먼저 그 큰 것을 세우는 것입니다.

진실로 능히 진정(眞正)을 가지고 공부를 하면, 자연 마음이 편안하고 몸이 펴지며 도리가 밝아질 것입니다. 충과 신이 바로 성(誠)이니, 성을 세워야 비로소 의거하고 지킬 자리가 있게 됩니다. 성이 확립되면 공업(功業)이 성취되는 바가 비로소 광대해질 수 있습니다. 그러므로 정백자(程伯子)께서 충과 신이 안에 쌓여서 한 생각도 성실하지 않은

(浩原), 본관은 창녕(昌寧), 시호는 문간(文簡)이다. 백인걸(白仁傑)의 문하에서 배웠으며 같은 고을의 율곡 이이와 벗하였고, 퇴계 이황을 사숙하였다. 학문에 뜻을 두어 사마시 초시에 합격하자 다시는 과거를 보지 않았는데 율곡의 추천으로 출사하고 벼슬이 이조 판서에 이르렀다. 1681년(숙종7)에 문묘에 종향되었으며, 파주의 파산서원(坡山書院) 등에 제향되었다. 우계의 말씀은 《우계집(牛溪集)》 권6 〈잡저(雜著) 서시변생(書示邊生)〉에 보인다.

174 성문(聖門)에서……하였으니 : 성문은 공자의 문하를 이른다. 《논어》 〈술이(述而)〉에 "공자께서는 네 가지로써 가르치셨으니, 문·행·충·신이었다.〔子以四敎, 文行忠信.〕" 하였는데, 주자의 《집주(集註)》에 "사람을 가르치되 글을 배우고 행실을 닦으며 충과 신을 마음에 보존하게 한 것이니, 이 중에 충과 신이 근본이다."라고 한 이천(伊川) 정이(程頤)의 말씀을 들었으므로 이렇게 말한 것이다.

것이 없고 말〔辭〕을 닦아 밖에 확립되어서 한마디 말도 성실하지 않음이 없는 것으로 도를 응집하는 의체(義諦)로 삼았습니다.[175] 그러므로 이것을 들어서 그대에게 외는 것이니, 필생(畢生)의 절도(節度)로 삼는 것이 어떻겠습니까?

지금 세상의 풍속에서는 이러한 말을 추구(芻狗)[176]로 돌리고, 밤낮으로 샅샅이 훑어 유자(儒者)의 허물을 찾아내는 일을 능사(能事)로 삼아서 선비라는 이름을 가진 자는 거의 세상에 용납되지 못합니다. 그러나 내가 스스로 바름을 얻었다면 다른 사람이 옳다 그르다고 하는 것이 무슨 상관이 있겠습니까.

'여기에 그쳐서 옮기지 않는다〔止於是而不遷〕'[177]의 '지(止)' 자는 《수

175 정백자(程伯子)께서……삼았습니다 : 정백자는 명도(明道) 정호(程顥)를 이른다. 이 내용은 남송의 학자 섭채(葉采)가 지은 《근사록집해(近思錄集解)》 〈위학(爲學)〉에 보이는 내용을 원용한 것이다. 섭채가, 《이정유서(二程遺書)》 권1 〈단백전사설(端伯傳師說)〉에 "종일토록 부지런히 힘쓰는 것이 매우 큰일이나 다만 '충과 신이 덕을 진전시키는 것'이 실제로 힘을 쓰는 곳이 되고, '말을 닦음에 성실함을 세우는 것'이 실제로 업을 닦는 곳이 된다.〔終日乾乾, 大小大事, 却只是忠信所以進德, 爲實下手處, 修辭立其誠, 爲實修業處.〕"라고 한 정백자의 말을 듣고, 이에 대해 "실제는 오직 충과 신이 안에 쌓여서 한 생각도 성실하지 않음이 없게 하는 것이 공력을 쓰는 곳이 되고, 말을 닦아 밖에 세워서 한마디 말도 성실하지 않음이 없게 하는 것이 공효를 보는 곳이 된다.〔其實則惟忠信積於內而無一念之不實者, 爲用功之地. 修辭立於外而無一言之不實者, 爲見功之地.〕"라고 풀이하였으므로 이를 원용하여 이렇게 말한 것이다.

176 추구(芻狗) : 짚을 엮어 개의 형상을 만든 것으로 제사를 지낼 때 진설하는 것인데, 제사가 끝나면 바로 내버리기 때문에, 잠시 사용하고 버리는 물건의 비유로도 쓰인다.

177 여기에……않는다 : 이 구절은 '지어지선지지이불천(止於至善之地而不遷)'을 이른 것으로 보인다. 《대학장구(大學章句)》 경(經)1장에 "'지(止)'는 반드시 '이에 이르러

자대전(朱子大全)》의 〈경연강의(經筵講義)〉에도 '지(止)' 자로 되어 있으니, 마땅히 《대학장구(大學章句)》를 바름으로 삼아야 할 것입니다. 옮기지 않는다는 것은 그치고 옮기지 않는 것이니, 비록 지선(至善)에 그치더라도 그 자리에 오랫동안 옮기지 않고 있지 못하면 빈복(頻復)[178]과 다른 것이 별로 없습니다. 이 때문에 이미 그침을 말하고도 또 옮기지 않음을 말한 것이니 그 반복하고 정녕(丁寧)한 뜻을 볼 수 있습니다.

마음에 아는 것을 가지고 말하였으므로 '미루어 지극히 한다〔推極〕'고 하였고, 사물을 가지고 말하였으므로 '궁구하다〔窮至〕'라고 하였으니,[179] 심오한 내용을 다 연구하고 기미를 살펴서[180] 다시 더 갈 곳이

옮기지 않는다〔至於是而不遷〕'는 뜻이요, 지선(至善)은 사리의 당연한 극(極)이다. 이는 명명덕과 신민을 모두 마땅히 '지선의 경지에 그쳐서 옮기지 않음〔止於至善之地而不遷〕'을 말한 것이니, 반드시 천리의 극을 다하고 일호라도 인욕의 사사로움이 없는 것이다.〔止者, 必至於是而不遷之意, 至善則事理當然之極也. 言, 明明德新民皆當止於至善之地而不遷, 蓋必其有以盡夫天理之極, 而無一毫人欲之私也.〕"라고 보이는데, 이 구절을 '至於是而不遷'의 오기로 볼 수도 있으나, 아래 글의 문맥을 살펴보면 '止於至善之地而不遷'으로 보는 것이 합당하다.

178 빈복(頻復) : 잘못을 완전히 고치지 못하여 다시 잘못을 저지르고 이를 고치기를 반복한다는 뜻이다. 《주역》 복괘(復卦) 육삼(六三) 효사(爻辭)에 "육삼은 돌아오기를 자주함이니, 위태로우나 허물이 없으리라.〔六三, 頻復, 厲, 无咎.〕" 하였는데, 정이천은 《역전(易傳)》에서 "삼효(三爻)는 음(陰)의 조급함으로 동(動)의 극(極)에 처하였으니, 돌아오기를 자주하여 견고히 하지 못하는 자이다."라고 풀이하였다. 돌아온다는 것은 잘못을 고친다는 의미이고, 이를 자주 한다는 것은 잘못을 고치되 견고히 지키지 못하고 다시 잘못을 저지른다는 뜻이다.

179 마음에……하였으니 : 이 내용은 《대학장구(大學章句)》 경(經)1장의 "'치(致)'

없다는 뜻은 동일합니다.

는 미루어 지극히 함〔推極〕이요 '지(知)'는 식(識)과 같으니, 나의 지식을 미루어 지극히 하여 아는 바가 다하지 않음이 없고자 하는 것이다. '격(格)'은 이름이요 '물(物)'은 사(事)와 같으니, 사물의 이치를 궁구하여〔窮至〕 그 극처가 이르지 않음이 없고자 하는 것이다.〔致推極也, 知猶識也, 推極吾之知識, 欲其所知無不盡也. 格至也, 物猶事也, 窮至事物之理, 欲其極處無不到也.〕"라는 구절에 대해 언급한 것이다.

180 심오한……살펴서 : 이 내용은 《주역》〈계사전 상(繫辭傳上)〉의 "《주역》은 성인께서 심오한 내용을 다 연구하고 기미를 살피는 것이다.〔夫易, 聖人之所以極深而研幾也.〕"라는 구절을 원용한 것이다.

김효백[181] 한충 에게 줌 임인년[182]

與金孝伯 漢忠○壬寅

양청계(梁靑溪)[183]의 경륜과 기절(氣節)은 같은 시대 인물들 중에 으뜸이었으니, 만일 몇 년의 수명을 연장하였다면 한 도(道)의 생명을 온전히 할 수 있었을 것입니다.

금산(錦山) 전투에서 반드시 패전에 이르지 않았을 것이요 정유재란(丁酉再亂)에도 왜적들이 창궐(猖獗)함에 이르지 않았을 터인데, 단명(短命)이라는 액운을 만난 것은 바로 기수(氣數 길흉화복의 운수)에 관계된 것이니, 청계의 불행이 바로 온 전라도의 불행이었습니다. 아직도 공(公)을 구천(九泉)에서 다시 살아나게 할 수만 있다면 이 몸이 백 번이라도 대신 죽겠다는 생각을 금하지 못합니다.[184]

181 김효백(金孝伯) : 김한충(金漢忠)으로 효백은 그의 자로 보인다. 《승정원일기(承政院日記)》 철종 1년 11월 4일 기사에 유학(幼學)이라는 기록이 보이는데, 동일 인물인지는 미상이다.

182 임인년(壬寅年) : 1842년(헌종8)으로, 매산의 나이 67세 되던 해이다.

183 양청계(梁靑溪) : 조선 중기의 의병장인 양대박(梁大樸, 1544~1592)으로 청계는 그의 호이고 자는 사진(士眞), 본관은 남원(南原), 시호는 충장(忠壯)이다. 임진왜란이 일어나자 아들 양경우(梁慶遇)와 함께 50명을 거느리고 의병을 일으켜 제봉(霽峰) 고경명(高敬命)의 지휘에 들어가 종사관(從事官)으로 활약하였다. 전주(全州) 등지에서 의병 2천 명을 모집하였는데, 이때의 과로로 발병하여 진산(珍山)의 진중(陣中)에서 별세하였다. 저서로 문집 《청계집(靑溪集)》이 있다.

184 공을……못합니다 : 이 내용은 《시경》 〈소아(小雅) 황조(黃鳥)〉 편의 "저 푸른 하늘이여, 우리 훌륭한 사람을 죽이도다. 만약 대신하여 죽을 수만 있다면 사람마다

문장(文章)은 바로 공에게 있어 여사(餘事)이지만, 또한 소단(騷壇)의 종장(宗匠)이 될 만하였고,[185] 두 아드님[186]도 부친의 사학(詞學)을 잘 계승하여 서로 훈지(塤篪)를 번갈아 연주하였으니,[187] 우리 동방의 삼소(三蘇)[188]가 됨에 부끄러움이 없습니다.

그 몸을 백 번이라도 바치리라.〔彼蒼者天, 殲我良人. 如可贖兮, 人百其身.〕"라는 구절을 원용한 것이다. 이 시는 춘추시대 진(秦)나라 목공(穆公)의 순장(殉葬)에 희생되었던 자거씨(子車氏)의 엄식(奄息), 중항(仲行), 겸호(鍼虎) 3형제의 죽음을 애도하면서, 이 훌륭한 사람들을 살릴 수만 있다면 자신이 대신 백 번이라도 죽겠다고 노래한 것이다.

185 소단(騷壇)의……만하였고 : 소단은 문단(文壇)을 이른다. 원문의 '집이소단(執耳騷壇)'은 문단을 좌우하는 종장(宗匠)의 지위가 됨을 말한다. 집이는 집우이(執牛耳)의 준말로, 회맹(會盟)할 때 소의 귀를 잡고 피를 받아 삽혈(歃血)하는 등 맹주(盟主)의 역할을 수행함을 이른다.

186 두 아드님 : 부친과 함께 의병을 일으킨 양경우(梁慶遇, 1568~?)와 양형우(梁亨遇, 1570~1623)를 이른다. 형인 양경우는 자가 자점(子漸), 호가 제호(霽湖)로 여헌(旅軒) 장현광(張顯光)의 문인이다. 1597년(선조30) 별시 문과에 급제하고 벼슬이 봉상시 첨정(奉常寺僉正)에 이르렀다. 양형우는 자가 자발(子發), 호가 동애(東崖)로, 사계(沙溪) 김장생(金長生)의 문인이다. 1616년(광해군8) 문과에 급제하고 벼슬이 충청도 도사에 이르렀다. 1618년(광해군10) 광해군이 인목대비를 서궁(西宮)에 유폐하자 이를 반대하는 상소를 올렸다가 함경도 회령에 6년간 유배되었다.

187 서로……연주하였으니 : 원래 형제간의 화목함을 비유하는 표현인데, 여기서는 형제가 서로 뛰어난 문장을 주고받았다는 의미로 쓰였다. 《시경》〈소아(小雅) 하인사(何人斯)〉에 "맏형은 훈을 불고 둘째는 지를 분다.〔伯氏吹壎, 仲氏吹篪.〕"라는 구절에서 나왔는데, 훈(塤)은 질나발이고, 지(篪)는 피리의 일종이다.

188 동방의 삼소(三蘇) : 삼소는 북송(北宋)의 문장가인 노천(老泉) 소순(蘇洵, 1009~1066)과 그의 두 아들인 동파(東坡) 소식(蘇軾 1036~1101)과 영빈(穎濱) 소철(蘇轍, 1039~1112)을 세상에서 칭하는 말이다. 이들 삼부자는 모두 대문장가로 당송팔대가(唐宋八大家)에 꼽혔는바, 양씨 삼부자도 이들과 유사하므로 이렇게 말한 것이다.

김효백에게 답함 경술년[189]

答金孝伯 庚戌

편지에 말씀하신 내용은 다 잘 알았습니다. 저 또한 일찍이 여러 번 산송(山訟)[190]을 만났으나 이치가 우세하였기 때문에 끝내 패소하지 않았으니, 이기고 지는 것은 자신에게 달려 있고 남에게 달려 있지 않습니다. 존문(尊門)의 일은 제가 형편을 자세히 알지 못하나, 오직 스스로 돌이켜보아 정직하면 이기지 못함을 근심할 것이 없습니다.

저는 관절(關節)[191] 한 가지 일에 있어서는 항상 포염라(包閻羅)[192]를 법도로 삼아서 시비와 곡직(曲直)을 막론하고 관직에 있는 자에게 한 글자도 보내지 않는 것을 평생의 미집(迷執)으로 삼고 있는데, 좌하를 위해서 파계(破戒)하기 어려울 듯합니다.[193] 천만번 양해해 주시기 바랍니다.

189 경술년(庚戌年) : 1850년(철종1)으로, 매산의 나이 75세 되던 해이다.

190 산송(山訟) : 선조의 묘소를 쓰는 일로 말미암아 생기는 송사(訟事)를 이른다. 조선조에서는 선조의 묘소를 중요시하여 각 문중 간에 산송이 자주 발생하고는 하였다.

191 관절(關節) : 요로(要路)에 뇌물을 바치고 청탁하는 것을 이른다.

192 포염라(包閻羅) : 북송 인종(仁宗) 때의 유명한 청백리인 포증(包拯, 999~1062)으로 자는 희인(希仁), 시호는 효숙(孝肅)이다. 인종(仁宗) 천성(天聖) 5년(1027)에 진사시에 급제하고 벼슬이 추밀부사(樞密副使)에 이르렀다. 강직하고 올곧아 귀척(貴戚)과 환관들이 감히 함부로 하지 못했으며 특히 공평무사하게 송사를 처결하여, 세상에서 염라대왕과 같다고 하여 이렇게 칭하였으며 일처리가 청천백일(青天白日)과 같다 하여 '포청천(包青天)'으로도 불리었다.

193 미집(迷執)으로……듯합니다 : 미집은 미혹된 마음으로 집착함을 이르며, 파계(破戒)는 불교 용어로 계(戒)를 받은 사람이 그 계율을 어기고 깨뜨림을 이르는바, 상대방이 산송을 하면서 홍직필에게 청탁을 부탁하였으나 이를 거절한 것이다.

명중 돈구 에게 줌 기유년[194]

與李明仲 敦球○己酉

바로 여쭙건대, 한가하게 지내시는 체후(體候)가 담박하고 평안하시며, 함께 있는 마을의 제현(諸賢)들도 모두 유정(幽貞)의 길함[195]에 부응하고 있습니까?

황면재(黃勉齋)가 이르기를

"붕우(朋友)는 나의 인(仁)을 돕는 존재이나, 인에 뜻을 둔 자가 아니면 또한 붕우의 도리를 다하지 못한다. 사람이 태어났을 때 이 기(氣)를 똑같이 받고 이 이(理)를 똑같이 받았으니, 내 마음을 키워서 멀리 본다면 서로 간의 다름을 볼 수가 없다. 붕우의 도리는 또한 피아(彼我) 간의 사심(私心)을 제거하는 데에 있을 뿐이니, 선(善)한 일이 있으면 함께 이를 행하고 잘못이 있으면 함께 고쳐서 남을 의지하여 자신을 완성시켜야 하니, 자기 자신에게 바라는 것을 미루어서 남을 권면할 뿐이다. 자신의 마음을 다하고 자신의 기운을 화평하게 해서 숨기지도 말고 거절하지도 말며 따르지도 말고 미워하지도 않는다면, 옛 친구의 정(情)을 장차 마음에 새겨서 잊지 않을

194 기유년(己酉年) : 1849년(철종 즉위년)으로, 매산의 나이 74세 되던 해이다.

195 유정(幽貞)의 길함 : 유인(幽人) 즉 은자(隱者)가 정고(貞固)하게 도를 지켜 얻는 길(吉)함을 말한다. 《주역》 이괘(履卦) 구이(九二) 효사(爻辭)에 "행하는 도가 평탄하니, 유인이라야 정하고 길하다.〔履道坦坦, 幽人, 貞吉.〕" 하였는데, 주자는 《주역본의(周易本義)》에서 "유인이 도(道)를 행하면서 이 괘를 만나면 정(貞)하고 길(吉)할 것이다."라고 풀이하였다.

것이다.”

라고 하였습니다.[196] 이 의리가 간곡하기에, 여러 현자들을 위하여 외워서, 이로써 관선(觀善)의 의체(義諦)[197]를 갖추는 바입니다.

연사(年事)가 대풍이 들어서 국가의 제일 큰 상서(上瑞)가 되었으나, 배불리 먹고 따뜻이 입고 편하게 거처하는 것에 대해 성인(聖人)께서 가르침이 없음을 근심하셨으니,[198] 우리들이 마땅히 조심하고 조심해야 할 바입니다.

196 황면재(黃勉齋)가……하였습니다 : 황면재는 남송의 도학자인 황간(黃幹, 1152~1221)으로 면재는 그의 호이며 자는 직경(直卿)으로 주자의 제자이자 사위이다. 주자가 위독했을 때 자신의 저서를 모두 그에게 남겨 학문을 잇도록 하였다. 황면재의 말은《면재집(勉齋集)》권21〈보인록 서(輔仁錄序)〉에 보인다. 본문 중에 ‘붕우(朋友)는 나의 인(仁)을 돕는 존재’라고 한 것은《논어(論語)》〈안연(顔淵)〉의 “군자는 문으로써 벗을 모으고, 벗으로써 자신의 인을 돕는다.〔君子以文會友, 以友輔仁.〕”라는 구절을 원용한 것이다.

197 관선(觀善)의 의체(義諦) : 관선은 붕우 간에 서로 좋은 점을 보고 배우는 것으로《예기(禮記)》〈학기(學記)〉에 “서로 좋은 점을 보고 배우도록 하는 것을 마(磨)라고 한다.〔相觀而善之謂磨.〕”라고 보이며, 의체(義諦)는 가장 진실한 도리를 가리키는 말로 본래 불교용어이다.

198 배불리……근심하셨으니 :《맹자》〈등문공 상(滕文公上)〉에 “사람에게는 도리가 있는데, 배불리 먹고 따뜻이 옷을 입어 편안히 거처하기만 하며 가르침을 받지 않으면 금수에 가까워진다. 성인(聖人)이 이를 근심하시어 설(契)을 사도로 삼아 인륜을 가르치게 하셨으니, 부자간에는 친함이 있으며, 군신 간에는 의리가 있으며, 부부간에는 분별이 있으며, 장유 간에는 차례가 있으며, 붕우 간에는 진실함이 있는 것이다.〔人之有道也, 飽食煖衣, 逸居而無敎, 則近於禽獸. 聖人有憂之, 使契爲司徒, 敎以人倫, 父子有親, 君臣有義, 夫婦有別, 長幼有敍, 朋友有信.〕”라고 하였으므로 이렇게 말한 것이다.

최계언 현묵 에게 답함 정미년[199]

答崔季言 現默○丁未

백씨(伯氏)의 신주를 대상(大祥) 뒤에 사당에 들이면 마땅히 존조고(尊祖考)의 신주에 부(祔)해야 하는데, 존조고가 아직도 부위(祔位)에 계시다면 마땅히 부위의 부위가 되어야 할 것입니다.

《예기》〈잡기(雜記)〉에 "왕부(王父 조부)가 죽어서 아직 소상과 대상을 지내지 않았는데, 손자가 또 죽었을 경우 그대로 왕부에게 부(祔)한다." 하였으니, 소상과 대상을 지내지 않은 경우도 오히려 이렇게 말했는데, 하물며 이미 대상을 지내서 사당에 들인 분에게 있어서이겠습니까. 사당이 좁아서 수용하기 어려우면 마땅히 지형을 따라서 안배(安排)할 뿐이니, 부할 자리가 없다고 해서 사당에 들이지 않아서는 안 됩니다.

199 정미년(丁未年) : 1847년(헌종13)으로, 매산의 나이 72세 되던 해이다.

최효경 충서 에게 답함 임자년[200]

答崔孝競 忠瑞○壬子

보내온 편지에 '진실한 마음으로 학문에 종사하고자 하나 기질이 약하고 성질이 나태해서 일시적인 의기(意氣)로 귀결될까 염려된다.'라고 하였으니, 만일 자기 몸에 돌이켜서 성찰하는 자가 아니라면 어찌 능히 이와 같이 말할 수 있겠습니까.

배우는 자의 천만 가지 병통이 모두 욕심에서 배태(胚胎)됩니다. 그러므로 염계(濂溪) 노옹(老翁)께서 다만 말씀하시기를 "성(誠)이 확립되고 밝음이 통하면 성인이 되고 현인이 될 수 있다."라고 하였으니,[201] 마음과 정신을 불러 깨워서 혼매(昏昧)하지 않게 하여 세월이 많이 지나면 저절로 한 단락(段落)을 이룰 것입니다.

안으로 계신(戒愼)과 공구(恐懼)[202]를 보존함은 바로 성(性)의 체(體)의 참된 정신이요, 밖에서 규(規)와 구(矩), 준(準)과 승(繩)[203]을

200 임자년(壬子年) : 1852년(철종3)으로, 매산의 나이 77세 되던 해이다.

201 염계(濂溪)……하였으니 : 이 내용은 북송(北宋)의 학자로, 명도(明道) 정호(程顥), 이천 정이(程頤)의 스승인 염계 주돈이(周敦頤)가 지은 〈양심정설(養心亭說)〉의 "욕심이 없으면 성(誠)이 확립되고 밝음이 통한다. 성이 확립됨은 현인이고 밝음이 통함은 성인이니, 성현이 됨은 천성에서 나오는 것이 아니고 반드시 마음을 길러서 이르는 것이다.〔無則誠立明通, 誠立賢也, 明通聖也. 是聖賢非性生, 必養心而至之.〕"라고 한 구절을 원용한 것이다. 《周元公集 卷2 雜著文類》

202 계신(戒愼)과 공구(恐懼) : 경계하고 삼가며 두려워한다는 말로, 자세한 내용은 244쪽 주171 참조.

203 규(規)와……승(繩) : 규는 원(圓)을 만드는 기구이고, 구(矩)는 방형(方形)을

따름이 성의 체의 참된 정신이니, 이것이 옛날 선철들께서 글로 써 놓으신 가르침입니다. 부디 이 뜻을 체득해서 더욱 경계하고 책려하여 도에 나아가고 덕을 완성시키는 일을 점차 이루시기를 깊이 바라 마지 않습니다.

병든 이 몸의 회포가 울적하니, 항상 현자(賢者)와 방호산(方壺山)에서 손을 잡고 천왕봉(天王峯) 위에서 채찍을 떨치고 싶으나,[204] 어찌 될 수 있겠습니까.

만드는 기구이며, 준(準)은 측평기(測平器)이고, 승(繩)은 먹줄인바, 표준이 되는 법도(法度)를 뜻하는 말이다. 《맹자》 〈이루 상(離婁上)〉에 "성인이 이미 시력을 다하시고 규·구·준·승으로써 계속하시니, 방·원·평·직을 만듦에 이루 다 쓸 수가 없다.〔聖人, 旣竭目力焉, 繼之以規矩準繩, 以爲方員平直, 不可勝用也.〕"라고 보인다.

204 방호산(方壺山)에서……싶으나 : 방호산은 신선이 살고 있다는 삼신산(三神山)의 하나인 방장산(方丈山)의 별칭인데, 여기서는 지리산을 가리켰다. 천왕봉(天王峯)은 지리산의 최고봉이다.

신덕필 재정 에게 답함
答愼德弼 在正

보내온 편지에 '공부가 한 치가 진전되면 다시 한 자가 후퇴한다.'고 걱정하였는데, 현자와 같이 마땅히 걱정해야 할 바를 걱정하는 사람이 다시 몇 명이나 되겠습니까?

충(忠)과 신(信)으로 덕을 진전시킴이 실제로 공부하는 곳이 되고 말〔辭〕을 잘 닦아서 성실함을 세우는 것이 실로 업(業)을 보유하는 곳이 되니, 이것이 바로 덕을 진전시키고 업을 닦는 절도(節度)입니다. 이는 모든 사람이 함께 행할 바인데, 가학(家學)에 올바른 연원(淵源)이 있는 좌하(座下)와 같은 사람은 더욱 마땅히 더 노력해야 할 것입니다.

다만 지금의 처지에 의거해서 곧바로 다리와 발꿈치를 꼿꼿이 세우고 공부해 나가서 후래의 근본을 재배하고 전일의 부족한 점을 보전하는 것[205]이 바로 주자께서 이루어 놓으신 법이니, 만학도(晩學徒)들에

205 다만……것 : 이 내용은《주자어류(朱子語類)》권7〈학(學)1 소학(小學)〉의 "옛사람들은 음식을 먹을 수 있고 말을 할 수 있는 어릴 때부터 이미 교육을 시켜서 한 살 때에는 한 살의 공부가 있어, 20세 때에는 성인(聖人)의 자질을 이미 스스로 삼분(三分) 갖추고 있었으니, 대학은 다만 광채만 내는 것일 뿐이었다. 그런데 지금은 모두 소학의 공부를 놓치고 지나쳐 버려 다시 돌아가 공부를 할 수 없으니, 다만 지금의 처지에 의거하여 다리를 꼿꼿이 세우고 힘써 공부해가서 전일의 흠궐(欠闕)을 보전하여 후일의 근본을 심어 놓아야 한다.〔古人自能食能言, 便已教了, 一歲有一歲工夫, 至二十時, 聖人資質已自有三分, 大學只出治光彩. 今都蹉過, 不能轉去做, 只據而今當地頭立定脚做去, 補塡前日欠闕, 栽種後來合做根株.〕"라는 구절을 원용한 것이다.

게 있어 진전(眞詮 진리를 담은 글)이 됩니다. 빨리 이 뜻을 체득해서 더욱 인(仁)을 구하고 자기를 위하는 공부에 부지런히 힘써서 천지간의 제일(第一)의 의리를 아는 것이 어떻겠습니까?

세간(世間)의 병통은 모두 속된 마음과 속된 소견 때문이니, 이것을 깨끗이 제거하여야 훌륭한 일을 할 수 있습니다. 그러므로 말씀하기를 "모름지기 염우(廉隅)와 장벽(墻壁)이 있어야 비로소 큰일을 감당할 수 있다." 하였으니,[206] 부디 힘쓰고 힘쓰십시오.

206 말씀하기를……하였으니 : 이 내용은 주자의 말씀으로 《주자어류》 권13 〈학(學)7 역행(力行)〉에 보인다. 염우(廉隅)는 단정하고 구차하지 않은 행위와 품성을 이르는 말이다. 《예기》 〈유행(儒行)〉에 "문장을 가까이 하며 염우를 갈고 닦는다.〔近文章, 砥礪廉隅.〕"라고 보인다.

신하일 재성 에게 답함

答愼可一 在誠

요사스럽고 독한 기운(전염병)이 도처에서 유행하여 재앙을 이루고 있습니다. 이 요기(妖氣)가 존문(尊門)을 거쳐 간 것 또한 큰 재난이니, 급한 지경이 지났다 하여 염려하는 마음을 풀어서는 안 됩니다.

머리를 빗질하고 활개를 치며 다니시는 것으로 보아,[207] 짐작하건대 이미 원래의 상태를 회복하신 듯하니, 경전을 온역(溫繹 배운 것을 복습하여 깊이 연구함)하여 밤낮으로 부지런히 힘써서 노력을 게을리하지 않고 계십니까?

세간의 온갖 인연이 모두 허망한 것에 속하고 오직 문을 걸어 잠그고 몸의 지조를 지키며 선을 좋아하고 학문을 좋아하는 것이, 구경(究竟)의 법[208]이 되는데, 이 뜻을 아는 자가 별로 없습니다. 그대 형제들은 본래 바른 학문의 연원(淵源)이 있으니 천만번 노력해서 제때에 덕을 진전시키고 업을 닦아야 하는데, 이는 그대들이 짊어져야 할 하나의

207 머리를……보아 : 원문의 '즐상(櫛翔)'은 머리를 빗질하고, 다닐 때 활개를 치며 걷는 것으로, 《예기》〈곡례(曲禮)〉에 "부모가 병환이 있으면 관을 쓴 자는 빗질하지 않으며, 다닐 때 활개를 치며 걷지 않으며……병이 그치면 평상시대로 한다.〔父母有疾, 冠者不櫛, 行不翔,……疾止復故.〕"라고 보이는바, 곧 부모의 병이 이미 나아서 평소처럼 생활함을 이른 것이다.

208 구경(究竟)의 법 : 구경은 불가(佛家)의 용어로, 궁극에 이르는, 철저하게 체득하는, 완성에 이르는, 최후의 목적 등의 뜻을 갖는바, 여기의 구경의 법은 최고의 목표를 향해 나아가는 방법 혹은 최고의 원리(原理)라는 뜻으로 쓰였다.

중대한 책무가 됩니다. 옛사람의 명언(名言)에 "곤궁하지 않음은 일찍 도모함에 달려있고 빈궁하지 않음은 일찍 농사짓는 데에 달려있다."라고 하였으니,[209] 더더욱 마땅히 조기(早期)에 학문을 닦아서, 늦게 깨달아 이루기 어렵다고 한탄하는 일이 없기를 애써 축원해 마지않습니다.

천한 이 몸은 베개에 엎드려 혼몽(昏懜)한 채 아침저녁으로 죽기를 기다려서 다시는 문장을 지을 만한 정력(精力)이 없습니다. 그러므로 존선조(尊先祖)의 문자 또한 붓을 대지 못하고 있으니, 부디 우선 관용을 베풀어서 저로 하여금 서서히 구상(構想)할 수 있도록 배려해 주시기 바랍니다.

209 옛사람의……하였으니 : 옛사람은 춘추시대(春秋時代) 정(鄭)나라의 학자로 자산(子產)과 동시대 인물인 등석(鄧析)을 이른다. 본문의 내용은 《등자(鄧子)》〈전사편(轉辭篇)〉에 보인다.

박성원에게 답함 임자년
答朴聲遠 壬子

남의 집에 양자로 간 자가 본생부모의 상(喪)을 임시로 주관하는데, 상가(喪家)에 삼년복을 입을 만한 자가 없으면 연제(練祭 소상(小祥))와 대상(大祥)의 명분이 없으니, 첫 기년에 상복을 벗고 마땅히 즉시 영좌(靈座)를 치워야 합니다. 그러나 본생 형이 비록 삼년복을 끝마치지 못하고 죽었더라도 신주에 현고(顯考)라고 썼으면, 이것은 삼년복을 입을 자가 본래 없는 것과는 다르니, 연제와 대상을 행하지 않을 수가 없습니다.

비록 변제(變制)[210]할 사람이 없더라도 대상을 치르고서 신주를 사당에 들이는 것이 예에 맞을 듯하고, 담제(禫祭)는 행할 만한 의리가 없습니다. 본생부모의 연제와 대상의 축문은 마땅히 아래와 같아야 합니다.

"세월이 머무르지 않아서 어느덧 소상, 대상에 미쳤으니, 이른 새벽부터 밤늦도록 슬퍼하여 스스로 편안할 수가 없습니다."

라고 하고, 그 나머지는 한결같이 《상례비요》의 본문을 따라야 합니다.

210 변제(變制) : 상복을 벗거나, 또는 우제(虞祭), 연제(練祭), 담제(禫祭) 등 상기(喪期)의 경과에 따라 점차 가벼운 상복으로 바꾸어 입는 것을 이른다.

최효숙에게 답함 임자년
答崔孝淑 壬子

근간에 상상(殤喪)[211]을 당하셨다니, 마음이 서글퍼집니다. 보내온 편지에 '하늘이 장차 근심과 걱정을 가지고 저를 옥처럼 갈고 연마하여 완성하는[212] 자료로 삼으려고 한다.'라고 하였으니, 이미 이치를 앎이 이와 같다면 굳이 무익한 슬픔으로 부질없이 천화(天和 몸의 원기)를 손상시킬 필요가 없을 듯합니다.

주자께서 이 뜻을 해석하여 말씀하기를

"하늘을 공경하기를 어버이를 공경하는 것처럼 하여 지극하지 않은 바가 없게 하고 하늘을 사랑하기를 어버이를 사랑하는 것처럼 하여 순하지 않은 바가 없게 하여, 자신이 누리는 부귀가 많고 높거든 마치 부모가 나를 사랑해 주시는 것처럼 여겨서 기뻐하여 잊지 말고, 빈천과 걱정이 있거든 마치 부모가 나를 꾸짖어 성취시켜 주시는 것처럼 여겨서 수고로워도 원망하지 않는다."

211 상상(殤喪) : 성인(成人)이 되기 전에 일찍 죽은 이의 상(喪)으로, 16세부터 19세 사이에 죽은 경우에는 장상(長殤)이라고 하고, 12세부터 15세 사이에 죽은 경우에는 중상(中殤)이라고 하고, 8세부터 11세 사이에 죽은 경우에는 하상(下殤)이라고 한다. 이 삼상(三殤)에 따라서 각각 상복과 상기가 달라지며, 8세 이전에 죽은 사람에 대해서는 복을 입지 않는다. 《儀禮 喪服傳》

212 하늘이……완성하는 : 이 내용은 북송의 횡거(橫渠) 장재(張載)가 지은 〈서명(西銘)〉의 "빈천과 걱정은 그대를 옥처럼 갈고 연마하여 완성시키는 것이다.〔貧賤憂戚, 庸玉汝於成也.〕"라는 구절을 원용한 것이다.

라고 하였으니,[213] 이것을 가슴에 새기고 잃지 말아야 할 것이니, 부디 노력하고 부디 노력하십시오.

세속의 일과 집안일과 같은 것은 온 세상 사람들이 면하지 못하는 것이니, 만약 이것을 다 벗어던져 버리기를 기다린 뒤에 학업에 힘쓴다고 한다면, 비록 백 년의 장수를 누리더라도 하루의 여가도 있지 않을 듯합니다. 분수에 따라 힘을 써서 의리의 마음이 잠시도 끊어지지 않게 하시기 바랍니다.

213 주자께서……하였으니 : 본문의 '이 뜻'은 〈서명〉의 뜻을 이른다. 주자의 말씀은 《주자어류(朱子語類)》 권 98 〈장자서지1(張子書之一)〉에 보이는데, 원문과 상당한 차이가 있다.

혹자에게 답함 임인년[214]

答或人 壬寅

《근사록(近思錄)》은 의리가 정미(精微)해서 송(宋)나라 때 지어진 하나의 경(經)이니, 이 때문에 사서(四書)로 올라가는 사다리라고 한 것입니다.[215] 도암(陶庵)께서 학문을 함에 있어 《소학》을 시작으로 삼고 《근사록》을 끝마침으로 삼았으니, 잠시도 곁에서 떨어지게 해서는 안 될 것입니다.

《심경(心經)》은 바로 서산(西山) 진덕수(眞德秀)[216]가 성인(聖人)과 철인(哲人)들의 격언을 모아서 평소에 외우는 글을 갖춘 것이니, 이 책이 《근사록》과 나란히 할 수는 없으나, 퇴계 이후로 이미 높이고 믿었으니, 마땅히 완역(玩繹)하여야 할 것입니다. 그러나 정황돈(程篁墩)이 지은 《심경부주(心經附註)》[217]는 혹 여러 설을 모두 수합(收合)

214 임인년(壬寅年) : 1842년(헌종8)으로, 매산의 나이 67세 되던 해이다.

215 사서(四書)로……것입니다 : 주자가 "사자는 육경으로 올라가는 사다리이고, 《근사록》은 사자로 올라가는 사다리이다.〔四子六經之階梯, 近思錄四子之階梯.〕"라고 하였으므로 말한 것이다. 《朱子語類 卷105 朱子2 論自注書》 사자는 《논어》·《대학》·《중용》·《맹자》의 사서를 가리킨다.

216 서산(西山) 진덕수(眞德秀) : 1178~1235. 남송(南宋)의 학자이자 문신으로 서산은 그의 호이고 자는 경원(景元)이다. 영종(寧宗) 경원(慶元) 5년(1199) 진사시에 급제하고 벼슬이 참지정사(參知政事)에 이르렀다. 주자학(朱子學)의 대가로 경원 연간에 한탁주(韓侂胄)에 의해 위학(僞學)으로 몰려 침체되었던 주자학의 부흥에 공헌한 바가 컸다.

217 정황돈(程篁墩)이 지은 심경부주(心經附註) : 황돈은 명나라 중기의 문신이자

하여 함께 수용함을 면치 못하였으니, 읽는 자가 마땅히 선별해야 할 것입니다.

주자의 《의례경전통해(儀禮經傳通解)》[218]로 말하면 천지간의 온갖 일과 이치를 모두 구비하였으니, 세상에 매우 귀한 문자입니다. 주자께서 이것을 가지고 예(禮)와 악(樂)을 제작하는 의체(義諦)로 삼아서 황폐해지고 쇠퇴된 것들을 일으켜 영원한 후세에 남기려고 한 것이니, 그 공이 어찌 끝이 있겠습니까.

〈상례(喪禮)〉와 〈제례(祭禮)〉 두 편은 주자가 면재(勉齋)에게 위촉하여 편찬한 것인데, 면재가 편찬한 《의례경전통해속(儀禮經傳通解續)》 또한 주자께 칭찬을 받은 것이니,[219] 마땅히 원편(原編)인 《의례경전통해》와 함께 후세에 전해져야 할 것입니다. 주자 또한 말씀하기를 "성인이 나오면 옛날의 예를 반드시 다 쓰지는 않을 것이요 모름지기

학자인 정민정(程敏政, 1445~1499)의 호로, 자는 극근(克勤)이다. 헌종(憲宗) 성화(成化) 2년(1466)에 진사시에 급제하고 벼슬이 예부 우시랑(禮部右侍郎) 겸 시독학사(侍讀學士)에 이르렀다. 본래 육구연(陸九淵)의 학파로 알려졌으나 주자 또한 존경하였다. 《심경부주》는 진덕수(眞德秀)의 《심경(心經)》에 정민정이 해설을 첨가하여 지은 책이다.

218 의례경전통해(儀禮經傳通解) : 주자가 《의례(儀禮)》를 경문(經文)으로 하고 《예기》 및 기타 예서(禮書)를 전(傳)으로 하여 주와 소를 열거하였으며 혹 직접 논단한 내용을 실어 편집한 책이다. 총 37권으로 〈가례(家禮)〉, 〈향례(鄕禮)〉, 〈학례(學禮)〉, 〈방국례(邦國禮)〉로 구성되어 있다.

219 상례(喪禮)와……것이니 : 면재(勉齋)는 주자의 제자이자 사위인 황간(黃幹, 1152~1221)의 호로 자세한 내용은 253쪽 주196 참조. 주자가 《의례경전통해》를 편찬하면서 〈상례〉와 〈제례(祭禮)〉 두 편은 제자인 황간에게 편찬을 위촉하고 자신이 감수하였는데, 이를 《의례경전통해속(儀禮經傳通解續)》이라 한다. 총 29권이다. 《常變通攷 引用書目》

별도로 조처함이 있을 것이다."라고 하셨으니, 이 때문에 고금을 널리 참작하여《가례(家禮)》를 완성시킨 것입니다.

지금 예를 강습하는 자들은 한갓 옛것에 집착하여《가례》를 버리고《의례》를 따를 필요가 없습니다.《가례》는 미처 재차 수정하지 못하였기 때문에 진실로 소략한 부분이 많으니, 소략한 부분은 마땅히《의례》를 취해야 할 것입니다.

혹자에게 답함 병오년[220]

答或人 丙午

목(木)의 이(理)는 인(仁)으로, 이 인(仁)이 진실로 오상(五常)을 포괄하는데,[221] 인의 기(氣)인 목(木)이 오행(五行)을 포괄할 수 없단 말입니까. 오행의 순서는 바로 한 기운이 미루어 간 것이니, 순환하여 서로 이어집니다. 그러므로 주자가 말씀하기를

"춘·하·추·동이 비록 똑같지 않으나 똑같이 봄에서 나왔다. 봄이란 봄의 생성(生成)이요, 여름이란 봄의 성장(成長)이며, 가을이란 봄의 성숙(成熟)이요, 겨울이란 봄의 수장(收藏)이다. 넷에서 둘이 되고 둘에서 하나가 된다."

라고 하였으니,[222] 이 말을 근거하면 목이 화·토·금·수를 포괄함을 미루어 알 수 있습니다.

오행의 생성(生成)된 순서로 말하면 수(水)가 마땅히 나머지 사행

220 병오년(丙午年) : 1846년(헌종12)으로, 매산의 나이 71세 되던 해이다.

221 목(木)의……포괄하는데 : 목은 목·화(火)·토(土)·금(金)·수(水)의 오행 중의 하나이고 오상(五常)은 인(仁)·의(義)·예(禮)·지(智)·신(信)의 다섯 가지 덕을 이른다. 오상은 오행의 이(理)가 되는데, 인은 목, 의는 금, 예는 화, 지는 수, 신은 토와 상응한다. '인(仁)이 오상을 통괄하고 있다'는 것은 《주자대전(朱子大全)》 권45 〈서(書) 답유성지(答游誠之)〉에 '인은 사덕을 통괄하고 있다.〔仁統四德〕'라고 보이는데, 사덕은 오상에서 신(信)을 제외한 것으로 의미는 동일하다.

222 주자가……하였으니 : 주자의 이 말씀은 《주자어류(朱子語類)》 권6 〈성리(性理)3 인의예지등명의(仁義禮智等名義)〉에 보인다.

(四行)을 포괄해야 하고 그 운행하는 순서로 말하면 목(木)이 마땅히 사행을 포괄하여야 하니,[223] 이것이 원(元)이 사덕(四德)[224]을 통솔하고 인이 오상을 통솔하는 것과 무엇이 다르겠습니까. 오행이 각각 한 기운을 온전히 가지고 있더라도 한 기운이 다섯 기운을 갖추지 못하면 생성할 수가 없으니, 그렇다면 목만이 아니고 수·화·토·금 또한 서로 포괄하지 않음이 없습니다. 이(理)의 일원(一原)은 바로 기(氣)의 일원입니다. 그러므로 이(理)와 기(氣)가 일치하는데, 이는 포괄하는데 기는 포괄하지 않는 경우가 어찌 있겠습니까. 도(道)와 기(器)가 서로 떨어질 수 없다[225]는 부분에 하나의 꺼풀이 씌어짐을 면치 못하였다고 편지에서 말씀하신 것은 소견이 지극히 바릅니다. 율곡 어른께서

223 오행의……하니 : 오행의 생성 순서는 수·화·금·목·토인바, 이에 대해 주자가 "하늘은 일(一)로서 수를 낳고, 땅은 이(二)로서 화를 낳고, 하늘은 삼(三)으로서 목을 낳고, 땅은 사(四)로서 금을 낳고, 하늘은 오(五)로서 토를 낳는다.〔天一生水, 地二生火, 天三生木, 地四生金, 天五生土.〕"라고 설명하였다.《近思錄集解 卷1 太極圖說註》 오행의 운행 순서는 목·화·토·금·수로, 이는 상생(相生)의 순서인바 나무는 불을 낳고 불은 흙을 낳고 흙은 금을 낳고 금은 물을 낳고 물은 나무를 낳는 것〔木生火, 火生土, 土生金, 金生水, 水生木.〕을 이르는바, 이에 따라 사시(四時)가 운행된다.

224 사덕(四德) : 원(元)·형(亨)·이(利)·정(貞)으로 《주역》 건괘(乾卦) 괘사(卦辭)에 보인다.

225 도(道)와……없다 : 이 내용은 이(理)와 기(氣)는 서로 떨어질 수 없다는 주자(朱子)의 이기설(理氣說)을 이른 것이다. 《주역》〈계사전 상(繫辭傳上)〉에 "형이상(形而上)을 도(道)라 이르고, 형이하(形而下)를 기(器)라 이른다." 하였는데, 도는 태극(太極)으로 이(理)를 가르키며, 기는 음양(陰陽)으로 기(氣)를 가리킨다. 주자의 이기설(理氣說)은 '이기불상리(理氣不相離)'와 '이기불상잡(理氣不相雜)'의 이중구조로 되어 있다. 즉 이와 기는 서로 떨어질 수도 없는 반면, 서로 뒤섞일 수도 없으므로 이렇게 말한 것이다.

이것을 잘못이라고 말씀하지 않는 것은 기록한 자의 오류인 듯합니다.

맹자(孟子)와 정자(程子)가 말씀하신 재(才) 자의 뜻이 똑같지 않으니, 맹자는 본원을 궁극하여 말씀하였기 때문에 성(性)과 차이가 없어서 다소 소략함을 면치 못하였고, 정자는 재(才)에다가 재질과 재료를 포함하여 말씀하였기 때문에 재를 기질에 소속시켜서 지극히 주밀하게 말하였습니다.[226] 주자 또한 마땅히 정자의 설을 위주로 하여야 한다고 하시고 그 말을 미루어서 맹자의 부족한 부분을 은근히 보충하여 이치에 조금도 부족함이 없게 하였는데, 섭채(葉采)의 주(註)에 '성의 능한 바이다.〔性之所能〕'라고 한 것[227]은 정자와 주자의 본질을 살피지

226 맹자(孟子)와……말하였습니다 : 맹자의 말씀은《맹자》〈고자 상〉에 보이는 "불선한 짓을 하는 것은 '재〔才〕'의 탓이 아니다.〔若夫爲不善, 非才之罪也.〕"라는 구절을 이르고, 정자는 이천(伊川) 정이(程頤)로 정자의 말은《이정유서(二程遺書)》권19〈양준도록(楊遵道錄)〉의 "성(性)은 하늘에서 나오고 재(才)는 기(氣)에서 나오니, 기가 맑으면 재도 맑고 기가 흐리면 재도 흐리다. 재는 선(善)이 있고 불선(不善)이 있으며 성은 불선이 없다.〔性出於天, 才出於氣, 氣淸則才淸, 氣濁則才濁, 才則有善有不善, 性則無不善.〕"라는 구절을 이른다. 이 내용들은《근사록집해(近思錄集解)》권1〈도체(道體) 40장〉에도 보인다.

227 주자……것 : 주자의 말은《근사록집해(近思錄集解)》권1〈도체(道體) 40장〉에 보이는 "맹자는 오로지 성에서 나온 것을 가지고 말씀하였다. 그러므로 재(才)는 불선함이 없다고 하였고, 정자는 기에 받은 것을 겸하여 가리켜 말씀하였으니, 사람의 재(才)은 진실로 혼명(昏明)과 강약(强弱)의 차이가 있는 바, 장자(張子)의 이른바 기질지성이라는 것이 이것이다. 두 말씀이 비록 다르나 각각 해당하는 바가 있다. 그러나 정자의 말씀이 더 치밀하다.〔孟子, 專以其發於性者言之, 故以爲才無不善, 程子, 兼指其稟於氣者言之, 則人之材質, 固有昏明强弱之不同, 張子所謂氣質之性. 二說雖殊, 各有所當, 然程子爲密.〕"라는 구절을 들어 말한 것으로 보인다. 섭채(葉采)는 남송(南宋)의 학자로 자는 중규(仲圭), 호는 평암(平巖)이다. 주자와 여조겸(呂祖謙)의 공저인《근사록》에

못하고 이렇게 말한 듯합니다.

재(才)가 능히 작용할 줄 안다는 것은, 바로 이른바 "정(情)과 재(才)가 서로 매우 유사하니, 재가 바로 이와 같이 할 수 있다."라는 것입니다. 이를 '정의 능한 바〔情之所能〕'라고 말할 수는 있으나, 어찌 '성의 능한 바'라고 말할 수 있겠습니까. 이(理)와 기(氣)는 본래 능(能)과 소(所)의 구별이 있으니, 능은 바로 기이고 소는 바로 이입니다. 그런데 재를 가지고 '성의 능한 바'라고 말한다면 기를 이로 인식함에 가깝지 않겠습니까? 섭채의 주는 따를 수 없을 듯합니다.

태극(太極)은 온갖 이치가 모두 모인 총칭입니다. 무극(無極)은 다만 형체가 없는 것이고 태극은 다만 이(理)가 있는 것이니, '무극이 곧 태극이다.〔無極而太極〕'라고 말한 것은, 본래 이 형체가 없으나 실제로 이 이(理)가 있음을 말한 것이니, 바로 '역(易)에 태극이 있다.'[228]는 말입니다. '역에 태극이 있다.'는 말은 원래 굳이 무극을 말할 필요가 없었기 때문에 한 말인데, 노장(老莊) 학파의 여러 사람들이 태극을 가지고 마치 형상이 있는 것처럼 말해서, 태극에 약간의 조짐이 있게 됨을 면치 못하였기 때문에, 염옹(濂翁)이 특별히 〈태극도설(太極圖說)〉에 무극이라는 두 자를 가하여[229] 조짐이 없음을 밝힌 것이니, 바

최초로 주석을 달아 《근사록집해》를 저술하였다. 섭채의 주는 《근사록집해》 권1 〈도체 14장〉에 "성은 선하지 않음이 없고 재는 성의 능한 바이다.〔性無不善, 才者性之所能.〕"라고 보인다.

228 역(易)에 태극이 있다 : 이 내용은 《주역》 〈계사전 상(繫辭傳上)〉에 "역에 태극이 있으니, 이것이 양의를 낳고 양의가 사상을 낳고 사상이 팔괘를 낳는다.〔易有太極, 是生兩儀, 兩儀生四象, 四象生八卦.〕"라고 보인다.

로 때에 따라 말씀한 것입니다. 〈태극도설〉의 '무극이태극(無極而太極)' 아래에 다만 '무극지진(無極之眞)'을 말하고 다시는 태극을 말하지 않은 것으로 본다면 태극이 바로 무극임을 알 수 있으니, 두 가지가 있는 것이 아닙니다.

소자(邵子)가 "무극 이전에는 음이 양을 포함하였고 유극(有極)의 뒤에는 양이 음을 나누었다."라고 한 것[230]은 바로 기를 가지고 말한 것이니, 염옹이 오로지 이(理)를 말한 것과는 같지 않습니다. 소자의 학문은 상수(象數)로부터 이(理)를 미루어 나간 것인데, 상수를 따르는 자는 기(氣)를 주장합니다. 어찌 조화의 추뉴(樞紐)[231]를 다 말한 주자와 나란히 놓아 똑같이 말할 수 있겠습니까. 율곡 어른께서 말씀한 대살(大煞)이라는 것[232]은 태극의 태(太)자를 해석한 것이니, 대살은

229 염옹(濂翁)이……가하여 : 염옹은 북송의 학자인 염계(濂溪) 주돈이(周敦頤, 1017~1073)를 이른다. 염계가 태극(太極)을 설명하기 위해 〈태극도설(太極圖說)〉을 지어 태극도를 그리고 이를 해설하였는바, 여기에 '무극이 곧 태극이다.〔無極而太極〕'라고 하였기 때문에 이렇게 말한 것이다.

230 소자(邵子)가……것 : 소자는 북송의 역학자인 강절(康節) 소옹(邵雍, 1011~1077)을 이른다. 소옹의 말은 소옹이 지은 《황극경세서(皇極經世書)》 권13 〈관물외편 상(觀物外篇上)〉에 그대로 보인다.

231 조화의 추뉴(樞紐) : 이 내용은 주자가 염계 주돈이의 〈태극도설〉을 해설하여 지은 〈태극도설해(太極圖說解)〉에 "하늘의 일은 소리도 없고 냄새도 없지만 실제로는 조화의 추뉴이고 만물의 뿌리이다.〔上天之載, 無聲無臭, 而實造化之樞紐, 品彙之根柢也.〕"라고 보인다. 추뉴는 사물의 관건 혹은 상호 연계의 중심축을 비유하는 말로 추는 문을 열고 닫는 지도리이고, 뉴는 기물을 달아매거나 잡는 끈을 이른다.

232 율곡……것 : 율곡이 말한 대살(大煞)은 《율곡전서(栗谷全書)》 권32 〈어록 하(語錄下) 우계집(牛溪集)〉에 "'무극이태극(無極而太極)'에 대해서, 율곡의 해석이 제일 분명한데 그의 의견은 '비록 그 극은 없지만 실로 대살의 극이 있다.'고 하였다.〔無極

송나라 때의 방언인 듯합니다.

〈태극도설〉은 《주역》〈계사전 상(從繫傳上)〉 수장(首章)의 운행과 변화로부터 나왔으니, 주자께서 말씀하신바, '《주역》 가운데 있는 강령의 의사를 밝혔을 뿐이다'[233]라는 것입니다.

"태극을 말함에 있어 《주역》〈계사전〉은 음양에 나아가 본체(本體)를 가리켰고, 〈태극도설〉은 음양을 초월하여 곧바로 상면(上面)에 나아갔다."라고 편지에 말씀하신 것은, 정밀하고 절실하게 보신 것입니다. 이(理)와 기(氣)가 서로 떨어지지도 않고 서로 뒤섞이지도 않는 묘합에 대해 드러내어 밝힌 것이 더욱 좋은데, 채씨(蔡氏)는 한 가지로 뒤섞어 말하였으니,[234] 사옹(沙翁 사계 김장생) 등 제현들에게 비난을 받은 것이 당연합니다.

《주자어류(朱子語類)》에 임학리(林學履)가 기록한 것[235]과 같은 것

而太極, 惟栗谷之釋, 最爲分明, 其意蓋曰; 雖無其極, 而實有大煞之極云爾.〕"라고 보인다. 대살은 '크다'의 방언이라 한다.

233 주역……뿐이다 : 이 내용은 주자가 황직경(黃直卿)에게 답한 편지에 보이는데, 원작과 약간의 차이가 있다. 《朱子大全 卷46 書 答黃直卿》

234 채씨(蔡氏)는……말하였으니 : 채씨는 남송의 학자인 채연(蔡淵, 1156~1236)으로, 자는 백정(伯靜), 호는 절재(節齋)이며 채원정(蔡元定)의 맏아들이다. 가학을 이으면서 주희(朱熹)를 사사하였다. 벼슬길에 나가지 않고 학문과 강학에 힘썼는데 《주역》을 깊이 연구하여 명망이 높았다. 채연의 말은 《근사록집해》 도체(道體) 1장에 보인다.

235 주자어류(朱子語類)에……것 : 이 내용은 《주자어류》 권75 〈역(易)11 상계하(上繫下)〉에 보인다. 임학리(林學履)는 주자의 제자로 자가 안경(安卿)인데, 주자의 말씀을 기록하여 《주자어류》에 남긴 인물이다.

은 바로 주자의 설인데, 이중에 '《주역》 가운데에서 곧바로 들어 올렸다.'라고 말씀한 것은 참으로 완미하기에 좋습니다. 진실로 아래 단락에 있는 말을 자세히 연구할 수 있다면 오해를 불러오지 않을 듯합니다.

태극과 음양은 한 이(理)와 한 기(氣)이니, 나누고 합하는 사이에 고인(古人)들이 왕왕 글을 따라 해설을 하여 그 말이 비로소 갈라진 것입니다. 하나〔一〕는 태극이 되고 둘〔二〕은 음양이 되니, 동(動)과 정(靜)이 아직 나눠지지 않으면, 다만 이와 기가 하나여서 형상할 만한 형체가 없으므로, 이(理)를 위주로 하여 태극이라는 명칭이 있게 되나 태극이 일찍이 음양을 벗어난 적이 없으며, 동과 정이 나뉘고 나면 비로소 상대하여 둘이 되어 형상할 만한 형체가 있으므로 기를 위주로 하여 음양이라는 이름이 있게 되나 음양이 일찍이 태극을 버린 적이 없습니다.

요컨대 모름지기 하나가 둘의 근본이 됨을 보아서 동과 정이 바로 음과 양으로 나뉘는 기틀임을 안다면 태극과 음양이 자연 분단(分段)의 선후가 없을 것입니다. 그러므로 무릇 이와 기를 말할 적에 동정(動靜) 두 글자를 버리면 그 묘함을 다 할 수가 없는 것입니다.

〈태극도설〉에 "태극이 동(動)하여 양을 낳고 정(靜)하여 음을 낳는다.〔動而生陽 靜而生陰〕"라고 하였으니, 동·정과 음·양은 똑같이 기(氣)입니다. 동·정은 유행으로써 말한 것이고 음·양은 상대로써 말한 것인데, 동·정은 정해진 형체가 없고 음·양은 정해진 형체가 있으니, 이것이 서로 다른 이유입니다.

동은 바로 양이고 정은 바로 음이어서 음·양의 밖에 별도로 동·정의 기가 있는 것이 아니니, 염옹(濂翁)이 〈태극도설〉에서 하나의 생

(生) 자를 쓴 것은 군더더기인 듯합니다. 그러나 이것은 《주역》 〈계사전 상〉에서 '태극이 양의(兩儀)를 낳는다.'고 한 것[236]에 근본한 것이니, 마땅히 넓게 보아야 할 것이요 굳이 깊이 연구할 필요가 없으니, 이는 태극과 음양이 각자 한 물건이 되어서 이것이 저것을 낳는다고 말한 것은 아닙니다.

요컨대 이 이(理)가 기(氣)의 근본이 됨을 볼 뿐입니다. 《주역》 〈계사전 상〉에 '태극이 양의를 낳는다.〔太極生兩儀〕'라고 말하지 않고 '이것이 양의를 낳는다.〔是生兩儀〕"라고 말하였는데, 하나의 시(是) 자를 써서 양의・사상(四象)・팔괘(八卦)와 표현을 달리한 것[237]은 본래 정밀한 뜻이 있으니, 바로 이 태극에 부대(附帶)되어 있는 뜻을 볼 수 있습니다. 이는 곧바로 태극을 가지고 양의를 낳았다고 말한 것이 아닙니다.

〈태극도설〉에서 "각각 그 성을 하나씩 가지고 있다.〔各一其性〕"라고 말한 것을 주자께서 해석하여 말씀하기를

> "혼연(渾然)한 태극의 전체가 한 물건 가운데에 각각 갖추어지지 않음이 없어서 성(性)이 있지 않은 바가 없음을 볼 수 있다."

라고 하셨는데, 섭채의 주에는 이 주를 삭제하고 다만 장남헌(張南軒)의 말만을 기재하였습니다.[238] 그러므로 사람과 물건의 성(性)이 다르

236 주역에……것 : 이는 〈계사전 상〉 제11장의 "역에 태극이 있으니, 이것이 양의를 낳는다.〔易有太極, 是生兩儀.〕"라는 내용을 말한 것이다.

237 하나의……것 : 〈계사전 상〉 제11장에 "역에 태극이 있으니, 이것이 양의를 낳는다.〔易有太極, 是生兩儀.〕"라고 하였으나, 바로 아래의 글에서는 "양의가 사상을 낳고 사상이 팔괘를 낳는다.〔兩儀生四象, 四象生八卦.〕"라고 하여 시(是) 자를 쓰지 않았으므로 말한 것이다.

다고 말하는 자들이 이 말을 구실삼아 자신들 주장의 근거로 삼고 있습니다. 그러나 장남헌이 오회숙(吳晦叔)에게 답한 편지에 이르기를

> "물건이 비록 어둡고 막혀서 스스로 통하지 못하나, 태극이 극이 되는 소이(所以)야 어찌 휴흠(虧欠 부족)이 있겠는가. 만약 물건의 몸에 있을 적에는 태극이 휴흠이 있다면, 이는 태극이 따로 한 물건이 되어서 하늘이 그 온전한 것을 가져다가 인간에게 주고 각각 조그마한 것을 나누어서 각각 물건에게 준 것이니, 이는 대본(大本)에 장애가 있는 것이다."

라고 하였으니,[239] 이에 근거해 보면 남헌이 일원(一原)의 묘함을 설명한 것이 주자와 차이가 없습니다. 장남헌이 '각각 그 한 가지를 오로지

238 주자께서……기재하였습니다 : 주자의 말씀은 《주자대전(朱子大全)》 권61 〈답엄시형(答嚴時亨)〉에 보인다. 섭채의 주는 《근사록집해》 권1 〈도체(道體) 제1장〉 중 "오행이 생겨남에 각각 그 성을 하나씩 가지고 있다.〔五行之生也, 各一其性.〕"라는 대문에 단 주석을 이르는데, 여기에 "오행의 생겨난 형질이 비록 똑같지 않음이 있으나, 태극의 이치가 일찍이 존재하지 않음이 없고, 오행이 각각 그 성을 하나씩 간직하면 인·의·예·지·신의 이(理)가 되어 오행이 각각 그 한 가지를 오로지 하는 것이다.〔五行生質, 雖有不同, 然太極之理未嘗不存也, 五行各一其性, 則爲仁義禮智信之理而五行各專其一.〕"라고 한 장남헌(張南軒)의 말이 실려 있다. 장남헌은 남송의 도학자이자 문신인 장식(張栻, 1133~1180)으로 남헌은 그의 호이다. 자는 경부(敬夫), 흠부(欽夫), 시호는 선(宣)이다. 음보(蔭補)로 출사하여 우문전수찬(右文殿修撰) 등의 벼슬을 역임하였다. 호굉(胡宏)으로부터 명도(明道) 정호(程顥), 이천(伊川) 정이(程頤)의 학문을 전수받아 높은 경지를 이루어 주희(朱熹), 여조겸(呂祖謙)과 함께 동남삼현(東南三賢)으로 불렸는데, 주자와 친분이 매우 두터웠다.

239 장남헌이……하였으니 : 오회숙(吳晦叔)은 남송의 학자로 이름은 익(翌)이며, 회숙은 그의 자이다. 건양(建陽) 사람으로 호는 징재(澄齋), 남악처사(南嶽處士)이며 호오봉(胡五峰)의 문인이다. 장남헌의 말은 《남헌집(南軒集)》 권28 〈여오회숙(與吳晦叔) 우(又)〉에 보이는데, 원작의 글을 줄여 기재하였고 일부 내용은 차이가 있다.

하는 것이다.〔各專其一〕'라고 한 것은 바로 분수(分殊)에 나아가 말한 것이요 일원을 가리킨 것은 아닙니다.

주자 또한 일찍이 말씀하기를

"금·목·수·화가 각각 그 성을 하나씩 간직한다고는 하나, 하나의 물건이 또 각각 오행의 이치를 갖추고 있음을 몰라서는 안 된다."

라고 하였는데,[240] 삼연(三淵)이 또 '각각 그 성을 하나씩 가지고 있다.〔各一其性〕'는 구절을 해석하여 말하기를 "각(各)은 기(氣)이고 일(一)은 성(性)이다."라고 하였으니,[241] 그 해석이 탁월합니다. '일은 성이다.〔一是性〕'라고 한 것은 바로 이른바 '태극의 전체가 각각 갖춰지지 않음이 없다.'는 것이니, 어찌 이것을 본연이 아니라고 말할 수 있겠습니까.

묘(妙)는 바로 '신묘하게 변화하여 헤아릴 수 없다'는 뜻이니, 《주역》〈계사전 상〉으로부터 정자와 주자가 해석한 말씀에 이르기까지 모두 이 뜻입니다. 〈태극도설〉에서 "무극의 참된 이치와 이기(二氣)·오행의 정기(精氣)가 묘하게 합하고 응집되었다.〔無極之眞 二五之精 妙合而凝〕" 하였는데, 만약 이 합(合) 자를 활간(活看)[242]하지 않는다면,

240 주자……하였는데 : 주자의 말은《주자어류》권1〈이기 상(理氣上) 태극천지 상(太極天地上)〉에 보이는데 원작과 약간의 차이가 있다.

241 삼연(三淵)이……하였으니 : 삼연은 김창흡(金昌翕, 1653~1722)의 호이다. 자는 자익(子益), 본관은 안동, 시호는 문강(文康)이다. 벼슬하지 않고 학문에 전념하여 형 창협(昌協)과 함께 당대의 가장 뛰어난 성리학자로 꼽혔다. 삼연의 말은《삼연집(三淵集)》권20〈답정언환문목(答鄭彥煥問目)〉에 보인다.

242 활간(活看) : 글을 볼 때에 글자나 글귀에 얽매이지 않고 전체의 뜻을 널리 보아

두 물건이 참으로 서로 합함이 있는 것처럼 되어서 후인의 의혹을 불러오기 쉬우니, 율옹(栗翁)의 말씀[243] 또한 괴이할 것이 없습니다.

이와 기가 완전히 융화되어 간격이 없으니, 묘합(妙合)이라는 말 또한 다만 간격이 없는 뜻을 형용한 것일 뿐입니다. 합(合) 자는 비록 흔적이 있는 듯하나, 굳이 글을 가지고 본의(本義)를 해칠 필요가 없습니다. 묘(妙) 자는 두루 포괄함을 다하였고 합(合) 자는 다만 부대(附帶)하여 말한 것이니, 합(合) 자를 가볍게 보는 것이 마땅할 듯합니다.

본의를 파악하는 것을 말한다.

243 율옹(栗翁)의 말씀 : 앞 장에 보이는 '대살(大煞)'을 말한 것으로 보인다. 자세한 내용은 271쪽 주232 참조.

혹자에게 답함 정유년[244]

答或人 丁酉

길제(吉祭)의 축문(祝文)에 이미 '백번 절하고 아뢴다.〔百拜告辭〕'는 구절이 있고 또 즉시 신주를 체천하여 매안(埋安)하니, 신주를 받들고 묘소로 갈 때에 굳이 중첩하여 고할 필요가 없을 듯합니다. 그러나 이미 별묘(別廟)에 봉안하여 시일이 오랫동안 지연된다면 아득하게 아무 일도 없는 듯이 할 수는 없을 듯하니, 묘소로 가서 다시 고하는 것이 마땅할 듯합니다. 고유하는 글은 아래에 있습니다.

"유세차 운운, 5대손 모(某)는 현5대조고 운운과 현5대조비 운운께 감히 밝게 고합니다. 신주를 체천하여 매안하는 일이 마땅히 협사(祫祀)의 뒤에 있어야 하는데, 형편이 여의치 못하여 즉시 예를 행하지 못하고 이제 장차 묘소로 받들어 가려 하오니, 슬픈 마음을 이길 수가 없습니다. 삼가 술과 과일을 진설하고 이로써 삼가 고하고 경건히 고합니다."

244 정유년(丁酉年) : 1837년(헌종3)으로, 매산의 나이 62세 되던 해이다.

혹자에게 답함
答或人

왕자(王者)는 각각 자기 나라의 오행(五行)이 왕성한 날을 조일(祖日)[245]로 삼고 오행이 쇠하는 날을 납일(臘日)로 삼았습니다. 그러므로 한(漢)나라가 술(戌), 위(魏)나라가 진(辰), 진(晉)나라가 축(丑)의 날짜를 납일로 삼은 것은 바로 자기 나라의 오행이 쇠하는 날을 사용한 것입니다.[246]

우리 조선조에서는 고장(庫藏 곳간)이 미(未) 쪽 방향에 있으므로 미를 사용하여 납일을 삼은 것이고 애당초 청나라 오랑캐의 제도를 쓴 것이 아니라고 하신 택당(澤堂)의 말씀이 있으니,[247] 따를 만합니다.

245 조일(祖日) : 원문에는 '사(社)'로 되어있는데 이는 '조(祖)'의 전사의 오류이다.

246 한(漢)나라가……것입니다 : 한나라는 화덕(火德)으로 왕이 되었는데 화(火)는 술일에 쇠하기 때문에 술일을 납일로 삼았고, 위나라는 토덕(土德)으로 왕이 되었는데 토(土)는 진일에 쇠하기 때문에 진일을 납일로 삼았으며, 진나라는 금덕(金德)으로 왕이 되었는데 금(金)은 축일에 쇠하기 때문에 축일을 납일로 삼은 것이다. 《古今事文類聚 前集 卷12 臘日》

247 우리……있으니 : 택당(澤堂)은 이식(李植, 1584~1647)의 호이다. 자는 여고(汝固), 시호는 문정(文靖)인데 1610년(광해군2) 문과에 급제하고 인조 때 중용되어 벼슬이 대제학과 이조 판서에 이르렀다. 문장에 뛰어나 월사(月沙) 이정귀(李廷龜), 계곡(谿谷) 장유(張維), 상촌(象村) 신흠(申欽)과 함께 한문 4대가로 불린다. 택당의 말씀은 《택당집(澤堂集)》 별집 제1권 〈국서(國書) 왜인(倭人)의 질문 조목에 답함〔答倭人問目〕〉에 보이는 "십이월 납일(十二月臘日) ○사일(蜡日)이라고 부르기도 한다. 지금 납(臘)이라고 하는 것은 전렵(田獵)의 뜻을 취한 것이다. 옛날에도 납일을 두었는데, 오덕(五德 금(金)·목(木)·수(水)·화(火)·토(土))에 따라 창고에 들여 저장해

저는 율곡과 우암이 납일에 천묘(薦廟)한 것을 따랐는데, 이것은 미일이 우리나라 책력에 실려 있어서 종묘에 제사하기 때문입니다.

황(皇)은 바로 크다는 뜻이니 바로 허자(虛字)인데, 원나라 오랑캐가 반드시 황을 현(顯)으로 바꿔서 쓴 것은, 황이 황제(皇帝)의 황이라서 이를 혐의하여 이렇게 한 것입니다.

현고(顯考)라는 칭호가 비록 원나라 오랑캐의 제도이나, 이미 고례(古禮)에 나와 있고[248] 또 주자의 축문에 '유아현조(惟我顯祖)'라는 말이 있으니,[249] 이는 원나라가 처음 시행한 것이 아닙니다. 사계(沙溪)께서 이 때문에 이를 《상례비요(喪禮備要)》에 기재하신 것입니다. 우암께서는 다만 고비(考妣)라고 칭하고자 하셨으나, 다만 고비라고 칭하는 것 또한 상고할 만한 것이 없으니, 《상례비요》를 따라 현(顯)자를 사용하는 것이 바꿀 수 없을 정론이 될 듯합니다.

놓는 날〔庫藏日〕을 썼으니, 예컨대 한(漢)나라에서 화덕(火德)을 적용했기 때문에 술일(戌日)을 썼던 것이 바로 그것이다. 지금 행해지는 역법(曆法)을 보면, 동지(冬至)가 지난 뒤 12월 안의 가장 먼 술일(戌日)을 채택하고 있는데, 이는 옛날의 설을 따른 것이 아니다. 우리나라는 미일(未日)로 잡고 있는데, 이는 대개 동방의 고장일(庫藏日)을 미일에 두고 있기 때문이다. 이날 나라에서는 종묘사직(宗廟社稷)에서 대향(大享)을 올린다."라는 구절을 이른 것으로 보인다.

248 고례(古禮)에 나와 있고 : 《예기》 〈제법(祭法)〉에 "이 때문에 왕은 7묘와 1단과 1선을 세우니, 고묘(아버지 사당)와 왕고묘(할아버지 사당)와 황고묘(증조의 사당)와 현고묘(고조의 사당)와 조고묘(시조의 사당)이니 모두 매월 제사를 지낸다.〔是故, 王立七廟, 一壇, 一墠, 曰考廟, 曰王考廟, 曰皇考廟, 曰顯考廟, 曰祖考廟, 皆月祭之.〕"라고 하였으므로 이렇게 말한 것이다.

249 주자의……있으니 : 주자의 축문(祝文)은 《주자대전》 권86 〈축문(祝文)〉에 실린 〈우제고원조묘문(又祭告遠祖墓文)〉을 이른 것으로 보이는데, 여기에는 '유아현조(惟我顯祖)'가 아니라 '현조'라고만 되어 있다.

외종제 김직 원석 에게 줌 경오년[250] 10월

與外從弟金鑁 元石○庚午十月

장단(長湍)의 가을걷이를 살펴보고 서울로 돌아올 날을 잡았는가? 토원(兎園)[251]의 수확을 다 갖추어 부엌으로 들일 수 있는가? 진실로 백성은 먹는 것을 하늘로 여기는데[252] 농사가 바로 그 근본이니, 이 일은 늦춰서는 안 되네. 더구나 어버이를 봉양하고 선조에 제사하는 모든 비용이 여기에서 나옴에 있어서이겠는가.

경화(京華)의 자제들은 대부분 가을걷이를 감독하는 일을 수치로 여기는데 다른 일은 남과 같지 못함을 부끄러워하지 않으면서 오직 이 일을 부끄러워하니, 이것이야말로 크게 부끄러워할 만한 것이 아니겠는가. 그대는 가을걷이를 감독하는 일이 마땅히 부끄러워해야 할 일이 아님을 알아서 약관(弱冠)이 되기 전에 이미 두 번이나 이 일을 했으니, 내 마음속으로 가상하게 여김을 어찌 다할 수 있겠는가.

의리에 편안한 바에 무슨 누추함이 있겠는가. 더구나 애당초 누추하

250 경오년(庚午年) : 1810년(순조10)으로, 매산의 나이 35세 되던 해이다.

251 토원(兎園) : 한(漢)나라 양 효왕(梁孝王) 유무(劉武)가 만들어 휴식과 손님 접대 용도로 사용했던 정원인데, 양 효왕이 죽자 경제(景帝)가 백성들로 하여금 그곳에서 농사를 짓게 하고 세금을 거두어 제사 비용으로 썼다. 여기서는 시골에 있는 소작지를 가리킨 것으로 보인다.

252 진실로……여기는데 : 이 내용은 《사기》 권97 〈역생육가열전(酈生陸賈列傳)〉의 "왕자는 백성을 하늘로 여기고 백성은 먹을 것을 하늘로 여긴다.〔王者以民人爲天, 而民人以食爲天.〕"라는 구절을 원용한 것이다.

게 여길 만한 일이 아니지 않은가. 계속하여 금년 이후로는 준례로 삼는 것이 옳을 것이니, 과거(科擧)의 득실은 버려두고 굳이 말할 것이 못되네.

삼여(三餘)[253]가 절반이 지났는데, 마음과 힘을 다하여 무슨 책을 읽고 있는가? 행장(行裝)을 꾸려 산으로 들어가서 제(薺)를 먹으며 고생하면서 생활할 수 있는가?[254] 이렇게 하면 비단 공부에 독실하게 전심하여 공효를 거둘 수 있을 뿐만이 아니라 심지(心地)가 안정되어 효력을 얻을 수 있을 것이니, 예로부터 명인과 석학들은 모두 고생 속에서 거친 음식을 먹으며 마음을 견고히 하여 각고의 노력을 기울이는 가운데에서 나왔네. 천하의 일은 배불리 먹고 따뜻이 입고 편안히 살면서 마음을 수고롭게 함이 없이 이룰 수 있는 것은 없다네.

253 삼여(三餘) : 학문하기에 좋은 세 가지 여가(餘暇)로, 한 해의 여가〔歲之餘〕인 겨울, 하루의 여가〔日之餘〕인 밤, 계절의 여가〔時之餘〕인 장마철을 이르는 말이다. 《三國志 魏書 卷13 王肅 註》

254 산으로……있는가 : 제(薺)는 더덕과 비슷한 식물로, 송유(宋儒) 채원정(蔡元定)이 서산(西山)에서 공부할 적에 굶주린 배를 채우기 위하여 이것을 캐어 먹었다고 한다. 제니(薺苨) 혹은 게로기라고도 한다. 《송사(宋史)》 권434 〈채원정열전(蔡元定列傳)〉에 "서산 꼭대기에 올라가서 배고픔을 참고 제를 캐어 먹으며 글을 읽다가, 주희의 명성을 듣고는 그를 찾아 가서 배우고자 하였는데, 주희가 그의 학문 실력을 시험해 보고는 크게 놀라면서 '이 사람은 나의 오래된 벗이라고 할 것이니, 제자의 반열에 두어서는 안 된다.'라고 하였다.〔登西山絶頂 忍饑啖薺讀書 聞朱熹名 往師之 熹扣其學 大驚曰: "此吾老友 不當在弟子列."〕"라고 하였으므로 이렇게 말한 것이다.

김직에게 답함 신묘년[255] 윤달
答金鍨 辛未閏月

《대경(戴經)》[256]은 이미 공부를 마치고 《주서(朱書)》[257]를 또 책상 위에 소중히 모시고 있다고 하니, 이와 같이 계속 공부하여 그치지 않는다면 자연 깨닫지 못하는 사이에 효험을 볼 수 있을 것이네. 참으로 기쁘네.

《예기》라는 책은 여러 경서보다 분량이 많아서 한 철이나 한 달에 끝마칠 수 있는 것이 아닌데, 어쩌면 그리도 빨리 보았는가? 포접(匏蝶 박꽃처럼 하얀 나비)이 훨훨 날면서 꽃을 맛봄에 가깝지 않겠는가. 요컨대 모름지기 천만번 두루 읽어야 비로소 정신으로 융합되고 마음으로 깨달을 수 있는데, 그대는 항상 오래 견디지 못해서 바쁘게 섭렵하니, 어떻게 효력을 얻을 수 있겠는가.

주서(朱書) 중에 현재 읽고 있는 것이 《주서백선(朱書百選)》인 듯한

255 신묘년(辛卯年) : 1831년(순조31)으로, 매산의 나이 56세 되던 해이다.

256 대경(戴經) : 전한(前漢) 때 대성(戴聖)이 주해(註解)한 《소대기(小戴記)》로 지금의 《예기》이다. 전한 초기에 하간헌왕(河間獻王)이 바친 131편의 《예경》을 유향(劉向)이 204편으로 만들었는데, 대덕(戴德)이 또다시 이를 산삭(刪削)하여 85편으로 만드니 이를 《대대기(大戴記)》라 하고, 대성(戴聖)이 이를 또 46편으로 줄이니 이를 《소대기》라고 하였다.

257 주서(朱書) : 주자의 문집인 《주자대전(朱子大全)》을 이르기도 하나, 주로 주자의 편지글을 이르는바, 퇴계 이황이 지은 《주자서절요(朱子書節要)》와 정조(正祖)의 명으로 엮은 《주서백선(朱書百選)》이 대표적인 책이다.

데, 《주서백선》을 읽고 주자의 글을 읽었다고 하는 것은 바로 한 표주박으로 바다를 측량하는 것일 뿐이니, 종묘(宗廟)와 백관(百官)의 성대함[258]을 엿볼 수가 없네. 그러나 초학자(初學者)가 먼저 간략하고 쉬운 것으로부터 공부하는 것이 또한 어찌 나쁘겠는가. 이 책이 비록 간략하나 연평(延平)에게 올린 글로부터 시작하여 면재(勉齋)에게 보낸 글로 끝을 맺어,[259] 전수 받음이 있고 전수해 줌이 있음을 보여서 온갖 일과 온갖 이치가 이 가운데 산재(散在)해 있으니 능히 이 뜻을 알 수 있겠는가? 구봉(龜峰)과 중봉(重峰), 회곡(晦谷)[260]등 제현들은

258 종묘(宗廟)와 백관(百官)의 성대함 : 다른 사람들이 헤아릴 수 없을 정도로 높고 큰 학덕(學德)을 이른다. 숙손무숙(叔孫武叔)이 공자보다 자공(子貢)이 더 낫다고 하자, 자공이 말하기를, "궁궐의 담장에 비유하면 나의 담장은 어깨에 미쳐 집안의 좋은 것들을 들여다 볼 수 있지만, 부자(夫子)의 담장은 여러 길이어서 그 문으로 들어가지 못하면 종묘의 아름다움과 백관의 많음을 볼 수가 없다.〔譬之宮牆, 賜之牆也, 及肩, 窺見室家之好, 夫子之牆, 數仞, 不得其門而入, 不見宗廟之美、百官之富.〕"라고 한 데서 연유하였다. 《論語 子張》

259 연평(延平)에게……맺어 : 연평은 북송 말기의 도학자이자 주자의 스승인 이동(李侗, 1093~1163)의 호이다. 자는 원중(愿中), 시호는 문정(文靖)으로 벼슬에 나아가지 않고 나종언(羅從彦)에게 배운 정자(程子)의 이학(理學)을 전심(專心)으로 연구하고 이를 주자에게 전수하였다. 면재(勉齋)는 주자의 제자이자 사위인 황간(黃幹, 1152~1221)의 호이다. 자는 직경(直卿)으로 주자가 위독했을 때 자신의 저서를 모두 그에게 남겨 학문을 잇도록 했다. 《주서백선》의 첫 번째 글이 〈상연평이선생(上延平李先生)〉이며 마지막 글이 〈답황직경(答黃直卿)〉이기 때문에 이렇게 말한 것이다.

260 구봉(龜峰)과 중봉(重峰), 회곡(晦谷) : 구봉은 송익필(宋翼弼, 1534~1599)의 호이다. 자는 운장(雲長), 본관은 여산(礪山), 시호는 문경(文敬)으로 초시(初試)를 한 번 본 외에는 과거를 단념하고 학문에 전념하여 높은 경지에 올라 이이(李珥)·성혼(成渾)과 종유하였으며 특히 예학(禮學)에 밝아 사계(沙溪) 김장생(金長生)에게 큰 영향을 주었다. 정치에도 깊은 식견이 있어 서인 세력의 막후 실력자가 되기도 하였다.

《주자대전(朱子大全)》한 질을 다 외웠으니, 이분들의 총명과 역량을 진실로 감히 바라지는 못하겠지만 《주자백선》처럼 간략하고 또 간략한 것은 반드시 외워야 하니, 외우면 자기 것이 되고 외우지 않으면 자기 것이 아닌 것이네.

한갓 외기만 하고 그 뜻을 연구하지 않으면 또한 장님이 독경하는 것과 다름이 없으니, 반드시 읽으면 외우고 외우면 생각해서, 성현의 글을 마치 자기 입에서 나온 것처럼 하고 경전의 뜻을 마치 자기 마음에서 나온 것처럼 해야 하니, 그런 뒤에야 비로소 참다운 독서라고 이를 수 있네.

그대가 주자의 글을 읽음으로 인해서 초연히 도를 구하는 뜻을 갖게 되었으니, 진실로 책은 읽지 않을 수가 없는데, 주자가 아니라면 또한 어떻게 사람을 개발하기를 이와 같이 할 수 있겠는가.

이른바 배움이라는 것은, 배워서 성인(聖人)에 이르는 것이네. 정자가 말씀하기를

"지금 배우는 것이 세 가지가 있으니, 사장(詞章)의 배움과 훈고(訓詁)의 배움과 유자(儒者)의 배움인데, 도를 통하고자 한다면 유자의

중봉은 조헌(趙憲, 1544~1592)의 호이다. 자는 여식(汝式), 본관은 배천(白川), 시호는 문열(文烈)이며 율곡 이이와 우계 성혼의 문인이다. 1567년(명종22) 식년 문과에 급제하고 벼슬이 종묘서 령(宗廟署令)에 이르렀다. 보은 현감(報恩縣監) 시절 자신의 상소가 받아들여지지 않자 사직하였다. 1592년(선조25) 임진왜란이 일어나자 옥천(沃川)에서 의병을 모아 청주(淸州)에서 왜적을 격파하고, 이어 금산(錦山)의 전투에서 의병 7백여 명과 함께 전사하였다. 회곡은 조한영(曺漢英, 1608~1670)의 호이다. 자는 수이(守而), 시호는 문충(文忠)으로 사계 김장생의 문인이다. 1637년(인조15) 정시 문과에 급제하고 벼슬이 예조 참판에 이르렀다. 《인조실록》과 《효종실록》 편찬에 참여하였다.

배움을 버려서는 안 된다. 바로 이 배움은 사람이 되는 것을 배우는 것이니, 배워서 성인에 이르는 것 또한 사람이 된 도리를 다함에 지나지 않을 뿐이다."

라고 하였네.[261]

만약 올바른 사람이 되고자 한다면 모름지기 배워야 하는데, 배우는 방법은 방책(方策 목판이나 대쪽에 쓴 글)에 펼쳐져 있으니, 이것을 들어다가 시행한다면 이 또한 성인이네. 성인이 어찌 특별한 사람이겠는가. 힘을 다해 행함에 달려있을 뿐이네.

261 정자가……하였네 : 정자는 이천(伊川) 정이(程頤)를 이른다. 이 내용은《주자대전》권32〈답장경부 문목(答張敬夫問目)〉에 보이는데, 원작은 아래와 같다. "지금 배우는 것이 세 가지가 있으니, 사장(詞章)의 배움과 훈고(訓詁)의 배움과 유자(儒者)의 배움인데, 도를 통하고자 한다면 유자의 배움을 버려서는 안 되니, 이는 윤시강이 이른바, '배움은 사람이 되는 것을 배우는 것이니, 배워서 성인에 이르는 것 또한 사람이 된 도리를 다함에 지나지 않을 뿐이다.'라는 것이다.〔今之學者有三, 詞章之學也, 訓詁之學也, 儒者之學也, 欲通道則舍儒者之學不可. 尹侍講所謂學者所以學爲人也, 學而至於聖人, 亦不過盡爲人之道而已.〕" 윤시강은 송나라의 도학자인 윤돈(尹焞, 1061~1132)을 이른다. 자는 언명(彦明), 호는 화정(和靖)으로 젊었을 때 이천을 사사(師事)하였다.

김직에게 답함 신미년[262] 섣달
答金鑁 辛未臘月

《추경(鄒經)》[263]은 몇 번이나 읽었는가? 맹자는 성인(聖人 공자)이 사시던 시기와 약간 멀어서 이단(異端)의 설이 분분할 때에 태어나셔서, 천리(天理)를 밝히고 인심을 바로잡으며 이단을 분별하고 부정한 학설을 물리치는 것을 자신의 임무로 삼으셨네. 이 때문에 털끝만한 것에서 선(善)과 이(利)를 분석한 것이 마치 잘 드는 칼로 물건을 잘라서 곧바로 두 조각을 내는 것과 같으니, 다만 성선(性善)과 호연지기(浩然之氣)를 기르는 것으로 성문(聖門)에 공이 있을 뿐만이 아니네.

지금 사람들은 곧 인욕(人慾)을 막고 천리(天理)를 보존하는 것이 《맹자》의 종지(宗旨)라고 말하지만, 《맹자》를 읽는 자들이 이를 자신의 일과는 상관이 없는 듯이 생각하니, 정자께서 말씀하신바 "비록 많이 외운들 어디에 쓰겠는가."라는 것이네.[264]

주자께서 일찍이 말씀하시길 "《맹자》는 단락마다 지극히 적절하고 글귀마다 모두 적확(的確)하여 필연적인 효험이 있다."라고 하셨으

262 신미년(辛未年) : 1811년(순조11)으로, 매산의 나이 36세 되던 해이다.

263 추경(鄒經) : 《맹자》를 이른다. 맹자가 추나라 사람이기 때문에 이렇게 칭한 것이다.

264 정자께서……것이네 : 정자는 공자의 전사(傳寫)의 오류이다. 《논어》 〈자로(子路)〉에 "《시경》 3백 편을 외우더라도 정치를 맡겨줌에 제대로 해내지 못하고 사방에 사신 감에 혼자서 처결하지 못한다면 비록 많이 외운들 어디에 쓰겠는가.〔誦詩三百, 授之以政不達, 使於四方, 不能專對, 雖多亦奚以爲.〕"라고 보인다.

니,[265] 만약 신고(辛苦)를 겪지 않고 또 쾌활(快活)하지 못한 경계를 거치지 않는다면, 어떤 것이 지극한 간절함이 되며 어떤 것이 적확함이 되며 어떤 것이 필연적인 효험이 되는지를 알지 못할 것이네.

다만 능히 읽을 수 있을 뿐만 아니라 반드시 외워야 하고, 다만 능히 외울 수 있을 뿐만 아니라 반드시 정밀하게 생각하여야 하고, 다만 정밀하게 생각할 뿐만 아니라 반드시 마음을 길러 그 이치를 함양하고 자기 몸에 돌이켜 실천하여 능히 맹자께서 눈을 밝게 뜨고 담력을 크게 하고 입이 쓰도록 힘써 변론한 뜻에 부응하여야 하네. 나는 평생 이 책을 매우 좋아하였으나, 책을 읽기 전에도 똑같이 이 사람이었고 이미 읽은 뒤에도 똑같이 이 사람이니, 우리 아우를 위하여 말할 만한 것이 없네.

265 주자께서……하셨으니 : 이 내용은 두 곳에 보이는 주자의 말씀을 합하여 인용한 것이다. '단단통절(段段痛切)'은 《주자어류》 권19 〈논어1 어맹강령(語孟綱領)〉에 보이고, '구구적확 유필연지효(句句的確有必然之效)'는 《주자어류》 권51 〈맹자1 양혜왕 상(梁惠王上) 제선왕문제환진문지사장(齊宣王問齊桓晉文之事章)〉에 보인다.

김직에게 줌 신사년[266] 인일
與金鑁 辛巳人日

《시경》의 공부는 한 해와 함께 마칠 수 있는가? 성정(性情)을 읊조리면서 도덕 가운데에서 함양하고 통창하여 마음이 움직이는 즈음에 시에서 흥기하는 뜻을 얻을 수 있었는가? 만일 그렇다면 다만 명성(名聲)이 한 격이 높아질 뿐이 아니네.

후세의 유자(儒者)들은 다만 낙민(洛閩)[267]를 아버지로 여기고 공맹(孔孟)을 할아버지로 여길 줄만 알고, 시서(詩書)가 공맹께서 높인 것임을 알지 못해서, 심지어는 주남(周南)・소남(召南)까지도 강습하지 않고, 공허하게 천백 년 사이에 거의 《시경》 책을 묶어 고이 모셔두어서, 남장을 마주하고 서는 것[268]을 달갑게 여기고 있네.

이 때문에 말이 지리(支離)하고 성정(性情)의 바름을 얻지 못하여 사람들의 거짓이 불어나고 천기(天機 영성(靈性))가 얄아지네. 수많은 여러 유자(儒者)들이 이 뜻을 소홀하게 여겼는데, 오직 삼연(三淵)의

266 신사년(辛巳年) : 1821년(순조21)으로, 매산의 나이 46세 되던 해이다.

267 낙민(洛閩) : 낙양(洛陽) 출신의 정자(程子) 형제와 민중(閩中)에 거주한 주자를 병칭한 말이다.

268 담장을……것 : 《시경》 공부를 하지 않아 무식하여 이치를 알지 못한다는 뜻이다. 공자께서 일찍이 아들 백어(伯魚)에게 "너는 《시경》의 주남과 소남의 시를 배웠느냐? 사람으로서 주남과 소남의 시를 배우지 않으면 담장을 정면으로 마주하고 서 있는 것과 같은 것이다.〔女爲周南召南矣乎? 人而不爲周南召南, 其猶正牆面而立也與.〕"라고 훈계한 데서 유래하였다. 《論語 陽貨》

말씀은 통렬하고 간절하여, 내가 삼가 일찍이 독실하게 믿고 배우기를 원한 것이네. 학문하는 요체와 덕(德)으로 들어가는 방법은 진실로 마땅히 시서(詩書)를 종주로 삼아야 할 것이네. 두소릉(杜少陵 두보)과 한창려(韓昌黎 한유)의 문장은 모두 시서에 근본하였으므로 식견(識見)이 가장 높고 문로(門路 학문하는 방법)가 가장 참되니, 이에 한 번 변하면 도(道)에 이를 수 있어서 작가들의 정종(正宗)이 되는 것이네.

농암(農巖)께서 또한 말씀하기를 "본래 시서를 익숙하게 읽어야, 문장이 비로소 정밀하게 진전되니, 공령(功令)[269]을 공부하는 자들도 이 시서를 버리면 제대로 할 수 없다."라고 하셨네. 시서를 어찌 사장(詞章 문장)으로 구할 수 있겠는가마는, 모든 문자에 관계되는 것에 있어서 조술(祖述)하지 않을 수 없는 것은 이 시서가 만세의 장정(章程)이 되기 때문이네.

그대가 이미 《서경》을 외고 또 《시경》을 공부하니, 이로 인하여 열심히 읽고 정밀하게 사색하고 반복하여 두루 생각해서 종신의 가계(家計)[270]로 삼기를 지극히 바라고 지극히 바라네.

269 공령(功令) : 과거에 사용하는 여러 가지 문체를 이르는 말인데, 직접 과거를 이르기도 한다.

270 가계(家計) : 공부를 이르는 말이다. 주자가 여백공(呂伯恭)에게 답한 편지에 "사서는 번잡하고 경서는 냉담하니, 후생들은 마음과 뜻이 아직 안정되지 않아서 외면으로 향하지 않는 이가 적다.〔史書鬧熱, 經書冷淡, 後生心志未定, 少有不偏向外去者.〕"라고 하였는데, 퇴계 이황이 말씀하기를 "배우는 사람은 먼저 모름지기 심신을 수렴하여 냉담한 가계로써 고되고 힘든 공부를 해야 한다. 이에 연찬하고 되씹되 오래도록 그만두지 않아야 바야흐로 그 맛이 좋은 줄을 참으로 알아 효력을 얻게 될 것이다.〔惟學者, 先須收斂身心, 以冷淡家計, 作辛苦工夫, 於此鑽研咀嚼, 久久不輟, 方始眞知其味之可悅, 而得其力也.〕"라고 하였다. 《朱子大全 卷33 答呂伯恭》《退溪集 卷19 答黃仲擧 別

예(禮)에 부모를 여읜 사람을 위로하는 글에 대상(大祥) 뒤에 아직 담제(禫祭)를 치르기 전에는 그대로 소(疏)라고 칭하고, 답하는 자 또한 소와 고애(孤哀)[271]라고 칭하니, 담제 전에는 상(喪)이 아직 끝난 것이 아니기 때문에 대상 전의 예를 한결같이 따르는 것이네.

담제를 지내면 상(喪)을 마치니, 편지를 주고받을 때에 마땅히 평인(平人)[272]과 같이 해야 하는데, 근래의 풍속에 혹 자신을 담제인(禫制人)이라고 칭하나, 담제(禫制)라는 말은 예(禮)에 보이지 않고 또 평인이 상제(喪制)에게 글을 쓸 때에도 제후(制候)라고 칭해서는 안 되니, 제후 또한 근거가 없는 말이네. 만약 즉길(卽吉)이란 말과 차이가 있음을 보이고자 한다면, 피차간에 모두 장상(狀上)이라고 칭하는 것이 마땅할 듯하네.

紙》

271 고애(孤哀) : 상주가 자신을 칭하는 말로, 부친의 상에는 고자(孤子), 모친의 상에는 애자(哀子)라 칭하며, 졸곡 전에 부모가 모두 별세했을 때에는 고애자(孤哀子)라 칭한다. 《家禮》

272 평인(平人) : 상제(喪制)가 아닌 사람을 상제에 상대하여 이르는 말이다.

김직에게 답함 을미년[273]

答金鍨 乙未

후생(後生)들 속에서 한 번 기염을 토하여 방안(榜眼)[274]으로 이름을 전하였는데, 이 또한 응당 신산(辛酸)스러우니, 기쁨이 되는 줄을 모르겠네. 그러나 시작처럼 마무리를 잘 이루기를 매우 바라네. 득실은 모두 정해진 운명이 있으니, 의(義)로써 운명에 대처한다면 마음이 편안하고 즐거워져서 자연 이익에 유혹되고 가난에 핍박당하는 누(累)가 없을 것이네. 만일 그렇지 않다면 바로 정자(程子)께서 말씀하신바 "만약 처리하고는 놓아 버리지 못한다면, 이것은 의(義)도 없고 명(命)도 없는 것이다."라는 것이니,[275] 현자가 어찌 이런 일을 하겠는가.

전에 빌려 준 사서(四書)를 성위(省圍)[276]에서 금지함을 범하는 자료로 삼았으니, 이제 이 《가례》를 또다시 다만 과강(課講)에서 암송할 쓰임으로 삼는다면, 이는 덕으로써 하는 사랑이 아니네.

273 을미년(乙未年) : 1835년(헌종1)으로, 매산의 나이 60세 되던 해이다.

274 방안(榜眼) : 과거에서 수석 합격인 장원(壯元)에 이어 차석으로 합격함을 이르는 말이다.

275 정자(程子)께서……것이니 : 정자는 이천(伊川) 정이(程頤)를 이르며, 정자의 말씀은 《이정전서(二程全書)》 권2 상 〈원풍기미여여숙동견이선생어(元豐己未呂與叔東見二先生語)〉에 보인다.

276 성위(省圍) : 옛날 과거를 상서성(尙書省)에서 관장하였으므로 과장(科場)을 성장(省場)이라 하였는바, 과장에 외인(外人)의 출입을 통제하였으므로 과거 시험장을 이렇게 말한 것으로 보인다.

명리(名理 성리학)를 연구해서 매독환주(買櫝還珠)[277]의 폐단을 저지르지 않을 수 있겠는가. 그대가 이미 늙어서 백발이 되었으니 회광반조(回光返照)[278]하여, 다만 세속의 수재(秀才)가 되어 형극(荊棘)의 가운데에서 여생을 마치지 말았으면 하네.

277 매독환주(買櫝還珠) : 무엇이 귀하고 무엇이 귀하지 않은지를 알지 못하여 취해야 할 내실은 취하지 않고 허울만 취한다는 의미이다. 춘추 시대 초(楚)나라 사람이 옥으로 꾸미고 향기를 쐰 목란(木蘭) 상자에 보배 구슬을 담아서 정(鄭)나라에 가서 팔자 어떤 정나라 사람이 상자만 사고 구슬을 돌려주었다는 고사에서 유래하였다. 《韓非子 外儲說》

278 회광반조(回光返照) : 선종(禪宗)에서 쓰는 말로 언어나 문자에 의지하지 않고, 자기 자신을 성찰(省察)하여 자기 마음속의 영성(靈性)을 직시함을 이른다.

이경주[279] 성선 에게 줌 을미년 윤달
與李庚周 聖宣○乙未閏月

장맛비가 한 달이 넘게 내려서 강물이 여러 번 범람하여 천 리가 안개 속에 묻혀 있고 모든 집들이 장마 물에 잠겼으니, 농사가 피폐하기를 기다리지 않고도 창생(蒼生)들이 어육(魚肉)이 되었습니다.

바로 묻건대 동정(動靜)에는 허물이 없습니까? 부엌에는 푸른 부평초가 자라고 솥에는 파란 이끼가 끼여 있을 터인데, 깨끗하게 그 사이에 앉아서 주자의 글을 반복하여 깊이 연구하여 이 가운데 참된 뜻을 응당 말하고자 하나 말을 잊을 것입니다.

천지 사이의 온갖 일과 온갖 이치가 회옹(晦翁 주자)에 이르러서 완전히 정돈되었으니, 이 때문에 주자께서 공자 이후의 단 한 사람이 되신 것입니다. 좌하께서 주자의 글을 수신(修身)의 공부로 삼아서 그 명론을 외워 음미하고 그 명리를 익숙히 사용한다면 비단 가학(家學)을 실천하고 계승할 뿐만이 아닐 것입니다.[280]

《주자대전(朱子大全)》은 그 방대함이 대지(大地)가 만물을 짊어지고 바다가 모든 물을 받아들이는 것과 같아서 힘을 다하기가 쉽지 않으

279 이경주(李庚周) : 1793~? 본관은 덕수(德水)이고 성선(聖宣)은 자로 보인다. 1867년(고종4)에 음직으로 선공감 가감역관(繕工監假監役官)에 제수되었다.

280 가학(家學)을……것입니다 : 이경주의 부친은 이교신(李敎信, 1770~?)으로 1801년(순조1) 증광 문과에서 급제하고, 이듬해 규장각 대교(奎章閣待敎)에 제수된 인물인데, 당시 좌의정(左議政) 서용보(徐龍輔)가 경연(經筵)의 일을 오래도록 맡길 것을 추천할 정도로 학문과 문장이 높았으므로 이렇게 말한 것이다.

니, 먼저 《주자서절요(朱子書節要)》로부터 시작하여 간략함으로부터 넓은 데로 들어가면 편의(便宜)를 얻을 수 있을 듯합니다. 부디 '인을 구하는 일이 자신에게 달려 있다.〔求仁由己〕'는 실제에 더욱 부지런히 힘써서, 이 도(道)를 계속 들어서 선친의 아름다움을 빛낼 방법을 도모하시기를 크게 바라는 바입니다.

재주가 있는 자들은 뜻이 없는 것이 걱정이고 뜻이 있는 자는 재주가 없는 것이 걱정이니, 이것이 고금의 공통된 병통인데 좌하는 자질이 아름답고 재주도 높으니, 소자(邵子)께서 말씀하신 '바른 정신이 있으면서 순수한 자〔有精神而醇者〕'에 가까울 것입니다.[281] 다만 세상의 화(禍)가 혹독하여서 뜻이 꺾이고 기운이 쇠퇴하여 스스로 굳세어지지를 못하니, 이 때문에 민망하고 측은하게 여깁니다.

예로부터 성현과 호걸이 모두 빈천과 근심 속에서 단련되어 나왔으니, 혹시라도 곤궁하여 외축(畏縮)되어서 스스로 저상(沮喪)되지 말고 굶주리고 궁핍하다고 하여 스스로 가련하게 여기지 말아야 합니다. 스스로 분발하여 갈고 닦으며 제때에 미처 덕을 진전시키고 학업을 닦아서 선친께서 끝마치지 못한 뜻과 사업을 끝마치기를 바랍니다.

세간의 온갖 인연은 모두 허환(虛幻 허망하고 실체가 없음)에 속하고, 오직 자신의 지조를 지키고 책을 열심히 읽는 것만이 구경(究竟)의 법이 됩니다. 나 자신이 능하지 못한 것을 좌하를 위하여 원하는 바입니다.

281 소자(邵子)께서……것입니다 : 소자는 북송(北宋)의 학자인 소옹(邵雍, 1011~1077)을 이르는데, 주자의 전사의 오류로 보인다. '바른 정신이 있으면서 순수한 자〔有精神而醇者〕'라는 말은 《주자대전》 권35 〈서(書) 답려백공(答呂伯恭)〉에 보인다. 이 말을 소옹이 먼저 말하고 이를 주자가 인용한 것인지는 미상이다.

이경주에게 답함 갑진년[282] 동짓달

答李庚周 甲辰至月

천한 몸으로 외람되이 성상의 은혜로운 명을 받은 것은 이미 분수 밖이니, 실직(實職)이나 군직(軍職)이나 감히 감당할 수 없음은 똑같습니다.[283]

정숙자(程叔子)가 강연(講筵)에 계실 적에 일찍이 녹봉을 청하지 않은 것은 그 전임(前任)의 역자(曆子)[284]가 없었기 때문입니다. 정자께서는 조정에 계셨으면서도 오히려 이와 같이 말씀하셨는데, 하물며 이 몸과 같은 경우에 있어서이겠습니까. 어찌 산문(山門)을 나가지 않고서 가만히 앉아서 일정한 녹봉을 누리는 경우가 있겠습니까.

이른바 -결자(缺字)-라는 관리들이 전례(前例)가 있다고 하여 군직의 녹봉을 먹기를 원합니다. 그러므로 저는 '함부로 녹패(祿牌)[285]를 내주어서는 안 되니 지나간 준례는 말할 것이 없다.'라고 준엄히 말하여 물리쳤었는데, 어찌 중간에 교묘하게 말을 바꾸어 속임수가 이처럼

282 갑진년(甲辰年) : 1844년(헌종10)으로, 매산의 나이 69세 되던 해이다.

283 천한……똑같습니다 : 홍직필이 이해 9월 11일 동부승지(同副承旨)에 제수되었으나 사은숙배를 하지 않자, 14일에 군직인 부호군(副護軍)에 제수하였기 때문에 이렇게 말한 것이다. 《承政院日記》

284 역자(曆子) : 송대(宋代)에 관원의 이력과 공과를 기록하여 인사고과와 승진의 자료로 삼은 문서첩을 이른다.

285 녹패(祿牌) : 조정에서 녹봉을 받는 벼슬아치에게 증표(證標)로 내려 주던 패(牌)를 이른다.

지극한 지경에 이를 줄을 생각했겠습니까. 부디 빨리 녹패를 찢어 버려서 기망(欺罔)을 당하지 않게 해 주기를 녹봉을 나눠주는 지위에 있는 분에게 바라는 바이니, 즉시 이러한 뜻으로 이우(李友 이씨 성을 가진 친구)에게 다시 전해주기 바랍니다.

이우가 내 뜻의 진위를 물은 것은 진실로 나를 사랑하는 고심(苦心)에서 나온 것이니 감사함을 이루 말로 다할 수 없습니다. 경학(景學)이 내일이면 마땅히 모임에 올 것이니, 나는 이러한 뜻으로 답하여 사례하려고 합니다.

이경주에게 줌 기유년 조추[286]

與李庚周 己酉棗秋

양(陽)에서는 펴지고 음(陰)에서는 참담한 것[287]은 생민들의 인지상정(人之常情)이요, 근심하면 모이고 기뻐하면 헤어지는 것은 만물(萬物)의 떳떳한 성품입니다. 그러므로 물고기는 샘물이 말라가면 서로 거품을 품어 적셔 주고,[288] 새는 장차 죽을 때에 슬피 우는데,[289] 좌하는 명아주와 콩잎조차 배불리 먹지 못하는데도 쌀을 구걸하는 편지[290]가

286 기유년(己酉年) 조추(棗秋) : 기유년은 1849년(철종 즉위년)으로, 매산의 나이 74세 되던 해이다. 조추는 음력 8월로 이 시기에 대추를 수확하기 때문에 이렇게 이른다. 《시경》 〈빈풍(豳風) 7월(七月)〉에 "8월에는 대추를 털고 10월이면 벼를 수확하네.〔八月剝棗, 十月穫稻.〕"라고 한 구절에서 유래하였다.

287 양(陽)에서는……것 : 이 내용은 후한(後漢)의 문신인 장형(張衡)이 지은 〈서경부(西京賦)〉의 "사람이 양의 때에 있으면 서창(舒暢)하고, 음의 때에 있으면 참담하다.〔夫人在陽時則舒, 在陰時則慘.〕"라는 구절을 원용한 것이다.

288 물고기는……주고 : 이 내용은 《장자(莊子)》 〈대종사(大宗師)〉의 "샘물이 말라 물고기가 서로 뭍에 있게 되면 서로 입김을 불어 젖게 해주고 서로 거품으로 적셔 주나, 이는 강과 호수에서 서로 잊고 사는 것만 못하다.〔泉涸, 魚相與處於陸, 相呴以濕, 相濡以沫, 不如相忘於江湖.〕"라는 구절을 원용한 것이다.

289 새는……우는데 : 이 내용은 증자(曾子)가 "새가 장차 죽을 때에는 울음소리가 애처롭고, 사람이 장차 죽을 때에는 그 말이 착한 법이다.〔鳥之將死, 其鳴也哀; 人之將死, 其言也善.〕"라고 한 말씀을 원용한 것이다. 《論語 泰伯》

290 쌀을 구걸하는 편지 : 당(唐)나라의 명신이자 명필인 안진경(顔眞卿)이 이태보(李太保)에게 "생계를 꾸리는 데에 졸렬해서, 온 집안이 몇 달 동안 죽만 먹고 있는데, 지금은 그것마저 다 떨어지고 말았으니, 참으로 근심으로 애를 태우고 있습니다.〔拙於生事, 擧家食粥, 來而數月, 今又罄竭, 實用憂煎.〕"라는 내용으로 쌀을 구걸한 편지를

없고 구학(溝壑)[291]에 임하여도 항상 태화(太和)의 흉금[292]이 있으니, 무슨 방법을 행하여 이렇게 되는 것입니까?

옛날 황면재(黃勉齋)가 말하기를 "가난을 고통으로 여기는 것, 이것이 우리들이 똑같이 염려하는 바이다. 그러나 평생에 다만 이 빈(貧)자 한 글자가 있어야 위로 우리 군주와 아버지와 스승에게 보답할 수 있는 것이다. 모름지기 풍족하기를 구하고자 한다면 반드시 배운 바를 버려야 비로소 가능하니, 이 어찌 천금의 벽옥(璧玉)을 가지고 하나의 질그릇과 바꾸는 것과 다르겠는가."라고 하였으니,[293] 좌하께서 아마도 이 뜻을 얻었나 봅니다. 찬탄하는 마음 이기지 못합니다.

한 꾸러미의 나락을 이에 삼가 올립니다. 그러나 이것이 어찌 옥초(沃焦)[294]에 대비할 수 있는 충분한 도움이 되겠습니까.

보낸 고사가 있는바, 이 글을 걸미첩(乞米帖)이라고 한다.《古今事文類聚後集 卷22 乞米帖》

291 구학(溝壑) : 봇도랑이란 뜻인데 아주 곤궁한 처지를 비유한다. 공자께서 "지사는 시신이 도랑에 버려질 것을 잊지 않는다.〔志士, 不忘在溝壑.〕"라고 하였는데, 주자는 《집주(集註)》에서 "지사는 곤궁함을 굳게 지켜 죽었을 적에 관곽(棺槨)이 없어 시신이 도랑에 버려지더라도 한하지 않을 것을 항상 생각한다."라고 주하였다.《孟子 滕文公下》

292 태화(太和)의 흉금 : 음양(陰陽)의 기운이 잘 조화되어 안정되고 화(和)한 마음을 이르는바, 대화(大和)로도 쓴다. 《주역》 건괘(乾卦) 단(彖)에 "건도가 변하여 화합에 각각 성명을 바루니, 대화를 보합하여 이에 이롭고 정하다.〔乾道變化, 各正性命, 保合大和, 乃利貞.〕"라고 보인다.

293 황면재(黃勉齋)가……하였으니 : 황면재는 남송의 도학자인 황간(黃幹, 1152~1221)으로 면재는 그의 호이다. 자는 직경(直卿)이며 주자의 제자이다. 황간의 말은 《면재집》 권9 〈여정성숙서(與鄭成叔書)〉에 보인다.

294 옥초(沃焦) : 불가(佛家)에서 말하는 바다 밑의 거대한 바위로 그 아래에 아비

신재하 시행 에게 답함 기유년

答愼在夏 時行○己酉

보내신 편지에, 책을 읽는 일을 포기해서 예전의 학업을 제대로 다스리지 못한다고 하여 자신의 죄려(罪戾)를 자책하였으니, 죄려 두 글자는 청량한 밤에 종소리를 듣는 것과 같아서 두려워 경계하는 마음을 이길 수가 없습니다. 스스로 반성하는 것보다 더 귀한 것이 없으니, 스스로 반성하면 덕을 진전시킬 수 있고, 욕심을 적게 할 수 있고, 씀을 이롭게 하고 몸을 편안하게 할 수 있습니다.

그러므로 이르기를 "사람의 마음에 한순간이라도 태만함이 있게 되면 바로 천지의 조화와 서로 흡사하지 못하게 된다."[295]라고 하였으니, 부디 이 뜻을 체득해서 공평하게 이치를 관찰하여 사소한 문호(門戶)를 허물어 버리고 엄숙하고 공경하게 몸가짐을 유지하여 방범(防範)[296]을 넘는 일을 경계하며, 주밀(周密)하게 하여 피취(避就)[297]에서 나오

지옥(阿鼻地獄)이 있어 그 화기(火氣) 때문에 바위가 항상 펄펄 끓어 아무리 물을 부어도 식지 않는다고 한다. 여기서는 매우 절박한 상황의 비유로 쓰였다. 《舊華嚴經 卷59》

295 사람의……된다 : 이 내용은 명(明)나라의 문신이자 유학자인 설선(薛瑄, 1389~1464)이 한 말로, 설선이 지은 《독서록(讀書錄)》 권1에 보인다. 설선은 자가 덕온(德溫), 호가 경헌(敬軒), 시호는 문청(文淸)이다. 벼슬이 예부우시랑 겸 한림학사에 이르렀으며 경학과 성리학에 밝았다.

296 방범(防範) : 미리 방비(防備)하는 법도나 계책을 이르는 말인데, 여기서는 예법(禮法)이란 뜻으로 쓰였다.

297 피취(避就) : 어떤 일을 회피하고 좇아 나아감을 병칭한 것이다. 《장자(莊子)》 〈도척(盜跖)〉에 "좋아하고 싫어함에 회피하고 좇아 나아감은 진실로 스승의 가르침을

지 않게 하고 정밀하게 살펴서 작은 성취를 편안히 여기지 않는다면, 절로 지선(至善)의 경지로 날로 달려갈 수 있을 것이니, 어찌 지팡이로 땅을 더듬어서 길을 찾아 어둠 속으로 나아가는 일[298]을 우려할 것이 있겠습니까. 부디 노력하고 노력하시기 바랍니다.

기다릴 것이 없는 것이니, 이것이 인간의 본성이다.〔夫欲惡避就, 固不待師, 此人之性也.〕" 하였는데, 성현영(成玄英)의 소(疏)에 "무릇 좋아하면 나아가고 싫어하면 피한다.〔夫欲之則就, 惡之則避.〕"라고 하였다.

298 지팡이로……일 : 원문은 '명행적식(冥行擿埴)'으로 주로 학문의 길을 찾지 못함을 비유하는 말로 쓰인다. 한나라 양웅(揚雄)이 지은 《법언(法言)》〈수신편(修身篇)〉에 "지팡이로 땅을 더듬어 길을 찾아 어둠 속으로 나아갈 따름이다.〔擿埴索塗, 冥行而已矣.〕" 하였는데, 이궤(李軌)의 주에 "식(埴)은 땅을 말한 것이다. 맹인이 지팡이로 땅을 더듬어서 길을 찾는 것은 비록 대낮일지라도 밤길을 가는 것과 다르지 않다.〔埴, 土也. 盲人以杖擿地而求道, 雖用白日, 無異夜行.〕"라고 하였다.

김기례 원회 에게 답함 무신년
答金箕澧 源會○戊申

《용학선의(庸學選義)》의 편찬을 근간에 이미 끝마쳤다고 하니, 완성된 책이 어떠한지는 모르겠으나, 만약 비루한 나의 설(說)을 거두어 기술해서 선현들의 명리(名理) 설 가운데에 뒤섞어 놓았다면 너무 참람(僭濫)한 일이 아니겠습니까.

옛날 정이천(程伊川) 문하의 여러 제자들이 선생의 말씀을 기록하고는 선생에게 질정(質正)하자, 선생께서 말하시기를 "내가 살아있는데, 굳이 이것을 읽을 것이 있겠는가. 만약 내 마음을 제대로 알지 못한 것이라면, 기록된 것은 다만 저 사람의 뜻일 뿐이다."라고 하였습니다.

마음으로 전수한 요체(要諦)를 알지 못하고 언어의 사이에 얽매인다면 털끝만한 실수가 큰 잘못으로 이어짐을 이루 말로 다할 수 없게 될 것입니다. 성대했던 하남(河南) 정이천 문하조차도 이러한 걱정이 있었는데 하물며 이 몸과 같은 자의 말이 어찌 기술에 갖출 만한 것이 있겠습니까. 부디 빨리 제거하고 오직 선현들의 명론(名論)만을 모아서 완전한 책을 이루는 것이 어떻겠습니까?

보내주신 편지에 말씀한 경신(敬愼)은 바로 좌하께서 간직하는 두 글자의 부절(符節)이니, 여기에서 공력을 거둔다면 절로 도에 나아가고 덕을 이룰 수 있을 것이니, 어찌 태만함이 습성(習性)이 됨을 걱정할 것이 있겠습니까.

선현들께서 "내와 외를 합한 도이다.〔合內外之道〕"라고 말씀하였고 또 말씀하기를 "겉과 속이 모두 바루어진다.〔表裏交正〕"라고 하였고,

"안과 밖이 서로 길러진다.〔內外交養〕"라고 하였고, "본과 말이 서로 도움을 준다.〔本末相資〕"라고 하였고 "체와 용이 근원이 하나요, 드러남과 은미함이 간격이 없다.〔體用一源 顯微無間〕"라고 하였고 "동과 정이 서로 함양한다.〔動靜相涵〕"하였고 "경과 의가 좌우에서 잡아 준다.〔敬義夾持〕"라고 하였으니,[299] 이러한 곳을 마땅히 가장 잘 이해해야 합니다. 이런 부분들을 올바로 간파한다면 힘쓸 바를 알 것이요 힘쓸 바를 알면 공리(功利)에 유혹되지 않고 이단(異端)이 미혹시키지를 못할 것이니, 이것을 좌하를 위하여 원하는 바입니다.

299 선현들께서……하였으니 : "내와 외를 합한 도이다.〔合內外之道.〕"는 《중용》 제25장에 보이며, "겉과 속이 모두 바루어진다.〔表裏交正.〕"는 주자의 〈경재잠(敬齋箴)〉에 보이며, "안과 밖이 서로 길러진다.〔內外交養.〕"는 《논어집주(論語集註)》 〈술이(述而)〉 '지도거덕장(志道據德章)' 장하주(章下註)에 보이며, "본과 말이 서로 도움을 준다.〔本末相資.〕"는 《주자대전》 권67 〈잡저(雜著) 주례삼덕설(周禮三德說)〉에 보이며, "체와 용이 근원이 하나요, 드러남과 은미함이 간격이 없다.〔體用一源, 顯微無間.〕"는 정이천의 《역전(易傳)》 〈서(序)〉에 보이며, "동과 정이 서로 함양한다.〔動靜相涵.〕"는 《주자어류》 권12 〈학(學)6 지수(持守)〉에 보이며 "경과 의가 좌우에서 잡아 준다.〔敬義夾持.〕"는 명도(明道)의 말씀으로 《이정유서(二程遺書)》 권5에 보인다.

이희준[300] 덕요 에게 답함 병신년[301]

答李羲俊 德繇○丙申

곧바로 고하건대, 때늦은 가뭄에 어버이 모시며 지내는 기거(起居)[302]가 건승하시고, 과거 때문에 학업에 방해되고 뜻을 빼앗기는 일이 없어, 학업을 쌓는 일에 오로지 정진(精進)할 수 있는지요? 벼슬에 뜻을 빼앗기지 않고 물고기를 잡고 나서 통발을 잊지 않음은 바로 선철(先哲)들이 경계한 바이니, 참되고 간절하게 체득하고 계시겠지요.

정자께서 일찍이 '때를 기다리는 뜻〔需時〕'을 논하여 말씀하기를 "편안하고 고요하게 스스로 지켜서, 뜻은 비록 기다림이 있으나 태연히 장차 그대로 종신(終身)할 듯이 여기니, 이것이 바로 떳떳함을 따르는 것이다. 비록 나아가지 않더라도 마음이 동함은 그 떳떳함을 편안히 여기지 않는 것이다."라고 하셨으니,[303] 벼슬길에 진취하고자 하는 자는 마땅히 이를 외우고 본받아야 할 것입니다.

300 이희준(李羲俊) : 1798~? 자는 덕요(德繇), 본관은 벽진이다. 1836년(헌종2)에 정시 문과에 급제하고 경양 찰방(景陽察訪) 등의 벼슬을 지냈다.

301 병신년(丙申年) : 1836년(헌종2)으로, 매산의 나이 61세 되던 해이다.

302 기거(起居) : 원문의 '진간(震艮)'은 《주역》에서 진은 동(動)함이고 간은 정(靜)함이므로, 동정(動靜) 또는 기거의 뜻으로 쓰인다. 《周易 序卦傳》

303 정자께서……하셨으니 : 정자는 이천(伊川) 정이(程頤)를 이른다. 이 내용은 《주역》의 수괘(需卦) 초구(初九) 〈상전(象傳)〉에 대한 《역전(易傳)》의 해설에 보이는데, 매산이 원작의 순서를 바꾸어 인용하였는바, 원작에는 "비록 나아가지 않더라도 마음이 동함은 그 떳떳함을 편안히 여기지 않는 것이다"라는 구절이 먼저 나온다.

지난번의 분관(分館)[304]이 크게 잘못되었던 것은 진실로 서글퍼하고 한탄할 만한 일이나, 예로부터 명석(名碩 저명하고 박학한 선비)들은 등용될 때에 또한 이러한 일에 구애되지 않았으니, 바로 정약포(鄭藥圃)와 구참찬(丘參贊)[305] 제공(諸公)이 이분들입니다. 오직 마땅히 제때에 덕을 진전시키고 업을 닦고 명예와 행실을 갈고 닦으면 되니, 깨진 시루에 급급하여[306] 내면의 수양을 어그러뜨려서는 안 됩니다.

유자(儒者)의 열여섯 가지[307] 행실 중에 자립(自立)이 첫 번째가 되니, 만약 몸의 지조를 지키지 못한다면 어떻게 자립할 수 있겠습니까.

304 분관(分館) : 조선 시대 문과 급제자들을 승문원(承文院)·성균관(成均館)·교서관(校書館)의 삼관(三館)에 분속시켜 배치하는 일을 이른다. 문과 급제자들을 성균관의 박사 3명이 채점하고 이것을 다시 승문원의 도제조(都提調)가 검토하여 점수를 확정해서, 3점은 괴원(槐院 승문원), 2점은 국자(國子 성균관), 1점은 운각(芸閣 교서관)에 분속시켜 배치하고 이를 이조에서 왕에게 보고한 뒤 각각 권지(權知)라는 이름으로 실무를 배우게 하였다. 승문원에 분관되면 출세가 가장 빨랐으므로 문과 급제자들이 중요하게 여겼다.

305 정약포(鄭藥圃)와 구참찬(丘參贊) : 정약포는 정탁(鄭琢, 1526~1605)으로 약포는 그의 호이고 자는 자정(子精), 본관은 청주(淸州)이다. 1558년(명종13) 식년 문과에 급제하고 벼슬이 좌의정에 이르렀다. 구참찬은 구종직(丘從直, 1404~1477)으로 자는 정보(正甫), 본관은 평해(平海)이다. 1444년(세종26) 식년 문과에 급제하고 벼슬이 참찬에 이르렀다.

306 깨진 시루에 급급하여 : 후한(後漢) 때의 명사인 곽태(郭泰)가 길을 가다가, 맹민(孟敏)이란 사람이 등에 지고 가던 시루가 땅에 떨어져 깨졌는데도 뒤도 돌아보지 않고 가는 것을 보고 이유를 물으니, 맹민이 "이미 시루가 깨졌는데 돌아본들 무슨 소용이 있습니까."라고 대답하였다. 곽태는 그의 자질을 훌륭하게 여겨 학문할 것을 권하였고 10년 만에 맹민의 이름이 크게 알려진 고사가 있으므로 이렇게 말한 것이다. 《後漢書 卷68 郭符許列傳》

307 유자(儒者)의……행실 : 이 내용은 《예기》 〈유행(儒行)〉 편에 보인다.

사서(四書)와 낙건(洛建)[308]의 문자를 더욱더 많이 읽어서 마음을 함영(涵泳) 속에 두어서 자기 몸에 간절하게 체인(體認)한다면, 저절로 응당 지식이 배움에 따라 진전되어서 보는 곳이 탁연(卓然)해져서 괴반(槐泮)[309] 두 글자가 흉중에서 솟아 장애가 되는 일이 없을 것입니다. 이와 같은 것을 어찌 승문원(承文院)에 이름이 쓰이는 것[310]과 비견할 수 있겠습니까. 《주역》에 이르기를 "발을 꾸밈이니, 수레를 버리고 도보로 간다."라고 하였으니,[311] 그대를 위하여 다시 외는 바입니다.

308 낙건(洛建) : 낙양(洛陽)과 복건성(福建省)의 병칭으로 주자와 정자를 이른다. 정명도(程明道)와 정이천(程伊川) 형제는 낙양 사람이고, 주자는 복건성 사람이므로 이렇게 칭한 것이다.

309 괴반(槐泮) : 괴원(槐院)과 반궁(泮宮)을 병칭한 것으로, 괴원은 승문원, 반궁은 성균관을 이른다.

310 승문원(承文院)에……것 : 승문원에 분관됨을 이른다.

311 주역에……하였으니 : 이 내용은 비괘(賁卦) 초구(初九)의 효사(爻辭)인데, 정이천은 《역전(易傳)》에서 "군자가 수식하는 도는, 행하는 바를 바르게 하고 절개를 지키며 의(義)에 처하여 그 행실이 구차하지 아니하여 의에 혹 마땅하지 않으면 수레를 버리고 차라리 도보로 걸어가니, 이는 중인들은 부끄럽게 여기나 군자는 꾸밈으로 여기는 것이다.〔君子修飾之道, 正其所行, 守節處義, 其行不苟, 義或不當, 則舍車輿而寧徒行, 衆人之所羞, 而君子以爲賁也.〕"라고 풀이하였다.

이희준에게 답함 무술년 국월[312]

答李羲俊 戊戌菊月

연초에 영광스럽게 방문해 주신 것은 지극한 은혜를 입은 것입니다. 그러나 뒤이어 서로 멀리 떨어져서 세월이 저물어가니, 노란 국화꽃과 밝은 달을 보며 가슴속에 맺히는 그리운 마음을 더욱 견딜 수가 없습니다.

바로 이 때 아름다운 편지가 바람을 따라 이르러 받아 보니, 정신이 깨고 탁 트여서 남촌(南村)에서 아침저녁으로 뵙는 것[313]과 다름이 없으니 천 리가 멀다고 그 누가 말하였습니까? 편지를 통해 좋은 곳에 부임하고 어질게 정사에 임하시어 동정(動靜)이 평화롭고 평온함을 알았으니, 더욱 그리워하는 마음이 위로되었습니다.

어버이 계신 곳을 멀리서 바라봄에 지극한 정을 풀기 어려울 것이나, 혼정신성(昏定晨省)[314]의 봉양을 버리고서 벼슬살이하는 것은 장차 여

312 무술년(戊戌年) 국월(菊月) : 무술년은 1838년(헌종4)으로, 매산의 나이 63세 되던 해이며 국월은 국화꽃이 피는 달이라는 뜻으로 음력 9월을 달리 부르는 말이다. 국추(菊秋), 국령(菊令)이라고도 한다.

313 남촌(南村)에서……것 : 남북조 시대 진(晉)나라의 은사이며 시인인 도연명(陶淵明, 365~427)의 시 〈이거(移居)〉에, "예전부터 남촌에 살고 싶었으니, 좋은 집터 찾으려 해서가 아니었네. 들으니 마음씨 착한 사람들 많다기에 아침저녁으로 자주 만나 즐기고 싶어서였지.〔昔欲居南村, 非爲卜其宅. 聞多素心人, 樂與數晨夕.〕"라는 구절을 원용하여 말한 것이다.

314 혼정신성(昏定晨省) : 어버이를 모시는 것으로 날이 어두우면 어버이의 잠자리를 챙겨드리고 새벽이 되면 어버이께 문안함을 이른다. 《예기》 〈곡례 상(曲禮上)〉에

기에서 얻음이 있어서 돌아가 부모를 공양하려는 것이니, 부모의 마음 또한 모두 그러하실 것입니다.

옛사람이 이르기를 "너는 굳이 지나치게 애쓰고 그리워해서, 천화(天和 몸의 원기(元氣))를 손상시키지 말라."라고 하였습니다. 작은 벼슬을 낮게 여기지 않아서 나아가면 어짊을 숨기지 않은 것은 바로 유하혜(柳下惠)의 넓은 도량이요,[315] 나의 의리에 편안하면, 작은 벼슬을 달가워하지 않은 것은 바로 하남(河南) 부자(夫子)의 성대한 덕이니,[316] 부디 이 뜻을 체인(體認)해서 한 마음으로 봉직(奉職)해서 구차히 거취를 깨끗이 하려고 하지 않는 것이, 이것이 때에 알맞게 조처하는 것이 됩니다.

옛날 명석(名碩)들 중에는 마조(馬曹)[317]로부터 출세한 자들이 많습니다. 벼슬이 크고 작음에 무관하게, 국가에 충성을 다하는 것은 똑같

"자식이 된 자는 어버이에 대해서, 겨울에는 따뜻하게 해 드리고 여름에는 시원하게 해 드려야 하며, 저녁에는 잠자리를 보살펴 드리고 아침에는 문안 인사를 올려야 한다.〔凡爲人子之禮, 冬溫而夏凊, 昏定而晨省.〕"라고 한 데서 온 말이다.

315 작은……도량이요 : 이 내용은 《맹자》 〈공손추 상(公孫丑上)〉의 "유하혜는 더러운 군주를 섬김을 부끄러워하지 않으며 작은 벼슬을 낮게 여기지 않아서, 나아가서는 어짊을 숨기지 않아 반드시 그 도로써 하며, 벼슬길에서 버림받아도 원망하지 않고 곤궁해도 고민하지 않았다.〔柳下惠, 不羞汚君, 不卑小官, 進不隱賢, 必以其道, 遺佚而不怨, 阨窮而不憫.〕"라는 구절을 원용한 것이다.

316 나의……덕이니 : 하남(河南) 부자(夫子)는 북송의 대학자인 명도(明道) 정호(程顥)를 가리킨 것으로, 이 내용은 여대림(呂大臨)이 지은 명도 선생의 〈애사(哀詞)〉에 보인다. 《二程遺書 附錄》

317 마조(馬曹) : 말〔馬〕을 관리하는 관서라는 의미로 찰방(察訪)을 가리킨다. 이희준(李羲俊)은 1837년(헌종3) 12월에 경양 찰방(景陽察訪)에 제수되었다.

습니다. 또 그대는 평소 가난해서 숙수(菽水)[318]조차 넉넉하게 공양하지 못했는데, 남에게서 음식을 구걸하기 보다는 차라리 군주의 녹봉을 먹어야 한다는 것이 석담(石潭 율곡 이이)의 밝은 가르침이니, 귀거래사(歸去來辭)를 읊을 것을 생각하지 말고, 오직 자신에게 있는 도리를 힘써서 하루의 책임을 다하는 것이 어떻겠습니까?

공무(公務)의 여가에 지금 어느 책의 학업에 힘쓰고 있습니까? '나는 승(丞)을 저버리지 않건만 승이 나를 저버리는구나.'[319]라는 말은 자기의 재능을 베풀어 쓸 수 없기 때문에 이렇게 말한 것이요, 거업(居業)[320]의 한 가지 일로 말하면 자신에게 달려 있고 남에게 달려 있지 않으니, 어찌 저버리고 저버리지 않음을 말할 것이 있겠습니까. 부디 힘쓰고 힘써서 소홀히 하지 말고 소홀히 하지 마십시오.

일찍이 보니, 사성(使星)[321]에게 역졸들이 반드시 필요하기 때문에,

318 숙수(菽水) : 콩죽과 맹물이란 뜻으로 보잘것없는 거친 음식으로 부모를 공양함을 이른다. 공자의 제자 자로(子路)가 집안이 가난해서 효도를 제대로 하지 못한다고 탄식하자, 공자가 "콩죽을 끓여 드리고 맹물을 마시게 하더라도 기쁘게 해 드리는 일을 극진히 행한다면 이것이 바로 효이다.〔啜菽飮水盡其歡, 斯之謂孝.〕"라고 한 데에서 유래하였다.《禮記 檀弓下》

319 나는……저버리는구나 : 승(丞)은 현승(縣丞)으로 당나라 때 고을 수령인 현령(縣令)을 도와 현의 정무를 처리하는 차석의 관리를 이른다. 이 내용은 최사립(崔斯立)이라는 사람이 남전(藍田)의 현승으로 좌천되었으나 현승을 낮은 관직이라 여기지 않고 잘해 보려다가 좌절되자 탄식한 말로, 한유(韓愈)의 〈남전현승청벽기(藍田縣丞廳壁記)〉에 보인다.

320 거업(居業) : 공업(功業)을 쌓아 보유하는 것으로《주역》건괘(乾卦) 문언(文言)에 "군자는 덕을 진전시키고 업을 닦으니, 충신이 덕을 진전시키는 것이고, 수사에 그 성실함을 세움이 업을 보유하는 것이다.〔君子進德修業, 忠信 所以進德也, 修辭立其誠, 所以居業也.〕"라고 보인다.

호랑이의 위엄을 빌려 권세를 부리는 여우가 되어 이들의 횡포와 방일(放逸)을 제재하기가 어려운데, 독우(督郵)[322]가 된 자들 또한 이들을 교화(敎化) 밖에 버려두고 전혀 가르침을 베풀지 않아서 멋대로 설치도록 내버려 둡니다. 이 때문에 날이 갈수록 더욱 패악(悖惡)해져서 군읍(郡邑)에서 역졸들을 마치 시랑(豺狼)처럼 봅니다.

호해(胡亥)[323]의 본성이 어찌 나쁘겠습니까. 길러진 바에 따라 그렇게 된 것입니다. 가르침이 있으면 선과 악의 종류가 없게 되니,[324] 부디 이들을 영도(領導)하여 점점 교화시킬 방법을 도모해서, 이들로 하여금 스스로 악행을 그만두게 하는 것이 바로 한 도(道)의 폐해를 제거하는 것이니, 어찌 조금만 보탬이 된다고 하겠습니까.

《석탄집(石灘集)》[325]을 이번에 은혜롭게 받고 서둘러 펴서 급히 읽

321 사성(使星) : 왕명으로 지방에 출장 가는 관원이나, 사신(使臣)을 이른다.

322 독우(督郵) : 여러 가지 의미가 있으나, 여기서는 역졸들의 지휘 감독관인 찰방(察訪)을 가리켰다.

323 호해(胡亥) : 진(秦)나라의 2세 황제(二世皇帝)로 중국 역사상 대표적인 혼군(昏君)이다. 원래 시황제(始皇帝)의 둘째 아들로, 시황제가 죽자 이사(李斯)·조고(趙高) 등이 조칙을 조작하여 큰 아들인 부소(扶蘇)를 살해하고 황제로 즉위시켰다. 매우 가혹한 법으로 나라를 다스렸으며 아방궁(阿房宮)의 건축 등 실정(失政)으로 말미암아 전국적으로 반란이 일어나고 있는데도 전혀 상황을 알아차리지 못하였다. 심지어는 반란 상황을 보고하는 사신을 하옥시키고 아방궁 건축의 중단을 간언한 자들을 형벌에 처하기도 하였다. 《史記 卷6 秦始皇本紀》

324 가르침이……되니 : 이 내용은 《논어》 〈위령공(衛靈公)〉에 보이는 공자의 말씀인데, 주자는 《집주(集註)》에서 "사람의 성(性)은 모두 선(善)하나 그 종류에 선과 악의 다름이 있는 것은 기질과 습관에 물들기 때문이다. 그러므로 군자가 가르침이 있으면 사람이 모두 선으로 돌아올 수 있다."라고 주하였다.

325 석탄집(石灘集) : 이신의(李愼儀, 1551~1627)의 문집이다. 석탄은 그의 호이고

었는데, 정사년(丁巳年)의 헌의(獻議)와 병인년(丙寅年)의 봉사소(封事疏)에 이르러서는 유연(油然)히 충의의 마음이 일어나니, 바로 경학(經學)에 근본하여 끝내 명절(名節)에 이른 것이 마침내 이와 같았습니다. 동시대에 태어나지 못해서 모시고 많은 서론(緖論)을 듣지 못한 것이 한스럽습니다.

박사암(朴思庵)[326]의 깨끗하고 고아한 명망은 다만 당대 사류(士類)들의 영수(領袖)가 될 뿐만이 아니요, 유풍(遺風)과 여운(餘韻)이 또한 충분히, 완악한 자를 청렴하게 만들고 나약한 지아비에게 뜻을 세우게 할 수 있는데, 후손이 끊어져서 문헌(文獻)[327]으로 증명할 수가 없으니, 하늘의 보시(報施)에 대해 유감이 없지 못합니다.

만일 유집(遺集)의 판본이 현재 남아 있거든 여러 권을 인쇄하고, 그렇지 않거든 빨리 중간(重刊)하도록 권하는 일을 그만두어서는 안

자는 경칙(景則), 본관은 전의(全義), 시호는 문정(文貞)이다. 1582년(선조15) 학행으로 천거되어 출사하고 벼슬이 형조 참판에 이르렀다. 1617년(광해군9) 정사년(丁巳年)에 영창대군(永昌大君)을 죽이고 인목대비(仁穆大妃)를 유폐하는 등 광해군의 폭정이 심해지자 분연히 항소를 올렸다가 이듬해 회령으로 유배되었다. 1623년(인조1) 인조반정으로 풀려 나와 등용되고 정묘호란 때 왕을 호종해 강화도로 가던 도중 병사하였다.

326 박사암(朴思庵) : 박순(朴淳, 1523~1589)으로, 사암은 그의 호이고 자는 화숙(和叔), 본관은 충주(忠州), 시호는 문충이며 화담(花潭) 서경덕(徐敬德)의 문인이다. 1553년(명종8) 정시 문과에 장원으로 급제하고 벼슬이 영의정에 이르렀다. 학문이 깊어 율곡 이이, 우계 성혼과 도의지교(道義之交)를 맺었다.

327 문헌(文獻) : 《논어》 〈팔일(八佾)〉에 "은나라의 예를 내가 말할 수 있으나 송나라가 충분히 증명하지 못함은 문헌이 부족하기 때문이다.〔殷禮吾能言之, 宋不足徵也, 文獻不足故也.〕"라고 보이는데, 주자는 《집주(集註)》에서 "문은 전적을 가리키고, 헌은 현인을 가리킨다.〔文典籍也, 獻賢也.〕"라고 주하였으나, 후세에는 주로 전적을 가리키게 되었다.

될 듯합니다. 광주(光州)는 바로 이 어른의 고향이고 눌재(訥齋)[328]는 바로 이분의 숙부이십니다. 눌재의 후손으로서 광주에 사는 자들이 반드시 많을 것이니, 그들과 더불어 상의하는 것이 어떻겠습니까?

328 눌재(訥齋) : 박상(朴祥, 1474~1530)의 호로, 자는 창세(昌世), 본관은 충주(忠州), 시호는 문간(文簡)이다. 1501년(연산군7) 식년 문과에 급제하고 벼슬이 선공감정(繕工監正)에 이르렀다. 청백리(淸白吏)에 녹선(錄選)되었으며, 성현(成俔)・신광한(申光漢)・황정욱(黃廷彧) 등과 함께 한문학 4대가로 칭송된다.

매산집

제22권

書서

조병덕[1] 유문 에게 답함 병술년[2] 9월

答趙秉悳 孺文○丙戌九月

장기와 바둑에 대한 말씀에서 또한 스스로를 단속하는 일단(一段)을 볼 수 있었습니다. 이 마음을 미루어 나간다면 장차 천하의 선(善)이 자기에게 돌아올 것이니, 더욱 나로 하여금 찬탄하게 합니다.

부자(夫子)께서 "장기와 바둑이라도 두는 것이 그만두는 것보다 낫다."라고 말씀하신 것[3]은 성인께서 사람들에게 장기와 바둑을 가르친 것이 아니요, 마음을 쓰는 바가 없어서는 안 됨을 심하게 말씀한 것입니다. 노(魯)나라 애공(哀公)이 공자에게 "군자는 장기를 두지 않는다고 하니, 그런 일이 있습니까?"라고 묻자, 공자께서 "그런 일이 있으니, 이는 나쁜 도를 겸하여 행하기 때문입니다."라고 하셨습니다.[4] 만일 장기와 바둑이 둘 만한 것이라면 부자께서 이렇게 말씀하셨겠습니까.

또 도사행(陶士行)[5]은 바로 참람한 진(晉)나라의 일개 곤신(閫臣)[6]

1 조병덕(趙秉悳) : 1800~1870. 자는 유문(孺文), 호는 숙재(肅齋), 본관은 양주(楊州), 시호는 문경(文敬)으로 홍직필의 문인이다. 1852년(철종3) 음보(蔭補)로 지평이 되고, 벼슬이 호조 참판에 이르렀다. 노론의 낙론계의 학맥을 홍직필에게서 이어받아 문하의 김병창(金炳昌) 등에게 전수하였다.

2 병술년(丙戌年) : 1826년(순조26)으로, 매산의 나이 51세 되던 해이다.

3 부자(夫子)께서……것 : 부자는 공자를 이르고, 이 내용은 《논어》 〈양화(陽貨)〉에 보인다.

4 노(魯)나라……하였습니다 : 이 내용은 《공자가어(孔子家語)》 권1 〈오의해 제7(五儀解第七)〉에 보이는데, 매산이 축약하여 인용하였다.

5 도사행(陶士行) : 진(晉)나라 명제(明帝) 때의 명장인 도간(陶侃, 257~332)으로,

이었는데도 오히려 저포(樗蒲)와 장기를 강물 속에 던져 버렸고, 한 치의 광음(光陰)을 아끼는 일에 스스로 책(責)함을 취하였는데,[7] 하물며 공자를 칭송하고 본받으면서, 설만(褻慢)함의 근원을 열고 공경히 봉양하는 근본을 훼손할 수 있겠습니까. 다만 바둑은 손으로 나누는 담화이고 장기를 두는 것이 더욱 악업(惡業)이 된다고 말하나, 그 마음을 방탕하게 하고 눈을 고혹(蠱惑)시키는 것은 똑같습니다.

이 놀이를 하는 자들은 왕왕 완물상지(玩物喪志)의 비판을 잊고 공교롭게 지혜를 쓰는 것을 탐하여 천금을 순식간에 던지고 백만 전의

사행은 그의 자이다. 영가(永嘉)의 난(307~312) 때 무창(武昌)을 지켜 공을 세웠고, 명제(明帝) 때는 정남대장군(征南大將軍)으로 왕돈(王敦)의 반란과 소준(蘇峻)의 난을 평정하여, 벼슬이 시중 태위(侍中太尉)에 이르렀고, 장사군공〔長沙郡公〕에 봉해졌다. 《晉書 卷66 陶侃列傳》

6 곤신(閫臣) : 도성문 밖에서 군대를 맡아 지휘하는 장군을 이른다.

7 저포(樗蒲)와……취하였는데 : 도간이 형주 자사(荊州刺史) 시절 항상 사람들에게 말하기를, "대우(大禹)는 성인(聖人)이셨는데도 한 치의 광음(光陰)을 아끼셨는데, 일반 사람에 이르러서는 마땅히 한 푼의 광음을 아껴야 한다. 어찌 편안히 놀고 크게 취하여 살아서는 당시에 보탬이 없고 죽어서는 후세에 알려짐이 없게 한단 말인가. 이는 스스로 버림이다."라고 하였으며, 여러 참모와 보좌관들이 혹 잡담과 희롱으로 일을 폐하는 자가 있으면, 마침내 그 술그릇과 저포와 장기의 기구를 가져다가 모두 강물 속에 던지게 하였으며, 아전과 장수에게는 채찍과 매를 가하고 말하기를 "저포는 돼지를 치는 종들의 놀이일 뿐이요, 노장(老莊)의 부화(浮華)함은 선왕(先王)의 법도에 맞는 말이 아니니, 행해서는 안 된다. 군자는 마땅히 그 의관을 바르게 하며 그 위의(威儀)를 잡아야 하니, 어찌 머리를 헝클어뜨리고 명망을 기른다 하여, 스스로 크게 통달했다고 말할 수 있겠는가."라고 하였으므로 이렇게 말한 것이다. 《晉書 卷66 陶侃列傳》《小學 善行》 저포는 나무로 주사위를 만들어 던져서 승부를 겨루는 일종의 노름인데, 보통 도박을 바로 이르기도 한다. 진나라는 사마염(司馬炎)이 위(魏)나라를 찬탈하여 개국하였으므로 참람하다고 칭한 것이다.

돈을 잠시 동안에 잃어서, 흉금(胸襟)이 평탄한 자는 문을 닫고 원수(怨讐)를 풀어 주고 마음이 빠진 자는 배가 뒤집어지는데도 장기판을 안고 있었으니,[8] 이것이 어찌 유자(儒者)가 할 수 있는 일이겠습니까.

다만 마땅히 덕을 닦지 못함과 학문을 강습(講習)하지 못함과 의를 듣고도 옮겨가지 못함과 불선(不善)을 고치지 못하는 것을 가지고 자신의 근심으로 삼을 뿐이니,[9] 이것 말고는 들을 바가 아니요 관여할 바가 아닙니다. 어찌 구차히 인정(人情)을 따라서 스스로 자신의 뜻을 세우지 못한단 말입니까. 차라리 백이(伯夷)의 좁은 도량을 배울지언정 유하혜(柳下惠)의 공손하지 못함을 배워서는 안 됩니다.[10]

보내주신 편지에 '도량이 좁아서 미움을 받지 않음이 없다.'라고 하였는데, 이는 진실로 환난을 염려함에서 나온 것이나, 또한 마땅히 선(善)한 자가 자기를 좋아하게 하고 불선(不善)한 자가 자신을 미워하게 할 뿐이니,[11] 그들이 좋아하고 미워하는 것이 또한 나의 일과 무슨

8 흉금(胸襟)이……있었으니 : 이 내용은《어정연감유함(御定淵鑑類函)》권330〈교예부(巧藝部)7 박(博)3〉에 그대로 보이는데, 자세한 내용은 기술되어 있지 않다.

9 덕을……뿐이니 : 이 내용은《논어》〈술이(述而)〉에 보이는 공자의 말씀을 원용한 것이다.

10 차라리……됩니다 : 이 내용은 "백이는 도량이 좁고 유하혜는 공손하지 못하니, 도량이 좁은 것과 공손하지 못함은 군자가 따르지 않는다.〔伯夷隘, 柳下惠不恭, 隘與不恭, 君子不由也.〕"라고 한 맹자의 말씀을 원용한 것이다.《孟子 公孫丑上》

11 선(善)한……뿐이니 : 이 내용은《논어》〈자로(子路)〉에 "자공이 물었다. '고을 사람들이 모두 좋아하면 어떻습니까?' 공자께서 '가하지 않다.' 하셨다. '고을 사람들이 모두 미워하면 어떻습니까?'라고 묻자, 공자께서 대답하셨다. '가하지 않다. 고을 사람 중에 선한 자가 그를 좋아하고 선하지 않은 자가 미워하는 것만 못하다.'〔子貢, 問: "鄕人皆好之, 何如?" 子曰: "未可也." "鄕人皆惡之. 何如?" 子曰: "未可也. 不如鄕人之善

상관이 있겠습니까. 세속을 따라 남들을 쫓아다니면서 맑은 자든 탁한 자든 잃지 않는 것은, 또한 군자가 할 바가 아닙니다.

율곡께서 말씀하시기를 '어지럽게 출입하며 이야기나 하면서 하루를 보낸다.'라고 하셨으니,[12] 이것이 우리들이 기억하여 경계하기에 참으로 좋은 것입니다. 그러나 이미 남을 끊지 못한다면 어찌 곧바로 다리〔橋〕를 끊어버리고 참선하는 화상(和尙)[13]이 되겠습니까. 다만 마땅히 교우(交友)를 가려서 사귀고 외출을 간략하게 할 뿐입니다. 작은 행실을 조심하지 않으면 끝내 큰 덕에 누가 되니, 우리들이 마땅히 조심하고 조심해야 할 것입니다.

몸과 마음, 안과 밖은 원래 간격이 없으니, 마음속에는 보존하고 밖이 소략하다면 이것이 절로 간격이 되어서, 이 마음이 유행하는 전체(全體)가 항상 그 반만 얻고 그 반을 잃을 것입니다. 어찌 동(動)하고

者好之, 其不善者惡之."〕"라고 보이는데, 주자는 《집주(集註)》에서 "사람은 각기 부류에 따라 스스로 좋아하고 미워한다. 이 때문에 선한 자가 좋아하고 악한 자가 미워하지 않는다면 반드시 구차하게 영합하는 행실이 있는 것이요, 악한 자가 미워하고 선한 자가 좋아하지 않는다면 반드시 좋아할 만한 실상이 없는 것이다.〔亦各以類自爲好惡也. 故善者好之, 而惡者不惡, 則必其有苟合之行, 惡者惡之, 而善者不好, 則必其無可好之實.〕"라고 주하였다.

12 율곡께서……하셨으니 : 이 내용은 《격몽요결(擊蒙要訣)》 〈혁구습장(革舊習章)〉에 "항상 움직일 것을 생각하여 고요함을 지키지 못해서, 어지럽게 출입하며 이야기나 하면서 하루를 보낸다.〔常思動作, 不能守靜, 紛紜出入, 打話度日.〕"라고 보인다.

13 다리를……화상(和尙) : 우암 송시열의 8대손인 송근수(宋根洙)가 지은 《송자대전수차(宋子大全隨箚)》 권4 〈권41 서(書)〉의 단교승(斷橋僧) 주에 "옛날에 어떤 승려가 다리〔橋〕를 끊고 참선하였기에 단교 화상(和尙)이라 칭하였다.〔古有僧斷橋而修禪, 謂之斷橋和尙.〕"라고 보인다.

정(靜)할 때에나, 말하고 침묵할 때에나, 마음속으로부터 밖에 이르기까지 한 가지 일도 공경하지 않음이 없어서 마음의 전체로 하여금 두루 유행하게 해서 한 물건도 골고루 미치지 않음이 없고 한순간도 보존되지 않음이 없게 하는 것만 같겠습니까.

부디 이 뜻을 체행해서 더욱 스스로 책임을 맡아서, 사문(斯文)의 한 맥이 끊어짐에 이르지 않게 한다면, 수재공(修齋公)께서 벽 사이의 사자를 부탁한 일[14]이 응당 귀결될 곳이 있을 것이니, 이것을 기대하는 바입니다.

14 수재공(修齋公)께서……일 : 수재공은 조병덕의 외조부인 송후연(宋厚淵, 1754~1802)으로, 그의 호가 율수재(聿修齋)이므로 이렇게 칭한 것이다. 자는 중고(仲高), 본관은 은진(恩津)으로, 지암(止菴) 김양행(金亮行)과 늑천(櫟泉) 송명흠(宋明欽)의 문하에서 학문을 익혀 명성이 높았으며 선산 부사(善山府使) 등의 벼슬을 역임하였다. 송후연이 조병덕의 외조인 것은 《금곡집(錦谷集)》 권16 〈종고조식영와공묘표(從高祖息影窩公墓表)〉에 보인다. 일찍이 주자(朱子)가 사위인 면재(勉齋) 황간(黃幹)에게 편지를 보내면서, 황간의 아들이자 자신의 외손(外孫)인 황노(黃輅)가 자신의 집 벽 사이에 걸려있던 사자 그림을 좋아했던 일을 상기하여 이를 그려 보내며 황노가 사자(獅子)와 같은 기상을 갖기를 바란 일이 있었으므로 이렇게 말한 것이다. 《晦菴集 續集 卷1 答黃直卿》

조병덕에게 줌 병술년 11월

與趙秉悳 丙戌復月

종환(腫患 종기)의 경중은 전적으로 어느 부위에 발생했느냐에 달려 있습니다. 어느 부위에 발생했는지를 알지 못하나 몸을 움직이는 데에 방해됨이 심하지는 않습니까?

옛날 이해(李諧)란 사람이 목에 혹이 났기 때문에 턱을 들고 다니고, 절름발이였기 때문에 천천히 걷고, 말더듬이였기 때문에 천천히 말하지, 사람들이 자신의 세 가지 단점을 잘 이용했다고 말하였으니,[15] 이것은 바로 병 때문에 공력(工力)을 얻은 것입니다.

또 회옹(晦翁)은 일찍이 안질(眼疾)을 앓고 스스로 말씀하기를 "이로 인하여 한가히 앉아서 고요히 수양하는 공부를 한다."라고 하고[16]

15 이해(李諧)란……말하였으니 : 이해(496~544)는 남북조시대 북위(北魏)의 문신이자 학자로 자가 건화(虔和)이다. 박학(博學)하고 문재(文才)가 뛰어났으며 급사황문시랑(給事黃門侍郎), 비서감(秘書監) 등의 벼슬을 지냈다. 이 내용은 《북사(北史)》 권43 〈이숭열전(李崇列傳)〉에 보인다.

16 회옹(晦翁)은……하고 : 회옹은 주자를 이른다. 주자의 말씀은 《주자대전별집(朱子大全別集)》 권2 〈서(書) 팽자수(彭子壽)〉에 보이는데, 여기에는 "이로 인하여 한가히 앉았으니, 도리어 고요히 수양하는 공부가 있으며, 전일 문자에 힘을 씀이 너무 많았던 것이 역시 한 병통이었음을 비로소 알겠다.〔緣此閒坐, 却有恬養功夫, 始知前此文字上用力太多, 亦是一病.〕"라고 하였다. 원문의 '아도(阿睹)'는 눈을 가리킨다. 소동파의 〈전신(傳神)〉에 "고호두(顧虎頭)가 이르기를 '사람의 초상을 그리는 것은 모두 아도 가운데에 있다.' 하였다.〔顧虎頭云: "傳形寫影, 都在阿睹中."〕"라고 보이는데, 호두는 진(晉)나라의 유명한 화가인 고개지(顧愷之)의 호이다. 고개지의 이 말은 그림에 있어 눈동자의 중요성을 강조한 것으로 '도재아도중(都在阿堵中)'으로 되어 있다. '아도

심지어는 일찍 눈이 멀지 않은 것을 한스럽게 여겼으니,[17] 이것은 정신을 단련한 경력(經歷)을 말씀하신 것이요, 농담에서 나온 것이 아닙니다. 또 창질(瘡疾)은 책을 열심히 읽는 데에 방해가 되지 않으면 사람으로 하여금 한 자리에 앉아 옮겨 갈 수 없게 만들어서 견고하게 각고면려(刻苦勉勵)의 공부를 하도록 도와줍니다. 그렇다면 이 병이 반드시 옥성(玉成)[18]이 되지 않음이 없을 것이니, 저는 그 기뻐할 만한 것을 보고 근심할 만한 것을 보지 못하겠습니다.

저 또한 일찍이 무릎에 종기가 나서 반 년 동안 움직이지 못하여 거의 거저(籧篨)가 적지 않은 지경[19]에 가까웠는데, 능히 주정(主靜)

(阿堵)'는 본래 육조시대(六朝時代)의 구어(口語)로 '이' 또는, '이것'의 뜻인데, 고개지가 말한 '아도' 또한 이 눈을 가리킨 것이다.

17 심지어는……여겼으니 : 주자가 반숙도(答潘叔度)에게 답한 편지에서 "눈을 감고 한가롭게 앉아 있자, 도리어 방심(放心)을 수습할 수 있어서 전날에 바깥으로 향해 치달려 가던 마음이 적지 않았다는 것을 깨닫게 되었으니, 더 일찍 눈이 멀지 않은 것이 자못 한이 된다.〔瞑目閒坐, 却得收拾放心, 覺得日前外面走作不少, 頗恨盲廢之不早也.〕"라고 하였으므로 이렇게 말한 것이다.《朱子大全 卷46 書 答潘叔度》

18 옥성(玉成) : 송(宋)나라 장재(張載)의 〈서명(西銘)〉에 "그대를 빈궁하게 하고 시름에 잠기게 하는 것은, 장차 그대를 옥으로 만들어 주려 함이다.〔貧賤憂戚, 庸玉汝於成也.〕"라고 한 데서 온 말로, 학문과 인격의 완성이 숱한 고난과 시련 속에서 이루어지는바, 옥의 원석을 숫돌에 갈아야만 귀한 옥으로 만들어짐과 같음을 말한 것이다.《古文眞寶後集 卷10》

19 거저(籧篨)가……지경 : 거저는 가슴이 앞으로 튀어나와 몸을 굽히지 못하는 병을 이른다. 원문의 '거저불선(籧篨不鮮)'은 《시경》〈패풍(邶風) 신대(新臺)〉에 "편안하고 다정한 사람을 구했는데 거저가 적지 않도다.〔燕婉之求, 籧篨不鮮.〕"라고 보이는데, 주자는 《집전(集傳)》에서 "거저는 능히 구부리지 못하는 것이니, 병 가운데에 추악한 것이다. 거저는 본래 대자리의 이름인데, 사람들이 혹 엮어서 곳집을 만드니, 그 모양이 마치 사람이 붓고 종기가 나서 구부리지 못하는 것과 같았다. 그러므로 사람들이 또

공부를 하고 이로 인하여 오로지 독서하는 데 정진하고 명리를 연찬하여 왕왕 희열을 만끽하는 부분이 있었습니다. 알지 못하겠습니다마는 이러한 경계(境界)와 이러한 뜻이나 생각이 있습니까?

장기간에 걸친 《소학(小學)》의 공부는 근간에 이미 끝마쳤습니까? 강문(江門)에 책 상자를 지고 공부하러 가실 일은, 짐작하건대 응당 신절(愼節 남의 병(病)을 높여 이르는 말)을 살펴서 진퇴를 정해야 하니, 장차 그만둠에 돌아가지 않겠습니까.

천한 자식이 이달 초에 배낭을 짊어지고 나가서 《근사록》을 받아 배웠는데 오직 그대를 기다리고 있으니, 사양하지 말고 거정주인(居停主人)[20]이 되는 일을 빨리 도모해 주시기 바랍니다. 《근사록》의 이치가 우주에 충만하여서 천지와 귀신도 능히 어기지 못하는데, 하물며 사람에 있어서이겠습니까.

이 이치는 피차의 사사로움이 없음을 진실로 알아서, 응당 선(善)이 남에게 있더라도 자신에게 있는 것처럼 여겨야 합니다. 그러므로 이르기를 "남이 가지고 있는 선을 자신이 소유한 것처럼 여기며 남의 훌륭하고 성(聖)스러움을 자기 마음에 좋아함이 자기 입에서 나온 것보다 더한다."[21]라고 하였으니, 부디 이 뜻을 체인(體認)하여 서로 훈계하고 고해주며 서로 보호하고 은혜롭게 하며 서로 가르쳐 주어서,[22] 자기를

인하여 이 병을 이름한 것이다. 선(鮮)은 적음이다."라고 주하였다.

20 거정주인(居停主人) : 타국이나 타향에서 기거(寄居)할 적에 거처의 주인을 이르는 말이다.

21 남이……더한다 : 이 내용은 《서경》 〈진서(秦誓)〉에 보이는데, 〈진서〉에는 '선(善)'이 '기(技)'로 되어 있다.

22 서로……주어서 : 이 내용은 《서경》 〈무일(無逸)〉에 그대로 보인다.

이루고 남을 이루어서 내(內)와 외(外)의 도를 합해야 하니,[23] 이것이 바로 학문하는 문(門)이요 덕을 진전시키는 터전입니다. 그 문을 얻고 그 문을 얻지 못함과 그 터전을 소유하고 그 터전을 소유하지 못함은 오직 나의 성실과 성실하지 못함에 달려 있을 뿐입니다.[24]

이에 그 문을 얻고 그 터전을 소유하기를 유문(孺文)에게 바라는 것입니다. 유문은 더욱 스스로 책임을 맡아서, 무거운 책임을 지고 먼 길을 가는 선비의 길을 도모하고 있으니,[25] 그렇다면 후일의 책임을 사양할 수 없을 것입니다.

23 자기를……하니 : 이 내용은 《중용장구(中庸章句)》 제25장의 "성(誠)은 스스로 자신을 이룰 뿐만 아니라 남을 이루어 주니, 자신을 이룸은 인(仁)이요 남을 이루어 줌은 지(智)이다. 이는 성(性)의 덕이니, 내와 외를 합한 도이다.〔誠者, 非自成己而已也. 所以成物也, 成己仁也, 成物知也, 性之德也, 合內外之道也.〕"라는 구절을 원용한 것이다.

24 이것이……뿐입니다 : 이 내용은 남송의 철학자인 상산(象山) 육구연(陸九淵, 1139~1192)의 말을 원용한 것으로 상산의 말은 《성리대전서(性理大全書)》 권46 〈학(學)4 존양(存養)〉에 "이것이 바로 학문하는 문이요 덕을 진전시키는 터전이다. 그 문을 얻고 그 문을 얻지 못함과 그 터전을 소유하고 그 터전을 소유하지 못함은 두 마디 말로 결판이 나는 것이다.〔此乃爲學之門, 進德之地, 得其門不得其門, 有其地無其地, 兩言而決耳.〕"라고 보인다. 저본에는 내(乃)와 학(學) 사이가 결자로 처리되어 있는데, 위의 내용에 근거하여 위(爲)자로 처리하였다.

25 무거운……있으니 : 이 내용은 《논어》 〈태백(泰伯)〉에 "선비는 도량이 넓고 뜻이 굳세지 않으면 안 되니 책임이 무겁고 갈 길이 멀기 때문이다. 인(仁)으로 자기의 책임을 삼으니 또한 책임이 무겁지 않은가. 죽은 뒤에야 끝나니 또한 갈 길이 멀지 않은가.〔士不可以不弘毅, 任重而道遠. 仁以爲己任, 不亦重乎? 死而後已, 不亦遠乎?〕"라고 한 증자(曾子)의 말씀을 원용한 것이다.

조병덕이 남을 대신하여 질문한 것에 답하다 정해년[26] 칠월
答趙秉悳爲人問 丁亥七月

초상(初喪)을 치러야 할 자가 때가 지나도 장례하지 못하여 3년이 지난 경우라도, 아들의 복은 변하지 않습니다. 이 때문에 옛날 어떤 사람이 자사자(子思子)에게 "상기(喪期)가 이미 지난 뒤에 비로소 장례를 치르면 무슨 상복을 입습니까?"라고 묻자, 자사가 대답하기를 "삼년상에 장례를 치르지 못했으면 상복을 변제(變除)하지 않는데, 무슨 달리 입는 상복이 있겠는가."라고 하였습니다.[27]

이 뜻을 미루어 보면, 개장(改葬)하는 자가 묘소를 열 때에 상복을 입은 지 6개월이 지나서야 장례할 수 있다면 마땅히 시마복을 입고서 시구(尸柩 망자의 시신이 안치된 널)를 지켜야 하니, 어찌 장례하기 전에 상복을 벗을 수 있겠습니까. 이른바 '개장할 때에 시마복을 입는다.'는 것은 차마 상복을 입지 않고 지친(至親)을 장송(葬送)할 수가 없기 때문이니, 비단 6개월뿐이 아니요 비록 1년이 지나더라도 다만 마땅히 장례를 마치고서 상복을 벗을 뿐입니다.

면복(緬服 부모의 무덤을 개장할 때 입는 상복)에 대해, 정현(鄭玄)은 "3개월

26 정해년(丁亥年) : 1827년(순조27)으로, 매산의 나이 52세 되던 해이다.

27 어떤……하였습니다 : 자사자(子思子)는 자사에 대한 존칭이다. 자사는 공자의 손자인 공급(孔伋)의 자(字)로 《중용(中庸)》의 저자로 알려져 있으며 자사의 말은 《자사자전서(子思子全書)》 〈외편(外篇) 상복(喪服) 제(第)6〉에 보인다. 변제(變除)는 변복(變服)과 제상(除喪)을 줄여 쓴 것으로, 일정한 상기(喪期)가 되어 상복을 갈아입거나 상복을 아예 벗는 것을 말한다.

이 되면 상복을 벗는다." 하였고, 왕숙(王肅)은 "장례 일이 끝나면 상복을 벗는다." 하였고, 마융(馬融) 또한 "묘소의 일이 끝나면 상복을 벗고 굳이 3개월을 기다릴 필요가 없다."라고 하였습니다.[28] 주자는 "예(禮)는 마땅히 후한 쪽을 따라야 한다."라고 하셨으니, 이는 마땅히 정현의 설을 따라야 함을 말씀한 것이니, 이것이 통행되는 예(禮)입니다.

그러나 예의 뜻을 자세히 살펴보면, 왕숙과 마융의 설이 자사의 '장례를 마치면 복을 벗는다.'는 논(論)에 부합하니, 이것이 바른 주장일 듯합니다. 그러나 다만 후(厚)한 쪽을 따라야 한다는 주자의 가르침을 따를 뿐입니다.

면복을 입고서 때를 넘겨서 장례하는 자로 말하면, 어찌 다시 3개월의 복을 입는 의의가 있겠습니까. 3년의 상기가 지난 뒤에 비로소 장례하는 자는 소상(小祥)과 대상(大祥)을 마땅히 한 달 사이에 두어 거행하고 담제(禫祭)는 때가 지났으므로 거행하지 않으나, 또한 어찌 때가 지났다고 하여 길제(吉祭)[29]를 거행하지 않을 수 있겠습니까.

28 정현(鄭玄)은……하였습니다 : 이 내용은 《통전(通典)》 권102 〈개장복의(改葬服議)〉의 '주제상복왈개장시(周制喪服曰改葬緦)'에 달린 주석을 원용한 것이다. 정현(127~200)은 후한(後漢) 말기의 대표적 경학자(經學者)로 자는 강성(康成)이다. 고향에서 연구와 교육에 진력하였는데, 제자가 수천 명에 이르렀다. 44세 때 '당고(黨錮)의 화'로 금고에 처해지자 저술에 전념했으며, 고문의 경설(經說)을 위주로 하되 금문(今文)의 경설도 받아들여 여러 경서에 주석을 달아 한대(漢代)의 경학을 집대성하고 고문헌을 정리하는 데 크게 공헌하여, 후대에 그의 학문을 높여 '정학(鄭學)'이라고 칭하였다. 왕숙(王肅, 195~256)은 삼국 시대 위(魏)나라의 학자로 자는 자옹(子雍), 시호는 경후(景侯)이다. 고문경학을 존숭하여 따랐고, 금문설을 채용한 정현에 대해 반박하였다. 마융(馬融, 79~166)은 후한의 학자로 자는 계장(季長)이며 정현의 스승이다.

개장과 초장(初葬)이, 장례하기 전에는 복을 벗지 않는 것은 똑같으나 장례를 마치고 나서 복을 벗는 것은 똑같지 않습니다. 초장의 경우는 본래 소상과 대상, 길제 등 여러 제사가 있으니 마땅히 점진적으로 변해야 하지마는, 개장하는 경우는 변제(變制)[30]하는 바가 없어서 마땅히 개장하는 일이 끝나면 곧바로 상복을 벗으니, 어찌 날로써 달을 바꿀[31] 필요가 있겠습니까.

장례하면서 신주를 세우지 않음은 진실로 예를 잃는 것 중에 큰 것이니, 지금이라도 추후에 신주를 만드는 일을 조금도 늦출 수가 없을 듯합니다. 또한 어찌 재기(再朞 대상(大祥))의 제사를 기다릴 것이 있겠습니까.

아내의 상은 15개월에 끝나니, 그렇다면 재기는 대상(大祥)이 아니요 기제(忌祭)가 됩니다. 만일 기제 때에 신주를 세우고자 한다면 일찍이 궤전(饋奠 제수(祭需)를 올리는 일)했던 방에다가 하루 전에 허위(虛位)[32]를 진설하고 그 방에서 신주를 쓴 뒤에 술과 과일을 진설하고 고유

29 길제(吉祭) : 담제를 지낸 다음 달에 지내는 제사로 상주는 길제를 지낸 다음날부터 완전히 상복을 벗고 평상복을 입는다. 길제란 사당에 모신 신주의 대수를 바꾸고, 새로운 주손이 탄생하였다는 사실을 알리기 위한 제사이므로, 이날은 상주가 삼년상을 완전히 마치고 한 집안의 대를 이어 새로 시작한다는 의미가 있다.

30 변제(變制) : 우제(虞祭), 소상, 대상, 담제 등 상기(喪期)의 경과에 따라 상복의 제도를 가벼운 쪽으로 바꾸어 가는 것을 이른다.

31 날로써 달을 바꿀 : 원문은 '이일역월(以日易月)'로 한 달을 하루로 쳐서 복(服)을 입는 것으로, 예컨대 삼년상의 경우 27개월 동안 상복을 입어야 하는데, 27일 동안만 상복을 입는 것이다.

32 허위(虛位) : 신주가 다른 곳에 있어서 가져올 수 없는 경우에 신주 대신 차려

하는 것이 마땅할 듯합니다.

처음 장례하는 날에 신주를 세우지 않았으면 '영혼이 집으로 돌아온다.〔神返室堂〕'고 말할 수가 없으니, 진실로 마땅히 묘역(墓域)에서 신주를 만들어야 하지마는, 이미 하실(下室)[33]의 궤전을 행하였고 또 소상과 대상을 거행했으니, 그렇다면 다시 묘소에서 영혼을 구할 수가 없습니다. 그러므로 궤전한 곳에서 신주를 쓰는 것이니, 이는 영혼이 궤전하는 곳에 머물러 있기 때문입니다. 고유하는 글은 아래에 있습니다.

"유세차 운운. 남편 아무개는 망실(亡室) 모봉모씨에게 밝게 고합니다. 처음 장례할 적에 겨우 얕은 흙으로 덮고 가난하여 예를 제대로 행하지 못해서 신주를 세우지 못하였는데, 이제 결여된 예절을 거행하여 신주를 추후에 만드니, 부디 영혼은 여기에 기대고 여기에 의지하기 바랍니다."

아버지 상에 장례를 치른 다음 할아버지가 별세하였으면, 아버지 상에 쓴 신주를 마땅히 할아버지 상이 끝나기를 기다려서 다시 써야 하는데, 이때 함께 길제를 행합니다. 그러나 소상과 대상, 담제의 축문은 미처 신주를 바꾸지 못했다고 하여 그대로 망자(亡子)[34]라고 칭할 수가 없

놓는 신주가 없는 신위를 이른다.

33 하실(下室) : 내당(內堂)이나 연침(燕寢)과 같은 의미로, 망자가 생시에 음식을 먹고 일을 보던 곳을 말한다.

34 망자(亡子) : 돌아가신 아버지의 신주를 할아버지가 상주가 되어 만들었기 때문에 여기에 망자라고 쓴 것이다.

으니, 마땅히 아들이 아버지에게 제사하는 축사를 쓰되 《상례비요》에 실려 있는 것을 한결같이 따라야 할 것이요, 또한 까맣게 잊고서 고유하지 않을 수가 없으니, 소상을 지내기 하루 전에 상식을 올리면서 고유하는 것이 마땅할 듯합니다.

고유하는 축사는 마땅히

"유세차운운. 효자 아무개는 현고모관부군에게 감히 밝게 고합니다. 처음 초상에 신주에 쓸 적에, 현고조께서 상을 주관하신 까닭에 이에 따른 속칭으로 썼었는데, 현조고께서 불행히 모년 모월 모일에 불초를 버리셨습니다. 삼가 예가(禮家)의 정론(定論)을 따라서 마땅히 현조고의 상이 끝나기를 기다려 다시 신주를 써야 하므로 명일의 소상부터는 자식이 아버지에게 고하는 축문을 삼가 쓰려고 하오니, 망극함이 더욱 깊어집니다. 감히 고합니다."

라고 하여야 합니다. 이것은 여러 현인(賢人)들의 설에다가 간략하게 가감(加減)을 가한 것이니, 오직 어떻게 취사(取舍)하느냐에 달려 있을 뿐입니다.

조병덕에게 답함 무자년[35] 오월

答趙秉悳 戊子五月

보내주신 편지에 "세속의 얽매임에서 벗어나지 못하는 것을 근심한다." 하셨으니, 이는 진실로 우리 모두의 공통된 근심입니다. 세상의 어느 사람이 이것을 면하겠습니까. 회옹(晦翁)께서 매번 말씀하기를 "과거(科擧)가 사람을 얽어매는 것이 아니요 사람이 스스로 과거에 얽매인다.〔非科擧累人 人累科擧〕"라고 하셨는데,[36] 저 또한 "세속의 일이 사람을 얽어매는 것이 아니요 사람이 스스로 세속의 일에 얽매인다.〔非俗務累人 人累俗務〕"라고 말합니다.

가까이는 위로 어버이를 섬기고 아래로 자식을 양육하는 것과, 멀리는 관직에 복무하고 정사에 종사하는 것이 모두 살면서 하지 않을 수 없는 것이니, 이는 이른바 "사람의 일을 사람으로 하여금 하게 하지 않는다면 다시 누가 해주기를 바란단 말인가.〔人事不教人做 更責誰做〕"라는 것입니다.[37] 반드시 일체의 일을 모두 사절하기를 바란다면

35 무자년(戊子年) : 1828년(순조28)으로, 매산의 나이 53세 되던 해이다.

36 회옹(晦翁)께서……하셨는데 : 회옹은 주자를 이른다. 이 말씀은 《주자어류》 권13 〈학(學)7 역행(力行)〉에 보이는데, 원작에는 "非是科擧累人, 自是人累科擧."로 되어 있다.

37 이른바……것입니다 : 이 내용은 이천(伊川) 정이(程頤)의 말씀으로 《이정유서(二程遺書)》 권15 〈입관어록(入關語錄)〉에 보이는데, 원작에는 '更責誰做'가 '更責誰何'로 되어 있다. 한편 이 내용은 《근사록(近思錄)》 권10 〈정사(政事)〉에도 인용되어 있는데, 여기에는 저본과 같이 되어 있다.

사람을 끊은 이후에나 될 것이니, 어찌 선정(禪定)으로 돌아가지 않겠습니까.

말씀하신바 '청명정대(淸明正大)한 경계'라는 것은 상상과 헤아림으로 미칠 수 있는 것이 아니니, 욕심을 줄이고 마음을 수양하여 뜻과 기운이 신명(神明)과 같게 된다면 자연 응당 이러한 경지에 점차로 이르게 될 것입니다. 흉중(胸中)의 쇄락(灑落)함이 마치 광풍제월(光風霽月)과 같은[38] 것 또한 이로 말미암아 이루어지는 것이니, 오직 노력을 어떻게 하느냐에 달려 있을 뿐입니다.

38 흉중(胸中)의……같은 : 이 내용은 황정견(黃庭堅)의 《산곡집(山谷集)》 권1의 〈염계시(濂溪詩)〉 서문에, "용릉 주무숙은 인품이 매우 높아서 흉중의 쇄락함이 마치 광풍제월과 같다.〔春陵周茂叔, 人品甚高, 胸中灑落, 如光風霽月.〕"라고 한 구절을 인용한 것이다. 광풍제월은 비갠 뒤의 깨끗한 바람과 밝은 달처럼 맑은 마음을 말한다. 주무숙은 북송의 학자인 염계(濂溪) 주돈이(周敦頤)로 무숙은 그의 자이다.

조병덕에게 줌 무자년 7월

與趙秉悳 戊子七月

어제 편지에, 《통서(通書)》[39] 제7장에 보이는 '부달(不達)' 두 글자의 뜻에 대해 질문을 받고, 다시 곰곰이 생각해보았습니다. 윗글에 이미 "성(性)은 강유(剛柔)와 선악(善惡)의 중(中)일 뿐이다."라고 말하고, 뒤이어서 '부달'이라고 하였으니, 이는 바로 중(中)에 도달하지 못함을 말한 것입니다.

대체로 강(剛)은 지나치고 유(柔)는 미치지 못하니, 《통서》의 본주(本註)에 "악(惡)은 진실로 바름이 아니지마는 선(善)이라고 하여 반드시 중(中)을 얻는 것은 아니다.〔惡者固爲非正 而善者亦未必皆得乎中〕"라고 한 것이, 바로 중에 도달하지 못함을 해석한 것입니다.

이 장은 바로 스승의 도가 사람들로 하여금 선을 행하게 해서 천하에 극(極 표준)을 세움을 말한 것인데, 기질(氣質)을 변화시켜 저절로 그 중(中)에 이르게 하는 것, 이것이 절도(節度)가 되고 표준이 됩니다. 이와 같이 보는 것이 어떨지 모르겠습니다. 이것은 바로 제 스스로 설문(設問)한 것이니, 만약 질문이 통달하지 못한 것이라면 전혀 의의가 없을 듯합니다. 부디 장석(丈席)[40]에게 여쭈시기 바랍니다.

39 통서(通書) : 북송의 학자 염계 주돈이(1017~1073)가 지은 책으로 처음의 이름은 《역통(易通)》이었다. 〈태극도설(太極圖說)〉과 서로 표리가 되는 글로서, 〈태극도설〉은 우주론(宇宙論)에 대한 주장이고 이 책은 우주의 원리를 응용하여 인간의 윤리설(倫理說)을 설명하고 있다.

40 장석(丈席) : 스승의 자리, 혹은 스승을 이르는 바, 옛날에 스승을 모실 때에는

조병덕에게 답함 기축년[41] 정월

答趙秉悳 己丑元月

듣자하니, 난고(蘭皐)[42]에서 옷의 먼지를 털고 백마강(白馬江)에 배를 띄워서 백제의 멸망을 서글퍼하고 성충(成忠)과 계백(階伯)의 충성스러운 혼을 조문했다고 하니, 이는 한만(汗漫)하게 지팡이에 나막신 행장으로 그윽하고 경치 좋은 곳을 찾는 일과 견줄 바가 아닙니다. 짐작하건대 응당 감개를 일으키고 눈물을 흘리면서 끝없는 감회를 느끼셨을 것입니다.

《맹자》와 《근사록》 두 책을 공부하신다는 소식은 나로 하여금 귀를 세우며 듣게 합니다. 또한 응당 새로 깨달은 명리(名理)[43]가 있어서 참여하여 들을 만할 터인데, 어찌 이것을 보여 주시어 저의 외로운 회포[44]를 펴주지 않습니까?

한 길 남짓의 공간을 두었으므로 이런 뜻을 갖게 되었다. 여기서는 조병덕의 또 다른 스승인 노주(老州) 오희상(吳熙常)을 가리킨다.

41 기축년(己丑年) : 1829년(순조29)으로, 매산의 나이 54세 되던 해이다.

42 난고(蘭皐) : 본래 난초가 피어 있는 물가 언덕을 이르는데, 여기서는 백마강(白馬江) 가에 있는 고란사(皐蘭寺)를 가리킨 것으로 보인다.

43 명리(名理) : 원래 명칭(名稱)과 도리(道理)를 뜻하는 말로 특히 위진(魏晉) 시대의 청담가(淸談家)들이 사물의 시비(是非)와 동이(同異)를 따지기 위해 분석했던 명(名)과 이(理)를 가리키는데, 여기서는 진리(眞理)의 뜻으로 쓰인 듯하다.

44 저의 외로운 회포 : 원문의 '이삭(離索)'은 이군삭거(離群索居)의 줄임말로, 벗들과 떨어져 외로이 사는 것을 말한다. 자하(子夏)가 "내가 벗을 떠나 쓸쓸히 홀로 산 지가 오래이다.〔吾離群而索居, 亦已久矣.〕"라고 한 데서 유래하였다. 《禮記 檀弓》

궁격(窮格)[45]의 한 가지 일은 생과 사를 모두 버리고서 이해하지 않는다면 끝내 해득하지 못할 것입니다. 이 때문에 주자께서 일찍이 말씀하시기를 "학문은 모름지기 한번 크게 진전되어야 비로소 유익함이 있으니, 만약 능히 한 곳의 큰 것을 다 연구해서 허다한 자질구레한 이치가 다만 이 하나의 도리임을 안다면 비로소 가슴속이 쾌활해질 것이다."[46]라고 하였습니다. 이는 온갖 신고(辛苦)를 다 겪고서 말씀하신 것인데, 또한 이것을 후인들에게 바라신 것입니다.

천한 이 사람처럼 늙고 병들어 죽게 된 자는 참으로 늙은 암소가 채찍을 받지 못하는 것과 같으니, 제 스스로 하지 못하는 것을 유문(孺文)이 대신 해주시기를 바라는 것입니다.

영종자(令從子 상대방 조카의 경칭) 국서(國瑞)와 서로 마주하여 공부한 지가 이미 1년이 넘었는데 자품(資稟)이 온화하고 순수하며 명랑하고 지혜로워서 참으로 가르침을 받을 수 있는 그릇입니다. 제가 마침 안질(眼疾)이 있어 보이지가 않아서 강학(講學)하지 못하고, 다만 염옹(濂翁)이 이초평(李初平)을 가르친 것[47]처럼 하여 말로 전하고 마음

45 궁격(窮格) : 궁리격물(窮理格物)을 줄여 쓴 것으로, 사물의 이치를 철저히 연구하여 물리(物理)의 극치에 이르는 일이다.

46 학문은……것이다 : 이 내용은 《주자어류(朱子語類)》 권8 〈학(學)2 총론위학지방(總論爲學之方)〉에 보인다.

47 염옹(濂翁)이……것 : 염옹은 북송의 학자인 염계 주돈이를 높여 말한 것이고 이초평(李初平)은 주돈이가 침(郴) 지역의 계양 영(桂陽令)으로 있을 적에 그 지역 군수였는데, 염계가 현인이라는 것을 알고 배우기를 청하자 염계는 이초평의 나이가 많아 미치기 어려우니, 자신이 말을 해주겠다고 하여 초평이 매일같이 그의 말을 들어 2년 만에 깨달음을 얻었다는 고사가 있으므로 말한 것이다. 《宋史 卷427 道學列傳 周敦頤》

으로 가르치는 법을 행하고, 실제로 진작시켜 남에게 미치게 함이 없으니, 이것이 부끄러울 뿐입니다. 서량(書糧)[48] 한 가지 일은 어찌 양해해 주지 않고 또다시 이렇게 말씀합니까?

노주(老洲)의 경우는 사방의 선비들이 집에 가득하여 이들을 다 먹이고자 하나 두루 베풀 방법이 없고 또 그 사이에 취사(取舍)하기가 어려웠습니다. 이 때문에 나의 천한 자식이 책 상자를 지고 가서 공부할 적에 감히 식량을 대지 않을 수가 없었으니, 헤아려 보건대 이는 그 형세가 당연하지마는, 나로 말하면 다만 한 명의 국서가 있을 뿐입니다.

산중의 부엌에서 요리한 채소와 거친 밥으로 굶주림과 배부름을 함께하는 것이 사리(事理)에 당연한 것이니, 만약 이렇게 하지 않는다면 어찌 통가(通家)[49]로써 대대로 맺어 온 친분으로 아픔과 가려움을 함께하는 정의(情誼)가 있다고 하겠습니까. 천하의 일에는 통행(通行)할 수 있는 것이 있고 또한 홀로 행할 수 있는 것이 있으니, 오직 의리대로 할 뿐입니다. 제 아이에게 대처함은 저와 같이 하고 영질에게 대처함은 이와 같이 하는 것이 바로 때에 따라 중도에 처하는 것이라고 스스로 생각하는데, 어찌 불가하다고 말씀하십니까? 나의 불가함으로 유하혜(柳下惠)의 가함을 배우는 것[50]이 옳지 않겠습니까? 유문은 이치에 밝

48 서량(書糧) : 책을 배우는 기간에 먹을 식량으로 지금의 식비에 해당한다.

49 통가(通家) : 대대로 사귀어 온 정분이 깊은 집안 또는 인척(姻戚)을 말한다.

50 나의……것 : 이는 《모시정의(毛詩正義)》 〈소아(小雅) 항백(巷伯)〉에 "조금 벌어지고 벌어진 것으로 남쪽 기성(箕星)을 이루도다.〔哆兮侈兮, 成是南箕.〕"라는 구절에 대한 모전(毛傳)에 보이는 내용을 원용한 것인데, 그 내용을 요약하면 다음과 같다. 옛날 노(魯)나라의 한 과부가 폭우가 쏟아져 밤에 집이 무너졌다면서 한 남자에게 찾아

으시니, 저에게 대처할 바를 아실 것입니다.

왔는데, 남자가 문을 열어 주지 않았다. 과부가 "어찌 유하혜(柳下惠)처럼 하지 못하느냐?"고 다그치니, 남자가 "유하혜는 진실로 가능하지만 나는 진실로 불가능하다. 나는 장차 나의 불가능으로 유하혜의 가능함을 배우려 한다.〔柳下惠固可, 吾固不可. 吾將以吾不可, 學柳下惠之可.〕"라고 하였다. 이에 공자는 "유하혜를 배우려고 하는 자들 중에 이 사람보다 더 잘 배운 자는 없다."고 평하였다고 한다. 유하혜는 춘추(春秋) 시대의 유명한 노나라 대부로, 이름은 전획(展獲)이다. 그가 일찍이 한 여자와 밤새도록 함께 앉아 있었는데 음란한 짓을 하지 않았다고 한다.

조병덕에게 답함 기축년 삼월

答趙秉悳 己丑三月

음과 양이 서로 따름은 고리가 끝이 없는 것과 같으니, 이른바 "위에서 변하면 아래에서 생겨나서 한순간도 쉴 겨를이 없다.〔變於上則生於下無間可容息也〕"[51]는 것입니다. 그렇다면 "하나의 양(陽)이 처음 동하는 곳이요 만물이 아직 나지 않은 때로다.〔一陽初動處 萬物未生時〕"[52]라는 두 구(句)를 가지고 음과 양이 아직 생겨나지 않은 증거로 삼는 것은, 마치 참으로 낳지도 않고 변화하지도 않는[53] 시절이 있다고 하는 것과 같습니다. 그러나 이것은 본원(本源)을 철저히 궁구하여 말한 것입니

51 위에서……없다 : 이 내용은 《주역(周易)》 박괘(剝卦) 상구 효사(上九爻辭)에 대한 이천 정이의 《역전(易傳)》에 보인다.

52 한……때로다 : 이 내용은 북송의 역학자 강절(康節) 소옹(邵雍)이 지운 오언율시 〈복괘시(復卦詩)〉의 함련(頷聯)으로, 시의 전문은 아래와 같다. "동짓날 자시 반에는, 하늘의 마음 움직이지 않으나, 한 양이 처음 움직이는 곳이요 만물이 아직 나지 않은 때로다.〔冬至子之半, 天心無改移, 一陽初動處, 萬物未生時.〕" 《性理大全 卷70 詩》

53 낳지도……않는 : 원문은 '불생불화(不生不化)'로, 이는 전국시대 도가 계열의 철학자인 열자(列子)의 설인데, 여기서는 부정적(否定的) 의미로 원용하였다. 열자는 "낳는 것과 낳지 않는 것이 있고 변화하는 것과 변화하지 않는 것이 있다. 낳지 않는 것은 낳는 것을 낳을 수 있고 변화하지 않는 것은 변화하는 것을 변화시킬 수 있으나 낳는 것은 낳지 않을 수 없고 변화하는 것은 변화하지 않을 수 없다. 그러므로 항상 낳고 항상 변화한다. 항상 낳고 항상 변화하는 것은 한순간도 낳지 않을 때가 없고 한순간도 변화하지 않을 때가 없다.〔有生不生, 有化不化. 不生者能生生, 不化者能化化. 生者不能不生, 化者不能不化, 故常生常化. 常生常化者, 無時不生, 無時不化.〕"라고 하였다. 《列子 卷1 天瑞第1》

다. '약절자(若截自)' 세 글자를 자세히 본다면 이것이 가설한 말임을 알 수 있으니,[54] 이는 참으로 이런 경계가 있다고 말한 것이 아닙니다.

곤괘(坤卦)와 복괘(復卦)의 교차점은 바로 온갖 조화의 시초이니,[55] 이는 거의 태일(太一)이 처음 나뉜 것과 같아서 비록 음과 양이 생겨나지 않았을 때라고 말하더라도 또한 괜찮습니다. 활간(活看)한다면 병폐가 없을 것입니다.

태극(太極)은 본래 유와 무를 가지고 말할 수 없는데, "무극(無極)이 태극이다."라고 한 것은 "비록 무극이라고 하지마는 바로 태극이다."라

54 그러나……있으니 : 이 내용은 《근사록집해(近思錄集解)》 권1 〈도체(道體)〉 제1조(條)에 보이는데, 이는 섭채(葉采)가 절재(節齋)의 설에 대해 풀이한 것을 들어 말한 것으로, 섭채의 설은 아래와 같다. "만약 순환하는 입장에서 말한다면 음이 되기 이전은 양이고 양이 되기 이전은 또 음이어서 미생(未生)으로 말할 수 없을 듯하다. 그러나 만약 한 양이 처음 동하는 곳에 만물이 생겨나기 이전을 잘라서 말한다면 한 양이 동하지 않았을 때를 음양미생이라고 일러도 가하다.〔若以循環言之, 則陰前是陽, 陽前又是陰, 似不可以未生言, 若截自一陽初動處萬物未生時言之, 則一陽未動之時, 謂之陰陽未生, 亦可也.〕" 절재는 남송의 학자인 채연(蔡淵, 1156~1236)의 호이다. 자는 백정(伯靜)이고, 서산(西山) 채원정(蔡元定)의 맏아들로 가학을 이으면서 주자를 사사하였는데 벼슬길에 나아가지 않고 학문과 강학에 힘썼다. 《주역》을 깊이 연구하여 명성이 높았는데, 상수학(象數學)과 의리학(義理學)을 종합하려는 입장을 취하였다. 섭채는 자가 중규(仲圭), 호가 평암(平巖)이다. 채연과 진순(陳淳)에게 수학하였고, 벼슬이 한림시강(翰林侍講)에 이르렀다. 주자와 여조겸(呂祖謙)의 공저인 《근사록》에 최초의 주석을 단 《근사록집해》의 저자이다.

55 곤괘(坤卦)와……시초이니 : 순음(純陰)의 곤괘(坤卦 ䷁)에서 잠복된 양이 드러나 복괘(復卦 ䷗)가 되는바, 그 교차점은 바로 음양이 분화되기 전의 상태로 볼 수 있으므로 이렇게 말한 것이다. 강절 소옹은 "곤괘와 복괘 사이가 바로 무극이다.〔坤復之間, 乃無極.〕"라고 하였다.

고 말한 것과 같습니다. 그러므로 이는 《주역》 〈계사전 상(繫辭傳上)〉에서 "신(神)은 일정한 방소가 없고 역(易)은 일정한 체(體)가 없다."라고 한 것과는 다릅니다. 절재(節齋)가 '변역함에 일정한 형체가 없다.〔變易無體〕'는 말로써 무극을 해석하였는데, 이는 본질을 잃은 듯하니, 수몽(守夢)이 그를 배척한 것이 당연합니다.[56]

주자(周子 주돈이(周敦頤))께서 말씀하신 태극은, 비록 부자(夫子)께서 말씀하신 '역에 태극이 있다.〔易有太極〕'라는 말씀에서 근원하였으나,[57] 글을 쓰고 뜻을 명명한 것은 애당초 변역의 뜻과는 상관이 없었는데, 절재가 '위대하다. 주역이여.〔大哉易也〕'라는 한 구절을 가지고 '역유태극'에 억지로 부합시키고 심지어는 '형체가 없는 역〔無體之易〕'이

56 절재(節齋)가……당연합니다 : 절재의 말은 《근사록집해(近思錄集解)》 권1 〈도체(道體)〉 제1조(條) 마지막에 "역에 태극이 있다 하였으니, 역은 변역이니 부자의 이른바 '형체가 없는 역'이라는 것이요, 태극은 지극함이니, 변역함에 일정한 형체가 없으나 지극한 이치가 있음을 말한 것이다.〔易有太極, 易變易也, 夫子所謂無體之易也, 太極, 至極也, 言變易無體而有至極之理也.〕"라고 보인다. 수몽(守夢)은 정엽(鄭曄, 1563(명종18)~1625(인조3))의 호이다. 자는 시회(時晦), 본관은 초계(草溪), 시호는 문숙(文肅)으로 1583년(선조16) 별시 문과에 급제하고 벼슬이 우참찬에 이르렀는데, 학문이 뛰어나 《근사록석의(近思錄釋疑)》를 지었다. 수몽의 비판은 《근사록석의》에 보이는데 내용은 다음과 같다. "살펴보건대 역은 음·양의 변화이고 태극은 그 이치이다. 절재는 '역에 태극이 있다.'는 말을 인용하여 이것을 해석하기를 '변역은 체가 없으나 지극한 이치가 있다.'라고 하고, 심지어는 '무극이라고 말한 것은 또한 그 형체가 없는 역을 말한 것이다.' 하였으니, 그 말의 잘못이 작지 않을 듯하다.〔按, 易者陰陽之變, 太極者其理也. 節齋引"易有太極"之語, 以釋之曰"變易無體而有至極之理也", 至謂"無極者, 亦言其無體之易"云云, 其說之差, 恐不細也.〕"

57 부자(夫子)께서……근원하였으니 : 부자는 공자(孔子)를 이른다. "역유태극(易有太極)"은 《주역》 〈계사전 상(繫辭傳上)〉에 보인다.

라고까지 말하였으니,[58] 이것은 다만 말의 병폐가 될 뿐만이 아닙니다.

이 장(章)에서 성(性)을 논한 대지(大旨)는, 본연지성(本然之性)과 기질지성(氣質之性)을 가지고 이를 뒤섞어서 종합하여 정(靜)할 때는 본연지성이요 동(動)할 때는 기질지성이라고 말한 것으로, 13개의 성(性) 자가 각각 조리가 있어서 맥락이 관통합니다. 주자가 다섯 번째 단락을 해석하신 것은 문세(文勢)의 처음과 끝을 따라서 말씀한 것이요, 세 개의 절(節)은 본연지성과 기질지성을 나누어 말씀하신 것인데,[59] 자세히 연구해 본다면 다만 세 개의 절 뿐만이 아니니, 보내

58 절재가……말하였으니 : 절재의 말은 《근사록집해(近思錄集解)》 권1 〈도체(道體)〉 제1조(條) 마지막에 "주자의 〈태극도설〉에 특별히 '무극이태극'으로 역에 태극이 있는 뜻을 밝혔으니, 이른바 '무극이태극'이라는 것은 또한 그 형체가 없는 역이면서 지극한 이치가 있음을 말한 것이다.〔周子太極圖說, 特以無極而太極, 發明易有太極之義, 其所謂無極而太極者, 蓋亦言其無體之易而有至極之理也.〕"라고 보인다.

59 주자가……것인데 : 《근사록집해》 권1의 21조(條)는 명도(明道) 정호(程顥)의 말씀으로 총 8개의 단락으로 나뉘어져 있는데, 이 중 총 4단락에 주자의 해석이 붙어 있다. 다섯 번째 단락은 "생을 성이라 이르는 것은 '인생이정(人生而靜)' 이상은 성을 말할 수가 없으니, 조금이라도 성을 말할 때에는 곧 이미 성이 아니다.〔蓋生之謂性, 人生而靜以上, 不容說, 才說性時, 便已不是性也.〕"라는 구절이며, 이에 대해 주자는 "'인생이정' 이상은 사람과 물건이 아직 태어나지 않았을 때이니, 다만 이(理)라고만 이르고 성(性)이라고 이름할 수 없으니, 이른바 '하늘에 있으면 명(命)이라 한다.'는 것이다. 조금이라도 성을 말할 때에는 곧 사람이 태어난 이후이니, 이 이(理)가 이미 형기의 가운데에 떨어져 있어 온전한 성의 본체가 아니니, 이른바 '사람에게 있으면 성이라 한다.'는 것이다."〔人生而靜以上, 是人物未生時. 只可謂之理, 未可名爲性, 所謂在天曰命也. 纔說性時, 便是人生以後, 此理已墮在形氣之中. 不全是性之本體矣, 所謂在人曰性也.〕"라고 해석하였다. 세 개의 절(節)은 네 번째 단락, 일곱 번째 단락, 여덟 번째 단락을 이른다.

주신 편지에서 나누어 소속시킨 것이 다 맞을 듯합니다.

이른바 '이 이치가 바로 천명이다.〔此理天命〕'[60]라고 한 것은 바로 기(氣)와 뒤섞이지 않은 것을 가리킨 것으로 시종(始終)과 본말(本末)을 다 포함해서 말한 것이요 이른바 '맹자의 성선(性善)'[61]이라는 것은 바로 '계지자선(繼之者善)'[62]을 증명한 것이니, 또한 발현되는 단서에 나아가 말한 것입니다. 이로 인하여 정체(靜體)를 미루어 연구하면 '맹자성선(孟子性善)'의 성(性)과 《중용》의 천명지성(天命之性)이 똑같이 한 근원이요 똑같이 한 지두(地頭)[63]이니, 어찌 다름이 있겠습니까.-《근사록》 권1 21조(條)이다. ○아래도 같다.-

'인생이정(人生而靜)'의 생(生) 자는 윗글의 '생지위성(生之謂性)'의 생 자를 이어서 말해온 것입니다.[64] 그러므로 주자께서 '사람과 물건이

60 이……천명이다 : 이 구절은 21조의 여덟 번째 단락에 보인다.

61 맹자의 성선(性善) : 이 구절은 21조 여섯 번째 단락에 보인다.

62 계지자선(繼之者善) : 이 내용은 《주역》 〈계사전 상(繫辭傳上)〉에, "한 번 음(陰)하고 한 번 양(陽)함을 도(道)라 이르니, 계속하여 함은 선(善)이요, 갖추어 있음은 성(性)이다.〔一陰一陽之謂道, 繼之者善也, 成之者性也.〕"라고 보인다. '계속하여 함은 선(善)'이란 것은 천도가 끊임없이 유행하여 원(元)·형(亨)·이(利)·정(貞)의 4덕(德)이 순환함을 이르고 '갖추어 있음은 성(性)'이란 것은 사람과 물건이 하늘의 4덕을 부여 받아 본성으로 삼음을 이르는바, 이것을 《중용》에서는 '천명지위성(天命之謂性)'이라 하였다. 하늘이 명했다는 것은 원·형·이·정의 4덕을 사람에게 부여함을 이르고 이것을 사람과 물건이 받으면 인(仁)·의(義)·예(禮)·지(智)·신(信)의 다섯 가지 본성이 된다.

63 지두(地頭) : 지보(地步)와 같은 말로 현재 처해 있는 위치나 자리를 가리킨다.

64 '인생이정(人生而靜)'의……것입니다 : 인생이정은 21조의 다섯 번째 단락에 보이고 생지위성(生之謂性)은 첫 번째 단락에 보인다.

아직 태어나지 않은 때〔人物未生時〕'라고 인식한 것은 '생' 자와 '이상(以上)' 두 글자를 매우 중하게 본 것입니다. '인생이정'은 미발(未發)의 경계이고, '이상'이라고 말한 것은 '정(靜)' 자의 이면(裏面)에 포함시키는 것이니, '인생' 이전(以前)으로 초월하여 올라감을 말한 것은 아닙니다.

훌륭합니다. 나정암(羅整菴)의 말씀이여, 그의 말씀에 이르기를 "인생이정은 바로 미발(未發)의 중(中)으로, 하나의 성(性)의 참됨이 담박(淡泊)할 뿐이니, 다시 언어로써 형용할 수 없다. 그러므로 '말할 수가 없다.〔不容說〕'라고 한 것이다."라고 하였습니다.[65] '이상'이란 두 글자는 다만 동정(動靜)의 경계를 나눈 것이니, 동(動)으로 말미암아 정(靜)을 말하여 이상이라고 한 것입니다. 주자는 이것을 구하기를 너무 지나치게 해서 '사람과 물건이 아직 태어나지 않은 때〔人物未生時〕'라고 말씀하였는데, 이는 정자(程子)의 본의가 아닐 듯합니다. 진북계(陳北溪) 또한 "이상이라고 말한 것은 다만 아직 외물에 감응되기 이전을 말한 것이다.〔以上云者 只說從未感物以前〕"라고 하였는데,[66] 이

65 나정암(羅整菴)의……하였습니다 : 나정암은 명나라 중기의 문신이자 성리학자인 나흠순(羅欽順, 1465~1547)으로 정암은 그의 호이고 자는 윤승(允升)이다. 효종(孝宗) 홍치(弘治) 6년(1493)에 진사시에 급제하여 출사하고 세종 때 이부 상서에 발탁되었으나 이를 사양하고 향리에 은거한 채 성리학 연구에 전념하였다. 나정암의 말은 《곤지기(困知記)》 권상(上)에 보인다.

66 진북계(陳北溪)……하였는데 : 진북계는 주자의 문인인 진순(陳淳, 1159~1223)으로 북계는 그의 호이고 자는 안경(安卿), 시호는 문안(文安)이다. 주자의 고제(高弟)로 주자가 "남쪽으로 내려온 이래 나의 도는 진순이 얻었다.〔南來, 吾道喜得陳淳.〕"고 말할 정도로 신임하였다. 북계의 말은 《북계대전집(北溪大全集)》 권22 〈서(書) 변임일지동정서(辨林一之動靜書)〉에 보이는데, 인용된 글은 원작과 약간의 차이가 있는바,

말이 또한 옳습니다.

《예기》〈악기(樂記)〉에 "인생이정은 하늘의 성(性)이다.〔人生而靜天之性〕"라고 한 것은 바로 외물에 감응되지 않았을 때에 천지(天地)의 성(性)을 온전히 보존함을 말한 것으로 정자(程子)가 원용한 것인데, 바로 본연지성을 가리킨 것입니다. 계속하여 '조금이라도 성을 말할 때에는 곧 이미 성이 아니다.〔才說性時 便不是性〕'라고 한 것은, 세상 사람들이 항상 말하는 바가 바로 성(性)이 동(動)한 것이요 성(性)의 근본이 아님을 잘 말씀한 것입니다.

보내 주신 편지에 굳이 '인생이정이상(人生而靜以上)'을 사람과 물건이 아직 태어나기 이전으로 미루어 올라갈 것이 없다고 하였으며 '불용설(不容說)'을 미발을 형용할 수 없는 것이라고 하고 '재설성(才說性)'을 성의 본체가 아닌 이발(已發)이라고 하셨는데, 이것은 견해가 탁월하고 말씀이 바르니, 찬탄을 금할 수 없습니다.

《예기》〈제통(祭統)〉에는 "자리를 깔고 부부의 탁자를 함께한다."고 하였고, 《의례》〈소뢰궤식례(少牢饋食禮)〉와 〈특생궤식례(特牲饋食禮)〉에는 "한 시동(尸童)에 제찬(祭饌)을 함께 올린다."고 하였으니, 바로 이른바 '정기가 합한다.〔精氣合〕'는 것입니다. 돌아가신 아버지와 어머니가 탁자를 함께하는 것은 지극히 정밀한 뜻이 있으니 마땅히 따르고 의심하지 말아야 하는데, 《가례》는 《개원례(開元禮)》와 《서의(書儀)》[67]의 오류를 답습하여 탁자를 각각 놓고 제찬을 달리 한다

원작에는 "以上云者, 亦只謂自未感物以前."으로 되어 있다.

67 가례는 개원례(開元禮)와 서의(書儀) : 《가례》는 주자가 지은 예서(禮書)이고,

하였고, 《상례비요(喪禮備要)》와 《격몽요결(擊蒙要訣)》은 오직 《가례》를 따랐습니다.

저는 일찍부터 《가례》를 버리고 고례(古禮)를 따를 것을 생각하였는데, 고례에서 이미 탁자를 함께하고 제찬을 함께 올린다고 하였으면 경우에 따라 합하고 각각 따로 함이 있어서는 마땅히 안 될 듯합니다.

밥과 국, 술잔과 술잔 받침대 또한 나란히 진설해야 하는데, 《오례의(五禮儀)》에 이르기를 "대부(大夫)와 사(士)의 시향(時享)에는, 돌아가신 아버지와 어머니는 제찬을 함께 올리고, 오직 밥과 국, 술과 숟가락, 젓가락을 각기 진설한다." 하였는데, 선유(先儒) 중에 취하신 분이 있으니, 이를 준용하는 것이 어찌 해롭겠습니까. 제사상(祭祀床)의 첫 번째 줄에 이것들을 나란히 진설하기 어렵다면 술잔과 술잔 받침대를 두 번째 줄로 약간 물리는 것이 어찌 해롭겠습니까. 이러한 부분은 제사상의 넓고 좁음에 따라서 분배하는 것이요 굳이 그 장소를 국한시킬 필요가 없습니다.

삼대(三代)가 함께 별세한 경우에는 마땅히 후사를 세워서 상(喪)을 주관하게 하여야 하는데, 후사를 잇기 전에는 먼저 별세한 분의 형이 있다면 이른바 장자(長者)요 친자(親者)[68]라는 것이니, 이분으로 하여

《개원례(開元禮)》는 당(唐)나라 현종(玄宗) 개원(開元) 연간에 칙명에 의해 서견(徐堅), 소숭(蕭崇) 등이 150권으로 편찬한 《대당개원례(大唐開元禮)》를 말하고, 《서의(書儀)》는 북송의 사마광(司馬光)이 고례(古禮)를 근본으로 하고 당시의 행할 만한 것을 참작하여 만든 예서로 표주(表奏)·공문(公文)·사서(私書)·가서(家書)의 서식(書式) 1권, 관의(冠儀) 1권, 혼의(婚儀) 2권, 상의(喪儀) 6권 등 도합 10권으로 되어 있다. 주자의 《가례》는 《서의》를 바탕으로 만들어졌다.

금 마땅히 이 세 분의 상을 주관하게 하면서, 망제(亡弟)・망종자(亡從子)・망종손(亡從孫)으로 신주를 쓸 뿐입니다.

예(禮)에 남자 상주가 있지 않은 뒤에야 비로소 여자 상주를 세우고, 또 현벽(顯辟)・현구(顯舅)・현조구(顯祖舅)[69]의 속칭이 모두 근거가 있으나 이는 예가 궁(窮)하여 변한 것이니, 또한 부득이하여 한 것입니다. 이것이 어찌 바른 예이겠습니까. 지금 기년복과 대공・소공의 친족이 있다면, 어찌 자신이 늙어서 장차 죽을 날이 멀지 않았다고 하여 친족의 상(喪)과 제사를 주관하지 않을 수 있겠습니까.

아들이 아버지를 대신하여 할아버지 복을 입는 것이 진실로 이미 예에 맞으니, 아내로서 남편을 따라 승중(承重)하는 자도 어찌 남편이 상중에 별세하였다고 하여, 그 삼년의 복제(服制)를 마치지 않을 수 있겠습니까. 무릇 아버지가 상중에 죽어서 아버지를 대신하여 할아버지 복을 입는 자는 다만 그 남은 달수의 복을 입을 뿐이요 다시 삼년복을 입지 않습니다. 그렇다면 아내로서 승중하는 자 또한 마땅히 시할아버지 상에 27개월을 상복을 벗는 기한으로 삼을 뿐입니다.

68 장자(長者)요 친자(親者) : 장자는 집안이 큰 어른이란 의미이고 친자는 친족 중에 가장 가까운 자를 이른다. 《예기》 〈분상(奔喪)〉에 "어버이가 같으면 장자가 상을 주관하고 같지 않으면 친자가 주관한다.〔親同長者主之, 不同親者主之.〕"라고 하였다.

69 현벽(顯辟)・현구(顯舅)・현조구(顯祖舅) : 여자 상주의 입장에서 신주에 쓰는 속칭으로 현벽은 지아비를, 현구는 시아버지를, 현조구는 시할아버지를 가리킨다.

조병덕에게 답함 기축년 4월

答趙秉悳 己丑四月

후토(后土)라는 명칭이 《서경》〈무성(武成)〉에 처음 보이는데, 여기에 이르기를 "황천(皇天)과 후토(后土)에게 고한다." 하였습니다. 주[70]에 이르기를 "후토는 사(社)이니, 구룡(句龍)이 후토가 되었다." 하였고, 《예기》〈월령(月令)〉에 "계하(季夏)[71]에 그 제(帝)는 황제(黃帝)이고 그 신은 후토이다." 하였는데, 주[72]에 이르기를 "후토는 토관(土官)의 신이니, 전욱씨(顓頊氏)의 아들 여(黎)이다. 구룡이 처음 후토가 되었는데, 뒤에 그를 제사하여 사(社)로 삼아 후토의 관직이 없어지니, 여가 비록 화관(火官)이었으나 실로 후토를 겸하였다." 하였으니, 이른바 북정(北正) 여(黎)가 땅을 맡았다는 것입니다.

《주례(周禮)》〈대종백(大宗伯)〉에 "왕이 크게 제후를 봉하게 되면 먼저 후토에게 고한다." 하였는데, 주[73]에 이르기를 "후토는 토신(土

70 주 : 채침(蔡沈)이 지은 《서경집전(書經集傳)》의 주를 이른다. 구룡(句龍)은 염제(炎帝)의 후손으로 전욱씨(顓頊氏)의 토정(土正)이 되어 수토(水土)를 잘 다스렸으므로, 후세에 후토신(后土神)으로 높여 제사하였다.

71 계하(季夏) : 〈월령〉의 원작에는 '중앙토(中央土)'로 되어 있다. 오행(五行)을 사시(四時)에 대비하면 중앙토는 3월, 9월, 12월, 6월에 각각 18일씩, 1년에 모두 72일이 되는데, 그 중에도 6월 즉 계하(季夏)가 화와 금의 사이에 있어서 한 해의 중앙에 자리하기 때문에 중앙토를 계하라고 한 것이다.

72 주 : 진호(陳澔)가 지은 《예기집설대전(禮記集說大全)》의 주를 이른다.

73 주 : 가공언이 지은 《주례주소(周禮注疏)》의 정현(鄭玄)의 주를 이른다.

神)이다." 하였고, 《춘추좌씨전(春秋左氏傳)》에 "순임금이 팔개(八凱)를 등용해서 후토를 주관하게 하였다."라 하였고,[74] 한무제(漢武帝)는 분음(汾陰 분수의 남쪽)에서 후토에게 제사할 적에 상제(上帝)에게 제사하는 예와 똑같이 망배(望拜)하였고, 광무제(光武帝)는 북교(北郊)에서 후토에게 제사하였으니, 여기에서의 후토는 바로 황천(皇天)과 상대되는 칭호인데, 황과 후 두 글자가 상대가 됨을 더욱 잘 알 수 있습니다. 이른바 구룡과 북정 여는 모두 땅을 맡았던 관원인데, 이로 인하여 신(神)으로 삼은 것이지, 구룡과 북정 여를 후토라고 부른 것은 아닙니다.

주자께서 일찍이 투신제(土神祭)를 논하여 말씀하기를 "철저하게 말한다면 또한 참람한 듯하다. 그러나 이것은 바로 옛사람의 중류(中霤)의 제사요 지금 말하는 토지(土地)라는 것이다. 《예기》〈교특생(郊特牲)〉에 '땅에서 재물을 취하고 하늘에서 법을 취하였다. 이 때문에 하늘을 높이고 땅을 친애하여 백성들에게 잘 보답하도록 가르쳤다. 그러므로 집에서는 중류가 주가 되고 나라에서는 사(社)가 주가 된다.'라고 하였으니, 이것을 보면 하늘을 제사할 수는 없으나 토신(土神)의 경우는 백성들에게 있어서 또한 제사할 수가 있는 것이다. 비록 토신이라고 하지만 다만 작은 것으로 말한 것이니, 이른바 천자가 황천과 후토에게 제사한다는 큰 것과는 같지 않은 것이다."라고 하였습니다.[75]

74 춘추좌씨전(春秋左氏傳)……하였고 : 이 내용은 문공(文公) 18년 조에 보인다.

75 주자께서……하였습니다 : 주자의 말씀은 《주자어류(朱子語類)》 권90 〈예(禮)7〉에 보인다. 중류(中霤)의 제사는 집 안을 구성하는 공간에 지내는 다섯 종류의 제사 중에 방의 한가운데로 용마루가 위치한 곳에 지내는 제사인데, 이는 토신에게 제사하는 의미를 갖는다.

그렇다면 토신에게 제사하는 것이 참람한 것이 아니요 후토라고 칭하는 것이 참람한 것이니, 이는 그 명칭이 존엄하기 때문입니다.

경산(瓊山)이 "사서인(士庶人)의 집안에서 제사하는 것은 참람할 듯하다."라고 하였는데,[76] 이 말이 근거가 없는 것이 아닙니다. 다만 주자께서 가제(家祭)에서는 토지라 하고 묘제(墓祭)에서는 후토라고 하셨는데, 그 뜻을 감히 알 수 없습니다. 토지신이 선영(先塋)을 보우하기 때문에 특별히 존칭을 베푼 것입니까? 아니면 마땅히 이 후토라는 말을 고쳐야 하는데 고치지 못하신 것입니까? 만일 참람함을 혐의한다면 산신(山神)과 가신(家臣)을 어찌 차별하여 보겠습니까.

《상례비요》는 구준의 《가례의절(家禮儀節)》을 따라서 후토를 토지로 고쳤는바,[77] 이는 바꿀 수 없을 듯하니, 남계(南溪)의 설은 따르기 어려울 듯합니다.[78]

76 경산(瓊山)이……하였는데 : 경산은 명(明)나라 초기의 유학자이자 문신인 구준(丘濬, 1420~1495)의 호로 자는 중심(仲深), 시호는 문장(文莊)이다. 벼슬이 예부 상서(禮部尙書)에 이르렀으며 학문이 정심하여 문연각 태학사(文淵閣大學士)를 겸하였는데 특히 주자학에 정통하였으며 예학에도 밝아 《가례의절(家禮儀節)》을 지었다. 경산의 말은 《독례통고(讀禮通考)》 권47 〈상의절(喪儀節) 10〉의 주석에 보인다.

77 상례비요는……고쳤는바 : 구준이 후토를 토지로 고친 것은 《독례통고》 권47 〈상의절(喪儀節) 10〉의 주석에 "후토(后土)란 칭호는 황천(皇天)에 상대하여 일컬은 것이니, 사서인(士庶人)의 집안에서 제사하는 것은 참람할 듯하다. 문공(文公)의 《주자대전》을 상고하면 토지에 제사 지낸 제문이 있으니, 이제 후토씨(后土氏)를 토지(土地)의 신(神)으로 고치고자 한다.〔后土之稱, 對皇天也, 士庶之家, 有似乎僭。考之文公《大全》集, 有祀土地祭文, 今擬改后土氏, 爲土地之神.〕"라고 보인다.

78 남계(南溪)의……듯합니다 : 남계는 박세채(朴世采, 1631~1695)의 호로 자는 화숙(和叔), 본관은 반남(潘南), 시호는 문순(文純)이다. 1683년(숙종9) 서인이 노론과 소론으로 분열되자 소론의 영수가 되었고, 1694년(숙종20) 갑술옥사로 소론이 집권하

《예기》〈제통(祭統)〉에 이르기를 "7일 동안 산재(散齋)하여 마음을 안정시키고 3일 동안 치재(致齋)하여 심신을 편안히 한다.〔散齋七日以定之 致齋三日以安之〕"[79]라고 하였는데, 계원(開元) 연간에 제정된 《계원례(開元禮)》에, 그 일수(日數)를 줄여서 산재 2일, 치재 1일로 만들었고, 《서의(書儀)》는 《계원례》의 산재와 치재의 일수를 합하여 산재와 치재의 일을 병행하고 이를 치재라고 하였습니다.

그러나 《서의》에서 말한 '치(致)'는, 〈제통〉에서 말한 '치'가 아닙니다. 《가례》는 《서의》를 답습하였으나, 또 《서의》의 '오로지 제사에 집중하여 생각한다'는 글이 없으니, 그렇다면 다만 산재하는 일을 범연(泛然)이 치재라고 칭한 것으로, 또한 간략함을 따랐을 뿐입니다.

《격몽요결(擊蒙要訣)》에 치재를 덧붙인 것은, 《예기》〈제통〉과 〈제의〉에 근본한 것입니다. 〈제의〉에 "재계하는 날에 다섯 가지를 생각한다."[80]는 내용이 있는데, 정현(鄭玄)의 주에 이르기를 "치재라는 것은

자 영의정에 올랐다. 남계의 설은 《남계집(南溪集) 속집(續集)》 권14 〈답문(答問) 강학논례(講學論禮) 답권빈지문(答權賓之問)〉에 보이는바 "후토라는 칭호를 토지로 고치기를 고집한 것은 바로 《가례의절》의 잘못인데, 《상례비요》에서 이를 따랐다. 《주자대전》에는 산신은 그대로 후토로 칭하고 가신은 토지로 고쳐서 칭하였는데, 구준이 잘못 보고 마침내 후토를 토지라고 하였으니, 이는 《가례》를 따르는 것이 마땅하다.〔后土之稱, 必改作土地, 乃儀節之失, 而備要踵之. 蓋朱子大全山神則仍稱后土, 家神改稱土地, 丘氏誤見, 遂以后土爲土地. 此則依家禮爲宜.〕"라고 한 주장을 이른 것으로 보인다.

79 3일……한다 : 이 내용은 〈제통〉에는 원래 '3일 동안 치재(致齋)하여 마음을 가지런히 한다.〔致齋三日以齊之.〕'로 되어 있다.

80 재계하는……생각한다 : 다섯 가지는 제사하는 조상의 거처하시던 것을 생각하는 것〔思其居處〕, 웃고 말씀하시던 것을 생각하는 것〔思其笑語〕, 뜻하시던 것을 생각하는

이 다섯 가지를 생각하는 것이고, 또 7일 동안 산재할 때에 부인을 가까이하지 않고 음악을 듣지 않으며 조문(弔問)하지 않는다."라고 하였으니, 이 때문에 《격몽요결》에서는 《가례》를 버리고 고례를 따른 것입니다. 《가례》에 나와 있는 네 가지 일[81]은 산재의 일이나 예(禮)를 행하는 자가 이 네 가지에 나아가서 순일(純一)하고 조심하는 도를 다한다면 이는 치재가 되는 것이니, '치'라는 것은 스스로 자신의 마음을 다하는 것입니다. "재계한 지 3일이 되어야 비로소 재계의 대상이 되는 조상을 볼 수 있다."[82]는 것은 또한 이로 말미암아 다할 뿐입니다.

조상하지 말고 문병하지 말라고 이미 말하였는데, 그렇다면 두 가지 일을 제외하고는 또한 응당 출입할 수 있으니, 이는 《격몽요결》에서 "갑자기 도중에 흉하고 더러운 일을 만나면 눈을 가리고 피해야 한다." 라고 말한 것을 가지고 알 수 있습니다. 그러나 이는 4일 동안 산재하는 경우를 가지고 말한 것일 뿐입니다. 만약 《가례》에서와 같이 산재와 치재를 합하여 하나로 한다면 제사 전 3일에 불과할 뿐이니, 비록 조상과 문병이 아니더라도, 출입해서는 안 될 듯합니다.

것〔思其志意〕, 즐거워하시던 것을 생각하는 것〔思其所樂〕, 기호하시던 것을 생각하는 것〔思其所嗜〕을 이른다.

81 네 가지 일 : 술을 마시되 정신이 혼란할 정도로 취하는 데에는 이르지 않는 것〔飮酒不得至亂〕, 고기를 먹되 냄새 나는 신채(辛菜)를 먹지 않는 것〔食肉不得茹葷〕, 조상하지 않는 것〔不弔喪〕, 음악을 듣지 않는 것〔不聽樂〕을 이르는바, 《가례》 권5 〈제례(祭禮) 사시제(四時祭)〉의 전기삼일재계(前期三日齋戒) 조의 주석에 보인다.

82 재계한……있다 : 이 내용은 《예기》 〈제의〉에 보인다.

재(齋)는 마음을 오로지 하여 제사하는 조상을 생각하는 것입니다. 뜻을 분산시키지 않아야 비로소 정신이 집중되니,[83] 이와 같이 하는 자라야 비로소 유명(幽明)의 연고에 통달할 수 있습니다. 책은 진실로 마음을 집중시켜 흐트러지지 않게 하나, 재계하는 날에 책을 보고 읽어서는 안 될 듯하니, 재계의 입장에서 말하면 경(敬)이 전일하지 못해지며 책을 보는 입장에서 말하면 마음을 재계에 빼앗기니, 이것이 어찌 '마음을 전일하게 하여 잡념이 없게 하는 것〔主一無適〕'이겠습니까.

기일(忌日)은 종신(終身)의 상(喪)입니다. 이 때문에 이날 음악을 듣지 않고 종실(宗室)에서 곡하였습니다. 당(唐)나라 사람들은 효복(孝服 상복)을 입고 조문을 받았으니, 효복을 입고 조문을 받은 것은 비록 예(禮)에 지나치나, 기일에 반드시 슬퍼한 것을 여기에서 볼 수 있습니다. 《가례》에 또한 이르기를 "이날 술을 마시지 않고 고기를 먹지 않고 저녁에는 밖에서 잔다."라고 하여, 경계하고 삼가는 바가 재계하는 날보다 도리어 더 엄격하니, 어찌 차마 출입할 수 있겠습니까.

기일의 파재(罷齋)[84]는 옛 책에는 보이지 않으나, 근래 세속에는 번번이 파재를 칭하여 아무 일이 없는 듯하니, 다만 심상(尋常)하게 출입하는 것이 도리에 위배될 뿐만이 아닙니다. 책을 읽는 것은 할 수 있을

83 뜻을……집중되니 : 이 내용은 《장자》 〈달생(達生)〉에 그대로 보인다.

84 파재(罷齋) : 재계를 마친다는 뜻으로 기일 전일(前日)을 입재일(入齋日)이라 하고, 기일을 정재일(正齋日)이라 하고, 제사를 마친 날을 파재일(罷齋日)이라 한다.

듯하나, 또한 소리를 내어 글을 읽어서는 안 되고 《시경》, 《악기(樂記)》 등의 종류는 더더욱 읽어서는 안 됩니다.

제사를 대신 지내는 자가 만약 비유(卑幼 항렬이 낮거나 어린 사람)라면 마땅히 '아무개를 시켜〔使某〕'라는 글을 써야 하고, 만약 존속(尊屬 부모 또는 그와 같은 항렬 이상에 속하는 친족)이면 마땅히 '아무 관계〔屬某〕'라는 말을 써야 하니, 속(屬) 자는 비록 예경(禮經)에 보이지 않으나, 남계(南溪) 또한 일찍이 이렇게 말씀하였으니,[85] 마땅히 따라야 할 듯합니다.

'사당에 들어가서는 휘(諱)하지 않는다.〔入廟不諱〕'[86]는 말은 축문을 읽으면서 아버지와 할아버지 이름을 휘하지 않는 것입니다. 그러나 비유(卑幼)로서 존속의 이름을 곧바로 쓰는 것은 윗사람을 능멸하고 침범함에 해당될 듯하니, 다만 속칭을 써서 마음을 편안하게 하는 것만 못합니다. 존속(尊屬)과 같은 항렬에 형제가 여럿이면 백(伯)·중(仲)·숙(叔)·계(季)를 구별하는 것이 마땅할 듯합니다.

85 남계(南溪)……말씀하였으니 : 남계의 말씀은 《남계집》 권52 〈답문(答問) 강학논례(講學論禮) 답이생문(答李生問)〉에 "아이(아들) 이름으로 섭주(攝主)가 고할 때에 축사에 '고자(孤子) 아무개가【아이의 확정된 이름이지 젖먹이 이름이 아니다.】 어려서 일을 받들 수 없기에, 아무 관계인 친족 아무개가 감히 현고(顯考)에게 밝게 고합니다.'라고 하는 것이 마땅할 듯하다.〔兒名攝主告, 祝辭似當曰: "孤子某【兒之定名, 非乳名也】, 幼不能將事, 屬某親某敢昭告于顯考云云."〕"라고 보인다.

86 사당에……않는다 : 이 내용은 《예기》 〈곡례 상(曲禮上)〉의 "사당 안에서는 휘하지 않는다.〔廟中不諱.〕"라는 구절을 말한 것이다.

사계(沙溪)께서 말씀하기를 "자식으로서 아버지의 이름을 부르면서 어머니를 제사함은 진실로 미안하나, 조상에 대한 제사는 압존(壓尊)이 되기 때문에 그래도 괜찮다."라고 하였으니,[87] 그래도 괜찮다는 말은 미진한 바가 있는 말입니다.

그러나 사당에 들어가서는 휘하지 않는다는 의리로 헤아려 보면 축문을 읽을 때에 아버지 이름을 휘하지 않는 것이 바를 듯하나, 만약 아버지를 대신하여 제례(祭禮)를 행할 경우는 또한 아버지의 이름을 읽기가 어려울 듯합니다.

아버지가 제사에 참여하면 아버지가 제사를 주관하는 것이 되기 때문에 휘해서는 안 되니, 아버지가 제사에 참여하지 않으면 아들이 주관하는 것이 되기 때문에 마땅히 아버지 이름을 휘해야 하니, 아버지의 이름을 휘해야 하느냐 휘하지 말아야 하느냐는, 다만 마땅히 제사를 대행하느냐 또는 직접 행하느냐를 기준으로 삼아야 할 듯합니다.

87 사계(沙溪)께서……하였으니 : 사계는 김장생(金長生, 1548~1631)의 호로 자는 희원(希元), 본관은 광산(光山)이며 율곡 이이의 제자이다. 사계의 말씀은 사계가 지은 《의례문해(疑禮問解)》에 실려 있는데, 이는 《상변통고(常變通攷)》 권25 〈제례(祭禮) 기일(忌日) 축식(祝式)〉의 '자식으로 하여금 축을 읽게 하는 것이 마땅한 지의 여부〔使子讀祝當否〕' 조에 인용되어 있는바, 그 내용은 아래와 같다. "묻기를 '남편이 아내의 제사를 지내는데 다른 집사가 없으면, 그 자식이 축을 읽습니까?' 하니, 대답하였다. "자식이 아버지의 이름을 부르면서 어머니를 제사함은 미안한 일이나, 조상에게 제사할 경우에는 압존(壓尊)되기 때문에 그래도 괜찮다.〔問: "夫祭妻而無他執事, 則其子讀祝耶?" 答: "以子名父祭母, 未安, 祭先則壓尊, 故猶可."〕" 압존은 어른에 대한 공대를 그보다 더 높은 어른 앞에서 줄이는 것을 이른다.

조병덕에게 답함 경인년[88] 4월

答趙秉悳 庚寅四月

열심히 공부하시면서, 맹자와 주자[89] 두 분의 책을 경(經)으로 삼고 퇴계(退溪)와 삼연(三淵) 두 분의 문집을 위(緯)로 삼으신 것은, 비유하면 진수성찬을 나열하고서 왼손과 오른손으로 마음껏 움켜쥐고 먹는 것과 같습니다. 만약 좌하께서 은암(隱巖)과 학교(鶴橋)의 사이[90]에 거주했다면 이처럼 많은 공부를 쉽게 이루지 못했을 것입니다. 어찌 홀로 거처하여 한가로이 지내면서 사람을 맞이하는 일을 단절한 소치(所致)가 아니겠습니까.

예로부터 여러 학자들이 모두 노고와 굶주림, 신고(辛苦)와 불안함 속에서 나왔습니다. 유문(孺文)이 오늘날 겪는 일은 마땅히 덕을 진전시키고 업을 닦는 터전이 될 것이니, 구구한 이 몸은 마음으로 기뻐하는 바입니다.

보내주신 편지에 한번도 일이 순조로이 진행되는 경우가 없다고 고민하셨는데, 순경(順境)에 처하기는 쉽고 역경(逆境)에 처하기는 어렵습니다. 어려운 상황을 통과하는 것이 자신이 능하지 못한 바를 증익

88 경인년(庚寅年) : 1830년(순조30)으로, 매산의 나이 55세 되던 해이다.

89 맹자와 주자 : 원문의 '추(鄒)'는 맹자의 나라인 추나라란 뜻으로 맹자를 가리키고 '민(閩)'은 주자의 출생지인 민중(閩中)으로 주자를 가리킨다.

90 은암(隱巖)과 학교(鶴橋)의 사이 : 한양 도심(都心)의 번화한 지역을 이른 것으로 보인다. 은암은 대은암(大隱巖)으로 경복궁 북쪽 북악산(北岳山) 기슭에 있는 바위의 이름이고, 학교는 지금의 중구 서소문동에 있던 다리이다.

(增益)시키는 것인데, 이렇게 하는 것이 참으로 어렵습니다.

온갖 인연이 미리 정해져 있어 일생이 이미 절로 안배되어 있으니, 다만 마땅히 운명에 맡기고 자신이 처한 상황에 순응할 뿐입니다. 회옹(晦翁)께서 "지금 사람들은 나물 뿌리를 먹지 못하기 때문에 자기 본심을 어기기까지 하는 자가 많다."라고 항상 탄식하였으니,[91] 이것이 바로 천명을 편안히 여기는 의체(義諦)[92]입니다. 유문이 칭송하며 본받을 것이 어찌 여기에 있지 않겠습니까.

퇴계께서는 선비들을 주살하였던 기묘사화(己卯士禍)와 을사사화(乙巳士禍)를 혹독하게 겪으시고는 종신토록 두려워하고 움츠리셔서 안으로 쌓아두고 드러내지 않으셨고, 의리의 심오한 뜻에 침잠하여 깊은 뜻을 드러내며 분명하게 논하고 연역(演繹)하시어 학문을 논한 문자(文字)가 주자 이후에 거의 처음 보는 것이니, 퇴계의 책을 비록 작은 주자서(朱子書)라고 말하더라도 또한 괜찮을 것입니다.

다만 사단칠정(四端七情)과 격물치지(格物致知)에 대한 여러 말씀은 왕왕 이해 할 수 없는 부분이 있는데, 이것은 우선 잠시 제쳐 두어서, 통할 수 있는 것은 통하고 통하기 어려운 것을 억지로 통하려고 하지 않는 것이 어떻겠습니까?

삼연(三淵)께서는 불세출의 영웅호걸입니다. 높은 풍도와 준엄한 절개가 천고(千古)를 감동시키고 신령스러운 마음과 밝은 식견이 한

91 회옹(晦翁)께서……탄식하였으니 : 회옹은 주자를 이른다. 주자의 말씀은 《주자어류(朱子語類)》 권13 〈학(學)7〉에 보이는데 약간의 차이가 있다. 원작은 아래와 같다. "지금 사람들은 나물 뿌리를 캐 먹지 못하기 때문에 자기 본심을 어기기까지 하는 자가 많다.〔今人因不能咬菜根, 而至於違其本心者衆矣.〕

92 의체(義諦) : 불교용어로서 진체(眞諦)와 같은바, 가장 진실한 도리를 가리킨다.

세상에 다시없는 분이시니, 동방에서 다시 나올 수 있는 인물이 아닙니다. 천한 이 몸은 평생토록 존경하고 믿어서 신명(神明)처럼 여기며 3대찰(大札)[93] 등의 여러 편은 매번 관을 쓰고 허리띠를 풀지 않은 채로 읽어서 잠시도 이 문집에서 눈을 떼지 않았습니다.

그러나 지금은 늙고 병들어 거의 죽게 되어서 무릎을 치고 감탄하며 읊조리기를 젊은 시절처럼 하지 못하니, 다만 책을 어루만지며 탄식할 뿐입니다. 하지만 견득(見得)하신 부분이 지극히 높아서 또한 혹 중도(中道)를 지나친 곳이 있으니, 이것은 알지 않으면 안 될 것입니다.

퇴옹의 돈후(敦厚)하고 온유(溫柔)함과 연옹의 청통(淸通 깨끗하고 시원스럽게 통함)하고 쇄락(灑落)함을 잘 배운다면 거의 한쪽으로 빠지지 않을 것이니, 유문은 재량(裁量)할 바를 잘 아실 것입니다.

매월옹(梅月翁 매월당 김시습)은 천품이 매우 신령스럽고 기이해서 거의 생이지지(生而知之)[94]에 가까웠습니다. 다섯 살의 동자(童子)로서 상하(上下)에서 명성을 얻은 것이 성대하였으니,[95] 만약 은벽(隱僻)한

93 3대찰(大札) : 성리학 등에 있어 중요한 내용을 담은 세 편의 장문의 편지를 이른 것으로 보이나, 구체적인 것은 미상이다.

94 생이지지(生而知之) : 태어나면서부터 인간의 도리를 아는 것으로 성인(聖人)만이 가능한 것이다. 《중용장구(中庸章句)》 제20장에 "혹 태어나면서부터 알고 혹 배워서 알고 혹 쉽게 알지 못하여 애를 태운 뒤에 알기도 하나, 그 앎에 미쳐서는 똑같다.〔或生而知之, 或學而知之, 或困而知之, 及其知也, 一也.〕"라고 보인다.

95 다섯……성대하였으니 : 이 내용은 《율곡전서(栗谷全書)》 권14 〈잡저(雜著)1 김시습전(金時習傳)〉에 "다섯 살에 《중용》과 《대학》에 통달하니, 사람들이 신동(神童)이라 하였다. 명공(名公) 허조(許稠) 등이 많이 찾아와 보았다. 장헌대왕(莊憲大王, 세종)이 듣고 승정원으로 불러 시(詩)를 짓게 하여 시험하니, 과연 빨리 지으면서도

것을 찾고 괴이한 일을 행하지 않았다면 광묘(光廟 세조)의 시대에 자정(自靖)[96]하지 못했을 것입니다.

이는 이른바 '형해(形骸)의 밖을 방랑하고 방외에서 노니는 자.〔放浪形骸 遊方之外者〕'[97]라는 것이니, 그가 어찌 명교(名敎 유교) 가운데 있는 즐거운 곳을 알지 못해서 이렇게 한 것이겠습니까.

그가 명교를 포기한 것은 바로 명교를 가꾸고 심기 위한 것이었습니다. 일찍이 저는 매월당이 자신의 뜻을 굽히지 않고 자신의 몸을 욕되게 하지 않은 것은 백이(伯夷)와 숙제(叔齊)와 같고, 몸은 깨끗함에 맞았고 벼슬하지 않음은 권도에 맞았던 것은 우중(虞仲)과 이일(夷逸)과 같다고 생각하였습니다.[98]

아름다웠다. 하교(下敎)하기를 '내가 친히 보고 싶으나 세속의 이목을 놀라게 할 듯하니, 그 가정에 권하여 드러내지 말고 잘 가르치도록 하게 하라. 그의 학업이 성취되기를 기다려 장차 크게 쓰리라.' 하고, 비단을 하사하고 집으로 돌려보냈다. 그때부터 그의 명성(名聲)이 온 나라에 떨쳐 그의 이름을 부르지 않고 다만 5세(五歲)라고만 불렀다." 라고 보인다.

96 자정(自靖) : 스스로 분의(分義)에 맞게 처신하여 벼슬하지 않고 지조를 지킴을 편안하게 한다는 뜻으로, 《서경(書經)》 〈미자(微子)〉편에 "스스로 의리에 편안하게 하여 사람마다 스스로 자신의 뜻을 선왕에게 바친다.〔自靖, 人自獻于先王.〕"라고 보인다.

97 형해(形骸)의……노닌다 : 원문의 '방랑형해(放浪形骸)'는 동진(東晉)의 문인인 왕희지(王羲之)가 지은 《난정서(蘭亭序)》에 "혹은 마음에 의탁한 바를 따라 형해의 밖에 방랑하기도 한다.〔或因寄所託, 放浪形骸之外.〕"라고 보이고, '유방지외자(遊方之外者)'는 《장자》 〈대종사(大宗師)〉에, "공자께서 말씀하시길, 그는 방외에서 노니는 자이지만, 나는 방내에서 노니는 자이다.〔孔子曰: "彼遊方之外者也, 而丘遊方之內者也."〕"라고 보인다.

98 매월당이……생각하였습니다 : 이 내용은 공자께서 일민(逸民)에 대해 "자신의 뜻을 굽히지 않고 자신의 몸을 욕되게 하지 않은 것은 백이와 숙제일 것이다.〔不降其志,

율옹(栗翁)께서 "절의(節義)를 드러내고 윤기(倫紀)를 붙들어서 그 뜻을 살펴보면 해와 달과 광채를 다툴 수 있으니, 백세의 스승이라고 말하더라도 또한 지나친 말이 아니다."라고 하신 것[99]이 마땅히 바꿀 수 없는 공안(公案)이 될 것이니, 이와 같은 분을 어찌 다만 높고 원대한 식견을 가졌다고 인정하고 말 뿐이겠습니까.

퇴옹(退翁)께서는 다만 그 행적이 괴이한 것만을 보고 그 마음이 경도(經道)를 지키고 있는 것을 살피지 못해서 이렇게 말씀하신 것입니다.[100] 돈독히 의논하는 자들은 마땅히 이분의 행적을 슬퍼하고 이분의 마음에 탄복해야 할 것이니, 마음은 유자(儒者)이나 행적이 부처라는 평가가 이 때문에 군자들에게 받아들여진 것입니다.

매월당께서 일찍이 말씀하기를 "온갖 나무에 서리가 내렸을 때에 중유(仲由)의 헤진 솜옷을 수선하고 온 산에 눈이 쌓였을 때에 왕공(王恭)의 학창의(鶴氅衣)를 정돈하고자 한다."[101] 하였으니, 제가 항상 그

不辱其身, 伯夷叔齊與.]"라고 하신 것과 우중(虞仲)과 이일(夷逸)에 대해 "숨어 살면서 말을 함부로 하였으나 몸은 깨끗함에 맞았고 벼슬하지 않음은 권도에 맞았다.'[隱居放言, 身中淸, 廢中權.]"라고 평가하신 말씀을 원용한 것이다. 《論語 微子》

99 율옹(栗翁)께서……것 : 율옹은 율곡 이이를 이른다. 율곡의 말씀은 《율곡전서(栗谷全書)》 제14권 〈잡저(雜著)1 김시습전(金時習傳)〉에 보인다.

100 퇴옹께서는……것입니다 : 퇴옹은 퇴계 이황을 이른다. 퇴계의 말씀은 《퇴계집(退溪集)》 〈서(書) 5 허미숙(許美叔) 봉(篈)의 문목에 답하다〉에 "매월당은 특별한 일종의 이인(異人)으로 색은행괴(索隱行怪)하는 무리에 가까운데, 만난 세상이 마침 그러하여 마침내 그의 높은 절개를 이루게 된 것이다. 그의 유 양양(柳襄陽)에게 보낸 글이나 《금오신화(金鰲新話)》와 같은 것을 보면 아마 그 높은 소견과 원대한 식견을 지나치게 인정할 수는 없을 것 같다."라고 보인다.

101 온갖……한다 : 이 내용은 《매월당집(梅月堂集)》 권21 〈서(書) 상 유 양양 진정

말씀을 따라 학창의와 솜옷을 입은 모습으로 영정(影幀)을 다시 그려서 보관하다가 때로 꺼내어 배알해서 존경하는 마음을 붙이려고 하였으나, 재력이 부족하여 일을 이루지 못했는데, 유문이 이 뜻을 이루어 줄 수 있겠습니까?

매월당을 제사지내는 곳에 화상(畫像)이 있는데 모두 두타(頭陀 승려)의 모습입니다. 이 때문에 절하는 자도 있고 절하지 않는 자도 있으니, 만약 옷과 두건 차림의 화상으로 대신하여 봉안한다면, 공경을 다하지 않을 자가 누가 있겠습니까.

서(上柳襄陽陳情書)〉에 보인다. 유 양양은 유자한(柳自漢)으로 양양 부사(襄陽府使)를 지냈기 때문에 이렇게 불렸다. 본관은 진주(晉州)로 1460년(세조6) 평양 별시 문과에 장원으로 급제하고 벼슬이 장악원 정(掌樂院正)에 이르렀다. 중유(仲由)는 공자의 제자인 자로(子路)로 중유의 솜옷은 《논어》 〈자한(子罕)〉에 "해진 솜옷을 입고서, 여우나 담비 가죽옷을 입은 자와 함께 서 있어도 부끄러워하지 않을 자는 아마도 중유일 것이다.〔衣敝縕袍, 與衣狐貉者立而不恥者, 其由也與.〕"라고 보이며, 왕공(王恭)은 진 무제(晉武帝)의 비인 정황후(定皇后)의 오라비로, 왕공이 학창의를 입고 눈 속을 거닐자, 맹창(孟昶)이 엿보다가 "이분은 참으로 신선 속의 사람이다.〔此眞神仙中人.〕"라고 찬탄했다는 고사가 전한다. 《世說新語 企羨》

조병덕에게 줌 신묘년[102] 8월

與趙秉悳 辛卯八月

소윤(蕭允)[103]이 죽음을 피할 수 있었는데도 피하지 아니하여 해(害)를 멀리하는 것을 알지 못한 것은, 바로 죽지 말아야 할 경우에 죽은 것이니, 자로(子路)가 위(衛)나라에 죽은 것이 용맹을 손상한 것이 되는 것과 같습니다.[104]

가만히 다시 생각해보니, 예로부터 난에 임하여 구차히 죽음을 면하고 위태로움을 보고도 목숨을 바치지 못한 자들은 모두 공자와 증자가 처했던 입장[105]을 가지고 구실로 삼으니, 이와 같은 자들은 참으로 소윤

102 신묘년(辛卯年) : 1831년(순조31)으로, 매산의 나이 56세 되던 해이다.

103 소윤(蕭允) : 남북조 시대의 인물로 자가 숙좌(叔佐)이다. 양(梁)나라 무제(武帝) 때에 태자세마(太子洗馬)로 있었는데, 이 때 후경(侯景)이 반란을 일으켜 대성(臺城)을 함락시키자 대소 관리들이 모두 도주하였으나, 소윤은 죽음을 각오하고 의관을 정제하여 태자궁에서 자리를 지키니, 후경의 군사들이 그를 매우 존경하여 감히 핍박을 가하지 못하였다. 뒤에 소윤은 진(陳)나라에서 광록대부(光祿大夫) 등 고위직을 역임하고 84세까지 장수하였다.《陳書 卷21 蕭允列傳》이 글의 문맥으로 보면 매산은 소윤이 후경의 난에 죽임을 당한 것으로 여긴 듯하다.

104 죽지……같습니다 : 이 내용은《맹자》〈이루 하(離婁下)〉에 "얼핏 보면 죽을 만하고 자세히 보면 죽지 말아야 할 경우에 죽으면 용맹을 손상한다.〔可以死, 可以無死, 死, 傷勇.〕"라고 하였는데, 이에 대해 주자가《집주》에서, 임지기(林之奇)의 "자로가 위나라에서 죽은 것은 용맹을 손상한 것이다.〔子路之死於衛, 是傷勇也.〕"라는 말을 인용하여 풀이하였는데, 이를 원용한 것이다.

105 공자와……입장 : 공자가 처했던 입장이란 공자께서 송(宋)나라에 가셨다가 송나라의 사마(司馬)인 환퇴(桓魋)가 자신을 죽이려고 함을 알고는 미복(微服) 차림으로

의 죄인입니다.

소윤은 동궁(東宮)의 옛 신하로서 함께 사직(社稷)에 죽어야 한다는 의리를 능히 알아서 이해를 따지지 않고 오직 천명(天命)을 편안히 여겼으니, 어찌 초야(草野)에 숨어서 구차히 산 것보다 낫지 않겠습니까. 죽지 말아야 할 경우에 지나쳐서 죽어서 도리어 용맹을 해친 것은 진실로 중도를 잃은 것이나, 이러한 행실은 도도(滔滔)하여 보통의 사람들이 미치지 못하는 것입니다. 그렇다면 차라리 지나침에 잘못되었다고 해야 할 것이니, 소윤과 같은 자는 중도를 지나쳤다고 하여 비난할 수 있는 자가 아닙니다. 지난번에 이렇게 말씀드린 것은 또한 책비(責備)[106]하는 뜻에서 나온 것이요 감히 교묘하게 꾸짖으려고 하는 것이 아닙니다.

《충암집(冲菴集)》[107]의 연보를 어제 겨우 끝냈기에 이에 정중하게

송나라를 지나가신 일을 이른다. 《孟子 萬章上》 증자가 무성(武城)에 계실 적에 월(越)나라의 침략이 있자 먼저 떠나갔고 침략군이 물러가자 다시 돌아왔다. 이에 대해 좌우에 있는 자들이 의문을 제기하며 말하기를 "무성의 대부가 선생을 대우하기를 이렇게 충성스럽고 또 공경하였는데, 적(賊)이 이르자 먼저 떠나가시어 백성들이 바라보고 본받게 하시고 적이 물러가자 돌아오시니, 아마도 불가(不可)할 듯합니다." 하니, 이에 대해 심유행(沈猶行)이 말하기를 "이는 너희들이 알 바가 아니다. 옛적에 우리 심유씨(沈猶氏)에게 부추(負芻)란 자의 난이 있었는데, 선생을 따르는 자 70명 중에 한 사람도 이에 참여한 자가 있지 않았다."라고 하였는바, 증자의 입장이란 바로 이 일을 이른다.

106 책비(責備) : 훌륭한 사람에게 조그마한 잘못도 지적하여 완전무결을 요구하는 것으로, 《신당서(新唐書)》 〈태종기 찬(太宗紀贊)〉에 "《춘추》의 법을 보건대, 항상 현자에게 모든 일을 다 잘하기를 요구한다.〔春秋之法, 常責備於賢者.〕"라고 보인다.

107 충암집(冲菴集) : 기묘명현(己卯名賢) 중의 한 분인 김정(金淨, 1486~1521)의 문집이다. 충암은 그의 호이며 자는 원충(元冲), 본관은 경주(慶州), 시호는 문정(文貞)에서 뒤에 문간(文簡)으로 고쳐졌다. 1507년(중종2) 증광 문과에 장원으로 급제하

올립니다. 이 어른은 문장(文章)에 있어서 생이지지(生而知之)에 버금가서 어린 시절부터 지혜로워 일찍 문장의 성취를 이루어, 배우지 않고도 문장이 매월당과 하서(河西)[108]와 같았습니다.

진실로 능히 그 뜻과 사업을 확충하고 천명하였더라면 도(道)의 묘함을 발휘하고 사문(斯文)을 보위하여 그 공이 석담(石潭 이이)과 똑같았을 터인데, 좌절을 당하고 압박을 받아 덕을 진전시키고 좋은 글을 써서 우리의 도(道)를 펼치는 것을 두려워하신 듯하니, 사명자(司命者)[109]는 또한 무슨 마음입니까? 곧바로 하늘에 묻고 그의 혼을 소리 높여 부르고자 하나, 할 수가 없습니다.

고 벼슬이 형조 판서에 이르렀다. 정암(靜菴) 조광조(趙光祖)와 함께 사림파를 이끌다가 기묘사화 때 극형에 처해지게 되었으나, 영의정 정광필(鄭光弼) 등의 옹호로 유배형에 그쳤다. 그러나 신사무옥(辛巳誣獄) 때 사사(賜死)되었다

108 하서(河西) : 김인후(金麟厚, 1510~1560)의 호로, 자는 후지(厚之), 본관은 울산(蔚山)이다. 1540년(중종35) 별시 문과에 급제하고 홍문관 부수찬 등의 벼슬을 지냈으나 1545년(인종1) 인종이 승하하고 곧이어 을사사화가 일어나자, 병을 핑계로 고향인 장성(長城)에 돌아가 성리학 연구에 전념하였다. 문장과 도학(道學), 절의(節義)를 두루 갖추어 1796년(정조20)에 문묘에 배향되었다.

109 사명자(司命者) : 생명을 관장하는 신(神)으로, 《장자》 〈지락(至樂)〉에 "내가 사명(司命)으로 하여금 다시 그대의 육체를 살리고, 그대의 뼈와 살점과 살결을 만들고, 그대의 부모와 처자와 동네의 지인들에게 돌려보내 준다면, 그대는 그대로 하겠는가?〔吾使司命, 復生子形, 爲子, 骨肉肌膚, 反子父母妻子閭里知識, 子欲之乎?〕"라고 보인다.

조병덕에게 줌 신묘년 국월(菊月)[110] 열흘 다음날

與趙秉悳 辛卯鞠旬之翌

역사(歷史) 공부를 계속하시어 거의 오대시대(五代時代)를 마치는 데에 이르셨습니까? 오대시대의 50년은 군주가 군주답지 못하고 신하가 신하답지 못하며 아버지가 아버지답지 못하고 자식이 자식답지 못해서 삼강(三剛)이 무너지고 구법(九法)이 와해되었는데,[111] 오직 후주(後周)의 세종(世宗)이 왕박(王朴)[112]을 얻어 예악(禮樂)을 제정해서 거의 한 왕자(王者)의 규모를 이루었으니, 이것이 거의 사람의 마음을 흡족하게 하는 것입니다.[113] 그러나 세종 또한 아버지가 없는 사람이

110 국월(菊月) : 국화꽃이 피는 달이란 뜻으로, 음력 9월을 이른다.

111 삼강(三剛)이……와해되었는데 : 삼강은 유교에 있어 윤리의 기본이 되는 세 가지 강령으로, 군신(君臣) 간의 도리를 말하는 군위신강(君爲臣綱), 부자(父子) 간의 도리를 말하는 부위자강(父爲子綱), 부부(夫婦) 간의 도리를 말하는 부위부강(夫爲婦綱)을 이르고, 구법(九法)은 《서경》 〈홍범(洪範)〉에 보이는 구주(九疇)를 가리킨다. 천하를 다스리는 아홉 가지 대법(大法)으로, 곧 오행(五行)·오사(五事)·팔정(八政)·오기(五紀)·황극(皇極)·삼덕(三德)·계의(稽疑)·서징(庶徵)·오복(五福)을 이른다.

112 왕박(王朴) : 906~959. 후주(後周)의 대신(大臣)으로 자는 문백(文伯)이다. 후주의 전신인 후한(後漢)에서 과거에 급제하여 출사하였으나 벼슬을 떠났다가, 후주가 후한을 대신하고 시영(柴榮)이 제2대 세종(世宗)으로 즉위하자 중용되어 벼슬이 추밀사(樞密使)에 이르렀으며 세종을 도와 율령(律令)과 예악(禮樂)을 정비하였다.

113 사람의……것입니다 : 원문의 '차강인의(差强人意)'는 후한(後漢)의 명장 오한(吳漢)의 고사에서 온 말로 능히 사람의 의지를 분발하게 한다는 뜻인데, 뒤에는 사람의 뜻을 흡족하게 한다는 뜻으로도 쓰였다. 오한이 강한 적과 대치하여 불리할 때에도

니,[114] 이와 같은 자를 어찌 삼대(三代)의 유풍이 다소 있다고 말할 수 있겠습니까.

오대시대에 절개를 위해 목숨을 버린 자가 또한 없다고 할 수는 없으나, 유독 장보관(章甫冠)을 쓰고 스스로 유자(儒者)라고 이름한 자들 중에는 절개를 지키다가 죽은 절사(節士)가 드뭅니다. 세상을 멀리하고 스스로를 감춰 더러운 군주를 섬기지 않아서 그런 것입니까? 어쩌면 그리도 무관(武官) 출신의 군자들에게 의리를 양보하였단 말입니까?

종산(鍾山)[115]의 고아한 모임은 진실로 작은 인연이 아닌데, 거기다가 농환옹(弄丸翁)의 작은 수레[116]가 있음에 힘입어 물 빛과 산 빛

태연자약하니, 광무제(光武帝)는 "오공은 능히 사람의 의지를 분발하게 하니, 은연중에 하나의 국가의 역할을 하고 있다.〔吳公差强人意, 隱若一敵國矣.〕"라고 감탄하였다. 《後漢書 卷18 吳漢列傳》

114 세종……사람이니 : 후주의 세종인 시영은 태조 곽위(郭威, 904~954)의 첫 번째 부인인 시씨(柴氏)의 조카로 곽위의 양자가 되어 제위(帝位)에 올랐기 때문에 이렇게 말한 것이다.

115 종산(鍾山) : 해주 오씨의 별서가 있던 지금의 고려대 뒷산 일대로 여기에 종모양의 큰 바위가 있어 종암이라고 불렸기 때문에 이곳을 종산이라고 칭한 것이다. 본집 권28 〈유도봉기(遊道峯記)〉 "기묘년 여름 징악 장인이 종산에 은거하였다.〔己卯夏, 澄岳丈人, 移薖軸于鍾山.〕"라고 보인다. 징악 장인은 해주 오씨인 오희상(吳熙常)을 가리킨다.

116 농환옹(弄丸翁)의 작은 수레 : 농환옹은 북송(北宋)의 철인(哲人) 소옹(邵雍)을 가리킨다. 그의 〈자작진찬(自作眞贊)〉에 "농환하는 여가에, 한가로이 오간다.〔弄丸餘暇, 閑往閑來.〕"라는 구절이 있으므로 그를 농환옹이라고도 부르게 되었는데, 자주(自註)에 "환(丸)은 태극(太極)을 의미한다."고 하였다. 작은 수레는 나들이 가는 수레로 그의 시 〈천도음(天道吟)〉에 "봄가을에 홍취를 타고 작은 수레와 아이를 데리고 나들이

이 더욱 새로워지니, 또한 사람으로 하여금 정신이 깨어나게 합니다. 좌하께서는 동(動)하는 유수(流水)와 정(靜)하게 솟아 있는 산에 있어서 응당 인자(仁者)와 지자(智者)의 흥취를 발함이 있을 것이니,[117] 부디 작은 기문(記文)을 지어서 산중의 고사에 대비하는 것이 어떻겠습니까? 멀리서 그리워하는 중에 백악산 기슭의 가을이 점점 짙어 가는데, 맑은 회포와 담박한 인연으로 대은(大隱)[118]의 뜻을 이루시고 계십니까?

"만물을 고요히 살펴보니 모두 자득하고 사시의 아름다운 흥취는 사람과 똑같네.〔萬物靜觀皆自得 四時佳興與人同〕"[119]라는 이 한 구는 바로 천지만물과 더불어 상하로 같이 흐르니, 이 뜻을 아신다면 비단 가을을 감상함에 마음이 기쁠 뿐만이 아닐 것입니다.

무릇 조주(祧主)를 체천하여, 장방(長房)의 할아버지와 아버지 사당에 함께 봉안하는 것[120]은 진실로 소종(小宗)을 대종(大宗)과 합치는

하네.〔春秋賴乘輿, 出用小車兒.〕"라고 보인다.《擊壤集 卷11 卷12》

117 좌하께서는……것이니 : 이 내용은《논어》〈옹야(雍也)〉의 "지자(智者)는 물을 좋아하고 인자는 산을 좋아하니, 지자는 동적(動的)이고 인자는 정적(靜的)이다.〔知者樂水, 仁者樂山, 知者動, 仁者靜.〕"라는 구절을 원용한 것이다.

118 대은(大隱) : 낮은 벼슬을 하거나 저자에 살면서 자신을 숨기고 사는 참된 은자(隱者)를 말한다. 진(晉)나라 왕강거(王康琚)의 〈반초은시(反招隱詩)〉에 "소은은 산림에 숨고 대은은 조정과 저자에 숨는지라, 백이는 수양산에 숨었고 노자는 주하사(柱下史) 벼슬에 숨었다네.〔小隱隱陵藪, 大隱隱朝市, 伯夷竄首陽, 老聃伏柱史.〕" 하였다.《文選 卷22》

119 만물을……똑같네 : 이 구절은 명도(明道) 정호(程顥)의 〈춘일우성(春日偶成)〉 시에 보인다.《二程文集 卷1 明道文集1》

혐의가 있으니, 사시제(四時祭)와 속절(俗節) 및 삭망(朔望)의 참례(參禮)에 먼저 조주에 제사하고 뒤에 할아버지와 아버지에게 제사하는 것이 바른 도리를 얻는 것입니다. 그러나 이미 이렇게 하지 못했는데, 유독 길제(吉祭)에만 어찌 혐의를 구별하고 은미함을 밝혀서, 합제를 지내지 않고 신주를 묻을 수 있겠습니까?

《상례비요》에 실려 있는 '합제를 지내고 신주를 묻을 때의 축문〔合祭埋主祝〕'은 비록 종자(宗子)를 위주로 말한 것이나 또한 장방이 해서는 안 된다고 말하지 않았으니, 장방이 어찌 차마 제사 없이 신주를 매안할 수 있겠습니까.

원래의 축문 가운데 있는 '선왕이 제정한 예법에 제사는 4대에서 그치니 마음은 비록 무궁하오나 분수에는 한계가 있습니다.〔祝止先王制禮 祀止四代 心雖無窮 分則有限〕'라는 네 구를 삭제하고, 신주 아래에 '예를 기준으로 한다.〔準禮〕'는 두 글자를 첨가하는 것이 마땅할 듯합니다. 조주를 매안하는 예절은 마땅히 세일제(歲一祭)[121]의 예를 따라서 항렬이 높고 나이가 많은 자가 주관하여야 합니다.

면복(緬服 이장할 때 입는 상복)은 시마복(緦麻服)이니, 시마복의 상(喪)

120 조주(祧主)를……것 : 조주는 봉사손(奉祀孫)에 있어 대수(代數)가 다한 신주를 말한다. 이 신주는 봉사손의 집에서 장방(長房)으로 체천하고, 체천받은 장방이 죽을 경우 다음 장방으로 체천하는데, 그 자손 중에 4대 이내의 자손이 없게 되면 무덤 옆에 매안(埋安)한다. 장방은 소종(小宗) 내에 가장 항렬이 높은 연장자를 말한다.

121 세일제(歲一祭) : 1년에 한 번 지내는 제사라는 의미로, 5대조 이상의 친진(親盡)한 조상에 대해서 음력 10월에 날을 택해 지내는 제사이다. 묘제(墓祭), 시제(時祭)라고도 한다.

으로 성복(成服)한 뒤에 제사를 평상시와 같이 모신다면 면복이 비록 다른 시마복보다는 무거우나, 예(禮)에 제사를 폐한다는 조문이 없으니, 길제를 또한 마땅히 행해야 할 듯한데, 다만 수조(受胙)[122]하지 않을 뿐입니다.

길제도 오히려 이러한데 하물며 담제(禫祭)이겠습니까. 그렇다면 초엿샛날에 면례를 거행한 자가 초열흘날 정해일(丁亥日)에 담제를 거행함에 있어서, 어찌 길흉(吉凶)이 서로 겹친다는 혐의가 있겠습니까.

122 수조(受胙) : 제사에 행하는 의식의 한 가지로, 제사를 마친 다음 제사의 주제자(主祭者)가 축인(祝人)의 인도에 따라 음복(飮福)하는 것을 말한다.

조병덕에게 줌 신묘년 양월[123]

與趙秉悳 辛卯陽月

호악(灝噩)[124]의 새 공부는 헤아려보건대 응당 계속 온역(溫繹)[125]하셨을 것이니, 이미 절반을 넘어서 이제(二帝)와 삼왕(三王)[126]의 마음을 아셨습니까? 전모(典謨)[127]는 문자의 원조(元祖)이고 의리의 종주(宗主)가 되니, 한 밤중에 낭랑하게 욀 때마다, 마치 신명(神明)이 양양(洋洋)하게 위에 있는 듯하고, 또 원개(元凱)[128]와 여러 용(龍)[129]들과 함

123 양월(陽月) : 음력 10월을 이르는바, 10월에는 9월의 박괘(剝卦 ䷖)의 상구효(上九爻)가 변해서 순음(純陰)의 곤괘(坤卦 ䷁)가 되어 양효(陽爻)가 다 사라지나, 음과 양은 잠복해 있을 뿐 없는 경우가 없으므로, 이를 표현하기 위해 10월을 양월이라 칭한다.

124 호악(灝噩) : 당우삼대(唐虞三代)의 문장을 이른다. 양웅(揚雄)의 《법언(法言)》에 "우하 시대의 글은 혼혼하고, 상서는 호호하고, 주서는 악악하다.〔虞夏之書渾渾爾, 商書灝灝爾, 周書噩噩爾.〕"라고 한 데서 온 말이다. 혼혼은 밝고 엄숙한 모양이고, 호호는 끝없이 멀고 아득한 모양이고, 악악은 엄숙한 모양, 또는 밝고 곧은 모양이라고 한다. 주로 《서경》을 가리키는 말로 쓰인다.

125 온역(溫繹) : 배운 것을 복습하면서 깊이 연구하는 것을 이른다.

126 이제(二帝)와 삼왕(三王) : 고대의 성왕(聖王)들로, 이제는 당요(唐堯)와 우순(虞舜)이고, 삼왕은 하(夏)나라의 우왕(禹王)과 상(商)나라의 탕왕(湯王)과 주(周)나라의 문왕(文王)과 무왕(武王)인데, 유가에서 이상적인 정치를 실현했던 제왕들로 일컬어진다.

127 전모(典謨) : 《서경》의 〈요전(堯典)〉·〈순전(舜典)〉의 이전(二典)과 〈대우모(大禹謨)〉·〈고요모(皐陶謨)〉·〈익직(益稷)〉의 삼모(三謨)를 병칭한 것이다.

128 원개(元凱) : 팔원(八元)·팔개(八凱)를 줄인 말로, 훌륭한 재능을 갖고 있는 신하를 말한다. 중국 고대 신화에 나오는 고신씨(高辛氏)의 아들 8명을 팔원이라 하고,

께, 한 점의 구름도 없고 해가 우뚝한 가운데에 읍양(揖讓)하고 진퇴(進退)하는 듯하여, 천대(千代)가 아득히 먼 것임을 깨닫지 못합니다.

수사(洙泗)의 학문은 당우(唐虞)에서 나왔고 낙건(洛建)의 학문은 수사에서 나왔는데,[130] 후세의 학자들은 다만 공자와 맹자를 할아버지로 삼고 정자와 주자를 아버지로 삼을 줄만 알고, 공자와 맹자가 근본으로 삼은 바를 알지 못하니, 삼연(三淵)께서 "입으로 떠들고 귀로 듣기만 할 뿐 연원(淵源)을 알지 못하며, 철저한 깨달음은 적고 지루함이 많다.〔資口耳而昧淵源 少超悟而多支離〕"라고 하신 것이 참으로 병폐를 잘 말씀하신 것입니다. 나의 벗께서는《상서(尙書)》를 잘 읽고서 공자와 맹자를 연구하시어, 삼연 어른이 가르치신 바와 같이 하시기를 바랍니다.

숙괄(肅括)[131] 두 글자는 바로 노주(老州) 함장(函丈)[132]께서 그대를

고양씨(高陽氏)의 아들 8명을 팔개라고 하는데, 이들의 후예를 순(舜)임금이 중용하여 천하가 크게 다스려졌다고 한다.《春秋左氏傳 文公18年》

129 여러 용(龍) : 용은 임금이나 영웅을 비유하는바, 여러 훌륭한 인물들을 통칭한 것으로 보인다.

130 수사(洙泗)의……나왔는데 : 수사는 공자와 맹자가 강학하던 노(魯)나라 곡부(曲阜)의 수수(洙水)와 사수(泗水)를 병칭한 말로 수사의 학문은 공자와 맹자의 학문을 이르고, 당우(唐虞)는 요(堯)가 다스리던 당(唐)나라와 순(舜)이 다스리던 우(虞)나라의 병칭이고, 낙건(洛建)은 낙양(洛陽)과 복건성(福建省)의 병칭으로 주자와 정자를 이른다. 정명도(程明道)와 정이천(程伊川) 형제는 낙양 사람이고, 주자는 복건성 사람이므로 이렇게 칭한 것이다.

131 숙괄(肅括) : 공경(恭敬)하면서 법도(法度)가 있음을 이른다. 사람의 위의(威儀)를 가리키는 말인데, 학문이나 서법(書法), 문사(文辭) 등에도 쓰였다. 양웅(揚雄)의《법언(法言)》〈수신(修身)〉에 "혹자가 '선비가 어떻게 해야 몸을 평안히 할 수 있습니까?'라고 물으니, 답하기를 '마음속이 크고 깊으며 외면이 공경스럽고 법도가 있으면

위하여 가르침을 베푼 것이니, 그대에게 있어서는 병의 증세에 대한 금단(金丹)[133]이 됩니다. 마땅히 이를 따라 서실의 이름을 짓고, 늘 돌아보는 자료로 삼아야 합니다. 그러므로 삼가 숙재(肅齋) 두 글자를 써서 현판(懸板)으로 걸게 하고, 또 기문(記文)을 지어서 이 일을 기록하려고 하였으나, 지금 병으로 연참(鉛槧)[134]을 폐하여 붓을 잡기가 어렵습니다. 그러나 종내에는 마땅히 우러러 부응하겠습니다.

이와 같은 것은 진실로 도맥(道脈)을 연장하고 세도(世道)를 돕는 일단의 고심(苦心)에서 나왔으니, 어찌 아름다움을 관상(觀賞)하는 데 그칠 뿐이겠습니까. 부디 이 뜻을 체득해서 밤낮으로 경계하고 조심해서 그 덕을 신명스럽게 함에 점차 이르는 것이, 제가 우러러 바라는

몸을 평안히 할 수 있다.' 하였다.〔或問: "士何如斯可以禔身?" 曰: "其爲中也弘深, 其爲外也肅括, 則可以禔身矣."〕"라고 보이는데, 이궤(李軌)의 주에 "숙은 공경이고 괄은 법도이다.〔肅敬也, 括法也.〕"라고 하였다.

132 노주(老州) 함장(函丈) : 노주는 오희상(吳熙常, 1763~1833)의 호로, 자는 사경(士敬), 본관은 해주(海州), 시호는 문원(文元)이다. 1800년(정조24) 천거로 세자익위사 세마(世子翊衛司洗馬)에 제수되고, 황해도 도사 등을 지낸 뒤, 벼슬에서 물러나 광주(廣州)의 징악산(徵嶽山)에 은거하고 이후 찬선(贊善) 등 여러 관직에 제수되었으나 모두 사양하고 나아가지 않았다. 성리학에 조예가 깊어 퇴계와 율곡의 설을 절충하였다. 함장은 원래 한 길〔丈〕을 용납할 수 있는 공간으로 스승과 강론하는 자리를 의미하는데, 스승이나 장자(長者)를 바로 가리키기도 한다. 《예기》 〈곡례(曲禮)〉에 "만약 음식을 대접하는 손님이 아니고 스승과 강론하는 자리이면 깔자리를 펴되 한 길쯤 용납할 수 있는 공간을 띄운다.〔若非飮食之客, 布席, 席間函丈.〕"라는 말에서 유래하였다.

133 병의……금단(金丹) : 병의 증세에 딱 들어맞는 효험이 좋은 약이란 의미이다. 금단은 원래 도가에서 제조하는 장생불사약을 가리킨다.

134 연참(鉛槧) : 글씨 쓰는 붓과 종이란 뜻으로, 문필(文筆)의 업(業)을 이르는 말이다.

바[135]입니다.

지난번에 물으신, 예(禮)에 있어 의심스러운 것들은 근간에 이미 강구하여 올바른 것을 아셨습니까? 사계(沙溪)께서 "외친(外親 외가(外家)와 처족(妻族))으로서 남에게 시집간 자는 마땅히 강복해야 합니까?"라고 한 질문에 대해, 《의례》 〈상복(喪服)〉의 소(疏)를 인용하여 답하기를 "외친은 비록 다른 사람에게 시집갔다 하더라도 강복(降服)하지 않고, 오직 남의 양자가 된 자가 생가(生家)의 모당(母黨 외족)을 위해서는 마땅히 강복해야 한다." 하였고,[136] 또 정현(鄭玄)이 "비록 외친이라도 계통을 둘로 할 수 없다."는 주장을 인용하여 말씀하기를 "생가의 모당을 위해서는 한 등급을 낮추는 것이 옳다."라고 하였으니, 그렇다면 생가의 모당을 위하여 복을 입을 적에 어찌 강복하지 않을 수 있겠습니까. 이것이 이른바 "사친(私親 친생부모)도 그 아들을 위하여 역시 그렇게 한다."는 것입니다.[137]

135 우러러 바라는 바 : 원문의 '옹약(顒若)'은 우러러 바란다〔仰望〕는 뜻이다. 《주역》 관괘(觀卦) 괘사(卦辭)에 "손만 씻고 제수(祭需)를 올리지 않았을 때처럼 하면 백성들이 정성을 다하여 우러러 바라리라.〔盥而不薦, 有孚, 顒若.〕" 하였는데, 정이천의 《역전(易傳)》에 "옹(顒)은 우러러 바라봄이다.〔顒, 仰望也.〕"라고 하였다.

136 사계(沙溪)께서……하였고 : 외친은 비록 다른 사람에게 시집갔다 하더라도 강복하지 않는다는 내용은 《사계전서(沙溪全書)》 제24권 〈가례집람도설(家禮輯覽圖說) 외가쪽과 처가쪽 친족을 위하여 복을 입는 데 대한 도표〔外黨妻黨服之圖〕〉 18에 "《의례》 상복(喪服)의 소에 이르기를, '외친에 대해서는 비록 다른 사람에게 시집을 갔다 하더라도 강복하지 않는다.' 하였다."라고 보인다. 이 질문과 사계의 답변이 어디에 있는지는 미상이다.

137 이것이……것입니다 : 이 내용은 《가례》 권4 〈상례(喪禮)〉에 "남의 후사(後嗣)

혹자가 '외친은 비록 다른 사람에게 시집갔다 하더라도 강복하지 않는다.'는 글을 가지고, '출계(出繼)한 자는 그대로 본복(本服)을 입는다'는 주장의 증거로 삼는 것은 그 보복(報服)[138]의 의리에 어떠합니까? 이른바 강복하지 않는다는 것은 내외종(內外從)의 출가한 자들을 가지고 말한 것일 뿐입니다. 본복이 시마복인 자가 강복하면 복이 없어지게 되니, 후한 쪽을 따르자는 의논이 있게 된 것이나, 또한 올바른 예(禮)가 아니니, 어찌 외친에 대해 강복하지 않는 증거로 삼을 수 있겠습니까.

종증손(從曾孫)으로서 서종증조모(庶從曾祖母)의 상(喪)을 주관하는 자는 우제(虞祭)의 축문에 "종증손 모관모는 서종증조모 모봉모씨에게 밝게 고합니다. 해와 달이 머무르지 않아서 어느덧 초우에 이르니, 슬픈 마음 그지없습니다. 이에 맑은 술과 몇 가지 음식을 진설하여 운운."이라고 하는 것이 마땅할 듯합니다.

만약 망자를 위해서 응당 삼년복을 입을 자가 있다면 그를 위해서 두 번 제사하고 -바로 소상과 대상을 가리킨다- 만약 기년복을 입을 자가 있으면 -바로 출가한 딸이다- 연제를 지내고 -연제를 행하지는 않고 다만 그 이름을 빌리는 것이다- 영좌를 철거하고, 만약 삼년복과 기년복을 입을 자가 없으면, 주소가(註疏家)의 "소공(小功)과 시마복을 입는 자는 부제(祔祭)까지 지내고, 자기 복을 입는 달수에 이르면 그친다."는 설[139]

가 된 아들은 그 사친(私親)을 위해 모두 복을 한 등급 낮추어 입고, 사친도 그 아들을 위해 역시 한 등급 낮추어 입는다."라고 보인다.

138 보복(報服) : 자신을 위해 참최, 자최, 기년, 대공·소공복을 입을 낮은 항렬의 사람이 죽으면, 높은 항렬의 사람도 이에 보답하여 같은 상복을 입는 것을 이른다.

을 따라, 우제와 부제를 지내고 영좌를 철거해야 합니다.

이른바 졸곡(卒哭)이란 무시곡(無時哭 수시로 하는 곡)을 마치고 오직 아침과 저녁으로 상식(上食)할 때에만 곡을 하여 점점 길례(吉禮)로 나아가는 것입니다. 그러므로 축문에 성사(成事)라고 한 것이니,[140] 시마복의 상에 어찌 무시곡과 조석곡(朝夕哭)을 말할 것이 있겠습니까. 곡을 마칠 만한 제사가 없으니, 다만 우제와 부제를 행하는 것이 예에 맞을 듯합니다. 이미 연제와 대상제가 없다면 초기(初忌)의 축문부터 '슬픈 마음을 이기지 못합니다.〔不勝感愴〕'라는 네 글자를 사용해야 할 것입니다.[141]

139 주소가(註疏家)의……설 : 이 내용은 《예기주소(禮記註疏)》 권32 〈상복소기(喪服小記)〉의 공영달(孔穎達)의 소에 보이는데, 이는 황간(皇侃, 488~545)의 설을 인용한 것이다. 황간은 남조(南朝) 시대 양(梁)나라의 학자로 예학에 밝아 국자조교(國子助教), 원외산기시랑(員外散騎侍郎) 등의 벼슬을 역임하였고 저술로 《예기황씨의소(禮記皇氏義疏)》를 지었다.

140 축문에……것이니 : 성사(成事)는 애천성사(哀薦成事)를 이른 것으로 '슬픈 마음으로 제사를 올립니다.'라는 뜻인데, 일반적인 축문에서 맨 뒤에 위치하는 '흠향하소서.'의 뜻인 '상향(尙饗)'의 바로 앞에 놓이는 투식적인 문자이다.

141 초기(初忌)의……것입니다 : 초기는 첫 번째 기일을 이른다. 일반적인 경우 첫 번째 돌아오는 초기에 소상(小祥), 두 번째 돌아오는 기일에 대상(大祥)을 지내고 세 번째 돌아오는 기일에 기제(忌祭)를 지내나, 여기서는 삼년복이나 기년복을 입을 자가 없어 초기에 곧바로 기제를 지내며, 축문은 '휘일부림 추원감시 불승감창(諱日復臨追遠感時不勝感愴)'라고 써야 함을 말한 것이다.

조병덕에게 답함 임진년[142] 4월

答趙秉悳 壬辰四月

보내주신 편지에 "궁벽하고 적막한 시골과 땔나무하고 소 기르는 마을에서 항상 벗들을 떠나 쓸쓸히 살아가는[143] 근심을 품고 있음을 걱정한다."라고 하셨는데, 이는 즐거워할 일이지 걱정할 일이 아닙니다.

도성 안에 거처하게 되면 시꺼먼 티끌[144]을 묻히기가 쉽고 시골에 있으면 쓸데없는 시비가 없으니, 땔나무하고 소를 기르는 일을 관면(冠冕)[145]과 바꿀 수가 없고 궁벽하고 적막한 시골이 어찌 번잡한 도성보다 낫지 않겠습니까. 인간 세상에 온갖 인연을 모두 상관하지 않고 오직 《시경》과 《논어》[146] 두 가지 책을 가지고, 긴 여름을 지내는 계책으로

142 임진년(壬辰年) : 1832년(순조32)으로, 매산의 나이 57세 되던 해이다.

143 벗들을……살아가는 : 원문의 '이삭(離索)'은 이군삭거(離群索居)를 줄여 쓴 것으로, 벗들을 떠나 혼자서 외롭게 사는 것을 말한다. 자하(子夏)가 "내가 벗을 떠나 쓸쓸히 홀로 산 지 오래이다.〔吾離群而索居, 亦已久矣.〕"라고 한 데서 유래하였다. 《禮記 檀弓上》

144 시꺼먼 티끌 : 세속의 더러움을 비유한다. 남제(南齊)의 시인 사조(謝朓)의 시에 "어느 누가 서울에 오래 머물 수 있으랴. 시꺼먼 티끌이 흰 옷을 물들이네.〔誰能久京洛? 緇塵染素衣.〕"라고 하였다. 《文選 卷24 爲顧彦先贈婦》

145 관면(冠冕) : 관과 면류관으로 벼슬아치가 쓰는 예관(禮冠)인데, 바로 벼슬을 가리키기도 한다.

146 시경과 논어 : 원문의 '파로(葩魯)'는 파경(葩經)과 노론(魯論)을 병칭한 것이다. 파경은 《시경》으로, 한유(韓愈)가 〈진학해(進學解)〉에서 "《시경》은 바르고 꽃봉오리처럼 아름답다.〔詩正而葩.〕"라고 한 데서 유래하였다. 노론은 《논어》로 한(漢)나라 때에는 《노론(魯論)》·《제론(齊論)》·《고론(古論)》 등 세 종류의 《논어》가 있었는

삼는다면 온 천하의 즐거움 중에 무엇을 이것과 바꾸겠습니까? 이는 '만물의 밖으로 높이 솟아났다'고 이를 수 있을 것입니다.

주남(周南)과 소남(召南)을 강습(講習)하지 않은 지가 오래되었습니다. 근래에 여러 유자(儒者)들은 책을 묶어 시렁에 버려두고서 면장(面墻)[147]하는 것을 마음에 달갑게 여깁니다. 이 때문에 지루하게 말하는데도 성정(性情)의 바름을 얻지 못해서 사람의 위선(僞善)이 불어나고 천기(天機)[148]가 얕아지니, 삼연(三淵) 어른께서 이 뜻을 말씀하신 것이 매우 통절합니다.

진실한 마음으로 체득하고 도덕의 가운데에 함양(涵養)하고 창달(暢達)하여 감동해서, '나는 증점(曾點)을 허여한다'는 생각을 갖게 되면,[149] 비단 한 격(格)이 자랄 뿐만이 아닙니다. 주자께서 사람을 가르

데, 현존하는 것은 《노론》이다.

147 면장(面墻) : 담장에 얼굴을 마주하고 서 있는다는 뜻으로, 학문하지 않으면 눈앞이 꽉 막혀 한 걸음도 나아가지 못하고 한 이치도 알지 못함을 비유하는 말이다. 공자께서 아들 백어(伯魚)에게, "너는 《시경》의 주남과 소남을 배웠느냐? 사람이 주남과 소남을 배우지 않으면 마치 담장에 얼굴을 마주하고 서 있는 것과 같다.〔女爲周南召南矣乎? 人而不爲周南召南, 其猶正牆面而立也與.〕"라고 하신 데서 온 말이다. 《論語 陽貨》

148 천기(天機) : 선천적으로 타고나는 기지(機智) 또는 영성(靈性)을 이른다.

149 도덕의……되면 : 이 내용은 이천(伊川) 정이(程頤)가 "시에서 흥기한다는 것은 성정(性情)을 읊고 도덕의 가운데에 함양하고 창달하여 감동해서, 나는 증점(曾點)을 허여한다는 기상이 있게 하는 것이다.〔興於詩者, 吟詠情性, 涵暢道德之中而歆動之, 有吾與點之氣象.〕"라고 한 말을 원용한 것이다. 《二程外書 卷3 陳氏本拾遺》 '나는 증점을 허여한다'는 말은 공자의 말씀으로, 공자의 몇몇 제자들이 스승의 권유로 자신의 뜻을 밝히는 자리에서 증점이 "늦은 봄에 봄옷이 이미 만들어지면 관을 쓴 어른 5, 6명과 동자 6, 7명과 함께 기수(沂水)에서 목욕하고 무우(舞雩)에서 바람 쐬고서 노래하며 돌아오겠습니다.〔暮春者, 春服旣成, 冠者五六人, 童子六七人, 浴乎沂, 風乎舞雩,

칠 적에 "익숙히 읽어 침잠(沈潛)하면 자연 온화한 기운이 가슴속으로부터 흘러 나와서 묘함을 다 말할 수가 없다."라고 하셨으니,[150] 이 뜻이 매우 참됩니다.

시는 사람의 의지를 흥기시킬 수 있고 정치의 득실을 관찰할 수 있고 무리를 지어 거처할 수 있고 원망할 수 있으니,[151] 이 뜻을 더욱더 알아서 돈후온유(敦厚溫柔)의 가르침[152]을 이루는 것이 어떻겠습니까?

자륙(子陸)[153]을 위문하는 편지에 '나라의 불행이다.〔邦國不幸〕'라는

詠而歸.〕"라고 자신의 뜻을 밝히자, 공자께서 그의 기상에 감탄하며 "나는 증점을 허여한다.〔吾與點也.〕"라고 한 고사가 있다. 《論語 先進》

150 주자께서……하셨으니 : 이 내용은 《주자어류(朱子語類)》 권80 〈시(詩)1 논독시(論讀詩)〉에 보이는데, 원작과 약간의 차이가 있는바, 원작은 아래와 같다 "시를 읽는 방법은, 다만 익숙히 읽어 침잠하면 자연 온화한 기운이 가슴속으로부터 흘러 나와서 그 묘한 부분을 다 말할 수가 없다.〔讀詩之法, 只是熟讀涵泳, 自然和氣, 從胸中流出, 其妙處不可得而言.〕"

151 시는……있으니 : 이 네 가지는 시의 효용을 말한다. 공자께서 "너희들은 어찌하여 시를 배우지 않느냐? 시는 사람의 의지를 흥기시킬 수 있으며, 정치의 득실을 관찰할 수 있으며, 무리를 지어 거처할 수 있으며, 원망할 수 있으며, 가까이는 어버이를 섬기고, 멀리는 임금을 섬길 수 있으며, 새와 짐승, 풀과 나무의 이름을 많이 알게 한다.〔小子, 何莫學夫詩? 詩, 可以興, 可以觀, 可以群, 可以怨, 邇之事父, 遠之事君, 多識於鳥獸草木之名.〕"라고 하신 말씀에 보인다. 《論語 陽貨》

152 돈후온유(敦厚溫柔)의 가르침 : 《예기》 〈경해(經解)〉에 육경(六經)의 교화적 성격을 각각 네 글자로 함축한 공자의 말씀이 보이는데, 《시경》에 대해서는 "온유돈후함이 시의 가르침이다.〔溫柔敦厚, 詩敎也.〕"라고 하였다.

153 자륙(子陸) : 매산 주변의 인물인 듯한데, 본집에는 보이지 않는다. 글의 내용으로 볼 때 자륙의 부친이 죄를 짓고 귀양 가서 별세하였으므로 그에게 위문하는 위장(慰狀)을 보낸 듯하다.

네 글자를 써서는 안 됩니다. 이는 '뜻밖의 흉변(凶變)이다.〔不意凶變〕'라는 구절로 대체하고, '갑자기 관사를 버리셨다.〔奄捐館舍〕'라는 네 글자는 '갑자기 안색을 살피며 봉양하는 정성을 버리셨다.〔奄違色養〕'로 대체하는 것이 마땅할 듯합니다. 경대부(卿大夫)가 죄를 지어 귀양 가서 죽으면 마땅히 사(士)의 예(禮)를 따라야 하기 때문입니다.

도암(陶菴)을 종묘에 종향(從享)하자는 상소는, 십수 일 동안 반복하였으나 관철되지 못하다가 국상(國祥)이 임박함으로 인하여 그만두고 다시 내년 가을을 기약하였습니다.

삼연(三淵)과 미호(渼湖)를 석실서원(石室書院)에 추배하자는 상소에 대한 의논이 뒤이어 나왔습니다. 이것은 모두 사림의 공론이니 진실로 그만둘 수 없으나, 이분들의 책을 읽고 이분들의 마음을 전하는 것이 참으로 사랑하고 사모함이 되는 것만 못합니다.

삼연께서 서원의 병폐를 논하면서 '비록 안 할 수는 없으나 또한 마땅히 조용하고 절도가 있어야 하고 경솔하고 급박하게 하려고 하지 않아야 한다.'라고 하신 말씀[154]에 대해 매양 탄복하니, 이 뜻이 매우 좋아서 우리들이 마땅히 외고 본받아야 할 바입니다.

154 삼연께서……말씀 : 인용된 말씀은 농암 김창협이 을해년(乙亥年)에 권치도(權致道)에게 보낸 편지에 보이는데, 매산이 삼연의 말씀이라고 한 것은 전사의 오류인 듯하다. 《農巖集 卷之十二 書》

조병덕에게 답함 임진년 8월
答趙秉悳 壬辰八月

남당(南塘)의 영당(影堂)[155]이 미처 완성되기 전에 도끼를 든 자들에게 훼손되어 다시 짓는다고 들었는데, 근간에 이미 영령(英靈)을 봉안하였습니까? 서원을 창건하는 것은 나라의 금령(禁令)에 관계되나 영령을 모시는 것은 사묘(私廟)와 다를 것이 없으니, 이는 조정에서 관여할 바가 아닌데 이미 세웠던 것을 파괴하였으니, 너무 심하지 않습니까.

또 이 어른을 한 구역에서 제사지내는 것을 그 누가 불가하다고 말하겠습니까. 병계(屛溪)[156]의 영당을 또 장차 새로 지으려고 한다고 하니, 사실입니까? 제사는 진실로 문식(文飾)을 더하는 것이나 사림의 공론

155 남당(南塘)의 영당(影堂) : 남당은 한원진(韓元震, 1682~1751)의 호로, 자는 덕소(德昭), 본관은 청주(淸州), 시호는 문순(文純)이다. 수암(遂菴) 권상하(權尙夏)의 문인으로 강문팔학사(江門八學士)의 한 사람이다. 1717년(숙종43) 학행으로 천거되어 영릉 참봉이 되었고, 세자익위사 부솔(世子翊衛司副率) 등의 벼슬을 역임하였다. 성리학에 정통하여 호락논쟁(湖洛論爭)에서 호론(湖論)의 좌장이 되어 이간(李柬)을 중심으로 한 낙론(洛論)의 인물성동론(人物性同論)의 주장에 반대하여 인성(人性)과 물성(物性)이 다르다고 주장하였다. 매산은 낙론계 인물이다. 영당은 한 종파의 조사(祖師)나 덕이 높은 학자의 진영(眞影)을 모신 사당을 이른다.

156 병계(屛溪) : 윤봉구(尹鳳九, 1683~1767)의 호로 자는 서응(瑞膺), 본관은 파평(坡平), 시호는 문헌(文獻)이다. 유일(遺逸)로 천거되어 벼슬이 공조 판서에 이르렀다. 수암 권상하의 문인으로 강문팔학사(江門八學士)의 한 사람이다. 남당과 함께 호론을 이끌었다.

에서 나와서 협잡(挾雜)함이 없다면, 또한 마땅히 사물은 각기 사물에 맡겨 둘[157] 뿐입니다.

우리 동방의 선유(先儒)들께서 모두 주자를 높이고 있으나, 전문(傳聞)의 공부가 있는 분은 오직 퇴계와 우암 두 현자뿐이니, 퇴계는 강학(講學)과 이(理)를 논함을 위주로 하셨고 우암은 시사(時事)와 출처(出處)를 위주로 하셨습니다.

삼연이 말씀하기를 "퇴계와 우암이 똑같이 주자를 높였으나 퇴계는 문서를 관장하는 시사(侍史 좌우에서 모시면서 문서를 관리하는 사람)와 같고 우암은 사람을 벽제(辟除)하는 전모(前茅)[158]와 같다."라고 하였으니, 이 말씀이 옳을 듯하나, 우암 또한 명리(名理)를 익숙히 사용하여 법도를 세웠습니다. 우암이 시사와 출처에 힘을 다한 것은 또한 때가 그랬을 뿐입니다. 유문은 두 현자를 함께 배워 중도(中道)를 얻어서 지극한 경지에 나아가기를 바랍니다.

157 사물은……둘 : 원문은 '물각부물(物各付物)'로 이는 사물이 지니고 있는 원칙대로 그 사물에 대처함을 이르는 바, 나쁜 사람에게는 그대로 벌을 주고 좋은 사람에게는 그대로 상을 주며, 가난하면 가난한 대로 살아가고 부유하면 부유한 대로 살아가는 것이다. 《근사록(近思錄)》 권4 〈존양(存養)〉에 "사물을 각기의 사물에 맡겨 두면 이는 내가 사물을 부리는 것이 되지만, 사물 때문에 일을 하는 것이면 이는 사물에 의해 부림을 당하는 것이다.〔物各付物, 則是役物, 爲物所役, 則是役於物.〕"라고 보인다. 여기서는 사람들이 하는 대로 그냥 두어야 함을 말한 것이다.

158 벽제(辟除)하는 전모(前茅) : 벽제는 왕이나 고관이 행차할 적에 시종하는 자를 시켜 소리를 외쳐 행인들로 하여금 길을 피하게 하는 것이고 전모는 앞서 가는 자를 이른다.

조병덕에게 줌 무술년[159] 정월 15일

與趙秉悳 戊戌上元

내외를 엄격히 구분함은 진실로 상례(喪禮)의 큰 법이 되나, 제사에 임하면 주인과 주부가 각기 자기 예(禮)를 따라야 하니, 이는 내외의 구별에 구애될 바가 아닙니다. 우제(虞祭)와 졸곡(卒哭)으로부터 상제(祥祭)와 담제(禫祭)에 이르기까지 모두 주부로 하여금 아헌(亞獻)을 하게 하는데, 어찌 유독 부제(祔祭)에만 함께 제사하는 것을 혐의할 것이 있겠습니까.

159 무술년(戊戌年) : 1838년(헌종4)으로, 매산의 나이 63세 되던 해이다.

조병덕에게 답함 경자년[160] 4월

答趙秉悳 庚子四月

학업에 전념하시어 쉬지 않고 《주역》을 연구하신다고 하니, 더욱 제가 바라는 바에 흡족합니다. 이 책은 문자(文字)와 의리의 조종(祖宗)이 되니, 읽지 않으면 안 됩니다. 그러나 상(象)은 드러나 있으나 알기가 어렵고 이치는 은미하여 구명하기가 어려우니, 이는 진실로 누대에 걸쳐서도 통달하지 못한 것이고, 당년(當年)에는 연구하여 밝힐 수 없는 것입니다.

그러나 학문을 하면서 《주역》을 읽지 않으면 성신공화(聖神功化)의 극치(極致)[161]를 알 수 없으니, 이 때문에 그만둘 수 없는 것입니다. 또 그 괘(卦)의 뜻과 괘사(卦辭)에 대해 공자께서 〈단전(彖傳)〉에서 설파(說破)하신 것이 이미 지극히 분명하니, 제대로 읽는 자가 여기에 침잠(沈潛)하여 천명하고 연역한다면 또한 견득(見得)할 수 있을 것입니다.

주자의 《주역본의(周易本義)》는 진실로 복서(卜筮)를 위주로 한 것이나, 또한 주자께서 일찍이 말씀하기를 "이천(伊川)께서 천하의 허다한 의리를 괘효(卦爻) 가운데에 흩어서 집어넣었다."라고 하였습니다.[162] 이 의미가 무궁하니, 사람으로 하여금 글귀마다 적용하게 한다

160 경자년(庚子年) : 1840년(헌종6)으로, 매산의 나이 65세 되던 해이다.

161 성신공화(聖神功化)의 극치(極致) : 성(聖)스럽고 신묘한 공업(功業)과 조화의 극치라는 뜻으로 《중용장구(中庸章句)》 제1장 장하주(章下註)에 보인다.

면 이것을 행하는 일과 응접(應接)하는 사이에서 볼 수 있을 것입니다. 이 이치가 매우 분명한데도, 《주역》을 제대로 읽지 못한 자들은 이를 전혀 알지 못하여 혹은 이천의 《역전(易傳)》은 《주역》과 관계가 없다고 하니, 어찌 이 말이 옳겠습니까.

비록 상수(象數)와 점괘(占卦)는 무관하다고 말할 수 있지만, 상수와 점괘 또한 어찌 의리를 벗어나서 작용할 수 있는 것이겠습니까. 의리는 이미 정자의 극진한 연구를 거쳤으므로, 주자께서는 다만 그 상수만을 들어서 《주역》을 지은 본래의 뜻을 말씀했을 뿐이니, 부디 정자의 《역전》과 주자의 《주역본의》를 합쳐서 융회관통(融會貫通)[163] 하여 네 분 성인(聖人)[164]의 마음에 통달하는 것이 어떻겠습니까?

그러나 또한 《주역》을 전문(專門)으로 공부해서는 안 되니, 전문으로 하게 되면 《주역》을 연구하는 중에 일생을 다하더라도 공부를 마칠 기약을 할 수 없을 것입니다. 정생(鄭生)[165]의 말은 이 또한 선입견이 주(主)가 된 것입니다. 그러나 호우(湖右)의 여러 현자[166]들이 거의

162 주자께서……하였습니다 : 이 내용은 《주자대전》 권53 〈답호계수(答胡季隨)〉에 보인다.

163 융회관통(融會貫通) : 여러 가지 지식이나 도리를 융합하여 총체적으로 철저히 이해함을 이른다.

164 네 분 성인(聖人) : 《주역》을 체계화한 복희씨(伏羲氏)・문왕(文王)・주공(周公)・공자(孔子)를 가리킨다. 복희씨가 《주역》의 8괘와 64괘를 그렸고 문왕이 괘사(卦辭)를, 주공이 효사(爻辭)를, 공자가 〈단전(彖傳)〉 등 십익(十翼)을 지었다고 전해진다.

165 정생(鄭生) : 정씨 성을 가진 생원이란 뜻인데 누구인지는 미상이다.

166 호우(湖右)의 여러 현자 : 호우는 충청우도 즉 충청남도를 이른 것으로 곧 이 지역의 호론계 학자들을 가리킨 것이다.

모두가 다 이렇게 말하니, 어찌 유독 정생만이 고집스럽게 주장하는 것이겠습니까.

저들은 가슴속에 늘 하나의 이문정(李文正)[167]이 가로놓여 있다고 해서 현자(賢者)에 대해 개탄하고 있으나 저들의 가슴속에는 하나의 한문순(韓文純)[168]이 가로놓여 있지 않단 말입니까. 자신의 몸에 돌이켜 반성하는 것, 이것이 천하의 공정한 이치인데, 자기 당으로 들어오는 자는 붙좇고 자기 당을 나가는 자는 더럽게 여겨서 폐고(蔽錮)[169]가 너무 심하니, 말한들 무엇하겠습니까.

정묘(正廟)께서 김 대감에게 써서 내리신 문자[170]는 비록 저들이 이를 구실(口實)로 삼고 있으나, 이 글은 《홍재전서(弘齋全書)》와 정묘의 어제문(御製文)에 실려 있지 않으며, 주자가 서자융(徐子融)에게 답한 편지는 《어정주서백선(御定朱書百選)》 가운데에 편집되어 실려 있으니, 취하고 버림에 있어 권형(權衡)으로 삼는 것을 우러러 헤아려 볼 수가 있습니다.

여호(黎湖) 선생[171]께서 평소에 말씀하기를 "호론의 학문은 스스로

167 이문정(李文正) : 낙론(洛論)을 주도한 도암(陶菴) 이재(李縡)를 이른다. 문정은 그의 시호이다.

168 한문순(韓文純) : 호론(湖論)을 주도한 남당(南塘) 한원진(韓元震)을 이른다. 문순은 그의 시호이다.

169 폐고(蔽錮) : 도리에 어둡고 완고함을 이른다.

170 정묘(正廟)께서……문자 : 정묘는 정조(正祖)를 이른다. 김 대감과 김 대감에게 내린 문자는 미상이다.

171 여호(黎湖) 선생 : 여호는 박필주(朴弼周, 1665~1748)의 호로, 자는 상보(尙甫), 본관은 반남(潘南)이다. 학행으로 천거되어 세자시강원 자의에 제수된 뒤에 지평, 집의 등을 거쳐 이조 판서, 우찬성 등에 제수되었으나 벼슬에 나아가지 않고 강학과

전수 받은 바가 있다고 말하면서 함부로 근거 없는 의논을 만들어내서 후학들을 혼미하게 하니, 만약 율곡과 우계 두 선생 같은 분이 계시다면 반드시 감히 이처럼 스스로 멋대로 말하지 못할 것이다."라고 하였으니, 이는 당시의 병폐를 통렬히 징계하기 위해서 말씀하신 것입니다. 그러나 굳이 말을 허비하며 상대하여 논변할 필요가 없으니, 이러한 논변이 있게 되면 모르는 자들은 우리가 저들과 장단(長短)을 다툰다고 말할 것입니다.

《맹자》〈공손추 상(公孫丑上)〉 편의 부동심장(不動心章)에 있는 '오불췌언(吾不惴焉)'에 대해 조기(趙岐)의 주에는 "마땅히 그를 놀라게 하고 두렵게 하지 못하는 것이다.〔不當驚懼之〕"라고 하였는데, 주자는 이 고주(古註)를 따르되 경(驚) 자를 공(恐) 자로 고쳤습니다. '공구지(恐懼之)'라는 세 글자는 바로 '비록 갈관박(褐寬博 헐렁한 모포 옷을 입은 천한 자)이라도 내가 그를 두렵게 하지 못한다'고 말한 것이니, 지(之) 자는 바로 갈관박을 가리킨 것입니다. 그러나 말뜻이 순하지 못하기 때문에 '내가 갈관박을 두려워하지 않을 수 있겠는가.'라고 해석해야 한다는 의논이 있게 된 것입니다.

《몽인(蒙引)》[172]에 또한 이르기를 "'오불췌언'은 '내가 그를 두려워하지 않을 수 있겠는가'라고 말한 것과 같은데, 이는 갈관박을 두려워하는

저술에만 몰두하였다. 학문적으로는 낙론으로, 정치적으로는 노론계 준론(峻論)으로 평해진다.

172 몽인(蒙引) : 명나라 문신이자 학자인 채청(蔡清, 1453~1508)이 지은 《사서몽인(四書蒙引)》을 이른다.

것이 아니고 이치를 두려워하는 것이다."라고 하였습니다. 이런 부분은 진실로 마땅히 《집주(集註)》를 위주로 하여야 하나, 만약 하나의 설을 갖추는 것이라면 또한 참고해 보는 것이 무슨 해(害)가 되겠습니까.

진실로 능히 올바른 뜻을 견득할 수 있다면 《집주》와 다소 출입이 있다 하더라도, 자양(紫陽)의 순수한 신하가 되지 못함을 걱정할 것이 없습니다. 때를 씻어 내고 흉터를 찾아서 차가운 눈빛으로 사서(四書)의 주해(註解 사서집주(四書集註))를 보아서 반드시 주자의 상대가 되려고 하는 자는 진실로 사문난적(斯文亂賊)이 되지마는, 식견이 미치지 못하거나 혹은 사색이 너무 깊어서 서로 어긋나는 바가 있는 것은 법과 이치를 잡은 군자에게 죄를 받지 않으니, 이것이 화양노자(華陽老子)가 흑수(黑水)는 주벌하고 포저(浦渚)는 용서[173]한 이유입니다.

173 화양노자(華陽老子)가……용서 : 화양노자는 우암 송시열을 가리킨다. 우암이 충북 괴산의 화양동에서 강학하였으므로 이렇게 칭한 것이다. 흑수(黑水)는 백호(白湖) 윤휴(尹鑴, 1617~1680)로 윤휴가 살았던 경기도 여주(驪州)에 여강(驪江)이 있는데, '여' 자는 검다는 뜻이 있으므로 윤휴를 배척하는 측에서 그의 별칭으로 사용하였다. 자는 희중(希仲), 본관은 남원(南原)으로 숙종 때에 유일(遺逸)로 출사하고 벼슬이 이조 판서에 이르렀다. 경전의 해석에 있어 주자를 따르지 않고 독자적인 입장을 취했다가 서인들에게 사문난적으로 몰렸으며, 1680년(숙종6) 허적(許積)의 서자 허견(許堅)과 인평대군(麟坪大君)의 아들인 복창군(福昌君), 복선군(福善君), 복평군(福平君) 삼형제와 함께 역모를 꾀한다는 고변을 당하여 갑산(甲山)으로 유배되었다가 사사(賜死)되었다. 포저(浦渚)는 조익(趙翼, 1579~1655)의 호로, 자는 비경(飛卿), 본관은 풍양(豊壤), 시호는 문효(文孝)이다. 1602년(선조35) 별시 문과에 급제하고 벼슬이 좌의정에 이르렀다. 성리학의 대가로서 예학(禮學)에도 밝아 《중용주해(中庸註解)》, 《서경천설(書經淺說)》 등의 저서를 지으면서 주자의 주해를 일부 고쳤는데, 당시에 크게 비난을 받지 않았다.

종가(宗家)와 멀리 떨어져 있어서 제사에 참여하지 못하는 사람들은, 주자께서 지방(紙榜)으로 제사를 행하라고 하신 가르침[174]을 따르는 것이 변례(變禮)에 맞아서 그 마땅함을 잃지 않는다고 이를 수 있습니다.

우리 동방의 제현들이 이를 많이 행했으나, 이는 자신의 슬픈 정을 펼 뿐이니, 그렇다면 오직 기제사만을 이렇게 거행하여야 할 것이요 사시의 정제(正祭)에까지 미쳐서는 안 될 것입니다. 정제에 이미 예를 갖출 수가 없고 그렇다고 또 간략히 진설할 수도 없으니, 간략히 진설하면 성대한 제사를 이루지 못하며 예를 갖춘다면 종가의 일에 해당될까 두렵습니다.

주자의 말씀은 정제까지 아울러 허락하신 듯하나, 이는 따르기 어려울 듯합니다. 기일에 제수를 올리는 것 또한 마땅히 고비(考妣 돌아가신 부모)에게만 시행해야 하고 위로 조고(祖考)와 증조(曾祖)까지 올라가서 길게 늘인다는 혐의를 불러와서는 안 됩니다.

이 예(禮)가 다만 자신의 슬픔을 풀기 위한 것이라면 굳이 제례(祭禮)를 다 쓸 필요가 없을 듯하니, 축문이 없이 단헌(單獻)으로 곡하여 슬픔을 다하고 사신(辭神)[175]하고 철상(撤床)하는 것이 마땅할 듯합니다. 모사(茅沙)에 제(祭 술을 따라 부음)하고 유식(侑食)[176]하고 합문(闔

174 주자께서……가르침 : 이 내용은 《가례(家禮)》 부록(附錄)에 보인다.

175 사신(辭神) : 제사를 마치고 신주를 들이기 전에 조상신에게 절하여 하직하는 의식을 이른다.

176 유식(侑食) : 제사에서 제주(祭主)가 잔에 술을 따르고 또 제삿밥에 숟가락을 꽂고 젓가락을 대접 위에 올려놓은 다음 제관(祭官)들이 문 밖에 나와 문을 닫고 귀신이 와서 음식을 들도록 한동안 기다리는 의식을 이른다.

門)[177]하는 의식 또한 행할 바가 아니니, 이는 장방(長房)으로서 조주(祧主)에 제사하는 자와는 명칭과 의리가 똑같지 않기 때문입니다.

녹문(鹿門)께서 지방으로 제사를 행하면서 축문을 쓰신 것[178]은 처음 이를 거행하였기 때문에 자세히 고유하지 않을 수 없었기 때문입니다. 그러나 굳이 이를 해마다 행하는 제사의 준례로 삼을 것이 없고, 또 축문이 있다고 해서 반드시 삼헌(三獻)을 행할 필요는 없습니다. 종가의 법은 지극히 엄격하니, 이런 부분에 더욱 마땅히 조심하고 조심해서 정통을 범하는 혐의를 끼치지 말아야 할 것입니다.

지방으로 쓴 신위(神位)에는 마땅히 제사를 올리는 지자(支子)의 속칭(屬稱)을 쓸 것이요 종자를 따라서는 안 됩니다. 고비를 함께 제사할 것인가, 기일(忌日)을 맞은 신위에만 제사할 것인가는 한결같이 종가의 법을 따르는 것이 마땅할 듯합니다.

종가와 집을 달리하고 살아서 허위(虛位)[179]를 진설하고 부제(祔祭)를

177 합문(闔門) : 제사에서 귀신이 유식할 수 있도록 제관들이 밖으로 나오고 방문을 닫는 의식을 이른다.

178 녹문(鹿門)께서……것 : 녹문은 임성주(任聖周, 1711~1788)의 호이다. 자가 중사(仲思), 본관이 풍천(豐川)으로 도암(陶菴) 이재(李縡)의 문인이다. 여러 번 벼슬에 천거되었으나 대부분 나아가지 않고 공주의 녹문에 은거하며 학문에 전념하였는데, 처음에는 스승을 따라 낙론(洛論)을 주장하다가 중년에 이르러 낙론과 호론(湖論)을 모두 비판하고, 화담(花潭) 서경덕(徐敬德)의 기일원론(氣一元論)을 계승 발전시켜 기일분수설(氣一分殊說)을 주장하여 한 학맥(學脈)을 이루었다. 축문은 《녹문집(鹿門集)》 권22 〈축문(祝文)〉에 '재원협시 선고기일 지방행사 축문(在原峽時先考忌日紙榜行祀祝文)'이란 제목으로 실려 있다.

행하는 자는 하루 전에 합부(合祔)할 신위에 고하는 것은, 진실로 《의례문해(疑禮問解)》[180]에 설(說)이 있으나, 만약 형편 상 하루 전에 고할 수 없다면 기일에 앞서 미리 고유하더라도 예(禮)에 해가 되지 않으니, 굳이 날짜가 멀고 가까움에 급급할 것이 없습니다.

집을 달리하여 사는 자는 왕왕 합부할 할아버지에게 고유하지 않는데, 이는 소목(昭穆)의 차례대로 소속시켜 제사하는 의리가 아닙니다. 미리 고유하더라도 지방(紙榜)에 귀신이 강림하니, 《가례》에 나오는 시조에게 제사할 때 고유하는 축문을 쓰는 것이 근거가 없지 않고 종자의 이름을 쓰는 것이 맞을 듯합니다.

179 허위(虛位) : 326쪽 주32 참조.

180 의례문해(疑禮問解) : 사계(沙溪) 김장생(金長生, 1548~1656)이 예(禮)에서 의문 나는 점을 풀이하여 정리한 책이다.

조병덕에게 답함 경자년 오추[181]

答趙秉悳 庚子梧秋

송자칠(宋子七)[182]이 이미 현자보다 아홉 살이 많다면 마땅히 노형(老兄)으로 칭할 뿐이니, 선비로서 유현(儒賢)을 대하는 예로 대우하는 것은 겉으로만 사모하는 척하는 것에 가깝지 않겠습니까. 산림(山林)이라는 칭호는 바로 조정에서 정초(旌招)[183]하는 자리에 베푸는 것이나, 그 말이 근거가 없습니다. 근옹(近翁)이 일찍이 탄식하시기를 "산림이라는 명칭이 있은 뒤로 학문하는 선비가 다른 사람이 되었다."라고 하셨습니다.[184]

181 경자년 오추 : 경자년은 1840년(헌종6)으로, 매산의 나이 65세 되던 해이고 오추(梧秋)는 오동잎이 지는 가을이라는 뜻으로, 7월을 이른다.

182 송자칠(宋子七) : 송래희(宋來熙, 1791~1867)로 자칠은 그의 자이고 호는 금곡(錦谷), 본관은 은진(恩津)이다. 1838년(헌종4) 경연관(經筵官)으로 출사하고 뛰어난 학행을 인정받아 1853년(철종4)에 성균관 좨주(成均館祭酒)에 천거되었으며 대사관, 찬선(贊善) 등의 벼슬을 역임하였다.

183 정초(旌招) : 학덕이 높은 선비를 과거를 거치지 않고 유림(儒林)의 천거로 벼슬을 제수하고 부르는 일을 이른다. 정(旌)은 꿩의 깃털을 깃대 끝에 단 기를 말하는데, 고대에 대부(大夫)를 부를 적에 정을 사용한 데서 유래하였다. 《맹자》 〈만장 하(萬章下)〉에, "서인은 전(旃)으로 부르고, 사는 기(旂)로 부르고, 대부는 정(旌)으로 부른다.〔庶人以旃, 士以旂, 大夫以旌.〕"라고 보인다.

184 근옹(近翁)이……하셨습니다 : 근옹은 홍직필의 스승인 박윤원(朴胤源, 1734~1799)으로 그의 호가 근재(近齋)이므로 이렇게 칭한 것이다. 자는 영숙(永叔), 본관은 반남(潘南), 시호는 문헌(文獻)으로 1792년 학행으로 천거되어 선공 감역(繕工監役)에 임명되었으나 사퇴하고, 평생 성리학 연구에 전념하여 농암(農巖) 김창협(金昌協)

심군헌(沈君憲)[185]은 이해력이 매우 뛰어나서 왕왕 나의 창을 잡고 나의 방으로 들어와 나를 쳐서 거의 늙은 나로 하여금 입을 딱 벌리고 삼사(三舍)를 물러가게 합니다.[186] 예(禮)를 설명할 때 고례(古禮)에 지나치게 집착하는 병통은 임녹문(任鹿門)과 윤죽암(尹竹巖)[187]에게도 똑같이 있었으니, 어찌 다만 군헌만이 그러한 것이겠습니까.

심군이 근래에 주자와 황간(黃幹)의 《통해(通解)》[188]를 공부하고 있

·도암(陶菴) 이재(李縡)·미호(渼湖) 김원행(金元行)의 학통을 계승하고 다시 문하의 홍직필에게 학통을 전수하였다. 근재의 말은 《근재집(近齋集)》 권24 〈잡저(雜著) 정지록(貞智錄)〉에 보인다.

185 심군헌(沈君憲) : 홍직필의 제자인 심의덕(沈宜德, 1804~?)으로 군헌은 그의 자이다. 본관은 청송(靑松)으로 1831년(순조31년) 식년 진사시에 합격하고 호조 좌랑, 종묘서 영(宗廟署令) 등의 벼슬을 지냈다.

186 나의……합니다 : 원문의 '조과입실(操戈入室)'은 그 사람의 설(說)을 가지고 그 사람을 공격하는 것을 뜻한다. 한(漢)나라 때 임성(任城) 하휴(何休)가 공양학(公羊學)을 좋아하여 《공양묵수(公羊墨守)》, 《좌씨고황(左氏膏肓)》, 《곡량폐질(穀梁廢疾)》을 지었는데, 정현(鄭玄)이 이 책들에 대해 반박하는 저술을 내놓자, 하휴가 읽어보고 "정강성(鄭康成)이 나의 방으로 들어와 나의 창을 잡고 나를 치는구나.〔康成入吾室, 操吾矛, 以伐我乎!〕"라고 탄식한 고사에서 유래하였다. 《後漢書 卷35 鄭玄列傳》 삼사(三舍)는 90리를 이른다. 사(舍)는 고대에 군대가 하루에 행군하는 거리로 30리인데, 싸우다가 크게 불리한 경우라야 삼사를 후퇴하였다.

187 임녹문(任鹿門)과 윤죽암(尹竹巖) : 임녹문은 임성주(任聖周, 1711~1788)로 자세한 내용은 주 177에 보이며, 윤죽암은 윤득관(尹得觀, 1710~?)으로 죽암은 그의 호이다. 자는 사빈(士賓), 본관은 해평(海平)으로 1738년(영조14) 식년 진사시에 합격하고 교부(敎傅) 벼슬을 지냈다. 기원(杞園) 어유봉(魚有鳳)에게 경전을, 담옹(澹翁) 박창원(朴昌元)에게 시를 배웠다. 젊어서는 성균관(成均館)에서 시로 이름을 날렸으나, 노년에는 경전에 몰두하였는바, 그의 문집인 《죽암집(竹菴集)》에는 예설(禮說)과 복식 제도와 관계된 서찰이 많다.

188 주자와 황간(黃幹)의 통해(通解) : 주자가 지은 《의례경전통해(儀禮經傳通解)》

는데, 또한 오직 《고례》를 돈독히 믿고 있습니다. 그러나 주자께서 《가례》를 지으신 것은 바로 옛날을 참작해서 지금에 통하게 하신 것입니다. 제현(諸賢)들이 모두 《가례》를 통해 고금을 오르내리며 가감하였으니, 어찌 일찍이 완성되지 못한 책이라고 해서 버린 적이 있습니까.

예(禮)의 쓰임은 때가 중요합니다. 그러므로 주자께서 평소에 말씀하기를 "만일 성현이 예를 만드신다면 반드시 일률적으로 고례만을 따르지는 않을 것이요, 다만 고례를 줄이시고 지금의 세속의 예를 따르되, 다소 방범(防範)의 절문(節文)이 있게 하여, 너무 간략함에 이르지 않게 하실 뿐일 것이다."라고 하였으니,[189] 예를 강(講)하는 자는 마땅

와 주자의 제자 황간(黃幹)이 지은 《의례경전통해속(儀禮經傳通解續)》을 함께 가리킨 것이다. 주자가 《의례》를 중심으로 《예기》와 경사(經史)의 예설(禮說) 및 선유(先儒)의 학설 등을 모아 《의례경전통해》를 지었는데, 주자 사후에 황간이 《의례경전통해》에 누락된 상례(喪禮)와 제례(祭禮) 부분을 양복(楊復)과 함께 보충하여 《의례경전통해속》을 편찬하였으므로 이렇게 말한 것이다. 황간은 호가 면재(勉齋), 자가 직경(直卿)으로 주자의 제자이자 사위이다. 주자가 위독했을 때 자신의 저서를 모두 그에게 남겨 학문을 잇도록 하였다.

189 주자께서……하였으니 : 주자의 말씀은 《주자어류(朱子語類)》 권84 〈예(禮)1 논수례서(論修禮書)〉에 아래와 같이 보인다. "예의 쓰임은 때가 중요하니, 만일 성현이 예를 만드신다면 반드시 일률적으로 고례만을 따르지는 않을 것이요, 아마도 다만 고례를 줄이고 지금의 세속의 예를 따르되, 다소 방범(防範)의 절문(節文)이 있게 하여, 너무 간략함에 이르지 않게 하실 뿐일 것이다.〔禮時爲大, 使聖賢有禮, 必不一切從古之禮, 疑只是以古禮減殺, 從今世俗之禮, 令稍有防範節文, 不至太簡而已.〕" '방범(防範)의 절문(節文)'은 사람의 마음을 단속하기 위해 만든 예절에 관한 규정들을 이른다. 《홍재전서》 제178권 〈일득록18 훈어5〉에 "공수(拱手)하여 읍하거나 꿇어앉아 절하는 행동은 잔단 예절이지만, 그러나 경례(經禮) 삼백 가지와 곡례(曲禮) 삼천 가지가 다 이러한 종류이니, 이것이 이른바 '방범(防範)'이라는 것이다. 사람에게 만약 이 방범이 없다면, 마음이 방탕해져서 못 하는 행동이 없게 된다."라고 보인다.

히 이 뜻을 따라서, 옛것을 계술(繼述)하되 여기에 국한되지 말고 풍속을 따르되 촌스럽지 말아야 하니, 그런 뒤에야 거의 변통함이 마땅함을 얻어서 내용과 형식이 서로 걸맞을 것입니다.

이지(李贄)는 자가 탁오(卓吾)로 왕양명(王陽明)의 문도입니다.[190] 그의 학문은 전안(前案 예전의 학설)을 뒤집어엎는 것을 뛰어남으로 여기고 성현을 비판하고 헐뜯는 것을 고명한 것으로 여겼습니다.

매양 두 사람이 대화하는 말로 글을 지었는데, 한 사람이 말하기를 "하늘이 만약 중니(仲尼)를 낳지 않았다면 만고(萬古)가 긴긴 밤과 같았을 것이다."라고 하면, 또 한 사람이 비웃기를 "복희(伏羲)와 신농(神農) 이후로는 대낮에도 촛불을 켜고 다녔을 것이다."라고 하였고, 다음으로 맹자에 이르고 정자와 주자에 이르기까지 비방하고 모욕함이 갈수록 더욱 심해졌고, 승추구보(繩趨矩步)[191]하는 선비들을 공격하였습

190 이지(李贄)는……문도입니다 : 이지(1527~1602)는 명나라 중기의 학자로 탁오는 그의 호이다. 자는 굉보(宏甫)로 26세 때 거인(擧人)에 합격하여 줄곧 하급 관료생활을 하다가 40대에 왕양명의 저작을 처음 접한 뒤에 심학(心學)에 몰두하였으나 다시 불교에 심취해 62세에 정식으로 출가하고 절에서 기거하였다. 주자의 이학과 왕양명의 심학을 모두 비판하고 스스로 이단을 자처하며 유가의 말기적 폐단을 공격하면서 무시무정(是非無定), 만인평등(萬人平等), 동심설(童心說) 등을 주장하였다. 저서에 《분서(焚書)》 등이 있다. 탁오를 자라고 한 것은 전사의 오류이고 왕양명의 문도라고 한 것은 초기를 가리켜 말한 것이다.

191 승추구보(繩趨矩步) : 승추척보(繩趨尺步)와 같은 말인바, 모든 행동거지가 법도에 맞는 사람이라는 뜻으로 유학자를 비유하는 표현으로 쓰인다. 《송사(宋史)》 권429 〈도학열전(道學列傳) 주희(朱熹)〉에 "이때를 당하여 행동거지를 법도에 맞게 하는 선비로 조금이라도 학자로 이름난 자는 몸을 용납할 곳이 없었다.〔方是時, 士之繩趨尺步, 稍以儒名者, 無所容其身.〕"라고 보인다.

니다.

여정(呂政)을 성스러운 황제라고 하고 무조(武曌)를 성스러운 황후라 하였으며 풍도(馮道)를 성스러운 정승이라 하고 배반한 역적인 임도건(林道乾)을 20분의 담력이요 20분의 식견이라고 높이 평가하였습니다.[192] 자신의 아들이 죽자 더욱 허탄하고 망령된 짓을 멋대로 부려서 요망한 말과 괴이한 말을 날조하여 못하는 짓이 없었으며 말년에는 머리 깎고 중이 되었습니다.

처음에는 경초통(耿楚侗)[193]과 친구였는데 뒤에 경초통에게 미움을

192 여정(呂政)을⋯⋯ 평가하였습니다 : 여정은 진시황(秦始皇) 영정(嬴政)을 낮춰 부른 것으로, 진시황의 생부(生父)가 여불위(呂不韋)라는 설이 있으므로 이렇게 말한 것이다. 무조(武曌)는 당나라 측천무후(則天武后)를 이른다. 조(曌)는 무후가 새로 만든 측천문자(則天文字) 중에서 자기의 이름으로 삼은 것으로 뜻은 조(照)와 같다. 무후는 원래 태종(太宗)의 재인(才人) 출신으로 뒤에 고종(高宗)의 황후가 되고 고종이 죽은 뒤에 정권을 잡고서 아들인 중종(中宗)과 예종(睿宗)을 차례로 세웠다가 폐위한 다음 스스로 제위에 올라 신성황제(神聖皇帝)라 칭하고 국호를 주(周)로 개칭하였다. 풍도(馮道)는 오대(五代) 시대의 재상(宰相)으로, 일생 동안 당(唐)·진(晉)·거란(契丹)·한(漢)·주(周) 등 다섯 조정에서 재상을 지내고 여섯 임금을 섬겼는데 스스로 장락로(長樂老)라 자호(自號)하여 이를 영화롭게 여겼으나 일반적으로는 지조 없이 시류에 편승하여 변신을 거듭하는 인물의 전형으로 인용된다.《新五代史 卷54 馮道列傳》 임도건(林道乾)은 명나라 가정(嘉靖) 45년(1566)부터 만력(萬曆) 1년(1573)까지 뛰어난 지모와 담력으로 해적(海賊)의 수령이 되어 중국 남해에서 신출귀몰했던 인물이다. 20분은 200%라는 의미이다.

193 경초통(耿楚侗) : 명나라 중기의 문신이자 학자인 경정향(耿定向, 1524~1596)으로 초통은 그의 호이고 자는 재륜(在倫), 시호는 공간(恭簡)이다. 가정(嘉靖) 35년(1556) 진사가 되고 벼슬이 호부 상서에 이르렀다. 학문은 왕수인(王守仁)의 양명학에 근본을 두어 양지현성설(良知現成說)을 주장했다. 같은 양명학자로서 처음에 이지(李贄)와 가깝게 지냈지만 참된 인륜을 구하는 방법 등에서 의견이 일치하지 않자 격렬한

받자, 이지는 마침내 창을 잡고 경초통을 공격하고 선비들을 원수처럼 미워하였습니다. 급사(給事) 장중(張仲)[194]이 이 일을 아뢰어서 금의위(錦衣衛)에 잡혀 국문(鞫問)을 받게 되자 이지는 측량할 수 없는 죄를 두려워하여 스스로 목을 찔러 옥중에서 죽었습니다. 그가 창광(猖狂)하고 방자하며 전혀 거리낌이 없어 이처럼 지극한 지경에 이르렀으니, 그가 제명에 죽지 못한 것은 당연합니다.

명나라 말기에 선비들의 취향이 단정하지 못하여 방종과 음패(淫悖 사악하고 도리를 어김)에 빠져서 명검(名檢 법도)이 비로 쓴 듯이 사라졌는데, 이지와 안산농(顔山農)[195]은 그중에서도 특별히 심한 자들입니다. 근원을 미루어보고 원인을 돌이켜 보면 왕백안(王伯安)[196]이 어찌 책임

사상논쟁을 벌이다가 서로 미워하게 되었다.

194 급사(給事) 장중(張仲) : 급사중(給事中) 장문달(張問達, ?~1623)을 칭한 것으로 보이는데 장중이라고 한 것은 미상이다. 장문달은 자가 덕윤(德允)으로 만력(萬曆) 11년(1583) 진사가 되고, 벼슬이 이부 상서에 이르렀다. 예과급사중(禮科給事中) 시절 "사악한 설로 대중을 현혹한다.(邪說惑衆)"고 이지를 탄핵하여 투옥시켰다.

195 안산농(顔山農) : 산농은 명나라 말기의 태주학파(泰州學派)의 주요 인물인 안균(顔鈞, 1504~1596)으로 산농은 그의 호이고 자는 자화(子和)이다. 평민 출신의 급진적인 양명학자로 인간의 마음은 그 자체가 뛰어난 것인 만큼 지식의 축적이나 개인적인 수양은 필요하지 않으며, 고인(古人)의 학설이나 규범은 장해가 될 뿐이라는 학설을 내세워 보수파의 격렬한 비판을 받았다.

196 왕백안(王伯安) : 명나라 중기의 대학자이자 문신인 왕수인(王守仁, 1472~1529)으로 백안은 그의 자이고 호는 양명(陽明)이다. 홍치(弘治) 12년(1499)년 진사시에 급제하고 벼슬이 남경 병부 상서(南京兵部尙書)에 이르렀다. 당대의 주류 학문인 주자학을 비판하고 육구연(陸九淵)의 심성론(心性論)을 계승하여 심즉리(心卽理), 지행합일(知行合一), 치량지(致良知)의 원리를 제창하여 양명학이란 새로운 유학을 창도하였는바, 이후 양명학은 동아시아 지성사(知性史)에 심대한 영향을 끼쳤다.

을 피할 수 있겠습니까. 학문이 한 번 잘못됨에 세교(世敎)에 피해를 끼쳐서 하늘과 땅이 뒤바뀌는 지경에까지 이르렀으니, 어찌 두렵지 않겠습니까. 지난번 편지에 이지와 안산농에 대해 언급하였으나 아직도 미진한 부분이 있으므로 이번에 또다시 거론한 것입니다.

용호(蓉湖) 김덕수(金德叟)[197] 대감께서 여러 날 동안 앓다가 끝내 고인이 되었으니, 사람의 일이 이런 식으로 끝난단 말입니까? 남들에게 불려 쓰이는 일을 당하지 않고 초연하게 원우(元祐)의 완인(完人)[198]이 되어 몸과 명예가 모두 온전하여 연옹(淵翁 삼연 김창흡)과 꼭 같은 광채가 있었으니, 경학과 문장은 다만 그의 여사(餘事)일 뿐입니다.

197 용호(蓉湖) 김덕수(金德叟) : 용호는 용산(龍山)의 옛 이름이다. 김덕수는 김매순(金邁淳, 1776~1840)으로, 덕수는 그의 자이고, 호는 대산(臺山). 본관은 안동(安東), 시호는 문청(文淸)이다. 1795년(정조19) 정시 문과에 급제하고 벼슬이 강화부 유수에 이르렀다. 당대의 문장가로 홍석주(洪奭周) 등과 함께 명성이 높았으며, 성리설에 일가견이 있어 호락논쟁(湖洛論爭)에 낙론(洛論)을 지지하였다.

198 원우(元祐)의 완인(完人) : 송나라 철종 원우 연간(1086~1093)에 활동한 유안세(劉安世, 1048~1125)를 가리킨다. 사마광(司馬光)을 추종하고 왕안석(王安石)의 신법(新法)에 반대하는 당파를 원우당인(元祐黨人)이라 하며, 완인(完人)이란 덕행이 완미(完美)한 사람이란 뜻이다. 유안세는 사마광에게 학문을 배웠으며, 철종 즉위 후에 사마광이 집권하자 그의 천거로 관직에 나갔다가 장돈(章惇)에 의해 밀려난 인물이다. 그 후 30년 동안 전전하다가 휘종(徽宗) 선화(宣和) 연간에 환관 양사성(梁師成)이 권력을 잡아 그에게 자식을 위해서라도 관직에 나오라는 편지를 보내자, 그는 "내가 자식을 위했더라면 이런 지경에 이르지는 않았을 것이다. 게다가 나는 벼슬길에서 밀려난 지 거의 30년이 되도록 일찍이 권력을 가진 자에게 편지 한 자 주고받은 적이 없다. 나는 '원우의 완인'으로 그대로 남고 싶으니 그 마음은 결코 바뀌지 않을 것이다." 하고는 편지를 되돌려 보냈다. 《宋名臣言行錄 後集 卷12》

저는 이분과 바로 50년 동안 정신으로 사귀었습니다. 형적(形跡)에 구애를 받아서 자주 왕래하지는 못하였으나, 가까운 곳에 거주한 이래로는 거듭 방문해 주시어 한 편의 신령스러운 서각(犀角)[199]이 마음과 가슴을 밝게 통하였는데 뜻밖에 별세하셨습니다.

나는 말년에 갈팡질팡 갈 곳을 몰라 마음을 피력할 곳이 없으니, 또한 지금의 존재를 어디에 쓰겠습니까. 그대가 이 어른에 대해 설령 평소 하루도 알고 지낸 적이 없더라도 서글퍼하고 애석히 여기는 것은 비단 인척의 정의(情誼)[200] 때문이 아닐 것입니다.

문립(文立)이 정경(程瓊)을 천거하지 않은 것은 그의 나이가 팔십에 가깝고 성품이 겸손하여 다시는 당세에 바라는 바가 없음을 알았기 때문입니다.[201] 청송(聽松)이 천거를 받았을 적에, 당시 영상(領相)이

199 신령스러운 서각(犀角) : 두 사람의 의사(意思)가 서로 잘 투합됨을 비유하는 표현이다. 서각 가운데에 구멍이 뚫려 있어 양방이 서로 잘 관통되는 데서 연유하였다. 당나라 이상은(李商隱)의 〈무제(無題)〉 시에 "몸에는 비록 채봉의 쌍으로 나는 날개가 없지만, 마음에는 신령스런 서각이 있어 한 점으로 통하네.〔身無彩鳳雙飛翼, 心有靈犀一點通.〕"라고 보인다.

200 인척의 정의(情誼) : 인척은 혼인에 의하여 맺어진 친척을 이른다. 조병덕과 김매순이 외가나 처가의 친척이 된다는 의미인데, '하루도 알고 지낸 적이 없다'는 표현으로 보아 가까운 친척은 아닌 것으로 보이는바, 정확한 관계는 미상이다.

201 문립(文立)이……때문입니다 : 문립(?~279)은 진(晉)나라 무제(武帝) 때의 명신으로 자가 광휴(廣休)인데, 촉한(蜀漢) 시절 태학(太學)에서 시와 예를 공부하였고 대학자인 초주(譙周)를 사사하여 공자 문하의 안회(顏回)와 같다는 평을 받은 인물이다. 정경(程瓊)은 촉한에서 상서(尙書)를 지낸 인물로 평소 덕망이 있었고 문립과는 절친한 사이였다. 무제가 정경의 명성을 듣고 문립에게 묻자, 문립은 정경의 나이가 팔십에 이르고 세상에 나올 뜻이 없음을 자신이 알기 때문에 천거하지 않았다고 대답하

던 상 성안공(尙成安公)께서 편지를 써서 출사할 것을 권면하자, 청송 어른께서 문립과 정경의 일을 들어서 답하였습니다.[202] 문립은 촉한(蜀漢) 사람으로 초주(譙周)를 사사하였는데, 문인들이 문립을 안자(顔子)에 비하였으니, 이 일이 《진서(晉書)》 〈열전(列傳) 유림(儒林)〉에 실려 있습니다.

유공(劉珙)이 회옹(晦翁)을 천거하지 않은 것과 창계(滄溪)가 졸재(拙齋)를 천거하지 않은 것[203]은 문립, 정경의 일과 식견과 기도(氣度)

였다. 후일에 정경이 이 말을 듣고 기뻐하며 "나는 이 때문에 광휴를 훌륭하게 여기는 것이다." 하였다. 《晉書 卷91 文立列傳》

202 청송(聽松)이……답하였습니다 : 청송은 성수침(成守琛, 1493~1564)의 호로, 자는 중옥(仲玉), 본관은 창녕(昌寧), 시호는 문정(文貞)이며 우계(牛溪) 성혼(成渾)의 부친이다. 조광조(趙光祖)의 문인으로 1519년(중종14)에 현량과(賢良科)에 급제하였으나 기묘사화를 보고 벼슬을 포기하고 은거한 채 학문 연구와 후학 교육에 전념하였다. 1541년(중종36) 유일(遺逸)로 후릉 참봉(厚陵參奉)에 제수된 이래 조정에서 많은 벼슬을 내렸으나 일체 나아가지 않았다. 상 성안공(尙成安公)은 상진(尙震, 1493~1564)으로, 성안은 시호이고 자는 기부(起夫), 본관은 목천(木川), 호는 송현(松峴)이다. 1519년 별시 문과에 급제하고 벼슬이 영의정에 이르렀다. 성수침이 1560년(명종15)에 조지서 사지(造紙署司紙)에 제수되자, 성수침의 친구로 당시 영상으로 있던 상진(尙震)이 편지를 보내 출사하기를 권하였는데, 성수침은 답서에서 문립이 정경을 천거하지 않은 일을 인용하면서 "지금 공이 나를 천거하였으니, 나를 아는 자가 아닐 것입니다." 하였다. 《高峯集 卷3 坡山成先生墓誌銘》

203 유공(劉珙)이……것 : 유공(1122~1178)은 남송(南宋)의 문신으로 자는 공보(共父), 시호는 충숙(忠肅)이며 주자의 스승 유자우(劉子羽)의 맏아들로 주자와는 절친한 사이였다. 고종(高宗) 소흥(紹興) 12년(1142)에 진사가 되고 동지추밀원사(同知樞密院事), 자정전 대학사(資政殿大學士) 등의 벼슬을 지냈다. 회옹(晦翁)은 주자를 이른다. 창계(滄溪)는 임영(林泳, 1649~1696)의 호로 자는 덕함(德涵), 본관은 나주(羅州)이다. 정관재(靜觀齋) 이단상(李端相)과 남계(南溪) 박세채(朴世采)의 문인이

가 똑같습니다. 후세에 벗을 사귀는 자들이 이러한 도리(道理)가 있음을 알지 못하고 한갓 벼슬을 가지고 서로 취하니, 이는 참으로 얼굴만 보고 사귀는 벗이요 시장에서 이해(利害)로 사귀는 도입니다.

조묘(祖廟)에 부묘(祔廟)하는 일은 마땅히 삼년상 이후에 있어야 하는데, 반드시 조묘에 나아가 먼저 제사하는 것은, 차마 하루라도 망자의 영혼이 돌아갈 곳이 없게 내버려 둘 수가 없어서입니다. 어찌 종자(宗子)가 죽었다고 해서 이 예를 빠뜨릴 수 있겠습니까. 주인이 이미 종자의 일을 대행한다면 마땅히 자신의 이름으로 먼저 증조(曾祖)에게 고유한 뒤에 상가(喪家)에서 부제를 행하는 것이 바른 도를 얻을 듯합니다.

지방(紙牓)으로 제사를 지내는 것은 이미 지극히 허원(虛遠)[204]하나, 바로 이른바 "신이 이르심을 헤아릴 수가 없다.〔神之格思 不可度思〕"는 것이니,[205] 어찌 고유하지 않고 제사를 지낼 수 있겠습니까. 먼저 고유한 뒤에 제사하는 것을 또한 그만둘 수가 없습니다.

며, 1671년 정시 문과에 급제하고, 대사헌, 공조 참판 등의 벼슬을 역임하였다. 졸재(拙齋)는 유원지(柳元之, 1598~1674)의 호로 자는 장경(長卿), 본관은 풍산(豊山)이며 영의정 유성룡의 손자이다. 벼슬은 진안 현감(鎭安縣監)에 그쳤으나, 학문에 전념하여 성리학에 일가를 이루었는데, 이기설에 있어서 이황(李滉)의 이발기발설(理發氣發說)을 따르고 이이(李珥)의 주장을 반박하였다.

204 허원(虛遠) : '현묘(玄妙)하고 허무하여 실제에 간절하지 않다.〔玄虛而不切實際〕'는 의미로 주로 쓰이는데, 여기서는 '매우 허술하다'의 뜻으로 쓰인 것으로 보인다.

205 이른바……것이니 : 이 내용은 《시경(詩經)》 〈대아(大雅) 억(抑)〉의 한 구절로, 《중용장구》 제16장에도 인용되어 있다.

이미 종자(宗子)가 없다면, 상주(喪主)가 되어 종가의 제사를 대행하는 자가 부제의 고유하는 축문에 마땅히 자신의 속칭(屬稱)을 써야 되고, 또한 이러한 뜻을 함께 고유해야 하니, 그렇다면 어찌 적통(嫡統)을 범하는 혐의가 있겠습니까. 고유하는 글은 아래와 같습니다.

"유세차 운운. 증손 모는 현증조고 운운과 현증조비 운운에게 감히 밝게 고합니다. 모일(某日)의 간지(干支)에, 장차 선고 부군(先考府君)을 제부(躋祔)하는 예를 모소(某所)에서 거행하고자 하는데, 다른 집에서 제사를 행하게 되어 막 지방을 설치하였고, 또 종자가 마땅히 부제하는 일을 주관하여야 하나 종자가 죽고 후사가 없어서 불초가 이 일을 대행합니다. 이에 삼가 술과 과일을 진설하여 삼가 고하고 경건히 고합니다."

조병덕에게 답함 신축년 인일[206]

答趙秉悳 辛丑人日

집안에는 두 어른이 있을 수 없습니다. 그러므로 부인(婦人)의 사복(私服 친정에 대한 복)을 남편의 집안과 감히 관여시키지 못합니다. 만약 어머니 사복의 상이 기년(期年) 이상[207]이라면 아버지가 살아있는 자는 관례와 혼례를 다 행할 수 있으나, 신부(新婦)가 시부모를 뵐 때에 시어머니는 평상시처럼 자기 자리로 나아가서 폐백을 받을 수가 없고, 또한 시어머니가 폐백을 받지 않는다고 하여 시부모를 뵙는 예를 물려서 행해서도 안 되니, 전지례(奠贄禮)와 관궤례(盥饋禮)[208] 등의 예(禮)를 시아버지에게만 행해야 할 듯합니다.

심상(心喪)은 비록 상복을 입는 것과는 차별이 있습니다. 그러나 술동이와 도마와 자리 사이에서 주선(周旋)하여 성대한 예를 행하는 경우에, 어찌 마음에 중상(重喪)이 있으면서 이것을 억지로 행할 수

206 신축년(辛丑年) 인일(人日) : 신축년은 1841년(헌종7)으로, 매산의 나이 66세 되던 해이다. 인일은 음력 정월 초이레를 이른다. 이날은 일곱 종류의 나물로 국을 끓이고 비단이나 금박(金箔)을 오려서 사람 모양을 만들어 병풍에 붙이거나 머리에 꽂는 풍속이 있다. 《荊楚歲時記》

207 어머니……이상이라면 : 딸은 원래 친정 부모의 상에 강등하여 기년복을 입고 나머지 1년을 심상(心喪)으로 하는바, 기년(期年) 이상이란 바로 이를 말한 것으로 보인다.

208 전지례(奠贄禮)와 관궤례(盥饋禮) : 전지례는 폐백을 올리는 예를 이르고 관궤례는 혼례를 치른 이튿날 아침 신부가 성복을 하고 시부모에게 인사한 뒤 음식을 올리는 예를 말한다.

있겠습니까. 시아버지를 뵌 예(禮)가 끝난 다음, 방으로 들어가서 시어머니를 뵙되, 폐백은 진설만 하고 올리지 말아서 변고를 보이는 것이 마땅할 듯합니다.

이른바 유작(儒爵 유학자에게 내리는 벼슬)이라는 말은 세속에서 선비들을 희롱하는 것인데, 참다움을 가장하고 거짓을 팔아서 성실하지 못하고 진실함이 없는 것이 무엇이 이보다 더 심한 것이 있겠습니까.

보내주신 편지에, "산림(山林)[209]이란 이름이 천하의 선(善)을 행하는 마음을 저해하고 천하의 선을 행하는 사람을 그르친다."라고 하신 말씀이 참으로 옳은 말씀입니다. 그러나 이 때문에 선비가 머뭇거리고 두려워하고 피하여 선행(善行)을 힘쓰지 않는다면, 이는 비방과 칭찬에 마음이 동요되는 것입니다. 밖에서 이르는 것에 관계되는 것 모두를 다만 마땅히 허공에 뜬 구름으로 볼 뿐입니다.

대은옹(大隱翁)[210]은 평생 몸의 지조를 지켜서 헌면(軒冕)[211]을 진흙

209 산림(山林) : 산림학자의 약칭으로 학식과 덕망이 높으면서도 벼슬하지 않은 채 향리에서 학문에만 전념하면서 사는 선비를 가리킨다. 그러나 후세에는 조정에서 은일(隱逸)로 대우하여 성균관의 좨주(祭酒)를 제수한 자를 일컫게 되었는데 매산 역시 좨주에 제수되어 홍 산림으로 일컬어졌다.

210 대은옹(大隱翁) : 이봉수(李鳳秀, 1778~1852)를 높여 칭한 것으로 대은은 그의 호이고, 자는 자강(子岡), 본관은 연안(延安)이다. 임로(任魯), 오희상(吳熙常) 등에게 수학하였다. 1805년(순조5) 증광 생원시에 합격하고, 1812년 세마(洗馬)가 되었으며, 의령 현감 등의 벼슬을 지냈다. 뒤에 돈녕부 판관(敦寧府判官)과 장악원 정(掌樂院正)에 제수되었으나 나아가지 않았는데, 매산과 절친한 사이였다.

211 헌면(軒冕) : 높은 관리가 타는 초헌(軺軒)과 머리에 쓰는 면류관으로 높은 벼슬을 이른다.

처럼 여겼습니다. 그 집안이 전성(全盛)하던 때에도 오히려 유선(儒選)[212]을 고사(苦辭)하였으니, 유선은 다만 이 어른을 더럽혔을 뿐입니다. 지금 이후에야 그가 길이 면한 줄을 알게 되었으니, 이분의 신상에 있어서 어찌 참으로 좋고 쾌활한 일이 아니겠습니까.

옛날 소요부(邵堯夫)가 급류 중에 십 년의 쾌락을 누린 것을 스스로 자랑하였는데,[213] 나는 일찍이 이 의리를 대은옹에게 외면서 말하기를 "우리들은 마땅히 필생의 쾌락을 누려야 한다."라고 하였는데, 다시 현자를 위해서 이것을 원합니다.

소이천(邵二泉)이 "차라리 참된 사대부가 될지언정 가짜 도학자는 되지 말라.〔寧爲眞士夫 毋爲假道學〕"라고 하였는데,[214] 이는 이 세상을 걱정하고 세속의 학자를 분하게 여겨서 말한 것이니, 우리들이 경계하고 반성할 바가 여기에 있지 않겠습니까. 대은옹이 당하신 일[215]의 정상

212 유선(儒選) : 유학자로 천거되어 관직에 선용됨을 이른다.

213 소요부(邵堯夫)가……자랑하였는데 : 이 내용은 이천(伊川) 정이(程頤)가 "소요부는 급류 중에 있으면서도 편안하여 10년의 쾌락을 취하였다.〔邵堯夫在急流中, 被渠安然, 取十年快樂.〕"라고 한 말을 원용한 것이다. 《二程外書 卷11》

214 소이천(邵二泉)이……하였는데 : 소이천은 명나라 때의 학자이자 문신인 소보(邵寶, 1460~1527)로 이천은 그의 호이다. 자는 국현(國賢), 시호는 문장(文莊)으로 성화(成化) 20년(1484) 진사가 되고 호부 원외랑(戶部員外郎), 강서제학부사(江西提學副使) 등의 벼슬을 역임하였다. 소이천의 말은 《명사(明史)》 권282 〈열전(列傳) 제170 유림(儒林)〉에 보이는데, 원작은 아래와 같다. "차라리 참된 사대부가 될지언정 가짜 도학자가 되기를 원하지 않는다.〔吾願爲眞士大夫, 不願爲假道學.〕"

215 대은옹이 당하신 일 : 이봉수의 아우인 이학수(李鶴秀)가 경상도 관찰사로 있다가 파직되어 이 편지가 쓰인 1841년(헌종7)에 결국 추자도로 유배되었는데, 이 일을 이른 것으로 보인다.

(情狀)은 참담하고 서글퍼서 차마 말할 수가 없는데, 대은옹이 또한 능히 순히 받아들여 천명(天命)처럼 편안히 여겼으니, 이와 같지 않다면 어떻게 대은옹이 될 수 있었겠습니까.

조병덕에게 답함 신축년 4월

答趙秉悳 辛丑四月

보내주신 편지에 미호(渼湖)께서 주자의 말씀을 인용하시어, "호걸이지만 성현이 아닌 자는 있지마는 성현으로서 호걸이 아닌 자는 있지 않다.〔豪傑而不聖賢者有之矣 未有聖賢而不豪傑者〕"라고 하셨는데, 이 말씀은, 맹자께서 "이것을 일러 대장부라고 한다.〔此之謂大丈夫〕"라고 하신 말씀과 동일한 의치(意致)이니,[216] 내가 일찍이 세 번 반복하여 외고 마음이 격앙(激昂)된 것입니다.

무릇 소인(小人)의 학자들은, 벽을 뚫고 담을 넘는 도둑[217]과 다른 것이 별로 없습니다. 말세의 풍속에서는 사람을 쉽게 높여서[218] 도도하게 명성만 따르고 실제를 잊으니, 바로 이른바 "군자의 입장에서 본다면 이것은 바로 첩부(妾婦)의 도이니, 어찌 굳이 말할 것이 있겠는가

216 미호(渼湖)께서……의치(意致)이니 : 미호는 김원행(金元行, 1702~1772)의 호이다. 자는 백춘(伯春), 본관은 안동(安東)으로 농암(農巖) 김창협(金昌協)의 손자이며, 도암(陶菴) 이재(李縡)의 문인이다. 1719년(숙종45) 진사가 되었으나, 신임사화로 집안이 화를 입자 벼슬할 뜻을 버리고 학문에 전념하였다. 주자의 말씀은《학림옥로(鶴林玉露)》권3에 보이고 맹자의 말씀은《맹자》〈등문공 하(滕文公下)〉에 보인다.

217 벽을……도둑 : 원문의 '천유(穿窬)'는 벽을 뚫고 담을 넘는다는 뜻의 천벽유장(穿壁踰墻)을 줄여 쓴 것으로 도둑질을 이른다.《논어》〈양화(陽貨)〉에 "얼굴빛은 위엄스러우면서 마음이 유약한 것을 소인에게 비유하면 벽을 뚫고 담을 넘는 도둑과 같을 것이다.〔色厲而內荏, 譬諸小人, 其猶穿窬之盜也與.〕"라고 하신 공자의 말씀이 보인다.

218 말세의……높여서 : 원문은 '말속이고(末俗易高)'로 본래 왕안석(王安石)의 말인데, 주자가 정자명(鄭自明)에게 답한 편지에 인용하였다.《晦菴集 卷25 答鄭自明書》

."[219]라는 것입니다.

미호께서 인용한 주자의 말씀을 《주자대전》과 《주자어류》에서 두루 살펴보았으나 끝내 찾을 수가 없었으니,[220] 이는 바로 미호께서 인용한 "404가지 병이 있는데, 오직 속된 병은 고칠 수가 없다.〔四百四病惟俗不可醫〕"라는 정자의 말씀이 정자의 책에 실려 있지 않은 것과 같습니다. 그러나 우리들이 자세히 보지 못해서 그럴 뿐이지, 어찌 이 어른이 본 바가 없이 이렇게 말씀하셨겠습니까.

명도(明道)가 말씀하기를 "사람에게 404가지 병이 있는데, 모두 자신에게서 연유하지는 않는다. 그렇지만 이 마음만은 모름지기 자신에게서 연유하도록 하여야 한다.〔人有四百四病 皆不由自家 則是心須教由自家〕" 하였고, 황산곡(黃山谷) 또한 말하기를 "자제들의 여러 병을 다 치료할 수 있으나, 오직 속된 것은 고칠 수가 없다.〔子弟諸病皆可醫惟俗不可醫〕"라고 하였는데,[221] 미호 어른이 이 두 말씀을 합쳐서 정자

219 군자의……있겠는가 : 이 내용은 《맹자집주(孟子集註)》 〈등문공하(滕文公下)〉 경춘장(景春章)의 장하주에 보이는 하숙경(何叔京)의 말을 원용한 것으로, 원작은 아래와 같다. "전국의 때에 성현의 도가 비색(否塞)해져서 천하 사람들이 다시는 그 덕업의 성대함을 보지 못하고, 다만 간교한 무리들이 뜻을 얻어 횡행해서 기염이 두려울 만함을 보고는 마침내 대장부라 하였으니, 군자의 입장에서 보면 이것이 첩부의 도임을 알지 못한 것이다. 어찌 굳이 말할 것이 있겠는가.〔戰國之時, 聖賢道否, 天下不復見其德業之盛, 但見姦巧之徒, 得志橫行, 氣焰可畏, 遂以爲大丈夫, 不知由君子觀之, 是乃妾婦之道耳, 何足道哉?〕"

220 미호께서……없었으니 : 인용된 주자의 말씀은 주자의 책에는 보이지 않으나 송나라 나대경(羅大經, 1196~1252)이 지은 《학림옥로(鶴林玉露)》 권3에 보인다.

221 황산곡(黃山谷)……하였는데 : 황산곡은 북송의 문신이자 문인인 황정견(黃庭堅, 1045~1105)으로 산곡은 그의 호 산곡도인(山谷道人)을 줄여 말한 것이다. 자가

에게서 나온 말로 인식한 것입니다.

이는 바로《대학》의 명명덕(明明德) 장의 소주(小注)에 "허령불매(虛靈不昧)는 명덕을 말한 뜻이 이미 충분하다.〔虛靈不昧 說明德意已足〕"라고 한 것이 바로 진북계(陳北溪)[222]의 말인데, 주자의 말씀으로 인식된 것과 같으니, 진실로 그 말씀의 명리(名理)가 높일 만한 것이라면, 굳이 이 글이 어디서 나왔느냐에 대해서 절절(切切)하게 따질 것이 없습니다. 하물며 미호 어른이 논의를 세운 것이, 참다움을 가장하고 거짓을 팔아서 유속(流俗)과 함께하고 더러운 세상에 영합하는 습관을 징계하기 위한 것임에 있어서이겠습니까.

이 어른은 기국(器局)이 크고 뛰어나며 언론이 우뚝하고 확 트여서 학문과 문로(門路)의 참되고 바름이 마땅히 동시대 여러 현자들의 으뜸이 되니, 만약 세속을 바로잡고자 한다면 이 어른의 문집을 버려두고 무엇을 따르겠습니까? 부디 더욱 외고 본받기를 거듭 바랍니다.

보내주신 말린 생강은 이 몸의 병에 알맞은 약제이니, 신단(神丹)을 받은 것보다 더욱 감사한 마음입니다. 또한 늙을수록 더 매워지는 생강의 성질을 배워서, 친구가 특별히 보내준 지극한 뜻에 부응할 수 있게

노직(魯直)으로 영종(英宗) 치평(治平) 4년(1066) 진사시에 급제하고 기거사인(起居舍人) 등의 벼슬을 역임하였다. 강서시파의 원조로 동시대의 소식(蘇軾)으로부터 높은 평가를 받았다. 황산곡의 말은《육예지일록(六藝之一錄)》권305〈논고(論古)〉에 보인다.

222 진북계(陳北溪) : 남송의 유학자이자 주자의 고제(高弟)인 진순(陳淳, 1159~1223)으로 북계는 그의 호이다. 자는 안경(安卿), 시호는 문안(文安)으로, 벼슬에 뜻을 두지 않고 학문에 전념하여 주자로부터 "남쪽으로 내려온 이래 나의 도는 진순이 얻었다.〔南來, 吾道喜得陳淳.〕"라는 칭찬을 받았다.

되기를 바랍니다.

어버이가 별세한 날짜를 모르는 경우는, 그달의 정일(丁日)이나 해일(亥日)을 사용하여 제사지내지 않으면 안 될 듯합니다. 무창기(繆昌期)와 유구(劉球)[223]가 모두 감옥에서 별세하였는데, 그날을 알지 못하므로 별세하였다고 전해진 날로 제사를 행하였으니, 이를 따를 만합니다. 기제(忌祭)에 날을 점친다는 말은 상고할 곳이 없으니, 오직 죽은 날짜를 자세히 알지 못하는 자라야 비로소 할 수 있는 것입니다.

태복(稅服)[224]은 마땅히 증자(曾子)께서 "소공복(小功服)에 태복을 입지 않으면, 이는 먼 형제간에는 끝내 복이 없게 되니, 되겠는가."라고 하신 말씀[225]을 정도(正道)로 삼아야 합니다. 정강성(鄭康成)[226] 또한

223 무창기(繆昌期)와 유구(劉球) : 무창기(1562~1626)는 명나라 말기의 문신으로 자가 당시(當時), 호가 서계(西溪), 시호가 문정(文貞)으로 만력(萬曆) 41년(1613) 진사(進士)가 되어 출사하고 한림원 서길사(翰林院庶吉士), 검토(檢討) 등의 벼슬을 지냈다. 천계(天啓) 6년(1626년) 환관 위충현(魏忠賢)에 의해 동림당(東林黨)이 숙청될 때에 옥에 갇혔다가 옥중에서 죽었다. 유구(1392~1443)는 명나라 초기의 문신으로 자가 구락(求樂), 시호가 충민(忠愍)으로 영락(永樂) 19년(1421) 진사(進士)가 되어 출사하고 예부주사(禮部主事), 한림시강(翰林侍講)등의 벼슬을 지냈다. 황제에게 직언을 서슴치 않았는데, 환관 왕진(王振)의 의견에 반대하는 상소를 올렸다가 투옥되고 옥중에서 죽었다.

224 태복(稅服) : 시기가 지난 복을 입는 것이다. 즉 부음(訃音)을 나중에 들어 이미 상복을 입을 기간이 끝난 경우에 부득이 뒤미처 입는 복을 말한다.

225 증자(曾子)께서……말씀 : 증자의 말씀은 《예기》 〈단궁 상(檀弓上)〉에 그대로 보이는데, 진호(陳澔)는 《예기집설대전(禮記集說大全)》에서 "태는 시일이 이미 지난 뒤에 비로소 그 죽음을 듣고 추후에 그를 위하여 복을 입는 것이니, 대공(大功) 이상은

말하기를 "만약 상복을 입는 기한 안에 상(喪)을 듣게 되면 전 기간의 복을 뒤따라 입는다."라고 하였는데, 《통전(通典)》을 보면 보웅(步熊)과 하순(賀循)[227]은 정강성의 뜻과 같았으나, 오직 왕숙(王肅)만이 '다만 남아 있는 달을 복을 입고 기한이 차면 즉시 그친다'는 것으로 논의를 세웠는데, 유울지(庾蔚之)[228]가 인정(人情)으로 살펴보면 진실로 흡족하지 못한 것이라고 배척하고, 심지어는 "남은 달 동안 복을 입는 제도는 없다."라고까지 말했으니,[229] 이것이 증자(曾子)가 문자로 써놓

그렇게 하고 소공(小功)은 가볍기 때문에 추후에 복을 입지 않는다. 증자께서 예를 근거하여 말씀하기를 '만약 이 소공의 복을 추후에 입게 하지 않는다면, 재종형제의 죽음에 먼 지역에 있는 자는 부고를 들음이 항상 때에 뒤늦으니, 그렇다면 끝내 복이 없게 될 것이니, 되겠는가.' 하신 것이다.〔稅者, 日月已過, 始聞其死, 追而爲之服也, 大功以上則然, 小功輕故不稅. 曾子據禮而言謂: "若是小功之服不稅, 則再從兄弟之死, 在遠地者, 聞之恒後時, 則終無服矣, 其可乎?"〕"라고 하였다.

226 정강성(鄭康成) : 후한(後漢) 말기의 대표적 경학자(經學者)인 정현(鄭玄, 127~200)으로 강성은 그의 자이다.

227 보웅(步熊)과 하순(賀循) : 보웅(?~306)은 서진(西晉) 양평(陽平) 사람으로, 자는 숙비(叔羆)이다. 젊어서 점서(占筮)의 술수(術數)를 좋아하였고, 예에 밝아 《통전(通典)》에 많이 인용되었다. 하순(260~319)은 동진(東晉) 산음(山陰) 사람으로, 자가 언선(彦先), 시호가 목공(穆公)이다. 수재(秀才)로 천거되어 출사하고 벼슬이 태상(太常)에 이르렀는데 박학하고 예학에 뛰어나 유종(儒宗)으로 추대되었다. 《晉書 卷68 賀循傳》

228 유울지(庾蔚之) : 남조(南朝) 송(宋)나라 효무제(孝武帝) 때 인물로 태상승(太常丞)의 벼슬을 지냈다. 예에 밝아 《통전(通典)》에 많이 인용되었다.

229 통전(通典)을……말했으니 : 이 내용은 《통전(通典)》 권98 〈예(禮)58 흉(凶)20 소공불태복의(小功不稅服議)〉에 보인다. 《통전》은 당(唐)나라의 문신이자 학자인 두우(杜佑, 735~812)가 편찬한 책으로, 200권으로 되어 있는데, 식화(食貨)·선거(選擧)·직관(職官)·예(禮)·악(樂)·병(兵)·형(刑)·변방(邊防)의 8문(門)으로 나

으신 가르침에 부합됩니다. 그렇다면 추후에 상을 들은 자는 복의 기한이 이미 지났느냐 지나지 않았느냐를 막론하고 전 기간의 복을 뒤따라 입는 것이 마땅할 듯합니다.

《의례주소(儀禮註疏)》〈상복(喪服)〉 부장기조(不杖朞條)의 '중자(衆子)를 위해 입는다.'는 글의 주(註)에 '중자는 장자(長子)의 아우나 첩의 자식이다.'라고 하였고, 오계공(敖繼公)이 말하기를 "사(士)의 처가 첩의 자식을 위해서 또한 기년복을 입는다."라고 하였으니,[230] 이것을 근거해 본다면 첩의 자식에 대한 적모(嫡母)의 복은 중자를 똑같이 따를 뿐입니다. 첩의 자식이 적모에 대해 친어머니복과 똑같이 입으니, 그렇다면 적모가 어찌 첩의 자식을 위하여 자기 자식과 똑같은 복을 입지 않을 수 있겠습니까.

퇴계의 말씀에 "옛사람들은 비록 적서(嫡庶)에 엄격했으나, 골육(骨肉)의 은혜는 적서가 차이가 없다. 그러므로 차등을 두지 않았다."라고 하셨으니, 참으로 좋습니다. 국전(國典)도 한결같이 고례(古禮)를 따르고 있습니다.

누어 황우(黃虞) 시대에서 당나라 천보(天寶) 연간에 이르기까지 정전(政典)을 기록하였다.

230 오계공(敖繼公)이……하였으니 : 오계공은 원나라 때의 학자로 자는 군선(君善)이다. 처음에 정성위(定成尉)를 지냈고, 진사가 되어 대책(對策)을 냈다가 당시 재상의 비위를 거슬러 끝내 벼슬에 제수되지 못하자 더욱 경학(經學) 연구에 매진하여, 《의례집설(儀禮集說)》을 지었다. 오계공의 말은 《의례집설》 권11 〈상복(喪服) 제11〉에 보인다.

조병덕에게 답함 신축년 6월

答趙秉悳 辛丑六月

보내주신 편지에, 제가 남을 과도하게 칭찬해서 도리어 그 사람에게 해가 된다고 해서 저에게 예전의 습관을 따르지 말라고 하셨는데, 말씀하신 그 사람은 바로 그대 자신을 말한 것이 아니겠습니까? 아니면 별도로 가리키는 분이 있습니까?

저는 평소 성품이 유약해서 훌륭한 점을 칭찬할 때는 길게 하고 나쁜 점을 비평할 때는 짧게 하며, 매번 남의 선(善)함을 말하기 좋아하고 남의 아름다움을 이루어 주기를 즐겨하여, 대순(大舜)께서 악을 숨겨주고 선을 드러내주시는 것[231]을 배우고자 하였습니다. 비록 방도(方道)로써 속임을 당하더라도[232] 여전히 남이 선을 행함에 함께하려는 생각을 품고 있습니다.

지금 간곡한 가르침을 받았으나 또한 이 태도를 고칠 수가 없으니,

231 대순(大舜)께서……것 : 대순은 순임금을 높여 칭한 것으로 이 내용은《중용장구》제6장에 "순임금은 묻기를 좋아하시고 천근한 말씀을 살피기 좋아하시되, 악을 숨겨 주고 선을 드러내시며 두 끝을 잡으시어 그 중(中)을 백성에게 쓰셨으니, 이 때문에 순임금이 되신 것이다.〔舜, 好問而好察邇言, 隱惡而揚善, 執其兩端, 用其中於民, 其斯以爲舜乎.〕"라고 보인다.

232 방도(方道)로써 속임을 당하더라도 : 이 내용은《맹자》〈만장 상(萬章上)〉에 "군자는 방도(方道)로써 속일 수는 있지만 방도가 아닌 것으로 터무니없이 속이기는 어려운 것이다.〔君子, 可欺以其方, 難罔以非其道.〕"라고 보이는데, 주자는《집주(集註)》에서 "방도로써 속인다는 것은 이치에 있는 바로써 속임을 이르고, 방도가 아닌 것으로써 터무니없이 속인다는 것은 이치에 없는 바로써 속임을 이른다."라고 주하였다.

부디 이 뜻을 헤아려 주시고, 더욱 힘써 선을 행하여 사람들마다[233] 지선(至善)의 경지에 함께 이르도록 해주시는 것이 어떻겠습니까?

명성이 높으면 책망이 무겁고 실제가 명성에 부응하지 못하면 질책과 비난이 깊어집니다. 이 때문에 높은 명성 아래에는 처하기가 어려우니, 이것이 예로부터의 공통된 근심입니다. 그러나 성인(聖人)께서는 일찍이 사람들에게 명성을 구하라고 하지도 않으셨고 또한 사람들에게 명성을 피하라고 하지도 않으셨습니다.

명성을 피하는 자는 모난 것을 깎아 둥글게 만들고 편의만을 도모하여 왕왕 유속(流俗)에 빠져서 그 병폐가 명성을 좋아하는 것보다도 더 심합니다. 명성을 좋아하는 자는 그래도 선을 사모하고 선을 사모하는 자는 훌륭한 일을 할 수 있으니, 다만 의당 명성을 따라 실제를 요구받을 뿐입니다.

진실로 능히 참되고 성실하게 학문에 힘쓴다면 자기 한 몸과 마음을 점검하기에도 겨를이 없을 것이니, 어찌 다른 생각이 세간(世間)의 비방과 칭찬에 미칠 수 있겠습니까. 명성이 실정보다 지나치면 진실로 수치스러울 만한 일이 되나,[234] 내가 만일 명성을 구하지 않는다면 지나치고 지나치지 않는 것이 또한 나의 일과 무슨 상관이 있겠습니까.

그대가 소헐처(少歇處)[235]를 차지한 지가 또한 이미 오래되었습니

233 사람들마다 : 원문의 '부부(夫夫)'는 인인(人人)과 같은 뜻이다.

234 명성이……되나 : 이 내용은 《맹자》 〈이루 하(離婁下)〉의 "명성이 실제보다 지나침을 군자는 부끄러워한다.〔聲聞過情, 君子恥之.〕"는 구절을 원용하였다.

235 소헐처(少歇處) : 명리(名利)의 관문을 통과하고 향후의 공부를 해나가기 위해 잠시 머무는 경지로, 북송(北宋)의 학자 사양좌(謝良佐, 1050~1103)가 "명리의 관문을 통과해야 비로소 조금 쉴 수 있는 곳이니, 지금의 사대부들은 어찌 굳이 말할 것이

다. 진실로 '먼저 병들었다가 뒤에 나았다.'고 말할 만한 것이 없는데, 어찌 굳이 다시 준회(遵晦)[236]하여 별도로 병통이 생기게 할 필요가 있겠습니까.

이 사람은 세상에 쓸모없는 군더더기로 늙고도 죽지 않아서 사람들의 입속에서 연하게 씹히는 물건이 된 지가 오래입니다. 일찍이 나는 "온 세상이 나를 비방하더라도 나의 털끝하나도 손상시키지 못하고 온 세상이 나를 칭찬하더라도 나의 털끝하나도 더할 수가 없으니, 내가 나의 몸의 지조를 지키고 나의 책을 읽어서 누구와도 서로 간섭하지 않다가 부신(符信)이 이르면 즉시 저승으로 가는 것을 구경법(究竟法)으로 삼을 뿐이다.[237]"라고 맹세하였습니다. 애오라지 나의 졸렬한 법도를 외워서 그대의 취사선택에 대비합니다.

있겠는가. 말만 잘하는 것이 참으로 앵무새와 같다.〔透得名利關, 方是小歇處, 今之士大夫, 何足道? 能言眞如鸚鵡也.〕"라고 한 말에 보인다. 사양좌는 자가 현도(顯道), 시호가 문숙(文肅)이다. 이정(二程)의 고제(高弟)로 유초(游酢), 여대림(呂大臨), 양시(楊時)와 함께 '정문사선생(程門四先生)'으로 일컬어졌다.

236 준회(遵晦) : 준양시회(遵養時晦)를 줄여 쓴 것으로 현재의 상황에 따라 자취를 감춘 채 역량을 축적하여 때를 기다림을 말한다. 《시경》 〈주송(周頌) 작(酌)〉에 "아, 성대한 왕사로서 도를 따라 힘을 기르며 때로 감추어서 크게 밝아진 뒤에야 이에 큰 갑옷을 쓰셨도다.〔於鑠王師, 遵養時晦, 時純熙矣, 是用大介!〕"라고 보인다.

237 부신(符信)이……뿐이다 : 부신은 증거로 삼는 신표(信標)를 이르는바, 불가의 가르침에 따르면 사람이 죽을 때가 되면 염라대왕(閻羅大王)이 저승사자에게 아무개를 데려오라는 신표를 주어 보내면 저승사자가 이 신표로 사람을 확인하고 저승으로 데려간다고 하므로 이렇게 말한 것이다. 구경법(究竟法)은 끝까지 지켜야 할 최고의 방법을 이른다.

첩의 자식이 아버지가 살아 계실 때에는 본생모(本生母)를 위하여 마땅히 피발(被髮)하고 장기(杖期)로 거상하여, 한결같이 정실(正室) 자식이 아버지가 살아 계실 때에 어머니를 위해 입는 상례(喪禮)를 따라야 합니다. 〈잡기(雜記)〉에 보이는 '주첩(主妾)의 상에 있어서 연제(練祭)는 그 아들로 하여금 주관하게 한다.'는 글[238]을 가지고 그러함을 아는 것입니다. 지팡이를 짚기 때문에 연제를 지내는 것이요, 지팡이를 짚지 않으면 기년(期年)에 복을 벗으니, 어찌 연제를 지내느냐 마느냐를 논할 수 있겠습니까.

《예기》〈상복소기(喪服小記)〉에 "서자가 아버지의 집에 함께 살면 자기 어머니를 위해서 담제(禫祭)를 지내지 않는다." 하였는데, 주에 "첩의 자식이 아버지가 살아 계셔서 압존(壓尊)된 것이다."라고 하였습니다. 이는 한 집에서 사는 자식을 두고 말한 것이니, 만약 다른 집에서 산다면 아버지가 살아 계셔도 또한 마땅히 담제를 행해야 할 것입니다.

근재(近齋) 어른께서 천한 이 사람의 질문에 답하실 적에 처음에는, 감히 정실의 자식이 아버지가 살아 계실 때 어머니 상에 행하는 예와 똑같이 할 수가 없으니, 마땅히 부장기복(不杖期服)을 입어야 할 듯하고 또한 피발하지 않아야 할 듯하나, 예에 분명한 글이 없는 것을 의심하셨는데, 뒤에 〈잡기〉와 〈상복소기〉의 글을 얻고는 장기의 증거로 삼아서 전의 견해를 빨리 고치셨습니다.

238 잡기(雜記)에……글 : 이 내용은《예기》〈잡기 상(雜記上)〉의 "주첩의 상에는 부군(夫君)이 직접 부제(祔祭)를 지내고 연제(練祭)와 대상제(大祥祭)에 이르러서는 모두 그 자식을 시켜서 주관하게 한다.〔主妾之喪, 則自祔, 至於練祥, 皆使其子主之.〕"라는 구절을 줄여 말한 것이다. 주첩은 정처(正妻)가 죽어서 정처의 역할을 대신하는 첩을 가리킨다.

적모가 살아 계실 적에 자기 소생모를 위해 입는 상례(喪禮)에 이르러서는, 한강(寒岡 정구(鄭逑))은 기년복을 주장하고 도암(陶菴 이재(李縡))은 삼년복을 입을 것을 주장하였습니다. 첩의 자식은 적모를 위해서 압존되는 의리가 없으니, 그렇다면 도암의 설이 바를 듯하나, 근재 어른께서 처음에는 이 두 설 중 어느 설을 따를지 결정하지 못하다가, 뒤에 존왕고(尊王考)[239] 어른께 답한 편지에 이르기를 "《가례》에, 적모가 있느냐 없느냐를 막론하고 모두 삼년상을 허락하였고, 도암은 《가례》를 따르는 것을 바름으로 삼았으니, 이것을 보고서 비로소 의심이 없게 되었다."[240]라고 하셨습니다. 여기에서 자세히 살펴보신다면 근재 어른의 초년과 말년의 다름을 알 수 있을 것이니, 재량하여 취함에 혼미하지 않으실 것입니다.

《논어정의(論語精義)》와 《맹자정의(孟子精義)》는 뒤에 정의를 집의(集義)로 이름을 바꿔서, 〈어맹집의서(語孟集義序)〉가 《주자대전》에 실려 있습니다. 《주자유서(朱子遺書)》에 실려 있는 것은 다만 《논어정의》와 《맹자정의》라고 명명되어 있는데,[241] 《논어집의》, 《맹자집

239 존왕고(尊王考) : 상대방의 할아버지에 대한 경칭(敬稱)으로, 여기서는 조진대(趙鎭大, 1742~?)를 이른다. 자는 이득(而得)으로 1774년(영조50) 생원시에 합격하고 영천 군수(榮川郡守), 호조 좌랑(戶曹佐郎) 등의 벼슬을 지냈다.

240 가례(家禮)에……되었다 : 이 내용은 《근재집(近齋集)》 권11 〈서(書) 답조이득(答趙而得)〉에 보이는데, 원작과 약간의 차이가 있다. 원작은 아래와 같다. "《주자가례》에 이르면 적모가 있느냐 없느냐를 막론하고 모두 삼년상을 허락하였고, 도암이 혹자의 질문에 《가례》를 따르는 것을 정견으로 삼았으니, 여기에서 비로소 의심이 없게 되었다.〔至朱子家禮, 勿論嫡母有無, 並許三年, 陶菴答人之問, 以從家禮爲定見, 此方始無疑.〕"

의》와 똑같은 책으로 이름만 다른 것입니다.

〈어맹집의서〉에 구가(九家)를 들고 주씨(周氏)를 언급하지 않았으며,[242] 《논어정의》와 《맹자정의》 또한 그러한데, 《논어혹문(論語或問)》에는 주씨까지 아울러 언급하였습니다. 주씨는 아마도 주공숙(周恭叔)[243]인 듯한데, 의거(依據)하여 볼 만한 설이 없습니다.

주자의 연보(年譜)를 살펴보면 《논어정의》와 《맹자정의》가 임진년에 이루어졌는데, 구가의 설에 아직도 빠져있는 것이 있어서 이미 보충을 가하였고 또 비릉 주씨(毗陵周氏)의 설을 얻어서 본 장에 붙이고, 이어서 정의를 개칭하여 요의(要義)라고 하였습니다.[244]

《혹문(或問)》에는 실제로 두 분 정자(程子)와 십가(十家)의 설을 가지고 논변하였는데, 홍치(弘治) 연간에 《혹문》을 판각할 때에 《요의》를 함께 간행하지 않았으므로, 추보한 설이 비록 《혹문》에 논한 곳이 있으나, 본설은 상고할 수가 없으니 한스럽습니다.

241 주자유서(朱子遺書)에……있는데 : 《주자유서》는 주자의 단행본들을 모은 전집인데, 두 번째 판각본에 《논어정의》 10권, 《맹자정의》 14권이 실려 있으므로 이렇게 말한 것이다.

242 어맹집의서에……않았으며 : 〈어맹집의서〉는 《주자대전》 권75 〈서(序)〉에 실려 있는데, 여기에 언급된 구가(九家)는 장재(張載)·범조우(范祖禹)·여계명(呂晞明)·여대감(呂大臨)·사량좌(謝良佐)·유작(游酢)·양시(楊時)·후중량(侯仲良)·윤돈(尹焞) 등이다.

243 주공숙(周恭叔) : 주행기(周行己, 1067~1125)로 공숙은 그의 자이다. 호는 부지(浮沚)이며 이천(伊川) 정이(程頤)의 문하이다. 철종(哲宗) 원우(元祐) 6년(1091) 진사(進士)가 되고, 태학박사(太學博士), 비서성 정자(秘書省正字)등의 벼슬을 지냈다.

244 구가의……하였습니다 : 이 내용은 《주자대전》 권81 〈서어맹요의서후(書語孟要義序後)〉에 보인다.

《문고(問考)》의 수편(首編)에 황중소(黃仲昭)의 소지(小識)가 실려 있는데,[245] 또한 이 말이 기재되어 있으니, 용숙(容叔)[246]은 응당 황중소의 말을 근거해서 이렇게 말한 것입니다. 우암 어른은 다만 현재 간행되어 있는 《정의》를 근거하고 거기다가 《혹문》까지 겸해서 편성하였을 뿐입니다.[247] 농암(農巖)께서 주씨의 글이 돈후하고 평이하고 정직하다고 칭찬하신 것은 또한 《혹문》에 섞여 있는 의논을 근거해서 말했을 뿐이요,[248] 반드시 《집의》에 실려 있는 주씨의 설을 본 것은 아닐 것입니다.

245 문고(問考)의……있는데 : 《문고》는 우암 송시열이 지은 《논맹혹문정의통고(論孟或問精義通考)》를 이른다. 흔히 《논맹문의통고(論孟問義通攷)》로 불리는데, 주자의 《논맹혹문》과 《논맹정의》를 일목요연하게 찾아 볼 수 있도록 편집한 책이다. 《논맹정의》는 정호(程顥)·정이(程頤)·장재(張載)를 중심으로 범조우(范祖禹)·여계명(呂啓明)·여대감(呂大臨)·사량좌(謝良佐)·유작(游酢)·양시(楊時)·후중량(侯仲良)·윤돈(尹焞) 등의 학설을 모아 엮은 책이다. 황중소(黃仲昭)의 소지(小識)는 《논맹혹문정의통고》의 수편(首篇)에 주자가 지은 〈논맹정의서(論孟精義序)〉 바로 다음에 실려 있다. 황중소(1435~1508)는 명나라 중기의 학자로 중소는 그의 자이고 이름이 잠(潛)인데 주로 자로 행세하였다. 호는 퇴암거사(退岩居士)이다. 성화(成化) 2년(1466)에 진사가 되고 벼슬이 강서제학첨사(江西提學僉事)에 이르렀다.

246 용숙(容叔) : 임규직(任圭直, 1811~1853)의 자로 호는 금천(錦川), 본관은 풍천(豊川)이다. 화서(華西) 이항로(李恒老)의 문인으로 조병덕과 친한 사이이다. 경전에 밝아 《대학장구주해(大學章句註解)》, 《중용보해(中庸補解)》 등을 저술하였다.

247 우암……뿐입니다 : 이 내용은 앞의 주에 보이는 《논맹혹문정의통고(論孟或問精義通考)》의 편제(編制)를 이른 것이다.

248 농암(農巖)께서……뿐이요 : 농암의 말씀은 《농암집(農巖集)》 권33 〈잡지(雜識) 내편(內篇)3〉에 보인다. 《논어혹문》에, 《논어정의》에서 말한 제가(諸家)의 품평이 보이는데, 주씨(周氏)는 돈후이직(敦厚易直)하다는 내용이 있으므로 이렇게 말한 것이다.

첩이 여군(女君 적처(嫡妻))을 위하여 부장기복(不杖期服)을 입는 것은 《의례》〈상복(喪服)〉에서 비롯된 것인데, 《가례》와 《상례비요》에 모두 실려 있으니, 바꿔서는 안 될 듯합니다. 《의례》〈상복〉의 전(傳)에 비록 "첩이 여군(女君)을 섬기기를 며느리가 시부모를 섬기는 것과 같이한다."라고 하였으나, 이는 부지런히 시중을 드는 것을 가지고 말했을 뿐이요, 며느리가 시부모를 위해 올려서 삼년복을 입는 것처럼, 첩 또한 여군을 위해서 삼년복을 입으라고 한 것은 아닙니다.

노주(老洲)께서 일찍이 말씀하기를 "비록 비첩(婢妾 여자 종으로서 첩이 된 사람)이라고 하더라도 이미 가군(家君)을 모셨으면 마땅히 면천(免賤)[249]을 하여, 여군을 위하여 삼년복을 입지 않고 다만 부장기복을 입는다."라고 하셨으니, 그렇다면 피발(被髮)은 의논할 만한 것이 아닙니다. 피발은 본래 고례(古禮)가 아니요, 또 자부(子婦)가 시부모를 위하여 피발함은 더욱 바른 예(禮)가 아니니, 지금 갑자기 고칠 수는 없으나, 뒤에 주공(周公) 같은 분이 나와서 예를 제정한다면 반드시 피발을 제거할 것이 분명합니다.

무릇 삼년상을 행할 수 없는 경우에는 궤연(几筵)을 철거하는 시기를 마땅히 상을 주관하는 자가 복을 벗을 때로 한정해야 합니다. 승중(承重)한 첩의 아들은 자기 생모의 영연(靈筵 궤연)을 철거함에 있어 또한 마땅히 시마복을 벗는 날로 한정해야 하니, 이것이 올바른 예에 맞습니다. "심상(心喪)을 하면서 궤전(饋奠 상중에 제수를 올리는 일)을 봉행하

249 면천(免賤) : 특별한 공로나 또는 대가를 내고 천인(賤人)의 신분에서 벗어나는 것을 말한다.

며 삼 년을 마친다."는 후재(厚齋)[250]의 설은 정(情)이 지나친 데에서 나온 것이니, 따를 수 없을 듯합니다.

만약 시집가지 않은 딸이 있어서 마땅히 삼년복을 입어야 할 자가 있으면 마땅히 그녀를 위해서 고례(古禮)와 같이 두 번의 제사(소상과 대상)를 지낼 것이요, 삼년복을 입을 자가 없으면 다만 마땅히 시마복이 다하는 날을 영연을 철거하는 시기로 삼을 뿐입니다. 정리(情理) 상 매우 서운하나 어쩔 방법이 없습니다. 만약 예법을 헤아리지 않고 멋대로 삼년상을 행한다면, 이것은 예가(禮家)에서 알 바가 아닙니다.

250 후재(厚齋) : 김간(金榦, 1646~1732)의 호이다. 자는 직경(直卿), 본관은 청풍(淸風), 시호는 문경(文敬)으로 우암 송시열의 문인이다. 학행으로 천거되어 출사하고 벼슬이 우참찬에 이르렀다. 70세 이후에는 관직을 사양하고 여러 경전의 차기(箚記)를 저술하는 등 학문에 전념하였는데, 특히 예설(禮說)에 조예가 깊어 선인들의 문집 가운데 예설을 뽑아 정리한 《동유예설(東儒禮說)》을 편찬하였다.

조병덕에게 줌 임인년[251] 동지

與趙秉悳 壬寅南至

그대는 소성(小成)[252]마저도 아울러 단절하였으니, 그렇다면 행장(行藏)[253]이 이미 정해진 것입니다. 이는 이른바 "물아(物我)의 밖에서 자신의 형체를 잊고 유무(有無)의 위에서 자기 뜻을 마음대로 해서, 산이 되지 않고도 스스로 높고 바다가 되지 않고도 더욱 넓다."는 것입니다.

그대가 향후에 관탁(關柝)[254]을 하는 것이 마땅한지 여부를, 근간에 대은(大隱 이봉수) 어른과 토론하였는데, 대은이 말씀하기를 "우리 동방의 사대부들은 농사를 짓지도 않고 장사를 하지도 않으면서 오직 그 먹는 것을 도모한다. 그러므로 관청을 가리켜 집이라고 하여 한 번 벼슬길에 나아가면 돌아오지 않는다. 지금 녹사(祿仕)[255]들이 진실로

251 임인년(壬寅年) : 1842년(헌종8)으로, 매산의 나이 67세 되던 해이다.

252 소성(小成) : 작은 성취를 이루었다는 뜻으로 사마시에 합격한 것을 말한다.

253 행장(行藏) : 출처(出處)와 같은 말로, 도를 펼 만하면 나가서 벼슬하고 그렇지 않으면 초야에 은둔함을 이르는바, 《논어》 〈술이(述而)〉의 "등용되면 도를 행하고 버려지면 은둔한다.〔用之則行, 舍之則藏.〕"라는 말에서 유래하였다.

254 관탁(關柝) : 포관격탁(抱關擊柝)의 줄임 말로, 관문을 지키고 목탁을 치는 미관말직의 벼슬을 이르는바, 부모의 봉양을 위해 부득이하게 하는 벼슬을 이른다. 《맹자》 〈만장 하(萬章下)〉에 "높은 자리를 사양하고 낮은 자리에 처하며 부를 사양하고 가난한 데 처하려면 어떤 자리가 마땅한가? 관문을 지키고 목탁을 치는 것이 좋다.〔辭尊居卑, 辭富居貧, 惡乎宜乎? 抱關擊柝.〕"라고 한 데서 온 말이다.

255 녹사(祿仕) : 어버이 봉양할 녹봉을 얻기 위해 하는 벼슬이라는 뜻으로 위의 관탁

백성을 사랑하고 사람들을 구제하고자 한다면 공적이 없으면서 녹봉을 먹는 것에 부끄러움이 있으니, 어느 겨를에 사사로움을 도모하겠는가. 백성과 자신의 집안을 모두 풍요롭게 한다는 따위의 말을 내가 예전에 듣지 못했으니, 부디 자양(紫陽)께서 말씀하신 '가난은 선비의 떳떳함이니, 그 지조를 바꾸지 말라.〔貧者士之常 毋易其操〕'는 가르침[256]을 가지고 종신토록 행해야 할 부신(符信)으로 삼으라고 말하노니, 이를 유문(孺文)에게 전하시오."라고 하셨습니다. 이에 외워서 전하니, 응당 마음에 환히 이해하실 것이라고 생각합니다.

세계(世界)를 살펴보건대, 명성과 이익이 하늘에 닿아서 그 속에 머리와 꼬리를 다 파묻지 않은 자가 별로 없으니, 참으로 온 세상 사람들이 미친 듯합니다. 그대와 같은 분이 반드시 다리를 꼿꼿이 세우고 버텨 줘야 비로소 무너지는 세속을 유지할 수 있을 것입니다. 유문은 평소 득실(得失)과 영욕(榮辱)에 마음이 얽매이지 않았는데, 우리 두 늙은이가 일에 앞선 의논을 하는 것은 도리어 높은 행실을 더럽힐 듯하니, 껄껄 웃습니다.

과 같은 말이다. 한유(韓愈)의 〈쟁신론(爭臣論)〉에 "옛날 어떤 사람이 '벼슬은 가난 때문에 하는 것이 아니지만 가난 때문에 해야 하는 경우도 있다.'고 말했는데, 이러한 벼슬을 '녹사'라고 한다.〔古之人有云: 仕不爲貧, 而有時乎爲貧, 謂祿仕者也.〕"라고 보인다. 《古文眞寶後集 卷3》

256 자양(紫陽)께서……가르침 : 자양은 주자(朱子)의 별호로 주자의 부친 주송(朱松)이 자양산에서 독서하였는데, 뒤에 주자가 복건(福建)의 숭안(崇安)에 살면서 정사(精舍)의 이름을 자양서실(紫陽書室)이라고 한 데서 붙여진 이름이다. 주자의 가르침은 《주자대전》 권39 〈답여신(答呂侁)〉에 보이는데, 원작은 아래와 같다. "가난은 선비의 떳떳함이니, 오직 그 지조를 바꾸지 않아야 매우 좋다.〔貧者士之常, 惟無易其操, 則甚善.〕"

그대의 집안의 고박재(古樸齋) 태만(泰萬)[257] 씨는 형제들의 풍기(風氣)에 구애되지 않고[258] 능히 초연(超然)히 자유로워서 참된 마음을 잃지 않은 분이니, 참으로 예사롭지 않고 예사롭지 않습니다. 대순(大舜)과 상(象)[259]의 경우는 더할 나위가 없으니 감히 비견할 수가 없고, 유하혜(柳下惠)와 도척(盜跖),[260] 사마우(司馬牛)와 환퇴(桓魋)[261]는

257 고박재(古樸齋) 태만(泰萬) : 조태만(1672~1727)으로 고박재는 그의 호이고 자는 제박(濟博)이며 수암(遂菴) 권상하(權尙夏)의 문인이다. 학행으로 돈녕부 참봉, 내시교관(內侍教官) 등에 제수되었으나 나아가지 않다가 1723년(경종3) 세자익위사(世子翊衛司)의 시직(侍直)에 제수되자 나아가 사은숙배하였다. 《경종실록》 2년 3월 27일 기사에 "조태만은 고(故) 참의(參議) 조가석(趙嘉錫)의 아들이고 조태억(趙泰億)의 형이다. 방외(方外)에 노닐며 궤이(詭異)한 행동을 하기를 좋아하였으므로 사람들이 모두 미쳤다고 하였으나, 가정에서의 효행에 독실하고 문사(文詞)를 좋아하였으며 기절(氣節)을 숭상하였다. 술을 마시고 나면 이따금 시사(時事)를 이야기하며 비분강개한 나머지 눈물을 흘리곤 하였으니, 기사(奇士)이다."라는 조태만에 대한 평가가 보인다.

258 형제들의……않고 : 조태만의 형인 조태일(趙泰一)과 아우인 조태억(趙泰億)이 모두 당색이 소론이며, 특히 조태억은 경종(景宗) 때 후일의 영조(英祖)인 세제(世弟)의 대리청정을 반대하여 노론 정권을 축출하고 소론 정권을 이끈 인물인데 반해 조태만은 권상하의 제자로 당색이 노론이었기 때문에 이렇게 말한 것이다. 원문의 '영원(鴒原)'은 형제, 형제가 있는 곳, 또는 형제간의 우애를 비유하는 말이다. 《시경》 〈소아(小雅) 상체(常棣)〉에 "척령(脊令)이 언덕에 있으니, 형제가 급난을 구원하도다. 매양 좋은 벗이 있으나 길게 탄식할 뿐이니라.〔脊令在原, 兄弟急難. 每有良朋, 況也永歎.〕"라고 보인다.

259 대순(大舜)과 상(象) : 대순은 고대의 성군인 순(舜)임금의 경칭이며, 상(象)은 순임금의 이복 아우로 완악한 부모와 함께 순임금을 죽이려고 한 악인(惡人)이다.

260 유하혜(柳下惠)와 도척(盜跖) : 유하혜는 노(魯)나라의 어진 대부인 전금(展禽)으로, 식읍(食邑)이 유하(柳下)이고 시호가 혜(惠)이므로 일반적으로 유하혜라고 칭한다. 그는 마음이 너그러워 조정에서 세 번 축출을 당하였으나 원망하지 않았으며

또한 나란히 들 수가 있으며, 저 남포(南褒)가 남곤(南袞)[262]에 있어서와 심의(沈義)가 심정(沈貞)[263]에 있어서와 정북창(鄭北窓)이 정현(鄭礥)[264]에 있어서와 임석천(林石川)이 임백령(林百齡)[265]에 있어서에 비

사람이 곁에서 옷을 모두 벗더라도 '너는 너이고 나는 나이니, 네 어찌 나를 더럽히겠는가.'라고 하여 유유히 함께 거처하였다 한다. 이 때문에 맹자는 그를 일컬어 '성인(聖人) 중에 화한 자〔聖之和者〕'라고 하였다. 《論語 衛靈公, 孟子 萬章下》 도척은 유하혜의 아우로 알려진 전웅(展雄)으로 9천 명의 부하를 거느리고 온갖 악행을 저질렀던 천하의 대도(大盜)이다.

261 사마우(司馬牛)와 환퇴(桓魋) : 사마우는 춘추 시대 송(宋)나라 사람으로 이름은 이(犁), 자는 자우(子牛)로 공자의 제자이다. 환퇴는 사마우의 형인 송나라 대부 사마환퇴(司馬桓魋)로 성질이 포악하여 반란을 꾀하고 공자를 살해하려고까지 하였다. 사마우는 항상 형 때문에 근심하였다. 《論語 顔淵》《孟子 萬章上》

262 남포(南褒)가 남곤(南袞) : 남포(1489~1570)는 자가 사미(士美), 호가 지지당(知止堂), 본관이 의령(宜寧)으로 남곤의 아우이다. 1502년(연산군8) 별시 문과에 급제하고, 벼슬이 홍문관 직제학에 이르렀다. 사화(士禍)로 많은 사림이 죽는 등 나라일이 잘못 돌아가자, 세상일에 뜻을 끊고, 청맹(靑盲)이라 핑계하여 벼슬하지 않고 적성(積城) 감악산(紺岳山)에 은둔하였다. 남곤(1471~1527)은 자가 사화(士華), 호가 지정(止亭)으로 1494년 별시 문과에 급제하고 벼슬이 영의정에 이르렀다. 1519년(중종14) 심정(沈貞) 등과 함께 기묘사화를 일으켜 조광조(趙光祖), 김정(金淨) 등 신진 사림파를 숙청하여 후대 사림의 지탄의 대상이 되었다.

263 심의(沈義)가 심정(沈貞) : 심의(1475~?)는 자가 의지(義之), 호가 대관재(大觀齋), 본관이 풍산(豊山)으로 심정(沈貞)의 아우이다. 1507년(중종2) 증광 문과에 급제하고 벼슬이 소격서 영(昭格署令)에 이르렀다. 형과 달리 권모(權謀)를 모르고 직언을 잘하고 문장에 능하였는데, 나라가 어지럽자 바보로 자처하여 벼슬을 그만두었기 때문에 화를 면할 수 있었으며 서경덕(徐敬德), 성세창(成世昌) 등과 어울렸다. 심정(1471~1531)은 자가 정지(貞之), 호가 소요정(逍遙亭)으로 1502년 별시 문과에 급제하고 벼슬이 좌의정에 이르렀다. 남곤 등과 모의하여 기묘사화를 일으켜 남곤과 함께 소인의 대표적 인물로 길이 매도되었다.

264 정북창(鄭北窓)이 정현(鄭礥) : 정북창은 정렴(鄭䃼, 1506~1549)으로 북창은

한다면, 또 더욱 어려웠던 일입니다.

항상 이분의 자취가 인멸(湮滅)되어 후대에 칭해지지 못할까 걱정스럽기 때문에 이분을 위하여 전(傳)을 쓰고자 하니, 이 또한 쇠퇴한 세상을 구제하려는 뜻입니다. 그대 집안에 전해오는 지난 이야기들로 유사(遺事)와 같은 것을 지을 수 있으면 저에게 보여주실 수 있겠습니까? 마땅히 여기에 의거해서 붓을 들겠습니다.

그의 호이며, 자는 사결(士潔), 본관은 온양(溫陽)이다. 1537년(중종32) 진사시에 합격하고 포천 현감(抱川縣監)을 지냈다. 1545년(명종 즉위년) 아버지 정순붕(鄭順朋)이 윤원형(尹元衡)·이기(李芑) 등과 함께 을사사화를 일으켜 많은 선비를 죽이고 귀양 보내자, 벼슬을 그만두고 은거하였다. 성리학뿐만 아니라 천문·지리·의학·복서(卜筮)와 불교·도교에도 정통하였고 그림과 음악에도 조예가 깊어 매월당(梅月堂) 김시습(金時習), 토정(土亭) 이지함(李之菡)과 더불어 조선의 3대 기인으로 꼽힌다. 정현(鄭礥, 1526~?)은 자가 경서(景舒), 호가 만죽헌(萬竹軒)으로 정렴의 아우이다. 을사사화(乙巳士禍) 때 아버지 정순붕(鄭順朋)의 일을 도와 공신(功臣)에 책훈되고 벼슬이 성천 부사(成川府使)에 이르렀는데, 아버지 정순붕을 충동질하여 형인 정렴을 죽이려고 한 인물이다.

265 임석천(林石川)이 임백령(林百齡) : 임석천은 임억령(林億齡, 1496~1568)으로 석천은 그의 호이고, 자는 대수(大樹), 본관은 선산(善山)으로 임백령의 형이다. 1525년(중종20) 식년 문과에 급제하고 벼슬이 병조 참지에 이르렀다. 천성적으로 도량이 넓고 청렴결백하였는데, 1545년(명종 즉위년) 을사사화 때 아우 백령(百齡)이 소윤(小尹)에 가담하여 대윤의 많은 선비들을 죽이자, 자책을 느껴 벼슬을 사퇴하고 뒤에 해남(海南)에 은거하였다. 임백령(?~1546)은 자가 인순(仁順), 호가 괴마(槐馬)이다. 1519년(중종14) 식년 문과에 급제하고 벼슬이 우찬성에 이르렀다. 윤원형(尹元衡), 이기(李芑) 등과 모의해 을사사화를 일으켜 대윤의 여러 신하들을 사사(賜死)시켰다.

조병덕에게 답함 임인년 아세[266] 후 3일
答趙秉悳 壬寅亞歲後三日

"원망도 없고 미움도 없고 칭찬도 없고 비방도 없이 편안히 평생을 지내겠다."는 편지의 말씀은 몸을 편안히 하고 천명(天命)을 확립하는 의체(義諦)에 방해가 되지 않으나, 한결같이 이를 기준으로 삼는다면, 어찌 광채를 숨기고 진세(塵世)와 함께해서[267] 이름이 없는 것을 귀하게 여기는 자가 되지 않겠습니까.

향인(鄕人) 중에 선(善)한 자가 좋아하고 선하지 못한 자가 미워하는 것[268]이, 좋아하고 미워함에 있어 정도(正道)를 얻은 것이 됩니다. 그러므로 선철(先哲)들은 비방과 칭찬이 서로 뒤섞인 가운데에서 사람

266 아세(亞歲) : 버금가는 설이라는 뜻으로, 동지(冬至)를 달리 이르는 말이다.

267 광채를……함께해서 : 원문의 '화광혼진(和光混塵)'은 《도덕경(道德經)》 제56장에 나오는 화광동진(和光同塵)과 같은 말로 자신을 드러내지 않고 세상에 뒤섞여서 사는 것을 뜻한다.

268 향인(鄕人)……것 : 이 내용은 《논어》 〈자로(子路)〉에 "자공이 묻기를 '고을 사람들이 모두 좋아하면 어떻습니까?' 하자, 공자께서 '가하지 않다.' 하셨다. '고을 사람들이 모두 미워하면 어떻습니까?' 하자, 공자께서 "가하지 않다. 고을 사람 중에 선한 자가 좋아하고 선하지 않은 자가 미워하는 것만 못하다." 하셨다.〔子貢問曰: "鄕人皆好之, 何如?" 子曰: "未可也." "鄕人皆惡之, 何如?" 子曰: "未可也. 不如鄕人之善者好之. 其不善者惡之."〕" 하였는데, 주자는 《집주(集註)》에서 "한 고을 사람은 마땅히 공론이 있을 것이다. 그러나 그 사이에 또한 각기 부류에 따라 스스로 좋아하고 미워한다. 이 때문에 선한 자가 좋아하고 악한 자가 미워하지 않는다면 반드시 구차하게 영합하는 행실이 있는 것이요, 악한 자가 미워하고 선한 자가 좋아하지 않는다면 반드시 좋아할 만한 실상이 없는 것이다."라고 주하였다.

을 취하였으니, 만약 다만 원망과 미움, 비방과 칭찬이 없는 것을 법도로 삼는다면, 모름지기 남몰래 세상에 영합해서 모든 사람을 기쁘게 한 뒤에야 비로소 이에 능할 수 있을 것이니, 이 때문에 덕인 듯하면서도 덕이 아니어서 덕의 적(賊)이 되는 것[269]입니다.

'향원(鄕原)을 미워하여 올바른 경도(經道)로 돌아온다'는 것[270]은 바로 공자·맹자·주자·송자(宋子 송시열)께서 전수하신 참된 말씀이요 올바른 이치이니, 우리들이 마땅히 명심하고 뼈에 새겨야 할 바입니다. 모든 인간 세상의 득실(得失)과 총욕(寵辱), 훼예(毁譽)와 시비(是非)가 나의 마음[271]을 얽맬 수가 없으니, 오직 "하늘을 원망하지 않으며

269 덕인……것 : 향원(鄕愿)을 가리킨 것이다. 향원은 덕이 없으면서도 세상에 잘 영합하여 순박한 지방 사람들에게 추앙을 받는 사이비(似而非) 유덕자(有德者)를 가리킨다. 《맹자》〈진심 하(盡心下)〉에 "공자께서 말씀하시기를 '내 문 앞을 지나면서 내 집에 들어오지 않더라도 내가 서운해 하지 않을 자는 오직 향원일 것이다. 향원은 덕의 적(賊)이다.' 하셨다.〔孔子曰: "過我門而不入我室, 我不憾焉者, 其惟鄕原乎, 鄕原, 德之賊也."〕"라고 하였는데, 주자는 《집주(集註)》에서 "공자는 향원이 덕 같으면서도 덕이 아니기 때문에 '덕의 적'이라고 하신 것이다.〔孔子以其似德而非德, 故以爲德之賊.〕"라고 주하였다.

270 향원(鄕原)을……것 : 맹자가 제자인 만장과의 문답을 통하여 향원을 비판하고 끝맺음에 "군자는 경도(經道)를 회복할 뿐이니, 경도가 바루어지면 서민이 선(善)에 흥기하고, 서민이 흥기하면 사특(邪慝)함이 없어질 것이다.〔君子, 反經而已矣, 經正則庶民興, 庶民興, 斯無邪慝矣.〕"라고 하였는데, 주자는 《집주(集註)》에서 "경은 상도(常道)이니, 만세에 변하지 않는 상도이다. 흥은 선에 흥기함이다. 사특은 향원과 같은 등속이 이것이다.〔經, 常也, 萬世不易之常道也. 興, 興起於善也. 邪慝, 如鄕原之屬, 是也.〕"라고 주하였다. 《孟子集註 盡心下》

271 마음 : 원문의 '영대(靈臺)'는 마음을 가리킨다. 《장자》〈경상초(庚桑楚)〉에 "영대에 들여놓아서는 안 된다.〔不可內於靈臺.〕"라고 하였는데, 곽상(郭象)이 주(注)를 달기를 "영대라는 것은 마음이다.〔靈臺者, 心也.〕"라고 하였다.

사람을 탓하지 않고, 아래로 인간의 일을 배우면서 위로 천리를 통달하노니, 나를 알아주는 것은 하늘이실 것이다."[272]라는 공자의 이 말씀을 가지고 몸을 보존하는 구경(究竟)의 법으로 삼는 것이 어떻겠습니까?

명성이 실제보다 지나침을 진실로 군자가 부끄러워하니,[273] 어리석은 저도 항상 조심하고 조심하는 것입니다. 그러니 현자를 칭찬함에 있어 또한 어찌 분수가 없는 말을 하겠습니까. 성인(聖人) 문하의 여러 제자들이 문(文)과 질(質)이 빈빈(彬彬)하여 문채(文彩)가 성대하지 않은 것은 아니었으나 공자께서 유독 안자(顔子)를 칭찬하여 학문을 좋아한다〔好學〕고 하셨는데, 호학 두 글자는 그 출처가 존엄(尊嚴)하여 사람들마다 감당할 수 있는 것이 아닙니다.

그러나 이것을 동시대에 베풀고자 한다면 현자 말고 그 누가 할 수 있겠습니까. 또 저의 기대가 매우 커서 이 제목을 그대에게 가(加)하지 않을 수 없으니, 부디 사양하여 물러나지 말고 반드시 배워 성인(聖人)에 이르기를 크게 바라 마지않습니다. '더욱 돈독히 도를 믿고 행동을 과감하게 하고 지키기를 견고하게 한다.〔信道益篤 行果守固〕'는 것, 이것이 바로 팔자부(八字符)이니 힘쓰고 힘쓰십시오.

두 아내를 부장(祔葬)하는 경우에 남편의 자리를 중앙에 두고 두 아내

272 하늘을……것이다 : 이 내용은 《논어》 〈헌문(憲問)〉에 보인다.

273 명성이……부끄러워하니 : 이 내용은 《맹자》 〈이루 하(離婁下)〉의 "만일 근본이 없다면 7, 8월 사이에 빗물이 모여서 도랑이 모두 가득하나 그 물이 마르는 것은 서서도 기다릴 수 있다. 그러므로 명성이 실제보다 지나침을 군자는 부끄러워하는 것이다.〔苟爲無本, 七八月之間雨集, 溝澮皆盈, 其涸也, 可立而待也, 故聲聞過情, 君子恥之.〕"라는 구절을 원용한 것이다.

를 좌우에 부장하는 것은 세속의 통례(通例)이나, 여곤(呂坤)은 "두 부인이 남편을 끼고 있는 것은 설만(褻慢)하니, 남편이 한 자리이고 부인이 한 자리가 되어서 좌와 우가 이미 나누어졌으면 비록 부인이 셋이거나 다섯이 되더라도 마땅히 똑같이 한 자리를 쓸 뿐이다."라고 하였는데,[274] 이 말이 예(禮)에 맞을 듯합니다.

274 여곤(呂坤)은……하였는데 : 여곤의 말은 《독례통고(讀禮通考)》 권82 〈장고(葬考)1 장차(葬次)〉의 주석에 보인다. 여곤(1536~1618)은 명나라 하남(河南) 영릉(寧陵) 사람으로 자가 숙간(叔簡), 호가 심오(心吾)이다. 만력(萬曆) 2년(1574) 진사가 되고 벼슬이 형부 시랑에 이르렀다. 예학에 밝아 《사례익(四禮翼)》 등의 저서를 남겼다.

조병덕에게 답함 을사년[275] 섣달

答趙秉悳 乙巳臘月

아들아이에게 보내주신 여러 편지를 아들아이로 하여금 읽게 하여 들어보니, 자연 한 번의 큰 웃음을 금할 수가 없었습니다. 어리석은 저는 칠십 년 동안 태(兌)를 막고 그림자를 사라지게 하여,[276] 사람과 서로 상관하지 않다가, 거의 죽음에 이를 나이에 불행히도 유현(儒賢)에 잘못 선발되어 남의 비웃음과 손가락질을 받은 것이 진실로 이미 많으며, 헌의(獻議)한 일[277]은 또 불행 중에 불행입니다.

275 을사년(乙巳年) : 1845년(헌종11)으로, 매산의 나이 70세 되던 해이다.

276 태(兌)를……하여 : 외물(外物)에 대한 관심을 끊고 은둔한다는 말이다. 원문의 '색태(塞兌)'는《도덕경(道德經)》52장에 "태를 막고 문을 닫으면 종신토록 수고롭지 않게 된다.〔塞其兌, 閉其門, 終身不勤.〕"라고 보이는데, 태는 구멍이란 뜻으로 욕심이 나오는 이목구비(耳目口鼻)를 이른다. '식영(息影)'은《장자(莊子)》〈어부(漁父)〉에 "어떤 사람이 자신의 그림자를 두려워하고 자신의 발자국을 싫어하여 이것을 떨쳐내려고 달음질친 자가 있었는데, 발을 들어 올리는 횟수가 많아질수록 발자국도 더욱 많아졌고 달리는 것이 빠를수록 그림자가 몸에서 떨어지지 않았다. 자신의 달리기가 아직 더디다고 생각해서, 쉬지 않고 질주하여 마침내는 힘이 다하여 죽고 말았다. 이 사람은 그늘에 처하면 그림자가 사라지고 고요히 쉬면 발자국도 없게 된다는 것을 몰랐으니, 어리석음이 또한 심한 것이다.〔人有畏影惡迹, 而去之走者, 擧足愈數, 而迹愈多, 走愈疾, 而影不離身. 自以爲尙遲, 疾走不休, 絶力而死. 不知處陰以休影, 處靜以息迹, 愚亦甚矣.〕"라고 한 구절에서 연유하였다.

277 헌의(獻議)한 일 : 이 편지가 쓰이기 2년 전인 계묘년(癸卯年)에 헌종이 정조의 건릉(健陵)에 성묘 차 거둥하면서, 간곡한 별유를 내려 매산을 불러 행궁(行宮)인 용양봉저정(龍驤鳳翥亭)에서 등대(登對)하였는데, 헌종이 학문의 도(道)에 대하여 그 요

이 때문에 심의년(沈宜年)[278]의 편지가 있게 되었고 뒤이어 통문(通文)까지 나오게 되었으니, 그 치욕이 끝이 없습니다. 그러나 이는 반드시 음지(陰地)에서 황당한 말을 만들어 내서 길은 달라도 귀결은 같은 자가 있을 것이니, 심의년과 같은 무리를 또한 어찌 굳이 책망할 것이 있겠습니까.

온 세상이 칭찬하더라도 나의 털끝하나 늘려 주지 못하고 온 세상이 비방하더라도 나의 털끝하나 손상시킬 수가 없으니, 그동안 수많은 구설을 내가 실컷 얻어들었으나 내 마음은 공활(空豁)하여 하늘의 뜬구름과 비교할 수 있습니다. 시기하고 미워하는 자가 어찌 일찍이 사랑하고 미워하는 마음이 있었겠습니까. 다만 나의 명예와 지위 때문에 생기는 일입니다.

돌아보건대 이 위태로운 목숨이 매우 위태로워서 장차 아침저녁에 죽게 될 듯한데, 강호(江湖)에서 서로 잊지 않고 사는 것이 얼마나 되겠습니까. 내가 살아있는 것을 보고서 공격하는 것은 너무 수고롭지 않습니까? '교묘하게 비방을 얽어 만들어 모함하는 데에 마음을 수고롭게 하지 말라'는 것은 바로 연옹(淵翁)이 유봉(酉峯)의 무리를 사절(謝絶)하신 말씀이니,[279] 저 또한 이 사람들에게 이렇게 말합니다.

체를 듣기를 원하자 매산이 자신의 의견을 올린 일을 이른다. 《梅山集 卷53 年譜》

278 심의년(沈宜年) : 〈숭정기원후4임자식사마방목(崇禎紀元後四壬子式司馬榜目)〉에 청송 심씨(靑松沈氏)로 유학(幼學)이라는 기록이 보일 뿐, 나머지는 미상이다.

279 교묘하게……말씀이니 : 연옹(淵翁)은 호가 삼연(三淵)인 김창흡(金昌翕, 1653~1722)을 높여 칭한 것이다. 삼연의 말씀은 《삼연집(三淵集)》 권18 〈서(書) 여송백순(與宋伯純)〉에 보인다. 유봉(酉峯)은 노성(魯城)에 있는 마을 이름인데, 윤증(尹拯, 1629~1714)의 별호로도 쓰이는바, '유봉의 무리'는 당시 윤증의 문인과 그를 추종하는

그러나 내 비록 늙어 마음이 어지러우나 어찌 이들과 더불어 시끄럽게 다투겠습니까. 내가 아는 바를 저들에게 변명하지 않을[280] 뿐이니, 그대 또한 제 마음을 그대의 마음으로 삼아서 다시는 이 일을 입에 올리지 않는 것이 어떻겠습니까? 비단 입에 올리지 않을 뿐만 아니라 또한 마땅히 마음에 두지 말아야 할 것입니다.

옛날 화양동(華陽洞) 비문(碑文)의 일로 인하여 병계(屛溪)의 문인들이 통문을 내어서 미호(渼湖)를 침범하였으니,[281] 그 말의 위험스러

소론 계열을 가리킨 것이다.

280 변명하지 않을 : 원문의 '무변(無辨)'은 《격몽요결(擊蒙要訣)》 〈접인장(接人章)〉에 "어떤 사람이 비방을 그치게 하는 방법을 묻자, 문중자가 말하기를 '스스로 행실을 닦는 것만 못하다.' 하였다. 다시 더 말해주기를 청하자 '변명하지 말라.' 하였으니, 이 말이 배우는 자들의 본보기가 될 만하다.〔或問止謗之道, 文中子曰: "莫如自修", 請益, 曰 "無辨", 此言可爲學者之法.〕"라고 보인다. 문중자는 수(隋)나라의 왕통(王通, 584~617)의 사시(私諡)이다. 자가 중엄(仲淹)으로 문제(文帝)의 인수(仁壽) 연간에 태평십이책(太平十二策)을 올렸으나 기용되지 못하고 하분(河汾)으로 돌아와 제자를 가르쳤는데 수업을 받은 자가 천여 명이어서 '하분문하(河汾門下)'라 칭해졌다. 설수(薛收)·이정(李靖)·위징(魏徵) 등이 그 문하에서 배출되었다.

281 화양동(華陽洞)……침범하였으니 : 화양동은 우암 송시열의 은거지로 충청북도 괴산군 청천면에 있는데, 이곳에 명나라 신종(神宗)과 의종(毅宗)의 신위를 봉안한 만동묘(萬東廟)가 있다. 병계(屛溪)는 윤봉구(尹鳳九)의 호이다. 자는 서응(瑞膺), 본관은 파평(坡平), 시호는 문헌(文獻)이며 수암 권상하의 문인이다. 1714년(숙종40) 진사시에 합격하고 유일(遺逸)로 천거되어 출사하고 벼슬이 공조 판서에 이르렀다. 인물성(人物性) 논쟁에서 호론(湖論)을 주도하였다. 미호(渼湖)는 김원행(金元行, 1702~1772)의 호인바, 자세한 내용은 403쪽 주216 참조. '화양동(華陽洞) 비문(碑文)의 일'은, 병계가 생전에 〈화양서원묘정비문(華陽書院廟庭碑文)〉을 지었는데, 병계 사후에 화양사원의 원유(院儒)들이 이로써 비를 세우고자 하자, 당시 화양서원(華陽書院)의 원장(院長)으로 있던 미호가 비문의 내용에 대해 인물성 동이(人物性同異) 문제

움이 심의년의 편지와 거의 다름이 없었습니다. 미호 문하의 제현들이 대면해서 변론하고자 함에 이르렀으나, 미호께서 고심초사(苦心焦思)하고 만류하여, 이 일이 마침내 그치게 되었습니다. 제가 감히 망령되이 저를 미호 어른에게 비견하지는 못하나, 그대들이 저를 위해서 하는 일에 전후(前後)에 어찌 두 가지 법도가 있겠습니까.

심군헌(沈君憲)[282]이 심의년의 편지를 봉한 채로 그대로 돌려보내서 드러나지 않게 한 것은 진실로 화를 염려한 고충(苦衷)에서 나온 것이니, 변고(變故)에 대처함이 그 바름을 잃지 않은 것입니다. 즉시 그 사실을 이 몸에게 말해주어서 털끝만큼도 분수를 다하지 않은 것이 없으니, 헛되이 왕복하여 번거롭게 갈등을 이루시 말기를 크게 바라마지 않습니다.

좌하께서는 심의년의 일로 인하여 사기(辭氣 말씨)가 보통보다 너무 지나쳐서 심지어는 그 사람을 중니(仲尼)를 비방한 숙손무숙(叔孫武叔)에 견주기까지 하였으니,[283] 세상에 중니가 없는데 어찌 숙손무숙이 있겠습니까. 너무 나를 친애함에 치우쳐서 자기도 모르게 예를 들어 비유한 것이 천만 번 이치에서 멀어진 것이 아니겠습니까.

삼주(三洲)의 의논은 참으로 훌륭합니다. 여기에 이르기를 "백휴암

로 인해 공론의 시비가 있음을 이유로 이를 저지한 일을 이른다. 이에 대해 병계의 제자인 밀암(密菴) 김지행(金砥行)이 장문의 편지를 보내는 등 반발이 있었다. 《近齋集 卷之31 墓碣銘 密庵金公墓碣銘》

282 심군헌(沈君憲) : 홍직필의 제자인 심의덕(沈宜德, 1804~?)으로 군헌은 그의 자이다. 자세한 내용은 389쪽 주185 참조.

283 중니(仲尼)를……하였으니 : 숙손무숙(叔孫武叔)은 노나라의 대부로 이름이 주구(州仇)이다. 그가 공자를 비방한 일은 《논어》 〈자장(子張)〉에 보인다.

(白休菴)과 이연평(李延平)은 일생(一生)을 사문을 힘껏 감싸고 보호하였으니, 그 정성은 다했다고 할 것이나, 스승의 연원(淵源)을 계승하고 스승의 전한 도를 밝게 드러낸 것은 어찌 청송(聽松)과 사계(沙溪)의 열렬함만 하겠습니까."라고 하였습니다.[284]

그대들은 이에 대해 스스로 처신한 바를 알 것입니다. 이후 편지를 보내올 때에는 다시는 이 일을 언급하지 말고 오직 스스로의 수양에 전념하여 도를 들으면 죽어도 좋다는 소원[285]을 끝마치는 것, 이것이 우리가 서로 권면해야 할 바입니다.

284 삼주(三洲)의……하였습니다 : 삼주는 농암(農巖) 김창협(金昌協)의 또다른 호이다. 김창협의 말은 《농암집(農巖集)》 권11 〈서(書) 상중구(上仲舅)〉에 보인다. 백휴암(白休菴)은 백인걸(白仁傑, 1497~1579)로 휴암은 그의 호이고 자는 사위(士偉), 본관은 수원(水原)으로 정암(靜菴) 조광조(趙光祖)의 문인이다. 이연평(李延平)은 이귀(李貴, 1557~1633)로 연평부원군(延平府院君)에 봉해졌기 때문에 이렇게 칭한 것이다. 호는 묵재(默齋), 자는 옥여(玉汝), 본관은 연안(延安)으로 율곡(栗谷) 이이(李珥), 우계(牛溪) 성혼(成渾)의 문인이다. 청송(聽松)은 성수침(成守琛, 1493~1564)의 호로, 자는 중옥(仲玉), 본관은 창녕(昌寧)이며 정암 조광조(趙光祖)의 문인이다. 조광조의 도학을 계승하여 은둔한 채 학문 연구와 후진 양성에 전념하여 그의 문하에서 아들 성혼을 비롯한 많은 석학들이 배출되었다. 사계(沙溪)는 김장생(金長生, 1548~1631)의 호로, 자는 희원(希元), 본관은 광주(光州)이며 율곡 이이와 구봉(龜峰) 송익필(宋翼弼)의 문인이다. 유일(遺逸)로 천거되어 여러 벼슬에 제수되었으나, 대부분 사직하고 고향에 은둔하면서 학문 연구와 후진 양성에 전념하여 우암 송시열 등 많은 석학들을 배출하였다.

285 도를……소원 : 이 내용은 《논어》 〈이인(里仁)〉의 "아침에 도를 들으면 저녁에 죽어도 괜찮다.〔朝聞道, 夕死可矣.〕"라는 공자의 말씀을 가리킨 것이다.

조병덕에게 답함 기유년 건양일[286]

答趙秉悳 己酉建陽日

녹문(鹿門)[287]께서는 이해력이 절륜(絶倫)하여 명리(名理)를 강론하고 연구함에 왕왕 마음을 스승으로 삼아 홀로 나아갔으니, 이분이 심(心)을 논한 것은 이(理)와 거의 다름이 없습니다.

미호(渼湖)에게 보낸 편지[288]에서 말한 '능(能)' 자는 영롱(玲瓏)하고 철저하지 않은 것은 아니나 끝내 정도가 너무 지나치고, 말년에 논한 이(理)는 초년에 말한 '능' 자의 그림자에 불과할 뿐이니, 분명 이것은 기(氣)를 이(理)로 잘못 인식한 것입니다.

이 어른은 기(氣)의 본연처(本然處)에서 실제로 견득(見得)한 것이 있었습니다. 그러므로 한결같이 기(氣)로부터 위로 이(理)까지 미루어가서 바로 근거할 만한 모상(摸象 모본(模本))이 있자, 마침내 이것을

286 기유년(己酉年) 건양일(建陽日) : 기유년은 1849년(헌종15)으로, 매산의 나이 74세 되던 해이고 건양일은 양을 세우는 날로 입춘(立春)을 이른다.

287 녹문(鹿門) : 임성주(任聖周, 1711～1783)의 호로, 자는 중사(仲思), 본관은 풍천(豐川)이며 도암(陶菴) 이재(李縡)의 문인이다. 1733년(영조9) 사마시에 합격하고 천거로 출사했다가 곧 사직하고, 1758년 공주의 녹문(鹿門)에 은거하여 학문 연구로 여생을 보냈다. 처음에는 스승을 따라 낙론(洛論)을 주장하다가 중년에 이르러 낙론과 호론(湖論)을 모두 비판하고, 화담(花潭) 서경덕(徐敬德)의 기일원론(氣一元論)을 계승 발전시켜 기일분수설(氣一分殊說)을 주장하여 한 학맥(學脈)을 이루었다.

288 미호(渼湖)에게 보낸 편지 : 미호는 김원행(金元行, 1702～1772)의 호이다. 이 편지는 《녹문집(鹿門集)》 권2 〈서(書)〉에 '답미호김공(答渼湖金公) 무오추(戊午秋)'라는 제목으로 실려 있다.

하나의 물(物)로 인식하고 지키기를 너무 견고히 하였는데. 이는 하나의 물 가운데에 본래 바르고 안정되어 바뀌지 않는 체(體)가 있음을 알지 못한 듯합니다.

노주(老洲)[289]께서는 이(理) 자를 부식(扶植)하셨으니, 그 공이 마땅히 맹자의 성선(性善)과 호연지기(浩然之氣)를 기른다는 의논과 함께 칭송되어야 할 것입니다. 이(理)는 무위(無爲)이고 기(氣)는 유위(有爲)이며 이(理)는 흔적이 없고 기(氣)는 흔적이 있으며 이(理)는 약하고 기(氣)는 강하여 이(理)가 기(氣)에게 가려집니다. 그러므로 성현의 천 마디 만 마디 말씀이, 오직 요약하면 이(理)가 기(氣)의 주체가 되는 것이니, 이(理)를 주장하는 것은 유자의 학문이요 기(氣)를 주장하는 것은 이단의 가르침입니다.

우리 유가 가운데 자득(自得)에 힘쓰는 자들이 거개가 주기(主氣)를 면치 못했으니, 이 때문에 화담(花潭)의 자득(自得)이 퇴계의 의양(依樣)만 못한 것입니다.[290]

289 노주(老洲) : 오희상(吳熙常, 1763~1833)의 호로 자는 사경(士敬), 본관은 해주(海州), 시호는 문원(文元)이다. 1800년(정조24) 천거로 세자익위사 세마에 제수되고, 황해도 도사 등을 지낸 뒤, 벼슬에서 물러나 광주(廣州)의 징악산(徵嶽山)에 은거하고 이후 찬선(贊善) 등 여러 관직에 제수되었으나 모두 사양하고 나아가지 않았다. 성리학을 깊이 연구하여 퇴계와 율곡의 설에 대해 절충적 태도를 취했으나, 주리(主理)와 주기(主氣)의 양설에 대해서는 주리설을 옹호하였다.

290 화담(花潭)의……것입니다 : 화담은 서경덕(徐敬德, 1489~1546)의 호이고 자는 가구(可久), 본관은 당성(唐城)이다. 송대의 주돈이(周敦頤)와 소옹(邵雍) 및 장재(張載)의 철학 사상을 조화시켜 기일원론(氣一元論)의 학설을 제창하여 독창적인 학맥을 형성하였다. 자득(自得)은 스스로 연구하여 터득한 것이고 의양(衣樣)은 성현의 학설을 본받아 따름을 이른다. 화담은 독학하여 스스로 깨우쳤으므로 정주학과 다른

'대상제(大祥祭)의 복장을 입어서 앞의 상(喪)이 끝마침이 있음을 보인 것이다.'라고 한 것은, 바로 《예기》 〈잡기(雜記)〉에 "아버지의 상(喪)이 있는데, 그 상이 아직 끝나기 전에 어머니가 별세하였으면, 아버지의 복을 벗을 때에 제복(除服)을 입었다가 제사가 끝나면 다시 어머니 상복을 입는다."라고 한 말로 인하여 이렇게 말한 것입니다.[291] 이것은 가벼운 상 중에 무거운 상을 벗는 것이니, 마땅히 백립(白笠)에 백포직령(白布直領)[292]과 백대(白帶)를 입고서 아버지 대상제를 행해야 하는데, 이는 의심스러울 것이 없습니다.

승중(承重)의 상 중에 아버지의 대상제를 행하는 경우는 어머니 상 중에 아버지 상을 행하는 것과는 똑같지 아니하여 압존(壓尊)하는 의의가 있으니, 흰 의관을 입을 수가 없습니다. 이에 내가 근재(近齋) 어른에게 여쭈었더니, 근재께서는 사계(沙溪)가 "비록 시마(緦麻)와 대공(大功), 소공(小功)의 가벼운 복이라 하더라도, 마땅히 잠시 중한

부분이 많이 있는 반면, 퇴계는 한결같이 주자를 신봉하였으므로 이렇게 말한 것이다.

291 대상제(大祥祭)의……것입니다 : 《예기》 〈잡기(雜記)〉에 "아버지의 상이 있으면서 만일 상을 끝마치기 전에 어머니가 별세하였으면 아버지의 상을 벗을 때에 제복(除服)을 입었다가 제사가 끝나면 어머니 상복을 다시 입는다.〔有父之喪, 如未沒喪而母死, 其除父之喪也, 服其除服, 卒事, 反喪服.〕"라고 하였는데, 진호(陳澔)의 《예기집설대전(禮記集說大全)》의 엄릉 방씨(嚴陵方氏)의 주에 "제복은 대상제의 복을 이르니, 제복을 입은 뒤에 다시 상복을 입음은 앞의 상이 끝마침이 있음을 보인 것이다.〔除服, 謂祥祭之服, 服其除服而後, 反喪服, 以示於前喪有終也.〕"라고 하였으므로 이렇게 말한 것이다. 대상제는 망자가 사망한 날로부터 만 2년이 되는 두 번째 기일(忌日)에 지내는 제사를 이른다.

292 백포직령(白布直領) : 흰 베로 만든 직령이다. 직령은 외의(外衣)에 깃을 다는 양식 가운데 하나로, 곧은 깃을 말한다.

복을 벗고 그 복을 입어야 한다. 하물며 대상의 복은 본래 길복이 아니니, 또 어찌 의심할 것이 있겠는가."라고 하신 말씀[293]을 인용하시고 말씀하기를 "압존하는 혐의는 마땅히 논할 바가 아니다."라고 하셨으니, 이것을 따를 만합니다.

그러나 늑천(櫟泉 송명흠(宋明欽))은 '조모(祖母)의 상 중에 아버지 복을 벗고 대상제를 행하여, 무거운 복을 완전히 폐하는 것은 온당치 못하다.'라고 하여, 포직령에 흰 띠와 폐양자(蔽陽子 패랭이) 차림으로 복을 벗었으니, 이것이 중도에 맞을 듯합니다.

승중의 상 중에도 오히려 이러한데 하물며 소후부(所後父 후사로 들어가 모시는 양부) 상중에 본생부모의 상을 벗는 경우에 있어서이겠습니까. 본생부모의 상을 벗으면 즉시 참제(黲制 옅은 청색의 옷을 입는 제도)를 받는데, 참제는 참최복(斬衰服) 중에 베풀 수 있는 것이 아닙니다. 삼년상을 지키는 자는 시마와 대공, 소공의 상에 성복(成服)할 때에도 오히려 중한 복을 벗고 가벼운 복을 입는데, 참제는 시마와 대공, 소공의 최복과 똑같지 않으니, 마땅히 가벼운 복에 견주어서 참복(黲服)[294]

293 사계(沙溪)가……말씀 : 사계는 김장생(金長生)의 호이다. 사계의 말씀은 《의례문해(疑禮問解)》 〈상례(喪禮) 대상(大祥)〉에 보이는데, 원작은 아래와 같다. "앞의 상의 대상제를 지낼 적에는, 그 상복을 입고 들어가서 곡한 뒤에 대상의 복을 입고 제사 지내며, 제사를 마치고는 다시 뒤의 상의 복을 입는 것이 옳다. 비록 시마(緦麻)와 대공(大功), 소공(小功)의 가벼운 복이라 하더라도, 마땅히 잠시 중한 복을 벗고 그 복을 입어야 하는데, 더구나 이런 경우에 있어서이겠는가. 또 대상의 복은 본래 길복이 아니니, 어찌 의심할 것이 있겠는가.〔前喪大祥之祭, 服其喪服 入哭後, 服大祥服, 祭畢, 還服後喪之服可也. 雖於緦功之輕服, 亦暫釋重服而服其服, 況於此乎. 且大祥之服, 本非吉服, 又何疑乎?〕"

294 참복(黲服) : 옅은 청색이나 검푸른 빛깔의 상복(喪服)으로, 연제(練祭) 때부터

으로 복을 바꾸어서는 안 될 것입니다. 다만 마땅히 늑천이 행하신 것을 바름으로 삼을 뿐입니다.

예로부터 성현들이 유속(流俗)에서 무함(誣陷)을 받은 경우가 또한 어찌 끝이 있겠습니까마는, 《삽교만록(霅橋漫錄)》[295]가운데에 있는 미호에 대한 언급과 같은 것은 교묘한 비방에서 나온 것이 아니요, 말을 전한 자의 망언으로 인하여, 잘못된 것을 그대로 인습하여 이렇게 된 것입니다. 삽교는 동쪽 지방의 고사(高士)이니, 숙손무숙(叔孫武叔)이 중니(仲尼)를 비방한 것[296]과는 같지 않습니다.

저 또한 일찍이 잘못된 전문(傳聞)을 듣고서 근재 어른에게 가서 질정(質正)하였더니, 말씀하시기를 "내가 일찍이 여러 번 미호 어른을 영동(永同) 관아의 숙소에서 뵈었는데,[297] 이런 일이 있음을 보지 못하

담제(禫祭) 전까지 입는다.

295 삽교만록(霅橋漫錄) : 영조 때의 문인인 안석경(安錫儆, 1718~1774)이 지은 일종의 잡록집(雜錄集)으로 모두 6권 5책으로 이루어져 있는데, 그 내용은 첫째 시국에 관한 견해, 둘째 사물에 대한 느낌, 셋째 역사적 사건에 대한 평, 넷째 인물의 행적, 다섯째 일상적인 대화, 여섯째 학문적인 견해, 일곱째 여행한 내용 등을 담고 있다. 안석경은 노론계 인물로 삽교는 그의 호이고 자는 숙화(淑華), 본관은 순흥(順興)이다. 과거에 3차례 응시했으나 낙방하자 34세(1752년)에 강원도 횡성의 삽교에 은거하고 저술 활동에 전념하였다.

296 숙손무숙(叔孫武叔)이……것 : 《논어》 〈자장(子張)〉에 보인다.

297 미호……뵈었는데 : 김원행의 큰아들 김이안(金履安, 1722~1791)이 1769년(영조45)에 영동 현감에 제수되자 김원행이 사판(祠版)을 모시고 아들을 따라가서 영동 관아에 거처하였기 때문에 이렇게 말한 것이다. 《承政院日記 英祖 45年 4月 29日》, 《미호집 제20권 고문(告文) 가묘에 고하는 글》

였고, 내가 여러 번 말하였으나 한 마디 말씀이 없으셨으니, 나는 스승의 말씀을 신복(信服)할 뿐이다."라고 하셨습니다.

미호는 세상에 드문 영웅호걸입니다. 언행(言行)의 정대함과 학술의 순수함이 비단 동시대의 인물을 하나하나 뽑아 볼 때에 더불어 견줄 만한 사람이 적을 뿐만이 아니니, 누가 감히 무함하는 글을 제멋대로 써서 흰 벽옥(璧玉)에 흠을 내겠습니까. 이것은 다만 자신의 분수를 알지 못함을 보일 뿐입니다.[298] 하필 후생의 젊은이들과 자질구레하게 변론해서 마치 사리를 따져 억울함을 밝히듯이 할 것이 있겠습니까.

298 다만……뿐입니다 : 이 내용은 《논어》 〈자장(子張)〉에 그대로 보이는데, 원문의 '다(多)'는 지(祗)의 뜻이다.

조병덕에게 답함 기유년 백로[299] 다음날

答趙秉悳 己酉白露之翌

문장에도 소심문(小心文)과 방담문(放膽文)[300]의 차이가 있으니, 학문을 함에 또한 어찌 그렇지 않겠습니까.

남당(南塘)[301]은 학문을 강(講)하고 이치를 논함에 있어 마음을 스승으로 삼아 스스로 터득해서 민첩함이 지나침을 면치 못하였습니다. 예(禮)를 논함에 이르러서는 경전(經傳)의 주(註)와 소(疏)를 일거에 쓸어버리고 자신의 설을 새로 만들었으니, 이것이 이른바 방담이라는 것입니다. 그가 말씀한 '천자와 제후의 경우는 장자(長子)를 위하여 참최(斬衰)[302]를 입을 수 없다'는 것과, '방손(傍孫)과 지손(支孫)으로

299 백로(白露) : 이십사절기의 하나로 처서(處暑)와 추분(秋分) 사이에 들며, 양력 9월 8, 9일 경이다.

300 소심문(小心文)과 방담문(放膽文) : 남송(南宋)의 문신이자 학자인 사방득(謝枋得, 1226-1289)이 편찬한 《문장궤범(文章軌範)》에서 나눈 문장의 두 격(格)으로, 방담문은 사소한 문법(文法)이나 자구에 구애되지 않고 생각과 느낌을 자유롭고 대담하게 기술하는 글을 이르고, 소심문은 세심한 주의를 기울여서 문법에 맞추어 쓰는 글을 이른다. 《문장궤범》은 전체의 글을 이 두 격으로 나누고 있다.

301 남당(南塘) : 한원진(韓元震, 1682~1751)의 호이다. 한원진에 대한 자세한 내용은 377쪽 주155 참조.

302 참최(斬衰) : 상례(喪禮)에서 가장 무거운 복(服)으로, 부친상, 장자(長子)의 상, 또는 아버지가 돌아가신 아들이 할아버지의 상을 당하여 승중(承重)이 되었을 경우와 군주와 남편을 위해 3년 동안 입는바, 가장 거친 생포로 만들고 하단을 깁지 않고 그대로 두기 때문에 붙여진 이름이다.

서 들어가 대통(大統)을 이어서 선군(先君)을 아버지라고 할 수 없는 경우에 마땅히 그 사친(私親 생부(生父))을 아버지라고 칭하고 그 상에 삼년복을 입어야 한다'는 것은 근거가 없고 자기 마음속의 생각을 취해 쓴 것이니, 기탄(忌憚)이 없음에 가깝지 않겠습니까. 다만 놀랍고 두려울 뿐만이 아닙니다.

녹문(鹿門)께서 변론한 말씀이 너무나 명백하고 통쾌해서 다시는 미진함이 없으니, 이 변론이 예교(禮敎)에 도움을 주는 것을 어찌 측량할 수 있겠습니까. 지하에서 다시 살아나올 수 있다면 남당 또한 응당 후회하고 사죄하기에 겨를이 없을 것입니다.

스승은 복(服)이 없어서 심상(心喪) 삼년을 한다는 것은 바꿀 수 없는 바른 이치이고, 정자(程子)와 율곡의 정의의 깊고 얕음에 따라야 한다는 주장[303]은 더욱 그만둘 수 없는 것입니다. 또 마땅히 《예기》 〈단궁

303 정자(程子)와……주장 : 정자의 주장은 《이정유서(二程遺書)》 권2 상 〈원풍기미 여여숙 동견이선생어(元豐己未呂與叔東見二先生語〉에 "스승을 위해서는 복을 확정할 수 없으니, 복을 확정해서는 안 되고 응당 정의 후박(厚薄)과 일의 대소에 따라 처리해야 한다. 안연(顏淵)과 민자건(閔子騫)과 같은 사람은 공자에 대해서는 비록 참최 3년의 복을 입더라도 괜찮으니, 자신을 이루어 준 공이 군부와 똑같기 때문이다. 그다음은 각각 정의 얕고 깊음이 있으니 그 정에 걸맞게 할 뿐이다. 아래로 작은 기예에 이르러서도 스승이 있으니, 어찌 제복(制服)을 똑같이 할 수 있겠는가.'〔師不立服, 不可立也, 當以情之厚薄, 事之大小處之. 如顏閔之於孔子, 雖斬衰三年, 可也, 其成己之功, 與君父竝. 其次各有淺深, 稱其情而已. 下至曲藝, 莫不有師, 豈可一槩制服?〕"라고 보이는데, 이 내용은 횡거(橫渠) 장재(張載)의 《장자전서(張子全書)》 권8 〈상기(喪紀)〉에도 그대로 보인다. 율곡의 주장은 《율곡전서(栗谷全書)》 권27 〈격몽요결(擊蒙要訣) 제6장 상제(喪制)〉에 "스승은 그 정의의 깊고 얕음에 따라 심상 3년, 혹 기년, 혹 9개월, 혹 5개월, 혹 3개월을 한다.〔師則隨其情義深淺, 或心喪三年, 或期年, 或九月, 或五月,

(檀弓)〉의 말[304]에 의거하여, 조복(弔服)에 가마(加麻)[305]하다가 3개월 만에 마를 제거하고 심상 삼년을 하는 것이 마땅합니다. "이렇게 하지 못한 경우는 이는 붕우(朋友)를 위한 가마이지 스승을 위한 복이 아니다."라고 한 《가례집고(家禮集考)》[306]의 말이 진실로 경의(經義)를 지키는 것이나, 심상 삼년을 어찌 모든 사람들에게 요구할 수 있겠습니까.

반드시 3년을 준(準)하기를, 면재(勉齋)가 주자가 별세하셨을 때에 한 것처럼 하면 바름을 얻은 것이나, 그렇지 못하면 사계(沙溪)가 율곡이 별세하였을 때와, 우암이 사계가 별세하였을 때처럼 기년(期年)을 한도로 삼는 것이 중도에 맞을 듯합니다. 이름은 3년이라고 하나 심상을 엄하게 하지 않는다면 그 시기를 줄이면서 그 예(禮)를 다하는 것만 못합니다. 마땅히 정(情)과 예(禮) 사이에서 이리저리 맞추어 대처해야 할 것이니, 국한하여 정하기 어려울 듯합니다.

만약 다만 이천(伊川)의 얼굴을 바라보기만 한 자[307]에게 심상 삼년

或三月.〕"라고 보인다.

304 예기 단궁(檀弓)의 말 : 이 내용은 다음과 같다. "스승을 섬기되 면전에서 간함도 없고 은미하게 간함도 없으며, 좌우로 나아가 봉양하되 일정한 방소가 없으며, 부지런히 일하여 죽음에 이르며, 심상 3년을 한다.〔事師, 無犯無隱, 左右就養, 無方, 服勤至死, 心喪三年.〕"

305 가마(加麻) : 삼베를 가늘게 꼬아 머리에 두르는 것으로 주로 스승의 상에 착용하였다.

306 가례집고(家禮集考) : 영조 때의 문신인 백고(伯高) 김종후(金鍾厚 1721~1780)가 《가례(家禮)》를 본문으로 삼고, 《의례(儀禮)》·《주례(周禮)》·《예기(禮記)》의 삼례(三禮)와 고금의 경전(經傳)은 물론 패림소설류(稗林小說類)까지 두루 망라하여 《가례》와 관계되는 사항을 편찬한 책인데, 제자 임육(任焴)이 간행하였다.

을 하라고 요구한다면, 스승과 제자라는 명칭이 이로부터 끊어질까 적이 두려우니, 어찌 민망할 만한 일이 아니겠습니까. 스승에게는 복을 확정하지 않는 법이니, 복을 확정할 수 없다면 마땅히 정의의 후박(厚薄)과 일의 대소에 따라 대처해야 합니다. 예를 들면 안자(顏子)와 증자(曾子)가 공자에게 있어서는 참최 삼년복을 입더라도 또한 괜찮으니, 자기를 이루어준 공이 군주와 아버지와 똑같기 때문이요, 그 다음은 각각 그 정에 걸맞게 할 뿐입니다.[308]

《의례》〈상복(喪服)〉의 기(記)에 '붕우를 위해서는 시마복을 입는다.〔朋友緦〕'라고 말하지 않고 '붕우를 위해서는 마를 한다.〔朋友麻〕'라고 하였으니, 시마복을 입는 것이 아니고 다만 조복(弔服) 위에다가 가마(加麻)할 뿐입니다. 그러므로 주에 이르기를 "서로 시마복의 질대(絰帶)를 한다."라고 하였는데, 이는 오복(五服)[309]의 밖에 처한 것이니, 그렇다면 시마복이 아님을 알 수 있습니다. 장례가 끝나면 그 마를 제거하고, 마치 스승의 복처럼 다시 심상을 행하는 것이 아닙니다.

307 이천(伊川)의……자 : 스승의 문하에 들었으나 그 가르침을 제대로 받아들이지 못한 자를 이른다. 《주자어류(朱子語類)》 권101 〈정자문인(程子門人)〉에 "묻기를 '일찍이 진택(震澤)이 쓴 〈기선록(記善錄)〉을 보건대, 이 사람은 이천 선생을 직접 뵙고 배웠는데, 어찌하여 이처럼 잘못이 있습니까?' 하니, 답하기를 '이 사람은 다만 이천 선생의 얼굴을 바라보기만 했을 뿐이다.' 하였다.〔問: "嘗見震澤記善錄, 彼親見伊川, 何故如此之差?" 曰: "彼只見伊川面耳."〕"라고 보인다.

308 스승에게는……뿐입니다 : 이 내용은 정자(程子)의 말씀을 원용한 것으로, 앞의 439쪽 주303 참조.

309 오복(五服) : 참최(斬衰), 자최(齊衰), 대공(大功), 소공(小功), 시마(緦麻)의 다섯 가지 상례의 복제를 이른다.

붕우의 묘(墓)에는 풀이 묵으면 곡하지 않는데, 이는 기년이 지나면 다시 곡하지 않기 때문입니다. 붕우의 기년을 인용하여 스승을 위해서 삼년복을 입는 것의 증거로 삼은 것은 정현(鄭玄)의 주가 매우 올바르게 보았으니, 삼년의 경우는 심상이고 기년의 경우는 곡할 뿐입니다.

조병덕에게 답함 경술년[310] 정월

答趙秉悳 庚戌元月

《사전(思傳)》[311]은 멈추지 않고 반복하여 읽으며 깊이 연구하고 계십니까? 도(道)의 체(體)가 《중용》에 이르러 분명하고 밝게 드러나서 다시는 미진함이 없습니다.

'처음에는 한 이치(理致)를 말하였다'는 것은 바로 천명지성(天命之性)을 말한 것이요, '중간에는 흩어져 만사(萬事)가 되었다'는 것은 달도(達道), 달덕(達德), 구경(九經), 천도(天道), 인도(人道)의 등속이니, 천명지성(天命之性) 아닌 것이 없고, '끝에는 다시 합하여 한 이치가 되었다'는 것은 바로 상천(上天)의 일이 소리도 없고 냄새도 없다는 것이니, 바로 또 천명지성입니다.[312] 이는 좌하께서 평소에 늘 하시는 말씀이니 다시 언급할 필요가 없으나, 제가 속으로 찬탄하는 마음을 금하지 못하여 다시 이렇게 말하는 것입니다.

310 경술년(庚戌年) : 1850년(철종1)으로, 매산의 나이 75세 되던 해이다.

311 사전(思傳) : 자사(子思)가 지은 책이란 뜻으로 《중용(中庸)》을 이른다.

312 처음에는……천명지성입니다 : 이 내용은 《중용장구》 편제(篇題)에서 정자(程子)가 "이 책이 처음에는 한 이치를 말하였고 중간에는 흩어져 만사가 되었고 끝에는 다시 합하여 한 이치가 되었다.〔其書, 始言一理, 中散爲萬事, 末復合爲一理.〕"라고 한 말을 인용하고 부연한 것이다. 상천(上天)의 일이 소리도 없고 냄새도 없다는 것은 《중용장구》 제33장에 "덕은 가볍기가 터럭과 같다고 하였는데 터럭도 오히려 비교할 만한 것이 있으니, 상천의 일은 소리도 없고 냄새도 없다는 표현이어야 지극하다 할 것이다.〔德輶如毛, 毛猶有倫, 上天之載, 無聲無臭, 至矣.〕"라는 구절을 이른 것이다.

'신령(神靈)이란 두 글자는 성(性)을 말한 것이 아니다.'라는 것은 주자께서 또한 일찍이 말씀하신 것인데,[313] 허령불매(虛靈不昧)의 영(靈)과 음양불측(陰陽不測)의 신(神)을 형이상(形而上)에 소속시킨 것은 도(道)와 기(器)[314]의 분별을 제대로 분변하지 못한 듯합니다.

신(神)과 이(理)가 진실로 묘하게 합쳐서 간격이 없으나 어찌 혼합하여 한 물(物)로 만들 수 있겠습니까. 이는 마음과 기질의 분별을 알지 못한 데에서 나와 이렇게 된 것입니다.

실제로 심(心)의 체(體)가 지극히 신묘하고 지극히 허령함을 알았다면 자연 많은 말이 필요 없으나, 이미 남당(南塘)과 병계(屛溪) 등 제현(諸賢)을 따라 마음을 기질로 잘못 인식하여 다만 마음을 화장(火臟)[315]으로 부른 것일 뿐이니, 또한 이것을 굳이 다시 말하고 싶지 않습니다. 좌하께서는 또한 의당 각자 자신이 들은 바를 높여야 할 것이니, 어찌 굳이 변석(辯析)함에 절절해 할 것이 있겠습니까. 《시남속집(市南續集)》[316]에서 말했다는 것은, 또한 손을 나누어 억지로 만든 데서

313 신령(神靈)이란……것인데 : 주자의 말씀은 《주자대전》 권52 〈서(書) 답왕장유(答汪長孺)〉에 보인다.

314 도(道)와 기(器) : 도는 무형(無形)의 추상적인 도리를 뜻하고, 기는 유형(有形)의 구체적인 사물을 뜻하는 용어이다. 《주역》 〈계사전 상(繫辭傳上)〉에, "형이상의 것을 도라 하고, 형이하의 것을 기라고 한다.〔形而上者謂之道, 形而下者謂之器.〕"라고 보인다.

315 화장(火臟) : 불의 장기(臟器)라는 뜻으로 마음을 형(形)으로 말한 것이다. 마음을 기(氣)의 근본으로 말하면 정상(精爽)이 된다.

316 시남속집(市南續集) : 《시남집》의 별집을 말한 것으로 보인다. 《시남집》은 유계(兪棨, 1607~1664)의 문집으로 시남은 유계의 호이다. 자는 무중(武仲), 본관은 기계(杞溪)로 사계 김장생의 문인이었으며, 우암(尤菴) 송시열(宋時烈), 미촌(美村) 윤선

나온 것이니, 내버려 두고 다시는 말하지 않겠습니다.

보여주신 주자의 혼사(婚事)의 원서(原書) 가운데 '이 아이〔此兒〕'라고 말씀한 것이 셋째 따님이 아님을 어찌 알겠습니까?[317] 예(禮)는 차례를 따르는 것을 주장하니, 도혼(倒婚)[318]은 당연한 것이 아닐 듯합니다. 비록 사세(事勢)에 구애되어서 이렇게 되었더라도 후세에 법이 될 수 있는 것은 아니니, 어찌 대현(大賢)이 행한 것이라 하여 구차히 따를 수 있겠습니까.

거(尹宣擧) 등과 교유하였다.

317 주자의……알겠습니까 : 이 내용은 주자가 혼사(婚事)에 대해 밝힌 글 중에 역혼(逆婚)을 짐작할 만한 구절이 있으나, 이 글도 '이 아이〔此兒〕'를 막내인 셋째 따님으로 보면 역혼이 아니라는 말이다. 이 내용이 보이는 주자의 글은 미상이다. 주자가 쓴 혼서(婚書)는 《주자대전》 권85에 〈회황씨정서(回黃氏定書)〉, 〈회범씨정서(回范氏定書)〉, 〈회주씨정서(回周氏定書)〉 등 모두 세 편이 실려 있는데, '이 아이〔此兒〕'라는 말은 보이지 않는다.

318 도혼(倒婚) : 역혼(逆婚)과 같은 말로 형제, 자매 중에서 나이 적은 사람이 먼저 혼인하는 것을 이른다.

조병덕에게 답함 임자년 맹하[319]

答趙秉悳 壬子孟夏

환아 사군(換鵝使君)[320]께서는 근황이 평안하고 길하시며 또 상관에게 신임을 얻어서 고을을 다스리는 정사(政事)가 여유가 있습니까? 듣건대 천 리 길에 양식을 보내서 맛있는 음식을 바치셨다고 하니, 짐작하건대 응당 어려움이 많았을 것입니다.

보여주신 편지에 사치를 익힌 지가 오래되어서 갑자기 변할 수 없다는 것은 바로 모든 세속 사람들이 똑같이 염려하는 것이고, 비단 존문(尊門)만의 걱정이 아닙니다. 또 먼 친척들에게까지 이것을 미루는 것은 더욱 힘을 쓰기가 어렵지만 자손을 위하여 복을 아낌은 검소함을 숭상하는데 달려 있습니다. 그러므로 말하기를 '검소함은 덕의 공손함이다.〔儉德之恭也〕'[321]라고 하였습니다. 헤아려보건대 응당 이 뜻으로

319 임자년(壬子年) 맹하(孟夏) : 임자년은 1852년(철종3)으로, 매산의 나이 77세 되던 해이고 맹하는 음력 4월을 이른다.

320 환아 사군(換鵝使君) : 당시 광양 현감(光陽縣監)으로 있던 조병덕을 중국의 서성(書聖) 왕희지(王羲之, 307~365)에 견주어 높인 것이다. 환아란 글씨를 거위와 바꾸었다는 뜻이다. 왕희지가 거위를 매우 좋아하였는데, 거위를 많이 기르고 있던 한 도사가 왕희지에게 "나에게 도경(道經)을 써 주고 마음대로 거위를 가져가라." 하니, 왕희지는 일필휘지하여 도경을 다 쓴 다음 새장에 거위를 가득히 넣어 가지고 갔다고 한다. 글씨와 거위를 바꾼 이 고사는 천고의 풍류로 알려져 있다. 사군은 사또와 같은 말로 고을 수령을 이르는 말이다. 조병덕의 서법(書法)이 훌륭해서 이렇게 칭한 듯하나, 분명하지 않다.

321 검소함은 덕의 공손함이다 : 이 내용은 노(魯)나라의 대부(大夫) 어손(御孫)의

집안의 모범(模範 법도)을 삼을 것이니, 양공(良工)의 마음이 홀로 괴로우시리라 삼가 염려됩니다.

성대한 학업을 우환(憂患) 때문에 잠시 중지함은 진실로 안타까우나, 팔질(八耋 팔순(八旬))의 노친을 모시고 백 명 식구의 생명을 관리하는 자가 만약 일이 없기를 기다린다 하여도 그럴 날이 없을 듯합니다. 분수에 따라 공력을 쓰고 굳건히 운행하는 하늘의 덕을 따라 날마다 하고도 부족하게 여겨서 사문의 한 맥(脈)을 연장하게 하는 것, 이것이 우러러 바라는 바입니다.

천한 이 몸의 병은 날과 달이 갈수록 더욱 심해져서 갑자기 위(머리)는 어지럽고 아래는 마비가 되어 몸을 병석에 맡기고 있으니, 참으로 시체와 귀신 노릇을 하지 않을 때가 드뭅니다. 항상 바람이 촛불을 엄습하여 다시는 우리 유문(孺文)을 보지 못하고 죽을까 두려우니, 죽음은 진실로 쾌활한 일이나 끝내 도를 듣지 못하여 장차 천고의 한을 품고 죽을 것이니, 이것이 애통하고 답답한 것입니다.

저는 비록 말할 만한 사람이 되지 못하나 천지의 중간에 자유로운 몸이니, 모기떼가 북을 울리면서 시끄럽게 떠드는 소음(騷音)과 많은 소인들의 분분한 황설(簧舌)[322]이 저와 무슨 상관이 있겠습니까. 위태로운 목숨이 차게 식어가서 경각(頃刻)이 다하기를 기다리는 자가,

말로 보인다. 《춘추좌씨전(春秋左氏傳)》 장공(莊公) 24년 기사에 대부 어손이 장공에게 간한 말 중에 "검소함은 덕 중에 큰 것이다.〔儉, 德之恭也.〕"라고 보이는데, 매산은 이 공(共) 자를 공(恭) 자로 본 듯하다.

322 황설(簧舌) : 관악기의 소리를 내게 하는 떨림판인데, 소인들이 교묘하게 꾸며내는 참언(讒言)을 비유하는 말로 쓰인다. 《시경》 〈소아(小雅) 교언(巧言)〉에 "황(簧)과 같은 공교로운 말은 얼굴이 두껍기 때문이다.〔巧言如簧, 顔之厚矣.〕"라고 보인다.

어찌 김가(金哥)와 이가(李哥) 두 사람[323]과 장단(長短)을 다툴 수가 있겠습니까.

이른바 비방과 칭찬이라는 것은 오로지 사랑하고 미워하는 감정에서 나오는 것이니, 좋아하고 미워함이 어찌 일찍이 일정한 기준이 있었습니까. 화양노자(華陽老子)는 삼달존(三達尊)을 모두 겸하였는데도[324] 오히려 창퇴(倉魋)[325]와 같은 자들의 험악한 비방을 면치 못했는데, 하물며 말세에 있어서이겠습니까.

인심의 험악함이 자못 구당협(瞿塘峽)의 염예퇴(灩澦堆)[326]보다도

323 김가(金哥)와 이가(李哥) 두 사람 : 매산 주변에서 매산을 비방하는 인물들로 보이나 누구인지는 미상이다.

324 화양노자(華陽老子)는……겸하였는데도 : 화양노자는 우암 송시열을 높여 부른 것으로 우암이 충북 괴산(槐山)의 화양동(華陽洞)에서 강학하였으므로 이렇게 칭한 것이다. 삼달존(三達尊)은 누구나 공통적으로 높이는 세 가지 높은 것으로, 연치와 벼슬과 덕망을 이른다. 《맹자》 〈공손추 하(公孫丑下)〉에 "천하에 공통적으로 높이는 것이 세 가지가 있으니, 관작이 하나요 연치가 하나요 덕이 하나이다. 조정에는 관작만한 것이 없고 향당에는 연치만한 것이 없고 세상을 돕고 백성을 기름에는 덕만한 것이 없다.〔天下有達尊三, 爵一, 齒一, 德一, 朝廷莫如爵, 鄕黨莫如齒, 輔世長民莫如德.〕" 라고 보인다.

325 창퇴(倉魋) : 춘추 시대 송(宋)나라의 사마(司馬)인 환퇴(桓魋)를 가리킨 것으로 보인다. 창(倉)은 비루하다는 뜻의 창(傖)과 통한다. 공자가 송나라에 가서 제자들과 큰 나무 밑에서 예를 익히고 있을 때 환퇴가 그 나무를 뽑아 공자를 압사시키려다가 미수에 그쳤다. 《논어》 〈술이(述而)〉에 "하늘이 나에게 덕성을 부여하였으니 환퇴가 나를 어찌하겠는가." 하였다.

326 구당협(瞿塘峽)의 염예퇴(灩澦堆) : 몹시 험악함에 대한 비유이다. 구당협은 양자강(揚子江) 삼협(三峽) 중의 하나로, 물살이 매우 거센 곳이다. 염예퇴는 구당협의 입구에 솟아 있는 험한 바위의 이름으로, 겨울철에 강물이 줄어들면 수백 자나 우뚝하게 드러나고 여름에 강물이 불면 수십 자나 물에 잠기는데, 뱃사공들이 무서워서 감히

심하니, 우리들은 오직 하늘에 죄를 짓지 않기를 바랄 뿐입니다. 우리들은 자신을 지키는 사람이 되고 자신의 마음을 닦아야 하니, 어찌 한가로운 공부[327]를 하면서 남들을 향해 변명하겠습니까. 남들의 선악에 대한 품평이 너무 분명하면 화를 당함에 이르기 쉬우니, 선행을 칭찬할 때는 길게 하고 악행을 비난할 때는 짧게 하는 것이, 바로 곽유도(郭有道)가 화를 면한 이유입니다.[328]

오백풍(吳伯豐)[329]은 주자 문하의 안자(顔子)였으니, 만약 그가 세상을 일찍 떠나지 않았다면, 주자의 옷과 책이 어찌 면재(勉齋)[330]에게

가까이 다가가지 못한다고 한다.

327 한가로운 공부 : 자신의 수양에 실질적인 도움이 되는 절실한 공부가 아닌 쓸데없는 공부를 뜻한다. 송나라의 학자 상채(上蔡) 사양좌(謝良佐)가 "천명을 아는 것이 비록 천근하다고 하여도 또한 만사에 진실로 천명이 있어서 사람의 힘으로 비교하여 따질 수 없음을 또한 믿어야 한다. 만약 믿음이 미치지 않으면, 바람이 불어 풀이 움직여도 바로 두려워하고 걱정하고 기뻐하는 마음이 생겨서, 잘못 쓸데없는 공부를 하게 되고 잘못 쓸데없는 신경을 쓰게 된다.〔知命雖淺近, 也要信得及, 萬事眞實有命, 人力較計不得. 若信不及, 風吹草動, 便生恐懼憂喜, 枉做却閒工夫, 枉用却閒心力.〕"라고 하였다.《上蔡語錄 卷1》

328 곽유도(郭有道)가……이유입니다 : 곽유도는 후한(後漢)의 명사(名士) 곽태(郭泰, 128~169)로 유도는 그의 호이다. 자는 임종(林宗)이고 고전(古典)에 널리 통하여 제자가 수천 명이 되었으며 명성이 경사(京師)에 자자하였으나 위태로운 말이나 각박한 논의를 하지 않았기 때문에 당고(黨錮)의 화란을 면할 수 있었는바, 이 때문에 이렇게 말한 것이다.《後漢書 卷58 高士傳》

329 오백풍(吳伯豐) : 남송의 학자인 오필대(吳必大)로 백풍은 그의 자이다. 주자 문하의 고제(高弟)로 뛰어난 학문에도 불구하고 단명하였다. 간신 한탁주(韓侂胄)가 집권할 때에 벼슬에 임명되었으므로 주자가 걱정하였는데, 뒤에 주자의 학문을 위학(僞學)으로 몰아 금지시키자 바로 벼슬을 그만두었다.

330 면재(勉齋) : 남송의 학자인 황간(黃榦, 1152~1221)의 호이다. 자는 직경(直

전해졌겠습니까. 주자께서 처음에는 오백풍의 입지가 견고하지 못함을 의심하고, 심지어는 "어찌 일찍이 안자가 되어 환사마(桓司馬)의 가신이 된 것을 본 적이 있겠는가."[331]라고 하시다가, 다시 그가 세워 확립한 것이 탁월함을 듣고는 그가 일찍 세상을 떠나자, 우리 도가 쇠퇴함을 한탄하셨습니다. 그대는 다만 그 처음만 알고 그 끝을 모르기 때문에 월조평(月朝評)[332]이 이와 같은 것일 것입니다.

내가 좌하에게 기대하고 바라는 것은 시종 똑같은 한 법도이니, 참으로 큰 원두(原頭 도의 근원)에 대해 능히 참되고 간절하게 견득(見得)하였다면, 세간(世間)의 득실(得失)과 영욕(榮辱)은 자질구레하여 굳이 말할 것이 못됩니다. 편지에서 '죽어서 자신의 시신이 도랑에 버려질 것을 잊지 않으면 자연 장애가 없어서 크게 쾌활하다'고 하였으니, 이 글을 읽음에 나도 모르게 속된 흉금이 깨끗해지니, 우리 유문이 아니라면 어디에서 이와 같은 명론(名論)을 볼 수 있겠습니까.

卿)으로, 주자(朱子)의 고제(高弟)이며 셋째 사위이다. 주자가 위독하였을 때, 자신의 심의(深衣)와 저서를 모두 황간에게 넘겨주었으므로 주희의 도통을 전수받은 이로 일컬어진다.《宋史 卷430 列傳第189 道統4 黃榦》

331 어찌……있겠는가 : 주자의 이 말씀은《회암속집(晦庵續集)》권1 〈서(書) 답황직경(答黃直卿)〉에 보인다. 환사마(桓司馬)는 춘추시대 송나라의 대부로 사마 벼슬을 지낸 환퇴(桓魋)로 자세한 내용은 421쪽 주261 참조.

332 월조평(月朝評) : 인물에 대한 품평을 이르는데, 월조는 월초를 이른다. 원래의 명칭은 월단평(月旦評)이었는데, 조선조에서는 태조(太祖)의 어휘(御諱)를 피하여 '단'을 '조'로 바꾸어 쓴 것이다. 한(漢)나라 때 허소(許劭)가 향당의 인물을 논평하기를 좋아해서 매월 초하루가 되면 인물을 품평하였으므로 여남(汝南) 사람들이 이를 '월단평'이라고 하였다.《後漢書 卷68 許劭列傳》

우리나라의 신임(辛壬) 연간의 일[333]은 불행히도 조송(趙宋)의 광종(光宗)과 영종(寧宗) 때의 일[334]과 서로 유사합니다. 사대신(四大臣)은 여간(餘干)의 임무를 담당한 분들로,[335] 미리 저위(儲位)를 세운 것은 그 충성이 똑같으나 다만 소희(紹熙) 연간처럼 예(禮)를 행하지 못했을 뿐입니다.[336]

333 신임(辛壬) 연간의 일 : 경종 1년(1721)에 일어난 신축환국(辛丑換局)과 그 다음해 일어난 임인옥사(壬寅獄事)로 이를 아울러 신임사화(辛壬士禍)라고 일컫는다. 1721년 숙종이 죽고 경종이 33세의 나이로 즉위하였는데, 후사가 없고 병이 많자, 노론의 주도하에 연잉군(延礽君 영조)을 세제(世弟)로 책봉하고 세제의 대리청정을 강행하려 하였다. 이에 소론인 사직(司直) 김일경(金一鏡) 등이 노론의 행위를 경종에 대한 불충으로 몰아 노론의 사대신(四大臣)을 파직시켜 유배 보냈으며, 이외에도 많은 노론들을 삭식시키고 소론을 등용하였다. 이듬해 3월에 목호룡(睦虎龍)이 노론이 세자 시절의 경종을 시해하려 했다고 고변하자 옥사를 일으켜, 유배된 노론의 사대신을 사사(賜死)하고 대다수의 노론을 제거하였다.

334 조송(趙宋)의……일 : 조송은 조광윤(趙匡胤)이 세운 송(宋)나라를 이른다. 광종(光宗)은 남송의 황제이다. 효종(孝宗)의 셋째 아들로 건도(乾道) 7년(1171) 황태자가 되고, 효종이 순희(淳熙) 16년(1189) 퇴위하여 상황이 되자 즉위하였다. 효종이 자신을 폐위시킬 뜻이 있다고 의심하여 효종에게 조회를 하지 않았고 소희(紹熙) 5년(1194) 효종이 붕어하자 병을 이유로 나가 상례(喪禮)를 주관하지 않았다. 이에 조여우(趙汝愚)가 태황태후 오씨(吳氏)에게 간하여 광종을 상황(上皇)으로 올려 물러나게 하고 광종의 둘째 아들 조확(趙擴)을 영종(寧宗)으로 즉위하게 하였다.

335 사대신(四大臣)은……분들로 : 사대신은 왕세제(王世弟)의 대리청정을 주청하였다가 반역죄로 몰려 죽은 노론의 사대신으로, 영의정 김창집(金昌集)·영중추부사 이이명(李頤命)·판중추부사 조태채(趙泰采)·좌의정 이건명(李健命)을 가리킨다. 여간(餘干)은 송(宋)나라 효종(孝宗)과 영종(寧宗) 때의 정승 조여우(趙汝愚)를 가리킨 것으로, 여간은 바로 그가 출생한 곳이다.

336 소희(紹熙)……뿐입니다 : 소희는 남송 광종(光宗)의 연호로 1190년부터 1194년까지이다. 예(禮)는 광종이 영종(寧宗)에게 제위(帝位)를 선양하고 태상황(太上皇)

또 경종(景宗)께서 물러나 한가로이 쉬고자 한다는 뜻의 하교(下敎)가 있었고, 세제(世弟)께서 국정에 참여하여 이를 재결(裁決)하는 것은 선양(禪讓)과는 다른데도, 며칠 동안 신하들이 조정에서 그칠 줄 모르고 논쟁했던 것은, 비록 협박하고 방해한 죄가 여러 흉인(兇人)들에게 있었지만, 사대신 또한 끝내 화를 염려함에 너무 지나쳤습니다. 그러므로 도암(陶菴) 어른께서 옥서(玉署)의 장관으로 화전(花田)에 있으면서,[337] 한 번도 들어가 정사에 참여하지 않았으니, 이 때문에 〈소희행례기(紹熙行禮記)〉의 발문(跋文)을 지은 것입니다.[338] 이 글은 건저(建儲)하는 의리에 대해 철저하게 파헤친 것이니, 구경(九京 구천

이 된 것을 이른다. 소희 5년에 당시 태상황이던 효종(孝宗)이 승하하였는데도 광종이 질병을 핑계로 상(喪)에 나오지 않자, 태황태후(太皇太后) 오씨(吳氏)가 조여우(趙汝愚) 등의 요청을 받아들여 황자(皇子)인 가왕(嘉王)을 황제로 즉위시키고, 광종을 태상황(爲太上皇)으로 삼았다.

337 도암(陶菴)……있으면서 : 도암은 이재(李縡, 1680~1746)의 호이고 옥서(玉署)는 옥당(玉堂)과 같은 말로 홍문관(弘文館)의 별칭이며 화전(花田)은 지명으로 지금의 경기도 고양시에 있었다. 이재는 1722년(경종2) 임인옥사(壬寅獄事) 때 홍문관의 장(長)인 부제학(副提學)으로 있다가 벼슬을 그만두고 화전으로 물러났다. 이재는 자가 희경(熙卿), 본관이 우봉(牛峰)이며 농암(農巖) 김창협(金昌協)의 문인이다.

338 소희행례기(紹熙行禮記)의……것입니다 : 〈소희행례기〉는 남송(南宋) 말기의 학자이자 문신인 주밀(周密, 1232~1308)이 지은 글이다. 주밀은 자가 공근(公瑾), 호가 초창(草窓)으로 경정(景定) 초년에 절서 사사막관(浙西師司幕官)에 제수되었으나 오래지 않아 관직을 버리고 호주(湖州)에 은거하여 학문과 저술에 전념하였다. 〈소희행례기〉는 원말명초(元末明初) 때의 학자인 도종의(陶宗儀, 1329~?)가 편찬한 《설부(說郛)》 권51에 실려 있다. 이재가 이 글의 발문을 지은 것은 《조선왕조실록》 영조 10년 4월 12일 기사에 "문정공(文正公) 이재(李縡)가 〈소희행례기〉 발문(跋文)에 쓰기를, '애석하도다. 신축년 · 임인년의 대신(大臣)들이 능히 이 일을 처리하지 못하였도다.' 하였다."라고 보인다.

(九泉))에 계신 분들이 다시 살아나신다면 네 분의 충신 또한 응당 빙그레 웃으실 것입니다.

"신임 연간의 무옥(誣獄)에 있어 다섯 분 같은 분들은 생각이 지위를 벗어났더라도, 모두 마땅히 한 충(忠) 자로 단정해야 할 것이고, 백망(白望)처럼 미친한 자는 다만 한 원(冤) 자로 단정해야 한다."라고 하였으니,[339] 이것은 바로 도암 어른의 정론이니, 이치에 밝고 진리를 아는 말씀임을 징험할 수 있습니다. 이 발문이 문집의 원집에서 삭제된 것은 진실로 한스러울 만하나, 이것은 바로 김씨 집안의 여러분들이[340] 《도암집》을 받지 않고자 하여 마침내 이렇게 된 것이니, 부득이한 사정이 있었던 것입니다.

노주(老洲)가 지은 〈변혹(辨惑)〉은 천지간의 아주 특별한 문자이지만, 기휘(忌諱)할 바가 이 발문보다 심하니, 어찌 대번에 이것을 세상

339 신임……하였으니 : 문맥으로 보아 이 구절을 〈소희행례기〉 발문의 한 구절로 보고 번역하였는데, 〈소희행례기〉의 발문이 전해지지 않아 확인은 불가하다. 원문의 '출위(出位)'는 《주역》 〈간괘(艮卦) 상전(象傳)〉의 "산이 거듭함이 간(艮)이니, 군자가 이를 보고서 생각함이 그 지위를 벗어나지 않는다.〔兼山艮, 君子以思不出其位.〕"라는 구절에서 유래한 말로, 자신이 처한 지위의 분수를 벗어난 말을 하지 않음을 이른다. 다섯 분은 노론 사대신이 포함될 것이나, 또 한 분은 누구인지 미상이다. 백망(白望, 1627~1722)은 자가 구이(久而), 본관이 수원(水原)이다. 1722년(경종2)에 목호룡(睦虎龍)의 고변(告變)에 임금을 시해하려는 역적 무리 중의 한 명으로 적시된 인물인데, 국청(鞫廳)에 잡혀 들어가서 심문을 당할 적에 끝까지 소론과 남인 계열이 조작한 모함이라고 항변하고 도중에 탈옥하였으나, 다시 잡혀 사형에 처해졌다. 《국역 경종실록 2년 3월 27일, 28일 등》

340 김씨 집안의 여러분들이 : 노론 사대신 중의 한 분인 몽와(夢窩) 김창집(金昌集)의 집안인 안동 김씨 집안을 이른 것으로 보이나, 당시의 사정을 확인할 만한 자료가 없어 분명하지 않다.

에 내놓을 수 있겠습니까. 《정헌편(靖獻篇)》은 바로 정암(貞菴)의 외손인 김헌재(金獻材) 공이 지은 것이니,[341] 성상(聖上)의 무함을 변론하여 대의를 밝혔는데, 이 또한 바꿀 수 없는 것입니다.

신임사화는 사실(事實)이 의심스럽고 애매해서 당시의 문안(文案)을 근거하지 않으면 바로 자세히 알 수가 없습니다. 〈소희행례기〉는 《설부(說郛)》에 실려 있으니 상고하여 알 수 있습니다.

아버지가 살아계실 때 할아버지를 위해서 참최복을 입는 것은, 바로 천자와 제후들 중에 아버지가 폐질(廢疾)이 있어서 국정을 담당하지 못하고 상사(喪事)를 감당하지 못할 경우가 있기 때문에 이렇게 말한 것입니다. 이 때문에 황면재(黃勉齋)가 지은 《의례경전통해속(儀禮經傳通解續)》의 〈천자제후정통방기도설(天子諸侯正統旁期圖說)〉에 "아버지가 폐질이 있어서 손자가 할아버지의 후사(後嗣)가 되었으면 또한 참최 삼년복을 입는다." 하였는데, 후대의 학자들이 말하기를 "《정지(鄭志)》는 오로지 천자와 제후를 위해 말한 것이나, 신하와 서인의 집안에서도 아버지가 심한 병이 있어서 집상(執喪)하지 못하면 아들이 아버지를 대신해서 조부모의 상을 집행하는 경우, 마땅히 똑같이 이 예를 써야 한다." 하였습니다.[342] 이 내용이 바로 우암(尤菴)과 남계

341 정헌편(靖獻篇)은……것이니 : 정암(貞菴)은 민우수(閔遇洙, 1694~1756)의 호로, 자는 사원(士元), 본관은 여흥(驪興), 시호는 문간(文簡)이며 수암(遂菴) 권상하(權尙夏)의 문인이다. 1714년(숙종40) 증광 생원시에 합격하고 벼슬이 대사헌에 이르렀다. 김헌재(金獻材)는 본관이 광산(光山)으로, 1753년(영조29) 신임사화의 경과를 노론 측의 입장에서 밝힌 《정헌편(靖獻篇)》을 저술하여 당시의 자세한 사료를 남긴 인물이다.

(南溪)께서 민신(閔愼)의 집안에서 변례(變禮)로써 시행한 것입니다.[343] 그러나 제왕가(帝王家)의 일은 사서인의 집에서 증거로 삼을 수가 없으니, 다만 마땅히 본복(本服)으로 제사를 대행해야 한다는 것이 춘옹(春翁)의 말씀인데,[344] 이것이 정도(正道)에 맞을 듯합니다.

342 황면재(黃勉齋)가……하였습니다 : 황면재와 《의례경전통해속(儀禮經傳通解續)》에 대한 자세한 내용은 404쪽 주219 참조할 것. 〈천자제후정통방기도설(天子諸侯正統旁期圖說)〉의 내용은 청나라 강희제(康熙帝) 때의 문신이자 학자인 서건학(徐乾學, 1631~1694)이 편찬한 《독례통고(讀禮通考)》 권6 〈상기(喪期)6〉에 보인다. 《의례경전통해속》에 보인다고 한 것은 미상이다. 후대의 학자는 서건학으로 그의 말은 같은 책 같은 부분의 해설에 보인다. 《정지(鄭志)》는 정현(鄭玄)의 손자로 삼국시대 위(魏)나라의 시중(侍中)을 지낸 정소동(鄭小同)이, 정현이 제자들과 문답한 경학에 대한 논설을 모아 편찬한 책이다.

343 우암(尤菴)과……것입니다 : 우암은 송시열(宋時烈)의 호이고 남계(南溪)는 박세채(朴世采)의 호이다. 1674년(숙종 즉위년) 교관(敎官) 민업(閔業)이 별세하였는데, 아들 세익(世益)이 광증(狂症)이 있어 집상(執喪)할 수가 없자, 호상(護喪)한 사람들이 송시열, 박세채 등과 상의하여 세익의 아들 신(愼)으로 하여금 상주(喪主)가 되게 하였다. 당시 송시열과 사이가 나쁜 국구(國舅) 김우명(金佑明) 등이 이를 예법을 어긴 패륜행위라고 지목하고 숙종에게 이 사실을 알리니, 숙종은 진상을 조사하도록 명하였다. 이에 업의 아우 숭(崇)이 세익의 병세와 신에게 대신 복(服)을 입힌 전말을 아뢰었다. 좌의정 김수항(金壽恒)과 송시열 등이 주자(朱子)의 논을 들어 무죄임을 변론하였으나, 숙종은 형조의 건의를 따라 삼강오륜을 범하였다고 하여, 신과 조객들을 귀양 보냈다. 《燃藜室記述 卷31 顯宗朝故事本末 代父服喪問題》

344 제왕가(帝王家)의……말씀인데 : 춘옹(春翁)은 동춘당(同春堂) 송준길(宋浚吉)을 높여 칭한 것이다. 동춘당의 주장은 《국역동춘당집》 별집 제5권 〈서(書) 민대수(閔大受)에게 답하다. 신해년(1671, 현종12)〉에 보인다.

지은이 **홍직필(洪直弼)**

1776년(영조52) 6월 13일 신시(申時)에 한성의 주자동(鑄字洞)에서 태어나 1852년(철종3) 7월 17일 유시(酉時)에 노호(鷺湖)의 노의정사(蘆漪精舍)에서 향년 77세로 세상을 떠났다. 초명은 긍필(兢弼), 자는 백응(伯應)·백림(伯臨), 호는 매산(梅山), 본관은 남양(南陽)이며, 시호는 문경(文敬)이다. 평생 출사하지 않고 학문 강학에 힘써 근재(近齋) 박윤원(朴胤源) 문하에서 그 학맥을 계승하고 이를 후대에 전한 노론(老論) 낙론(洛論)의 핵심 사상가이자 문인 교육자이다. 학문은 박윤원 외에도 노주(老洲) 오희상(吳熙常)의 영향을 많이 받았으며 문하의 제자로 전재(全齋) 임헌회(任憲晦), 중암(重菴) 김평묵(金平默) 등이 있다.

옮긴이 **김창효(金昌孝)**

1956년 전남 장흥에서 태어났다. 고려대학교 행정학과를 졸업하였다. 민족문화추진회 국역연수원 연수부 및 일반연구부를 졸업하였으며, 현재 해동경사연구소 선임연구원으로 재직하고 있다. 번역서로는 《도곡집》(공역)이 있다.

권역별거점연구소협동번역사업 연구진

연구책임자 **신영주**(성신여자대학교 한문교육과 교수)

공동연구원 **김여주**(성신여자대학교 한문교육과 교수)

김용재(성신여자대학교 한문교육과 교수)

류준경(성신여자대학교 한문교육과 교수)

이종덕(한국고전번역원 부설 고전번역교육원 강사)

책임연구원 **성백효**

연 구 원 **김창효 김형석**

연석환 사경화

신상후 이영준

이정은 김성은

박희정

윤 문 **윤은숙**

매산집 8

홍직필 지음 | 김창효 옮김

2019년 12월 31일 초판 1쇄 발행

편집 · 발행 학자원

등록 2011.4.6 제2011-14호

주소 (05355) 서울시 강동구 천호대로 1121

전화 02-6403-1000 | 팩스 02-6338-1001 | 이메일 hakjaone@daum.net

값 30,000원

ISBN 979-11-6247-151-7 94810

979-11-87806-00-4 (세트)